# Strafbarkeit von pharmakologischem Neuroenhancement zur kognitiven Leistungssteigerung

Deutsches, europäisches und internationales Strafrecht und Strafprozessrecht

Herausgegeben von
Martin Waßmer

Band 9

PETER LANG

Philipp Dominik

# Strafbarkeit von pharmakologischem Neuroenhancement zur kognitiven Leistungssteigerung

PETER LANG

**Bibliografische Information der Deutschen Nationalbibliothek**
Die Deutsche Nationalbibliothek verzeichnet diese Publikation in der Deutschen Nationalbibliografie; detaillierte bibliografische Daten sind im Internet über http://dnb.d-nb.de abrufbar.

Zugl.: Köln, Univ., Diss., 2018

D 38
ISSN 2197-8417
ISBN 978-3-631-79482-1 (Print)
E-ISBN 978-3-631-80356-1 (E-PDF)
E-ISBN 978-3-631-80357-8 (EPUB)
E-ISBN 978-3-631-80358-5 (MOBI)
DOI 10.3726/b16209



Peter Lang – Berlin · Bern · Bruxelles · New York · Oxford · Warszawa · Wien



Diese Publikation wurde begutachtet.

www.peterlang.com

# Inhaltsverzeichnis

# Vorwort

Die vorliegende Arbeit entstand während meiner Tätigkeit als wissenschaftlicher Mitarbeiter am Institut für Strafrecht und Strafprozessrecht der Universität zu Köln am Lehrstuhl von Herrn Professor Dr. Dr. Martin Paul Waßmer. Sie wurde im Wintersemester 2018 / 2019 von der Rechtswissenschaftlichen Fakultät der Universität zu Köln als Dissertation angenommen.

Die Anfertigung dieser Arbeit forderte und bereicherte mich zugleich. Ich bin glücklich, die Möglichkeit gehabt zu haben, meinen wissenschaftlichen Horizont zu erweitern. Mein besonderer Dank gilt meinem Doktorvater Prof. Dr. Dr. Martin Paul Waßmer. Er unterstützte mich stets durch konstruktive Anmerkungen und Hinweise. Ich danke ihm für die intensive Auseinandersetzung mit meiner Arbeit und die wertvollen Diskussionen. Außerdem habe ich den jederzeit nahbaren, vertrauenvollen und persönlichen Umgang sehr geschätzt.

Herrn Prof. Dr. Bachana Jishkariani danke ich für die zügige Zweitbegutachtung meiner Arbeit, den Beisitz in der Disputation und die Organisation des Rahmenprogramms.

Für die kritische Durchsicht der gesamten Arbeit und die wertvollen Anregungen danke ich besonders herzlich meiner Freundin Marleen Ellinger. Des Weiteren danke ich den Mitarbeitern des Lehrstuhls für ihre wohlwollende Unterstützung in der Schaffensphase. Großen Dank verdienen die mir auf Lebenszeit verbundenen Freunde für die außerakademische Betreuung und den gesunden Ausgleich. Außerdem danke ich den zahlreichen Teilnehmern meiner Umfrage.

Von ganzem Herzen danke ich vor allem meinen Eltern Katharina Dominik-Landsmann und Uwe Landsmann dafür, dass sie mich beständig und vorbehaltlos bei meiner Ausbildung sowie Verwirklichung meiner Lebensziele unterstützen. Durch ihren steten Rückhalt, ihren Zuspruch und ihre Liebe trugen sie wesentlich zum Gelingen der Arbeit bei – ihnen widme ich diese Arbeit.

Köln, im Mai 2019
*Philipp Dominik*

# I. Einleitung

Der Mensch stößt ständig an seine biologischen Grenzen. Dementsprechend wünscht er sich zunehmend Auswege, seine eigenen Einschränkungen zu überwinden.[1] Der Konsum von Kaffee und Alkohol war seit jeher ein probates und gesellschaftlich akzeptiertes Mittel. Neue Möglichkeiten, die geistige Leistung zu verbessern, eröffnet jedoch der Konsum von Psychostimulanzien oder Modafinil. Der Fortschritt der Wissenschaft erlaubt dem Menschen mithilfe pharmakologischen Neuroenhancements die exekutiven Funktionen[2], Vigilanz (Wachheit) sowie geistige Aufmerksamkeit zu steigern und gleichsam die Stimmung und Motivation anzuheben. Die neuen pharmakologischen Interventionsmöglichkeiten können zudem – außerhalb der medizinischen Indikation – zu nicht-therapeutischen Zwecken missbraucht werden. Diese Anwendung zielt darauf ab, die Fähigkeiten von Gesunden artifiziell zu steigern. Dadurch erlangt der Einnehmende[3] individuelle, gesellschaftliche und soziale Vorteile gegenüber seinen Mitmenschen. Die missbräuchliche Anwendung im Studien- oder Arbeitskontext überschreitet möglicherweise die Grenze des sozial Adäquaten, der Fairness und der Chancengleichheit oder gefährdet sogar die körperliche Integrität Dritter. Ein körperlich gesunder Prüfling, der seine natürliche Leistung mittels Psychopharmaka artifiziell steigert und deshalb seine Konkurrenten übertrifft, nimmt Einfluss auf die üblichen Prüfungsvoraussetzungen. Daran schließen sich vielfältige rechtliche sowie ethische Fragestellungen an. Vergleichbares gilt für die Anwendung entsprechender Substanzen in arbeitsbedingten Szenarien, wie in einem Bewerbungsverfahren oder bei der Berufsausübung. Der Konsum könnte die Validität der erbrachten Leistung verändern. Die Einnahme entsprechender pharmakologischer Neuroenhancer wurde bislang keiner eingehenden strafrechtlichen Betrachtung unterzogen. Mangels dessen untersucht diese Dissertation die strafrechtlichen Konsequenzen, die die Einnahme, Verschreibung,

---

1 *Heilinger*, „Grenzen des Menschen. Zu einer Ethik des Enhancement", Bundeszentrale für politische Bildung, Onlinemedium, abrufbar unter: http://www.bpb.de/apuz/233466/grenzen-des-menschen-zu-einer-ethik-des-enhancement?p=all, Stand: 27.03.2018.

2 Exekutive Funktionen sind ein Sammelbegriff aus der Neuropsychologie und umfassen die kognitiven Fähigkeiten, die das menschliche Denken und Handeln steuern.

3 Im Interesse einer besseren Lesbarkeit wird nicht ausdrücklich in geschlechtsspezifischen Personenbezeichnungen differenziert. Die gewählte männliche Form schließt alle Geschlechter gleichberechtigt ein.

Anwendung und Vergabe von leistungssteigernden Substanzen bedingen oder erfordern.

Pharmakologisches Neuroenhancement ist eine der größten Herausforderungen der Neuzeit.[4] Die kognitiven Anforderungen in der modernen Arbeitswelt, im Schulalltag und an den Universitäten befinden sich auf einem Allzeithoch. In der noch vor 50 Jahren vorherrschenden produktionsorientierten Arbeitswelt waren vornehmlich physisch belastende Arbeiten verbreitet. Dagegen dominieren in der heutigen wissensintensiven und leistungsorientierten Gesellschaft psychosoziale und kognitive Fähigkeiten.[5] Ein hoch kompetitives Umfeld verlangt Arbeitnehmern, Schülern, Auszubildenden und Studenten mentale Höchstleistungen ab. Gerade die kognitive Leistung und die psychische Stabilität rücken zusehends in den Fokus. Ärzte, Piloten, Fluglotsen, Politiker, Juristen, Schriftsteller, Conférenciers oder Manager arbeiten beispielsweise in Bereichen mit erhöhten psychischen Anforderungen. Sie leiden unter Erfolgs- sowie Zeitdruck und stehen aufgrund dessen vermehrt unter dem Einfluss leistungssteigernder Medikamente.[6] Studenten, Auszubildende und Schüler schätzen die stimulierende Wirkung der Substanzen insbesondere vor und in Prüfungen.[7] Im militärischen Bereich, in dem es naturgemäß auf mentale Stärke und Wachheit ankommt, wurde der Konsum von pharmakologischen Neuroenhancern nachweislich gefördert. Im Zweiten Weltkrieg verabreichte die Heeresführung den deutschen Bodentruppen, Kampffliegern und Bomberpiloten Amphetamine wie „PEP-Pillen“[8] bzw. „Panzerschokolade“[9], um die Kampffähigkeit der Soldaten zu steigern. Im Ersten Weltkrieg wurde ihnen zu diesem Zweck sogar Kokain, Koffein und Adrenalin gespritzt.[10]

Die Menschheit versuchte seit jeher mit allen Mitteln die Grenzen ihrer mentalen Leistungsfähigkeit zu erweitern, was ihr infolge des technologischen Fortschritts auch zunehmend gelang.[11] Das Ziel, die (kognitive) Leistung zu steigern, um ein erfolgreiches Leben zu führen, weist eine gewisse Kontinuität auf.[12] Durch die Nutzung von Hilfsmitteln wie Computern, Mobiltelefonen

---

4 Vgl. *Hilpert*, Sportrecht und Sportrechtsprechung im In- und Ausland, S. 309.
5 Hirndoping Positionspapier (DHS), S. 1.
6 *Volkmer*, Körner/Patzak/Volkmer – BtMG, Vorbemerkungen zum AMG, Rn. 272.
7 *Groß*, MedR 2009, 85 (87).
8 Amphetamin (alpha-Methylphenethylamin).
9 Benzedrin gemischt mit Pervitin, heute bekannt als Crystal Meth.
10 *Volkmer*, Körner/Patzak/Volkmer – BtMG, Vorbemerkungen zum AMG, Rn. 272.
11 *Prütting*, Rechtliche Aspekte der Tiefen Hirnstimulation, S. 186.
12 *Heilinger*, Anthropologie und Ethik des Enhancements, S. 39 f.

oder Smartwatches optimieren wir bereits unsere Arbeitsabläufe und unseren Alltag. Der Mensch lagert dadurch seine kognitiven Möglichkeiten aus und ergänzt diese zunehmend. Durch einen müden oder langen Arbeitstag retten uns wie selbstverständlich Kaffee, grüner Tee, Coca-Cola© und Energydrinks. Um unsere Zeit effizienter nutzen zu können, greifen wir auf Fortbewegungsmittel zurück, die den Transport verkürzen. Von der Erfindung der Schrift und des Buchdrucks[13] bis hin zur fortschrittlicheren Gestaltung der schulischen Bildung verbessern wir stetig unsere Umweltbedingungen. Ebenso modifizieren manche durch Schönheitsoperationen ihr äußeres Erscheinungsbild, um Schönheitsidealen zu entsprechen. Bei Frauen ist die Brustvergrößerung der beliebteste invasive Eingriff[14] - bei nicht-invasiven Eingriffen dominiert die Faltenbehandlung mit Botulinumtoxin.[15] Um festzustellen, ob die befruchteten Eizellen bestimmte erwünschte Eigenschaften aufweisen, werden bei der künstlichen Befruchtung zunehmend präimplantationsdiagnostische Analysen durchgeführt. Die Anzahl der getroffenen Maßnahmen steigt im Bereich der wunscherfüllenden Medizin jährlich. Es ist festzustellen, dass der Mensch um Optimierung in jedem Lebensbereich bemüht ist.

Im Zuge dieser Entwicklung wird ferner versucht, die Leistung des Gehirns zu verbessern. Im Bereich der Neurowissenschaften verläuft der Fortschritt rasant. Stoffe wie Methylphenidat und Modafinil werden als Wundermittel zur Steigerung der kognitiven Leistung bezeichnet.

Grundlegend befasste sich Reinhard Merkel, ein emeritierter Professor für Strafrecht und Rechtsphilosophie an der Universität Hamburg, bereits im Jahre 2009 mit dem Thema des pharmakologischen Neuroenhancements. Er veröffentlichte den Artikel „Neuartige Eingriffe ins Gehirn – Verbesserung der mentalen condicio humana und strafrechtliche Grenzen" in der Zeitschrift für die gesamte Strafrechtswissenschaft[16] und sorgte dadurch für den Beginn einer lebhaften Diskussion.

Eine Studie des Landes Nordrhein-Westfalen aus dem Jahre 2013[17] behandelte in diesem Zusammenhang die Frage, wie sich Menschen, trotz einer immer anspruchsvoller und hektischer werdenden Lebens- und Arbeitswelt, erholen.

---

13 *Merkel*, ZStW 2009, 919 (931).

14 DGÄPC (Deutsche Gesellschaft für Ästhetisch-Plastische Chirurgie) – Statistik 2016, S. 6.

15 DGÄPC – Statistik 2016, S. 6.

16 *Merkel*, ZStW 2009, 919.

17 Abrufbar unter: https://www.lia.nrw.de/_media/pdf/service/Publikationen/lia_transfer/LIA_transfer_3.pdf, Stand: 24.11.2016.

Die repräsentative Erhebung befragte 2002 Personen, wovon ca. 8 % angaben zu Medikamenten zu greifen, um einen Beruhigungseffekt zu erzielen.[18] Dasselbe Institut veröffentlichte 2014[19] eine neue repräsentative Studie, in der die Belastungssituation während der Arbeit analysiert wurde. Ihr Ergebnis zeigt, dass für die befragten Beschäftigten insbesondere psychische Faktoren wie hohe Verantwortung, Multitasking, Zeitdruck, geringe Wertschätzung und Überforderung durch die Arbeitsmenge eine starke Belastung darstellen. Um diese zu bewältigen, nahmen 12 % Medikamente ein.[20] Anhand der beiden Studien wird deutlich, dass Medikamente als Hilfsmittel vermehrt zur Beruhigung nach und zur Bewältigung der Anforderungen auf der Arbeit eingesetzt werden.

Um einen deutschlandweiten Eindruck zu erhalten, befragte die Deutsche Angestellten Krankenkasse (DAK) ihre Mitglieder und veröffentlichte bereits im Jahre 2009 einen Gesundheitsreport mit dem Schwerpunktthema „Doping am Arbeitsplatz".[21] Diesem zufolge konsumierten in Deutschland im Jahre 2008 rund 5 % der aktiv Erwerbstätigen im Alter zwischen 20 und 50 Jahren Medikamente zur Verbesserung der geistigen Leistung oder psychischen Befindlichkeit, ohne medizinische Indikation (ca. 2 Millionen von 40 Millionen Beschäftigten).[22] In diesem Zusammenhang gaben die Befragten zudem an, dass sie die Steigerung von kognitiven Leistungen im Beruf als einen vertretbaren Grund erachten, Medikamente einzunehmen.

Die Ergebnisse aus dem Jahre 2009 wurden durch den DAK-Gesundheitsreport aus dem Jahre 2015 unter dem Titel „Update – Doping am Arbeitsplatz" aktualisiert.[23] Hierbei gaben anstatt 5 % nun bereits 6,7 % der Beschäftigten an, entsprechende Medikamente eingenommen zu haben.[24] Geschätzt wird die Dunkelziffer der Verbreitung von pharmakologischem Neuroenhancement jedoch auf 12,1 %.[25]

---

18 LIA 2013, S. 27.

19 Abrufbar unter: https://www.lia.nrw.de/_media/pdf/service/Publikationen/lia_transfer/LIA_transfer_5.pdf, Stand: 24.11.2016.

20 LIA 2014, S. 12.

21 Deutsche Angestellten Krankenkasse (DAK), Gesundheitsreport 2009, Analyse der Arbeitsunfähigkeitsdaten. Schwerpunktthema Doping am Arbeitsplatz, 2009.

22 DAK, Gesundheitsreport 2009, S. 55.

23 Deutsche Angestellten Krankenkasse (DAK), Gesundheitsreport 2015, Analyse der Arbeitsunfähigkeitsdaten. Schwerpunktthema Update - Doping am Arbeitsplatz, 2015.

24 DAK, Gesundheitsreport 2015, S. 59.

25 DAK, Gesundheitsreport 2015, S. 62.

Auch im Ausland verbreitete sich pharmakologisches Neuroenhancement zunehmend. In den USA werden seit längerem Studien zur Prävalenz von kognitiv leistungssteigernden Substanzen durchgeführt. Aktuellen Untersuchungen[26] zufolge konsumieren dort schätzungsweise täglich 2,5 Millionen Kinder und 1,5 Millionen Erwachsene Psychostimulanzien[27].[28]

Das Streben nach kognitiver Leistungssteigerung offenbart sich jedoch nicht nur im Lebens- und Arbeitsbereich, sondern gleichfalls in Lehre und Studium.[29] Bereits 2012 ermittelte die Techniker Krankenkasse durch eine Stress-Studie bei Studenten, dass sich 40 % der Befragten häufig durch die Anforderungen im Studium gestresst fühlen. Um den Stress zu bewältigen, greifen 10 % zu Psychopharmaka.[30] Es ist somit ein großes Interesse an leistungssteigernden Substanzen zu konstatieren. Eine weitere Studie, durchgeführt von dem Direktor der Klinik für Psychiatrie und Psychotherapie der Universitätsmedizin Mainz, Klaus Lieb, kommt zu dem besorgniserregenden Ergebnis, dass 80 % der befragten Schüler und Studenten eine frei verfügbare Pille zur Leistungssteigerung einnähmen, wenn keine Nebenwirkungen bestünden.[31] Insofern scheint das Interesse an Neuroenhancement auch an Schulen und Universitäten groß zu sein. Studien über die Lage an amerikanischen Universitäten belegen, dass dort bis zu 10 %[32] der Studierenden bereits verschreibungspflichtige Medikamente einnahmen, um ihre kognitive Leistung zu steigern.

Neben den Studenten üben Neuroenhancer außerdem eine große Anziehungskraft auf die Professorenschaft aus. Unter der Überschrift „Look who's doping" veröffentlichte die renommierte wissenschaftliche Zeitschrift „Nature" im April 2008 das Ergebnis einer Befragung von 1400 Personen aus 60 Ländern.[33] Die Umfrage umfasste den Konsum von Methylphenidat, Modafinil und Beta-Blockern. Hierbei wurde festgestellt, dass 20 % der Teilnehmer bereits entsprechende Medikamente zur Steigerung der kognitiven Leistung einnahmen.[34] Der

---

26 *Moesgen/Klein/Köhler/Schröder*, Suchttherapie 2013, 8.

27 *Beubler*, Kompendium der Pharmakologie, S. 134: Als klassische Psychostimulanzien werden Methylphenidat und Modafinil angeführt.

28 *Herdegen/Böhm*, Kurzlehrbuch Pharmakologie und Toxikologie, S. 446.

29 *Franke/Hildt/Lieb*, Suchttherapie 2011, 167; *Prütting*, Rechtliche Aspekte der Tiefen Hirnstimulation, S. 187.

30 TK-Stress-Studie, S. 3.

31 *Lieb*, Hirndoping – Warum wir nicht alles schlucken sollten, S. 50 f.

32 *Bublitz*, ZJS 2010, 306.

33 *Maher*, Nature 2008, 674 (674–675).

34 62 % Methylphenidat, 44 % Modafinil und 15 % Betablocker.

Anwendungsbereich von Neuroenhancern reicht offenkundig vom Genuss in der Freizeit bis hin zum Konsum vor konzentrationsintensiven Aufgaben.[35] Eine Entwicklung, die gleichermaßen in Deutschland fortschreitet und von enormer Bedeutung für den einzelnen Betroffenen und die gesamte Gesellschaft ist.[36]

Aufgrund der fortwährenden Entwicklung neuer Medikamente werden deren Nebenwirkungen geringer. Verminderte Risiken steigern den gesellschaftlichen Akzeptanzdruck und reduzieren die Hemmschwelle zum Konsum. Es wird aufzuzeigen sein, dass das Recht keine maßgeschneiderte oder zumindest passende Lösung für den Fall bereithält, dass Gesunde ihre mentalen Fähigkeiten durch Medikamente steigern.[37] Deshalb hat frühzeitig eine dezidierte rechtliche Analyse zu erfolgen, um für den Umgang mit Neuroenhancement einen verlässlichen normativen Rahmen zu entwickeln.[38] Dieses Erfordernis erfüllt die vorliegende Dissertation. Obwohl pharmakologisches Neuroenhancement bereits weit verbreitet ist, wurde seine strafrechtliche Dimension bisher unzureichend untersucht und es fehlt eine geschlossene Bewertung.

Im Rahmen dieser Untersuchung werden ausgewählte Situationen dargestellt, in denen Gesunde leistungssteigernde Substanzen einnehmen, denn sämtliche denkbare Anwendungsbereiche zu erfassen, wäre weder zielführend, noch erforderlich. Die neuralgischen Phasen der Einnahme, Anwendung und Verschreibung werden hingegen ausführlich dargestellt und einer systematischen strafrechtlichen Würdigung unterzogen.

Ziel soll sein, Überlegungen für die Einführung einer Strafbarkeit des pharmakologischen Neuroenhancements in ausgewählten Lebensbereichen anzuregen.

Die vorliegende Dissertation ermittelt anfangs ein definitorisches Verständnis von pharmakologischem Neuroenhancement und beschreibt die verschiedenen Motivationslagen, entsprechende Substanzen einzunehmen. Diese Erkenntnisse basieren auf den Ergebnissen externer Umfragen sowie auf eigens durchgeführten Studien.

Beispielhaft erläutert diese Dissertation die Wirkungen sowie Nebenwirkungen von Methylphenidat (Ritalin©), Modafinil (Vigil®[39]), Kokain und

---

35 *Magnus*, Patientenautonomie im Strafrecht, S. 352.

36 *Heilinger*, „Grenzen des Menschen. Zu einer Ethik des Enhancement“, Bundeszentrale für politische Bildung, Onlinemedium, abrufbar unter: http://www.bpb.de/apuz/233466/grenzen-des-menschen-zu-einer-ethik-des-enhancement?p=all, Stand: 27.03.2018.

37 *Gärditz*, PharmR 2011, 46 (47).

38 *Lindner*, MedR 2010, 463 (471).

39 Handelsnamen: CH: Modasomil-100®, Modafinil-Acino®; DE: Vigil®; USA: Provigil®.

Amphetamin als aktuell verwendete pharmakologische Neuroenhancer. Aufgrund des Forschungsdefizits hinsichtlich der Wirkweise von Methylphenidat und Modafinil auf Gesunde wird auf einige wenige Studien und die verlässliche chemische Wirkung zurückgegriffen.

Ein erster Schwerpunkt der Arbeit liegt auf der Darstellung der rechtlichen Situation des pharmakologischen Neuroenhancements de lege lata. Um die defizitäre rechtliche Normendichte aufzuzeigen, wird die Anwendbarkeit diverser Regelungen des StGB, BtMG, AMG und AntiDopG überprüft. Hierbei unterscheidet diese Dissertation zwischen der Strafbarkeit des Einnehmenden und den Handlungen involvierter Dritter. In dem Zusammenhang wird insbesondere die Strafbarkeit des Arztes dargestellt, da ein Großteil der Einnehmenden ihre Substanzen mithilfe einer ärztlichen Verschreibung über den Apotheker beziehen.

Als rechtsstaatliches Fundament für die mögliche Einführung einer strafrechtlichen Regulierung folgt die Analyse des verfassungsrechtlichen Rahmens, der durch eine gewichtige ethisch-moralische Betrachtung ergänzt wird. Sämtliche Darstellungen bilden die Grundlage dafür, im letzten Abschnitt einen Gesetzesentwurf zu entwickeln und dessen Auswirkungen zu würdigen.

# II. Begriffsbestimmung

Um von einem einheitlichen Verständnis vom Begriff Neuroenhancement auszugehen, wird dieser zunächst konkret definiert.

## 1. Was bedeutet Neuroenhancement?

Der englische Begriff „to enhance“, bedeutet „verbessern“, „steigern“ oder „erhöhen“. Unter Neuro-enhancement wird folglich die „Gehirnverbesserung“ im Sinne einer Steigerung der neuronalen Prozesse verstanden.[40]

Im Jahre 2009 fanden sich sieben führende Wissenschaftler[41] zu einem Memorandum zusammen, um sich mit der Frage zu beschäftigten, wie der Einzelne und die Gesellschaft mit den Herausforderungen des Neuroenhancements umgehen sollen.[42] Die Wissenschaftler definierten hierbei Neuroenhancement als eine Verbesserung der kognitiven Leistung oder psychischen Befindlichkeit mittels pharmakologischer oder neurotechnischer Mittel, ohne therapeutische oder präventive Intention.[43]

Daraus ist zu konstatieren, dass Neuroenhancement nicht zu einem therapeutischen oder präventiven Zweck durchgeführt wird und es erforderlich ist, dass genetische, pharmakologische, elektromagnetische, optogenetische oder sonstige neurotechnische Mittel von außen auf das neuronale System einwirken.[44] Mithin werden alle wirksamen oder bloß möglicherweise wirksamen Verfahren[45] erfasst, die zur Steigerung kognitiver, emotionaler oder motivationaler Zustände beim gesunden Menschen führen.[46]

---

40 *Lindner*, MedR 2010, 463 (464).

41 Dem Memorandum gehörten folgende Wissenschaftler an: Galert, Thorsten; Bublitz, Christoph; Heuser, Isabella; Merkel, Reinhard; Repantis, Dimitris; Schöne-Seifert, Bettina; Talbot, Davinia.

42 *Galert/Bublitz/Heuser/Merkel/Repantis/Schöne-Seifert/Talbot*, Gehirn&Geist 2009, 1 ff.

43 Ebd., 1 (3).

44 *Lindner*, MedR 2010, 463 (464).

45 *Merkel*, ZStW 2009, 919 (929).

46 *Groß*, MedR 2009, 85; *Kowalski*, Fehlzeiten-Report 2013, S. 27 (4.1); *Lindner*, AöR 2015, 543 (550); *Magnus*, ZStW 2012, 907 (910); *Merkel*, ZStW 2009, 919 (932); *Moesgen/Klein/Köhler/Schröder*, Suchttherapie 2013, 8; *Repantis*, MedR 2009, 63; *Suhr*, Der medizinisch nicht indizierte Eingriff, S. 46; *Talbot*, Pharmakologisches Enhancement, S. 69.

Unter der kognitiven Leistung versteht man regelmäßig das Ergebnis der Verarbeitung und Auswertung von Sinnesreizen und generellen Wahrnehmungen auf intellektueller Ebene. Die Leistung setzt sich aus verschiedenen Fähigkeiten zusammen; dazu gehören unter anderem: Gedächtnis, Aufmerksamkeit, Wachheit, Urteilsvermögen, Konzentration, Abstraktion, Erkennen von Strukturen und Zusammenhängen sowie Denkvermögen und Lernfähigkeit im Allgemeinen. Das Enhancement der kognitiven Leistung umfasst folglich die Verbesserung der oben genannten Faktoren – insbesondere des Erinnerungsvermögens, der Aufmerksamkeit, der Konzentration, der Gedächtnisleistung und der Lernfähigkeit – sowie die Verminderung des Schlafbedürfnisses.[47] Die Verbesserung der emotionalen und motivationalen Zustände wirkt dahingehend, dass der Antrieb gesteigert, die Stimmung verbessert, störende Charakterzüge unterdrückt oder sozial inkompetente Neigungen abgestellt werden.[48] Ziel der Anwendung ist die Verbesserung des inneren Antriebs und die Dämpfung aggressiver Antriebe sowie nervöser Zustände,[49] was sich auch mittelbar auf die kognitive Leistungsfähigkeit auswirken kann. Gemein ist beiden Anwendungsfeldern, dass beim Konsumenten keine diagnostizierte medizinische Indikation vorliegt, weshalb die Steigerung nicht als Resultat einer Heilbehandlung angesehen wird.[50] Aus der Fülle der Maßnahmen[51] befasst sich diese Dissertation ausschließlich mit dem pharmakologischen Neuroenhancement.[52] Es wird die Situation untersucht, in der medizinisch gesunde Menschen versuchen ihre kognitive Leistung mittels Psychopharmaka zu steigern.[53]

Von allen Neuroenhancementverfahren wird das pharmakologische Neuroenhancement Gesunder in naher Zukunft das höchste Verbreitungspotential haben.[54] Dies liegt mit daran, dass Pharmaka leichter anzuwenden sind als andere

---

47 *Schröder/Köhler/Knerr/Kühne/Moesgen/Klein*, Einfluss psychischer Belastungen am Arbeitsplatz auf das Neuroenhancement, S. 8; *Suhr*, Der medizinisch nicht indizierte Eingriff, S. 46.

48 Ebd., S. 46.

49 *Merkel*, ZStW 2009, 919 (932); *Suhr*, Der medizinisch nicht indizierte Eingriff, S. 46.

50 *Merkel*, ZStW 2009, 919 (929); *Talbot*, Pharmakologisches Enhancement, S. 69 (S. 71–72).

51 *Lindner*, MedR 2010, 463 (463–464); *Moesgen/Klein/Köhler/Schröder*, Suchttherapie 2013, 8.

52 *Losch*, Zbl Arbeitsmed, 2015, 229.

53 *Henkel*, Gaßmann/Merchlewicz/Koeppe, Hirndoping – Der große Schwindel, S. 63; *Suhr*, Der medizinisch nicht indizierte Eingriff, S. 63.

54 *Galert/Bublitz/Heuser/Merkel/Repantis/Schöne-Seifert/Talbot*, Gehirn&Geist 2009, 1 (5).

Enhancementmaßnahmen, die regelmäßig eine professionelle oder ärztliche Beteiligung erfordern. Außerdem können Pharmaka vergleichsweise günstig auf dem Schwarzmarkt erworben werden, wohingegen die Beschaffung aufwändiger Apparaturen für genetische, elektromagnetische oder optogenetische Verbesserungen schwieriger ist. Aufgrund der höheren Relevanz beschränkt sich diese Dissertation ausschließlich auf das pharmakologische Neuroenhancement. Beispielhaft analysiert diese Ausarbeitung die zwei am meisten verbreiteten Pharmaka, Ritalin© und Vigil®, die den Wirkstoff Methylphenidat bzw. Modafinil beinhalten. Daneben umfasst sie auch die Einnahme von klassischen Betäubungsmitteln wie Kokain oder Amphetamin. Zusätzlich zu diesen Substanzen existieren ebenso alltägliche Mittel, die zur Leistungssteigerung eingesetzt werden. Dazu gehören Kaffee, Energydrinks, Schokolade, Coca-Cola©, Ginko-Tabletten und viele mehr.

## 2. Motive und Anwendungsbereiche

Das wesentliche Ziel ist es, Leistungsvorteile zu schaffen, die ohne medizinische Hilfe unmöglich wären. Die Nutzer von Neuroenhancement erhoffen sich Herausforderungen anstrengungsloser und leichter bewältigen zu können, um sich individuelle Wettbewerbsvorteile zu sichern.[55]

In unserer Gesellschaft korreliert die kognitive Leistung eng mit beruflichem Erfolg. Aufgrund der Globalisierung erweitern sich die multiplen Anforderungen an Schüler, Studenten und die arbeitende Gesellschaft. Fremdsprachenkenntnisse sind nahezu flächendeckende Voraussetzung für eine durchschnittliche Anstellung. Die örtliche Flexibilität wird zunehmend wichtiger. Hinzu kommen komplexer werdende Arbeitsabläufe, gestiegene Arbeitszeiten und höhere Einstiegsvoraussetzungen. Der Mensch bewegt sich in einer modernen Wissensgesellschaft, in der die kognitive Leistung von elementarer und monetarisierbarer Bedeutung ist.[56]

Viele Arbeitnehmer leiden unter dieser Belastung und erkranken stressbedingt. Um dem erhöhten Arbeitspensum gerecht zu werden, sind manche gewillt, ihre Leistung mittels Psychopharmaka zu steigern. Menschen, die 60 bis 80 Stunden pro Woche arbeiten, wünschen sich durchgehend produktiv und effektiv zu sein. Laut dem DAK-Gesundheitsreport von 2009 waren 25 % der 3000 Befragten der Meinung, die Steigerung der Gedächtnisleistung und Konzentration im

55 *Magnus*, Patientenautonomie im Strafrecht, S. 348.
56 *Lieb*, Hirndoping – Warum wir nicht alles schlucken sollten, S. 27.

Beruf seien vertretbare Gründe zur Einnahme von Medikamenten.[57] 13 % hielten es für gerechtfertigt Medikamente einzunehmen, um durchgängig wach zu sein und das Arbeitstempo aufrechtzuerhalten.[58] Die Arbeitnehmer versuchen durch die Medikation zunehmend das Verhältnis zwischen Arbeitspensum und Arbeitszeit auszugleichen. Folgt man den Untersuchungen, dient das pharmakologische Neuroenhancement im Beruf vorwiegend dem individuellen Leistungserhalt in stressbedingten Situationen und weniger der Erreichung eines Vorteils jemand anderem gegenüber.[59] Zudem werde angestrebt, die anfallende Arbeit in kürzerer Zeit effektiver erledigen zu können, um eine gesunde Work-Life-Balance herzustellen.[60] Die Bereitschaft, Stresssituationen zu meistern, indem leistungssteigernde Substanzen eingenommen werden, ist eine bedenkliche gesellschaftliche Entwicklung.

Aus den eingangs dargestellten Studien[61] wird deutlich, dass das zentrale Motiv für den Konsum von pharmakologischen Neuroenhancern die Steigerung der Konzentration, Wachheit und Aufmerksamkeit ist, wohingegen in der Berufswelt zusätzlich Nervosität, Stress und ein hohes Arbeitspensum als Motivator hinzutreten.[62]

Zur Beurteilung der Strafbarkeit von pharmakologischem Neuroenhancement ist von wesentlicher Bedeutung, in welcher Situation der Einnehmende konsumiert. Das vergleichbare, klassische Doping wird beispielsweise im Bereich des Leistungssports strafrechtlich abweichend bewertet als im Freizeitsport. Ähnliches gilt möglicherweise für die Bewertung des kognitiven Neuroenhancements. Es könnte eine unterschiedliche rechtliche Bewertung vorzunehmen sein, wenn Psychopharmaka zur kognitiven Leistungssteigerung in Prüfungssituationen,[63] bei Bewerbungsgesprächen, im beruflichen Alltag oder in Freizeitsituationen eingenommen werden.

---

57 DAK, Gesundheitsreport 2009, S. 78.

58 Ebd., S. 78.

59 *Schröder/Köhler/Knerr/Kühne/Moesgen/Klein*, Einfluss psychischer Belastungen am Arbeitsplatz auf das Neuroenhancement, S. 5.

60 *Lieb*, Hirndoping – Warum wir nicht alles schlucken sollten, S. 29.

61 Siehe S. 13 ff.

62 *Moesgen/Klein/Köhler/Schröder*, Suchttherapie 2013, 8 (12); *Schröder/Köhler/Knerr/Kühne/Moesgen/Klein*, Einfluss psychischer Belastungen am Arbeitsplatz auf das Neuroenhancement, S. 8; *Franke/Hildt/Lieb*, Suchttherapie 2011, 167 (168).

63 Zur Leistungsbewertung in Prüfungen siehe *Bublitz*, ZJS 2010, 306 (310–311).

## 3. Eigene Umfrage

Im Rahmen meiner Dissertation fertigte ich zwei internetbasierte[64] Umfragen[65] an, die Aufschluss über einige relevante Fragen zum Thema pharmakologisches Neuroenhancement gaben. Die erste Umfrage stellte ich von Anfang Juli 2017 bis Anfang Januar 2018 online und die zweite von Anfang Dezember 2017 bis Anfang Januar 2018. Die durchschnittliche Beantwortungsdauer betrug zwei Minuten. Ziel war es herauszufinden, inwieweit die indikationslose Einnahme von leistungssteigernden Betäubungsmitteln in der Gesellschaft bekannt und verbreitet ist, sowie zu ermitteln, welche extrinsischen und intrinsischen Motivationsfaktoren in den verschiedenen Anwendungsszenarien dominant sind. Außerdem sollten Erkenntnisse über das zukünftige Konsumverhalten gewonnen werden. Abschließend wurde die Meinung zu einer möglichen Regulierung abgefragt.

Die erste der zwei Umfragen bestand aus neun und die zweite aus vier Fragestellungen. Die erste bekam 600 und die zweite 715 Rückläufer. Einige wenige Fragebögen waren unvollständig ausgefüllt und konnten nur partiell in die Auswertung einfließen. Der Umfang von insgesamt 1315 Beantwortungen ist ausreichend groß, um, im Sinne schließender Statistik, mit den Quantilen der Normalverteilung zu rechnen. Im Zuge der Auswertung wurde die Häufigkeitsverteilung ermittelt und wurden Zusammenhänge auf ihre Signifikanz[66] getestet. Außerdem wurden Mittelwertvergleiche erstellt (T-Tests), wenn die Daten es zuließen. Mehrfachnennungen sowie Freitextantworten waren an geeigneter Stelle möglich. Vor der Beantwortung der Fragen wurde auf die Anonymität der Umfrage hingewiesen.

### a. Durchführung

Die internetbasierten Umfragen erreichten die Befragten über einen professionellen Onlineanbieter. Eine solche Form der Umfrage bietet den Vorteil, in kurzer Zeit, auf ökonomische Weise viele verschiedene Personen befragen und die Umfrageergebnisse unmittelbar digital auswerten zu können. Die Verbreitung der Umfragen erfolgte per E-Mail, über soziale Netzwerke und persönlich, mit der Bitte um Weitergabe. Neben Akademikern, Studenten und speziellen Berufen wurden bei der Verbreitung über die sozialen Medien keine Personengruppen

64 https://www.surveymonkey.de.

65 Siehe Anhänge S. 265 ff.

66 Das Signifikanzniveau wurde auf 5 % festgesetzt.

gezielt angeschrieben, sondern es wurde vielmehr versucht die Umfrage zufällig breit zu streuen, um repräsentativ auswerten zu können. Trotz des Bestrebens, die Meinung der Gesamtbevölkerung zu ermitteln, kann vermutet werden, dass überwiegend Akademiker und Studenten erreicht wurden.

## b. Relevante Ergebnisse

In der ersten Umfrage wurde zunächst die Verbreitung von pharmakologischem Neuroenhancement ermittelt. Im Ergebnis kannten 48 % der Befragten Personen in ihrem Umfeld, die bereits leistungssteigernde Substanzen eingenommen hatten. Zur Präzisierung diente die darauffolgende Frage, wie viel Prozent des Bekanntenkreises pharmakologische Neuroenhancer eingenommen hat. Im Ergebnis konsumierten 8 % des Bekanntenkreises solche Substanzen. Von den 600 Befragten dieser Stichprobe konsumierten in der Vergangenheit sogar 14,5 % selbst leistungssteigernde Substanzen. Knapp 12 % davon sagten aus, dass sie in Lern- und Prüfungssituationen täglich oder knapp 10 % mehrmals die Woche konsumieren. Das zweithäufigste Anwendungsgebiet ist die Einnahme im Bewerbungsverfahren und Beruf. Die Motivation der Konsumenten in Lern-/Prüfungssituationen liegt schwerpunktmäßig bei der Neugier (~ 21 %) oder dem Streben nach Verbesserung der natürlichen Leistung (~ 82 %). In Bewerbung und Beruf beschränkt sich die Motivation mehrheitlich auf die Verbesserung der natürlichen Leistungsfähigkeit (~ 77 %).

Die Nichtkonsumenten entschieden sich mit 52 % dafür, in Zukunft keine Substanzen einzunehmen, auch wenn diese leicht zugänglich wären. 40 % waren sich unsicher und 8 % würden zukünftig leicht verfügbare Substanzen einnehmen. Das oben gezeichnete Bild der Motivationslage der Konsumenten bestätigt sich hier. Einnehmen würden in Zukunft in Lern-/Prüfungssituationen aus Neugier ~ 32 % der Befragten, zur Verbesserung der natürlichen Leistungsfähigkeit ~ 83 %, in Bewerbung/Beruf aus Neugier ~ 22 % und zur Verbesserung der natürlichen Leistungsfähigkeit ~ 82 %. Einige nutzten hier die Möglichkeit der Freitextantwort und gaben an, dass sie zukünftig aufgrund von Leistungsdruck und Stress sowie zur Erhöhung der Konzentration und der Erfolgschancen entsprechende Substanzen einnehmen würden.

Ein ausgeglichenes Bild ergibt sich bei einer der letzten Fragen. Bis auf eine Stimme zu Gunsten der Strafbarkeit beurteilten die Befragten die Frage, ob pharmakologisches Neuroenhancement in Zukunft strafbar sein sollte, paritätisch. An der Umfrage beteiligten sich 55 % Männer und knapp 44 % Frauen.[67]

---

67 Bei der Frage nach dem Geschlecht kreuzten 1,39 % der Befragten „keine Angabe" an.

Die zweite Umfrage diente der Präzisierung der Motivationslage der Konsumenten und bestand aus vier Fragen. Von den 715 Befragten hatten gut 15,2 % bereits Substanzen zur geistigen Leistungssteigerung eingenommen. Die Steigerung von 0,7 % zur vorherigen Umfrage könnte damit erklärt werden, dass an der zweiten Umfrage 7,6 % mehr Männer teilgenommen haben. Die Analyse beider Umfragen ergibt nämlich, dass Männer stärker dazu neigen pharmakologisches Neuroenhancement entweder schon einmal angewandt zu haben oder es in Zukunft zu erwägen. Das Motiv in den verschiedenen Situationen zu konsumieren, wurde schwerpunktmäßig durch das Ziel der Verbesserung der natürlichen Leistung beantwortet. Besondere Bedeutung erhielten die neu hinzugefügten Antwortmöglichkeiten „um mit der geistigen Elite mithalten zu können", „Konkurrenzdruck", „um den sozialen Anschluss nicht zu verlieren" und „Existenzängste". Interessant ist, dass gerade in Lern-/Prüfungssituationen an zweiter Stelle genannt wurde, dass der Einnehmende dadurch versucht mit der geistigen Elite mitzuhalten (~ 14 %). Zudem verspürt er Konkurrenzdruck (~ 13 %) und Existenzängste (~ 13 %). Bei Bewerbung und Beruf dominierten, neben der Verbesserung der natürlichen Leistungsfähigkeit (~ 68 %), das Mithalten mit der geistigen Elite (~ 10 %), die Existenzängste (~ 10 %) und der Konkurrenzdruck (~ 7 %). Bei den Freitextantworten überwog die Motivation, länger wach und energiegeladen bleiben zu können, um beispielsweise Abgabefristen einhalten zu können. Zudem waren Stress und Arbeitsbelastung von Relevanz. Ein Befragter nahm die Substanzen ein, um seine depressiven Gefühle zu bekämpfen und gleichzeitig leistungsfähig zu werden.

Auffallend ist, dass bei den Nichtkonsumenten die Anzahl derjenigen, die nur zur Verbesserung der natürlichen Leistungsfähigkeit konsumieren möchten, vordergründig eklatant geringer ausfiel. In Lern-/Prüfungssituationen sankt der Wert, im Vergleich zur vorherigen Umfrage, um 53,7 % auf 30,02 %, in Bewerbung/Beruf um 49,63 % auf 18,66 %. Um aussagekräftige Werte zu erhalten, wurden diese neuen Ergebnisse jedoch zunächst um die Antwortmöglichkeit „ich würde nicht konsumieren" bereinigt. Danach ergibt sich, dass in Lern-/Prüfungssituationen knapp 77 % und in Bewerbung/Beruf gut 62 % zukünftig konsumieren würden, um die natürliche Leistungsfähigkeit zu verbessern. Herauszuheben ist, dass in Lern-/Prüfungssituationen ~ 31 % konsumieren würden, um mit der geistigen Elite mithalten zu können, 33 % aus Konkurrenzdruck und ~ 31 % aus Existenzängsten. In Bewerbung/Beruf würden gut 40 % aus Konkurrenzdruck und ~ 34 % aufgrund von Existenzängsten Substanzen einnehmen. Einzelne fügten hinzu, dass sie sich durch die Einnahme einer Gruppe zugehörig fühlen und ihr schüchternes Dasein überwinden. Außerdem klagten viele über

Zeitdruck und ein erhöhtes Stresslevel, denen sie durch die Substanzeinnahme versuchen Abhilfe zu schaffen.

### c. Interpretation

In beiden Umfragen hatten ca. 15 % der Befragten bereits leistungssteigernde Substanzen eingenommen und 12 % nahmen diese in der ersten Umfrage sogar täglich in Lern- oder Prüfungssituationen ein. Eine solch große Verbreitung führt mit zunehmender Bekanntheit zu einem Anwachsen der Konsumentenschicht. Denn sollten entsprechende Substanzen zukünftig leicht erhältlich sein, wären 40 % dem Konsum nicht abgeneigt und 8 % nähmen leistungssteigernde Substanzen generell ein. Dies führt zu dem Schluss, dass die Zahl der Einnehmenden rasant steigt, wenn die Verfügbarkeit gegeben ist. Folglich besteht bei zunehmender Verbreitung ein ernstzunehmendes Risiko.

Neben dem Risiko der Verbreitung ist es auffällig, dass die Konsumenten vermehrt leistungssteigernde Substanzen in Lern-/Prüfungssituationen einnehmen, um mit den geistig Stärkeren mithalten zu können. Die erhöhte geistige Leistung der anderen und der daraus resultierende Konkurrenzdruck, bis hin zur Existenzangst, drängen die Befragten zum Selbstkonsum. Folglich wirken extrinsische Faktoren spürbar auf die Konsumentscheidung des Einzelnen. Wird sich pharmakologisches Neuroenhancement weiter verbreiten, steigt das allgemeine Leistungsniveau und parallel der Konsumdruck. Im beruflichen Umfeld ist dieser Motivator geringer, jedoch dominieren weiterhin die Bestrebungen, mit der geistigen Elite mithalten zu können, und die Angst um die eigene Existenz. Steigert eine Person ihr Leistungsniveau über das natürliche Maß hinaus, beeinflusst sie dadurch mittelbar die Konsumentscheidung Dritter. Dieses Phänomen ist im Leistungssport offensichtlich. Ohne systematisches Doping ist es nahezu unmöglich die erforderlichen Spitzenleistungen zu erzielen, da die Konkurrenten ihrerseits meist über eine artifiziell gesteigerte Leistung verfügen.[68] Um auf diesem Niveau wettbewerbsfähig zu sein, ist es notwendig sich vergleichbaren Dopingpraktiken zu unterziehen und greift damit tief in den fairen Wettkampf ein, und tangiert existenzielle Ängste der Menschen.

Wie einflussreich menschliche Bedürfnisse sind, zeigt die Ermittlung der Motivation von zukünftigen Konsumenten. In Lern- und Prüfungssituationen dominiert nicht die Neugier, sondern vielmehr überwiegen dieselben Ängste, die auch die Konsumenten antreiben. Im kompetitiven, beruflichen Umfeld

68 *Binkelmann* in Asmuth, Was ist Doping? Fakten und Probleme der aktuellen Diskussion, S. 153, 156 f.

motiviert der Konkurrenzdruck die Teilnehmer am zweitstärksten. Es ist zu konstatieren, dass die Motivationslage ein äußerst hohes Gefährdungspotential für die etablierte Vorstellung von Konkurrenz birgt.

Die zweite Umfrage verdeutlicht erneut den Zuspruch zum pharmakologischen Neuroenhancement sowie dessen Verbreitungspotential. Zudem legt sie den Schluss nahe, dass sich der Einnehmende nicht vollkommen freiwillig zur Einnahme entschließt, sondern vielmehr durch die geistige Elite und den daraus erwachsenden Konkurrenzdruck dazu motiviert wird. Die Angst, in einem solchen Umfeld den Anforderungen nicht zu genügen, führt zum selbstgefährdenden Konsum von illegalen Substanzen.

# III. Vorstellung der relevanten Substanzen

Zur Steigerung der kognitiven Leistung werden unterschiedliche Substanzen eingesetzt. Indessen ist es bislang noch nicht gelungen, die „reine Intelligenz" pharmakologisch zu verbessern. Gesteigert werden vielmehr die darauf Einfluss nehmenden Faktoren wie beispielsweise Konzentration, Wachheit und Motivation.

Zu diesem Ziel konsumieren die Einnehmenden häufig die bekannten Substanzen Modafinil und Methylphenidat. Diese wurden ursprünglich zur Behandlung von Erkrankungen entwickelt und werden beim pharmakologischen Neuroenhancement außerhalb ihres Zulassungsbereichs eingesetzt – sogenannter Off-Label-Use[69]. Kokain und Amphetamin erfreuen sich ebenfalls erhöhter Beliebtheit. Sie gelten als harte Drogen und werden grundsätzlich nicht (mehr) oder äußerst selten zu medizinischen Zwecken eingesetzt.[70]

## 1. Wirkstoffe und ihr Wirkungsprofil

Die vorliegende Arbeit stellt exemplarisch die Wirkstoffe vor, die die Betroffenen am häufigsten zum pharmakologischen Neuroenhancement einnehmen. Mittels einer ärztlichen Verschreibung beziehen sie zumeist die psychostimulierenden Wirkstoffe Methylphenidat und Modafinil. Der Handelsname der Amphetaminderivate ist in Deutschland Ritalin© bzw. Vigil®[71]. Sie gehören, ähnliche wie Amphetamin,[72] zu der Gruppe der Psychostimulanzien.[73] Außerdem wird als

---

69 *Talbot*, Pharmakologisches Enhancement, S. 69 (S. 70).

70 Teilweise werden kokainhaltige Augentropfen zur lokalen Anästhesie eingesetzt. Entsprechende Medikamente enthalten jedoch nur eine geringe Konzentration von 1 % des Wirkstoffes, weshalb das Missbrauchspotential gering ist. Amphetamin wird Patienten nicht als Fertigpräparat zur Verfügung gestellt, sondern als Saft oder Kapseln nach Rezeptierung zubereitet, wenn diese nicht auf Methylphenidat ansprechen (*Herdegen/Böhm*, Kurzlehrbuch Pharmakologie und Toxikologie, S. 449).

71 *Karow/Lang-Roth*, Allgemeine und Spezielle Pharmakologie und Toxikologie, S. 34; Repantis, MedR 2009, 64.

72 *Benkert/Hippius*, Kompendium der Psychiatrischen Pharmakotherapie, S. 539.

73 Psychostimulanzien sind Substanzen, die eine Aktivität der Nerven bewirken und deren Funktionsfähigkeit beschleunigen oder verbessern (Definition der World Health Organization). Sie wirken regelmäßig antriebs-, leistungs- und konzentrationssteigernd. Außerdem stabilisieren sie die Vigilanz und wirken in höheren Dosen häufig euphorisierend, *Benkert/Hippius*, Kompendium der Psychiatrischen Pharmakotherapie, S. 539.

klassisches Stimulanz Kokain dargestellt. Abschließend werden die als Amphetamin-type Stimulants[74] bezeichneten Substanzen wie Methamphetamin und Amphetamin in die Betrachtung einbezogen.

Grundsätzlich wirken Psychostimulanzien [lat. „stimulans“ = „anstachelnd“] gleichsam bei Gesunden und Kranken euphorisierend, anregend und psychisch sowie physisch leistungssteigernd.[75] Dieser positive Effekt erhöht deutlich das Risiko für Missbrauch und Abhängigkeit.[76] Das folgende Beispiel verdeutlicht, wie gefährlich Stimulanzien sind. Die natürliche Dopaminkonzentration erhöht sich durch Essen, Geschlechtsverkehr und allgemeine menschliche Interaktion um 50 bis 100 %, wohingegen die Einnahme von Stimulanzien das Dopaminniveau um 175 bis zu 1000 % zu steigern vermag.[77] Drogen stimulieren folglich bis zu zehn Mal mehr als Essen, Geschlechtsverkehr oder Interaktion.[78] Aus diesem Grund entscheiden sich die Einnehmenden dafür, Glücksgefühle unkompliziert mittels Substanz- und Medikamentenkonsum hervorzurufen. Das Resultat ist ein deutliches Verlangen nach erneuter Einnahme. Durch die stimulierenden Pharmaka reduzieren sich zudem das Schlafbedürfnis und der Appetit,[79] weshalb Psychostimulanzien in Lernsituationen und insbesondere im militärischen Bereich als durchaus erwünscht angesehen werden.[80]

## a. Methylphenidat

Der kokainähnliche Wirkstoff Methylphenidat gehört zu der Gruppe der Stimulanzien.[81] Methylphenidat wurde 1944 von dem Pharma-Chemiker Leandro Panizzon synthetisiert, der den Wirkstoff an seiner, dem Medikament

---

74 *Neumann/Franke/Soyka*, Nervenheilkunde 2016, 742.

75 *Benkert/Hippius/Wetzel*, Psychiatrische Pharmakotherapie, S. 313; *Mutschler/Geisslinger/Kroemer/Menzel/Ruth*, Mutschler Arzneimittelwirkungen, S. 179.

76 *Benkert/Hippius/Wetzel*, Psychiatrische Pharmakotherapie, S. 314; *Heinz/Kipke/Heimann/Wiesing*, Journal of Medical Ethics, 2012, 372; *Herdegen/Böhm*, Kurzlehrbuch Pharmakologie und Toxikologie, S. 313.

77 *Heinz/Kipke/Heimann/Wiesing*, Journal of Medical Ethics, 2012, 372 (373).

78 „Das Belohnungs- und Verstärkungssystem des Gehirns – Verlangen, Motivation und Suchtanfälligkeit“, Westdeutsche Zeitung, abrufbar unter: http://www.wz.de/home/panorama/das-belohnungs-und-verstaerkungssystem-des-gehirns-verlangen-motivation-und-suchtanfaelligkeit-1.1790679, 14.11.2014, Stand: 04.04.2017.

79 *Benkert/Hippius/Wetzel*, Psychiatrische Pharmakotherapie, S. 313.

80 *Groß*, MedR 2009, 85 (88).

81 *Beubler*, Kompendium der Pharmakologie, S. 134; *Suhr*, Der medizinisch nicht indizierte Eingriff, S. 74.

namensgebender, Frau Rita testete.[82] Ursprünglich wurde die Substanz zur Stabilisierung des Blutdrucks entwickelt, und um Schlaganfallpatienten zu rehabilitieren.[83] Methylphenidat wird heutzutage ausschließlich unter strengster Indikationsstellung eingesetzt. Diese liegt vor beim hyperkinetischen Syndrom (ADHS[84]) im Kindesalter sowie bei Erwachsenen und bei Narkolepsiepatienten[85].[86] Der Wirkstoff Methylphenidat ist in dem bekannten Medikament Ritalin© enthalten und in den USA bereits seit 1955 erhältlich. In Deutschland wurde Ritalin© zunächst rezeptfrei abgegeben und im Jahre 1971 dem Betäubungsmittelgesetz unterstellt.[87]

Die Wirkweise von Methylphenidat, welches ein sogenanntes indirektes Sympathomimetikum[88] ist, entzieht sich vollständiger Bekanntheit. Evident ist, dass es im zentralen Nervensystem aus den präsynaptischen Nervenendigungen Noradrenalin, Dopamin und Serotonin freisetzt. Zudem hemmt Methylphenidat, durch die Blockade der Dopamin- und Noradrenalin-Transporter, gleichzeitig deren Wiederaufnahme aus dem synaptischen Spalt[89]. Im Ergebnis führt dies zu einer erhöhten Konzentration an Katecholaminen[90] (Dopamin, Adrenalin und Noradrenalin)[91].[92] Die Steigerung des Noradrenalinniveaus bewirkt primär die Erregung des Sympathikus[93]. Gefühle der Müdigkeit sowie körperlichen

---

82 *Suhr*, Der medizinisch nicht indizierte Eingriff, S. 74.

83 *Suhr*, Der medizinisch nicht indizierte Eingriff, S. 73.

84 Aufmerksamkeits-Defizit-Hyperaktivitäts-Störung.

85 Krankhafte Tagesschläfrigkeit, *Mutschler/Geisslinger/Kroemer/Menzel/Ruth*, Mutschler Arzneimittelwirkungen, S. 179.

86 *Herdegen/Böhm*, Kurzlehrbuch Pharmakologie und Toxikologie, S. 445, 448; *Karow/Lang-Roth*, Allgemeine und Spezielle Pharmakologie und Toxikologie, S. 70; *Lieb*, Hirndoping – Warum wir nicht alles schlucken sollten, S. 71.

87 § 1 BtMG i.V.m. Anlage III des BtMG.

88 *Mutschler/Geisslinger/Kroemer/Menzel/Ruth*, Mutschler Arzneimittelwirkungen, S. 179, 324.

89 *Benkert/Hippius/Wetzel*, Psychiatrische Pharmakotherapie, S. 313.

90 Katecholamine „sind Neurotransmitter im sympathischen System und werden außerdem als Hormone vom Nebennierenmark ins Blut abgegeben", *Zeeck, A./Grond/Papastavrou/Zeeck, S.*, Chemie für Mediziner, S. 244.

91 *Sauer/Weilemann*, Drogen: Eigenschaften – Wirkungen –Intoxikationen, S. 28; *Zeeck, A./Grond/Papastavrou/Zeeck, S.*, Chemie für Mediziner, S 244.

92 *Graf/Malejko/Sosic-Vasic/Gahr*, Nervenheilkunde 2017, 695 (697).

93 *Herdegen/Böhm*, Kurzlehrbuch Pharmakologie und Toxikologie, S. 444 f.; *Karow/Lang-Roth*, Allgemeine und Spezielle Pharmakologie und Toxikologie, S. 69.

Abgeschlagenheit werden unterdrückt, wodurch sich die Konzentrationsfähigkeit und die kognitive Leistung steigern.[94]

Charakteristisch für diese Substanz ist der euphorische Zustand bis hin zur Erregung, verbunden mit psychotischen Zuständen. Es steigern sich die geistige Leistung und der Muskeltonus[95] und das Erschöpfungsgefühl wird vermindert.[96] Gesunde Menschen, die diese Effekte bei sich hervorrufen möchten, konsumieren dazu Methylphenidat missbräuchlich als kognitives Dopingmittel.

Die spezifische periphere Wirkung (bezeichnet regelmäßig die unerwünschten Nebenwirkungen)[97] von Methylphenidat ist Blutdruckanstieg, Gefahr von Koronarspasmen,[98] Sinustachykardie,[99] Herzrhythmusstörungen, Tremor[100] und Gefahr der pulmonalen Hypertonie[101].[102]

Zudem verbleibt das generelle Nebenwirkungsprofil[103] von Stimulanzien.[104] Es umfasst Appetithemmung (dadurch Gefahr der Wachstumsretardierung), Tachykardie, Hypertonie, Kreislaufschwankungen, Unruhe, Erregung, Schlaflosigkeit[105], positive Inotropie mit erhöhtem Energieverbrauch, Verschlechterung der Herzinsuffizienz,[106] erhöhtes Schlaganfallrisiko, Selbstüberschätzung, irreale Euphorie und Magen-Darm-Atonie[107].[108] Aufgrund der stark erhöhten Dopaminausschüttung sind regelmäßig Psychosen mit Wahnvorstellungen und Halluzinationen zu beobachten. Zudem führen Stimulanzien teils zu parkinsonähnlichen motorischen Störungen.[109]

---

94 *Benkert/Hippius/Wetzel*, Psychiatrische Pharmakotherapie, S. 313.

95 *Tretter,* Sucht. Gehirn. Gesellschaft, S. 41.

96 *Karow/Lang-Roth*, Allgemeine und Spezielle Pharmakologie und Toxikologie, S. 70.

97 Generell zu den Nebenwirkungen von Arzneimitteln: *Beubler*, Kompendium der Pharmakologie, S. 16 f.

98 Verkrampfung der Herzkranzgefäße.

99 Erhöhte Herzfrequenz von mehr als 100 Schlägen pro Minute.

100 Willkürliches Muskelzittern.

101 Ist eine Sammelbezeichnung für Erkrankungen, die durch eine Erhöhung des Gefäßwiderstandes und damit des Blutdrucks im Lungenkreislauf gekennzeichnet sind.

102 *Karow/Lang-Roth*, Allgemeine und Spezielle Pharmakologie und Toxikologie, S. 70.

103 *Magnus*, ZStW 2012, 907 (911).

104 *Losch*, Zbl Arbeitsmed, 2015, 229 (230).

105 *Karow/Lang-Roth*, Allgemeine und Spezielle Pharmakologie und Toxikologie, S. 70.

106 Herzschwäche.

107 Verlust der Muskelkraft.

108 *Herdegen/Böhm*, Kurzlehrbuch Pharmakologie und Toxikologie, S. 449.

109 Ebd., S. 449.

Bei einer Dosierung von unter 60 mg pro Tag besteht ein geringes Risiko für die Bildung von Toleranz und Abhängigkeit. Dieses steigt jedoch deutlich bei missbräuchlicher höherer Dosierung. Sollte Methylphenidat schnell abgesetzt werden, treten häufig Heißhunger, Unruhe und Ängstlichkeit auf.[110]

## b. Modafinil

Als weitere psychostimulierende[111] Substanz verwenden Ärzte in der Behandlung von ADHS und Narkolepsie[112] den Wirkstoff Modafinil, welcher wie Antidepressiva die Wiederaufnahme von biogenen Aminen hemmt.[113] Nachdem Modafinil zunächst dem BtMG unterstand, wurde es auf Empfehlung des Sachverständigenausschusses für Betäubungsmittel der Bundesopiumstelle im Jahre 2008 wieder daraus entfernt (Art. 1 Nr. 3 der Empfehlung). Es ist seitdem verschreibungspflichtig erhältlich.[114]

Der Wirkstoff Modafinil hemmt die Wiederaufnahme von biogenen Aminen. Er wirkt etwas schwächer als Amphetamin und hat einen verzögerten Wirkbeginn von teils mehreren Wochen.[115] Um den vollen Effekt zu erzielen, ist es erforderlich sukzessive einen gewissen Wirkstoffspiegel im Organismus aufzubauen. Modafinil ist eine stimulanz-ähnliche[116] Substanz und bewirkt, ähnlich wie Methylphenidat, durch die Blockade der Dopamin- und Noradrenalintransporter, eine Steigerung der Konzentration von Katecholaminen[117] im synaptischen Spalt.[118] Obwohl der Wirkmechanismus nicht vollständig aufgeklärt ist,[119] besteht Einigkeit darüber, dass Modafinil Wachheit, Aufmerksamkeit, Stress und Angst positiv modelliert. Die Steigerung der Wachheit unterbindet die Schläfrigkeit in gleicher Weise bei Gesunden und Kranken.[120] Dieses Wirkprofil schätzt insbesondere das Militär, da elementare Fähigkeiten wie Wachheit, Konzentration

---

110 Ebd., S. 445.

111 *Beubler*, Kompendium der Pharmakologie, S. 134.

112 *Graf/Malejko/Sosic-Vasic/Gahr*, Nervenheilkunde 2017, 695 (697).

113 *Herdegen/Böhm*, Kurzlehrbuch Pharmakologie und Toxikologie, S. 445.

114 BGBl. I 2008, S. 246 f.

115 *Herdegen/Böhm*, Kurzlehrbuch Pharmakologie und Toxikologie, S. 445.

116 *Beubler*, Kompendium der Pharmakologie, S. 134.

117 *Sauer/Weilemann*, Drogen: Eigenschaften – Wirkungen – Intoxikationen, S. 28; *Zeeck, A./Grond/Papastavrou/Zeeck, S.*, Chemie für Mediziner, S. 244.

118 *Graf/Malejko/Sosic-Vasic/Gahr*, Nervenheilkunde 2017, 695 (697).

119 *Mutschler/Geisslinger/Kroemer/Menzel/Ruth*, Mutschler Arzneimittelwirkungen, S. 180.

120 *Heinz/Kipke/Müller/Wiesing*, Journal of Medical Ethics, 2014, 286.

und Aufmerksamkeit für Soldaten von erhöhter Bedeutung sind. Im Vergleich zu Methylphenidat begrenzt sich die Wirkung auf einige Kernbereiche des zentralen Nervensystems, weshalb das Suchtpotential entsprechend geringer ist.[121]

Die zum Amphetaminkonsum vergleichbaren Nebenwirkungen, sind bei Modafinil geringer ausgeprägt[122] und ähneln eher denen von Methylphenidat,[123] da Modafinil derselben Substanzgruppe, den Stimulanzien, angehört.[124] Aufgrund dessen erhielt es als Substanz zur kognitiven Leistungssteigerung einen erhöhten Bekanntheitsgrad. Trotzdem sind die Nebenwirkungen nicht unbeachtlich, denn es treten Nervosität, Schlafstörungen, Kopfschmerzen, Blutdrucksteigerungen, Herzrasen, Leberdysfunktionen, Verdauungsprobleme und Depressionen auf.[125] Zudem belegte die Arbeitsgruppe für Pharmakovigilanz des Ausschusses für Humanarzneimittel der Europäischen Arzneimittel-Agentur, dass Modafinil in einem engen „Zusammenhang mit einem Risiko schwerwiegender, lebensbedrohlicher Hautreaktionen steht, welches bei Kindern erhöht zu sein scheint. Des Weiteren beobachtete der Ausschuss einen Zusammenhang zwischen Modafinil und psychiatrischen Nebenwirkungen (z.B. Selbstüberschätzung, irreale Euphorie, Suizidgedanken, Depression, psychotischen Episoden) sowie zwischen Modafinil und kardiovaskulären Nebenwirkungen, etwa Bluthochdruck (Hypertonie) und Herzrhythmusstörungen."[126]

Aufgrund dieser Wirkungs-Nebenwirkungs-Relation überwiegen die Vorteile von Modafinil ausschließlich im Anwendungsbereich der Indikation.[127] Der Ausschuss empfiehlt Modafinil nur für die Behandlung von Narkolepsie freizugeben.[128]

---

121 *Herdegen/Böhm*, Kurzlehrbuch Pharmakologie und Toxikologie, S. 445.

122 *Suhr*, Der medizinisch nicht indizierte Eingriff, S. 80.

123 *Losch*, Zbl Arbeitsmed, 2015, 229 (230).

124 *Magnus*, ZStW 2012, 907 (911).

125 DAK, Gesundheitsreport 2009, S. 48; DAK, Gesundheitsreport 2015, S. 49.

126 European Medicines Agency EMA/725532/2010 rev., EMEA/H/A-31/1186, Fragen und Antworten zu der Überprüfung von Modafinilhaltigen Arzneimitteln, 27.01.2011, S. 2.

127 *Heinz/Müller*, „Underestimation of the risk of addiction", in Meulen/Mohamed/Wayne, Rethinking Cognitive Enhancement, S. 80; *Herdegen/Böhm*, Kurzlehrbuch Pharmakologie und Toxikologie, S. 446.

128 European Medicines Agency EMA/725532/2010 rev., EMEA/H/A-31/1186, Fragen und Antworten zu der Überprüfung von Modafinilhaltigen Arzneimitteln, 27.01.2011, S. 2.

Insbesondere riet er von der Anwendung bei Kindern ab, da dort lebensgefährliche Hautreaktionen vermehrt auftraten.[129]

### c. Kokain

Kokain ist das psychostimulierende Hauptalkaloid[130] der Blätter des südamerikanischen Kokastrauches[131] (Erythroxylum coca), der hauptsächlich in feucht-warmen Urwaldgebieten in Peru, Kolumbien und Bolivien beheimatet ist.[132] Kokain wurde bereits im Jahre 1884 eingesetzt. Der Wiener Augenarzt Carl Koller nutzte es in der Augenheilkunde und der bekannte Psychologe Sigmund Freud zu psychotherapeutischen Zwecken, wie der Behandlung von Depressionen. Ein Jahr später beinhaltete das Getränk Coca-Cola© 250 mg/l dieses Wirkstoffes. Der deutsche Gesetzgeber unterstellte Kokain im Jahre 1929 zunächst unter das Opiumgesetz und überführte es später in das Betäubungsmittelgesetz.

Kokain wirkt auf zwei verschiedene Arten. Zum einen bewirkt es an peripheren Nervenfasern eine Blockade der Natriumkanäle und bedingt dadurch eine Unterbrechung der Erregungsleitung. Dieser Effekt führt zur lokalanästhetischen[133] Wirkung.[134] Die Hauptreaktion des Kokains besteht jedoch darin, dass es die Wiederaufnahme der Neurotransmitter Dopamin und Noradrenalin aus dem synaptischen Spalt hemmt und dadurch eine übermäßige Stimulation postsynaptischer Rezeptoren auslöst.[135] Kokain knüpft wohl an ein spezifisches Transportprotein an, welches die Neurotransmitter in die präsynaptische Zelle schleust. Durch die Bindung an das Protein wird dessen Struktur umfassend geändert und das Interesse an Dopamin sowie Noradrenalin derart vermindert, dass es einen effektiven Rücktransport in die Zelle verhindert.[136] Demzufolge wird die Konzentration der Transmitter andauernd erhöht und ein euphorisierender Zustand herbeigeführt. Die Steigerung des Noradrenalinniveaus erhöht

---

129 Annex II, S. 13, European Medicines Agency EMA/725532/2010 rev., EMEA/H/A-31/1186.

130 *Mortimer/Müller*, Chemie – Das Basiswissen der Chemie, S. 568.

131 Die Blätter enthalten etwa 0,5 % Kokain.

132 *Beubler/Haltmeyer/Springer*, Opiatabhängigkeit, S. 49; *Malek*, BtMG, Kap. 2, Rn. 31; *Sauer/Weilemann*, Drogen: Eigenschaften – Wirkungen – Intoxikationen, S. 32.

133 *Mutschler/Geisslinger/Kroemer/Menzel/Ruth*, Mutschler Arzneimittelwirkungen, S. 263.

134 *Sauer/Weilemann*, Drogen: Eigenschaften– Wirkungen – Intoxikationen, S. 33.

135 *Herdegen/Böhm*, Kurzlehrbuch Pharmakologie und Toxikologie, S. 450.

136 *Sauer/Weilemann*, Drogen: Eigenschaften – Wirkungen – Intoxikationen, S. 33.

die Aufmerksamkeit und aktiviert das Belohnungszentrum.[137] Die Erhöhung des Dopaminspiegels bewirkt daneben eine allgemein stimulierende sowie verhaltensverstärkende Veränderung.

Die Nebenwirkungen des Kokainkonsums sind massiv. Neben den generellen Folgen des Stimulanzienkonsums bedingt Kokain psychiatrische Störungen wie Selbstüberschätzung, irreale Euphorie und gesteigertes Verlangen mehr und häufiger zu konsumieren. Außerdem treten körperliche Effekte wie affektive Störungen, Mydriasis, ausgeprägte Agitation, Hyperthermie, Schwitzen, Tachykardie und arterielle Hypertonie,[138] Angstzustände, psychotische Veränderungen mit paranoiden Wahnvorstellungen und Halluzinationen auf.[139] Bei der Langzeiteinnahme von Kokain besteht das Risiko, dass sich die zuvor genannten medizinischen Folgen manifestieren und sich zu neurovaskulären Erkrankungen, Anfallserkrankungen, Durchblutungsstörungen im Gehirn, Krämpfe der Gefäßmuskulatur, Gerinnungsstörungen, kardialen Störungen wie Herzrhythmusstörungen oder plötzlichem Herztod und Fehlfunktionen der Lunge sowie Leber ausbilden.[140]

Nach dem abrupten Absetzen von Kokain ist vermehrt zu beobachten, dass Gefühle einer Depression und Irritation eintreten. Diese werden begleitet von Schlaflosigkeit, Angst und dem Verlangen erneut einzunehmen.[141]

## d. Amphetamin und Methamphetamin (Speed, Crystal Meth, Pervitin)

Amphetamin und Methamphetamin gehören ebenfalls zu der Wirkstoffgruppe der Psychostimulanzien[142] und sind ein Gemisch aus starken (rechtsdrehenden) und drei- bis vierfach schwächeren (linksdrehenden) Enantiomeren.[143] Beides sind keine natürlichen Wirkstoffe, sondern vollsynthetische Erzeugnisse.[144]

---

137 *Machleidt/Bauer/Lamprecht/Rhode-Dachser/Rose,* Psychiatrie, Psychosomatik und Psychotherapie, S. 234.

138 *Herdegen/Böhm*, Kurzlehrbuch Pharmakologie und Toxikologie, S. 450.

139 *Beubler*, Beubler/Haltmeyer/Springer – Opiatabhängigkeit, S. 49; *Machleidt/Bauer/Lamprecht/Rhode-Dachser/Rose,* Psychiatrie, Psychosomatik und Psychotherapie, S. 234.

140 *Beubler*, Beubler/Haltmeyer/Springer – Opiatabhängigkeit, S. 49; *Machleidt/Bauer/Lamprecht/Rhode-Dachser/Rose,* Psychiatrie, Psychosomatik und Psychotherapie, S. 234.

141 *Beubler*, Beubler/Haltmeyer/Springer – Opiatabhängigkeit, S. 49.

142 *Zeeck, A./Grond/Papastavrou/Zeeck, S.*, Chemie für Mediziner, S. 244.

143 *Herdegen/Böhm*, Kurzlehrbuch Pharmakologie und Toxikologie, S. 444.

144 *Malek*, BtMG, Kap. 2, Rn. 34.

Amphetamin ist der Substanzklasse der Amphetamine zuzuordnen, zu welcher etliche weitere Wirkstoffe wie Methamphetamin, Koffein, Kokain oder Ephedrin gehören. Der ehemalige Doktorand Lazăr Edeleanu synthetisierte Amphetamin das erste Mal im Jahre 1887.[145] Danach entdeckte es die Medizin und nutzte dessen Eigenschaften zu stimulierenden Zwecken. Ähnlich zu Methylphenidat und Modafinil findet Amphetamin teils zur Behandlung von ADHS oder Narkolepsie Anwendung, wenn andere Substanzen keine Abhilfe schaffen.[146] Darüber hinaus schätzte das Militär dessen Wirkung und verwendete es gleichsam, um die Soldaten im Einsatz länger leistungsfähig, motiviert und konzentriert zu halten. Deutschland unterstellte Amphetamin 1941 dem Reichsopiumgesetz und führt es seit dem Jahre 1981 im neugefassten Betäubungsmittelgesetz in der Anlage III als verschreibungsfähiges Betäubungsmittel.

Amphetamin und seine Abkömmlinge sind in ihrer Wirkweise vergleichbar mit der von Kokain.[147] Sie basieren auf dem molekularen Grundgerüst des Phenylethylamins und unterscheiden sich ausschließlich in einzelnen Substituenten.[148] Ihre Wirkung begründet sich hauptsächlich in ihrer Ähnlichkeit zu den körpereigenen Katecholaminen Dopamin, Adrenalin und Noradrenalin.[149] Die pharmakologische Wirkung ist vergleichbar zu der des Kokains,[150] jedoch führt Amphetamin zudem zu einer Ausschüttung von körpereigenem Noradrenalin. Dies bedingt eine starke Stimulierung und wirkt aufputschend sowie appetitzügelnd und bei entsprechender Dosierung euphorisierend.[151] Methamphetamin (sogenanntes Crystal Meth; Pervitin) wirkt außerdem nachhaltig neurotoxisch[152]. Es beeinflusst direkt die Dopamin und Serotonin produzierenden Neuronen und führt längerfristig zu einer Verringerung der Konzentration von Dopamin und Serotonin.[153] Diese Wirkweise wird als Grund dafür angesehen, dass bei Einnehmenden vermehrt paranoide Psychosen auftreten und

145 *Sauer/Weilemann*, Drogen: Eigenschaften – Wirkungen – Intoxikationen, S. 27.

146 *Körner/Symanzik*, „Gendoping – Zwischen Fakt, Fiktion und der Fiktion des Faktischen“, in Körner/Erber-Schropp, Gendoping – Herausforderung für Sport und Gesellschaft, S. 2–3.

147 *Beubler*, Beubler/Haltmeyer/Springer – Opiatabhängigkeit, S. 50.

148 *Neumann/Franke/Soyka*, Nervenheilkunde 2016, 742.

149 *Sauer/Weilemann*, Drogen: Eigenschaften – Wirkungen – Intoxikationen, S. 28; *Zeeck, A./Grond/Papastavrou/Zeeck, S.*, Chemie für Mediziner, S 244.

150 *Benkert/Hippius/Wetzel*, Psychiatrische Pharmakotherapie, S. 313.

151 *Neumann/Franke/Soyka*, Nervenheilkunde 2016, 742–743.

152 *Zeeck, A./Grond/Papastavrou/Zeeck, S.*, Chemie für Mediziner, S. 244.

153 *Graefe/Lutz/Bönisch*, Pharmakologie und Toxikologie, S, 353.

die Betroffenen die Substanz wiederholt hoch dosiert einnehmen, in Erwartung einer Besserung.[154]

Neben der vergleichbaren Wirkung zu Kokain ähneln sich auch die Nebenwirkungen. Über die vom Kokain bekannten Nebenwirkungen hinaus ist zu konstatieren, dass Amphetamine eine deutlich höhere Toxizität aufweisen, und aufgrund dessen zu noch größeren gesundheitlichen Nachteilen führen.[155] Amphetamin verfügt über eine längere Wirkdauer als Kokain, welches vergleichsweise schnell metabolisiert und mithin entgiftet wird. Folglich besteht bei Amphetaminen eine höhere Gefahr der Überdosierung. Es folgen starker Gewichtsverlust, Nierenschäden und Neuropathien.[156] Nach dem Absetzen der Droge zeigen die Konsumenten häufig Anzeichen von Depression, Angst, Gereiztheit oder Verstimmung. In schwerwiegenderen Fällen bildet sich eine vorübergehende paranoide Psychose.

### e. Sonstige Substanzen

Neben den oben genannten Substanzen konsumieren viele Koffein, Zucker, Ginko oder ähnliche Präparate. Kaffee und Energydrinks enthalten den Wirkstoff Koffein. Koffein ist eine Purinbase, die in Kaffeebohnen, Mate- und Teeblättern sowie Kolanüssen enthalten ist. Sie stimuliert hauptsächlich die Großhirnrinde.[157] Dort blockiert Koffein die Adenosinrezeptoren und verhindert die natürliche Bindung von Adenosin, welches für das Müdigkeitsgefühl zuständig ist.[158] Die Blockade stimuliert das zentrale Nervensystem[159] und führt über eine Verengung der Gefäße zu einem Anstieg des Blutdrucks und Pulses sowie zur Erweiterung der Bronchien. In der Summe führt das zu einer temporären Steigerung der körperlichen Leistung. Daneben beeinflusst Koffein die kognitiven Funktionen, indem es die Vigilanz und die Aufmerksamkeit marginal verbessert. Unerwünschte Nebenwirkungen von erhöhtem Konsum sind Herzrasen, Tremor sowie Magen- und Darmprobleme.[160] Die Menschheit nutzt seit Langem Koffein, um die Wachheit zu steigern, jedoch erreichen die pharmakologischen

---

154 *Sauer/Weilemann*, Drogen: Eigenschaften– Wirkungen – Intoxikationen, S. 28.
155 *Beubler*, Beubler/Haltmeyer/Springer – Opiatabhängigkeit, S. 50.
156 Ebd., S. 50.
157 *Mutschler/Geisslinger/Kroemer/Menzel/Ruth*, Mutschler Arzneimittelwirkungen, S. 179.
158 *Zeeck, A./Grond/Papastavrou/Zeeck, S.*, Chemie für Mediziner, S. 389.
159 Edb., S. 245.
160 Ebd., S. 389.

Neuroenhancer wie Methylphenidat, Modafinil, Amphetamin oder Kokain eine intensivere Wirkdimension. Im Unterschied zu den Stimulanzien bedingt Koffein keine massive Ausschüttung von Dopamin im zentralen Nervensystem[161] und führt somit nicht zu einer vergleichbar starken Verbesserung des Gefühlszustandes.[162] Folglich besteht ein messbarer Unterschied zwischen der Wirkweisen von Koffein und pharmakologischen Neuroenhancern.

Jedoch befindet sich in koffeinhaltigen Getränken meist ein großer Anteil von Zucker. Dieser bewirkt im Gehirn eine Ausschüttung des Glückshormons Serotonin, was in der Kombination mit Koffein dazu führt, dass sich der Konsument wacher, konzentrierter und gleichsam etwas glücklicher fühlt. Das hervorgerufene Glücksgefühl ist allerdings deutlich geringer als bei den entsprechenden pharmakologischen Substanzen.

Klassische Energydrinks wie Red Bull beinhalten zusätzlich zum Koffein und Zucker weitere Mittel wie Taurin oder Inosit, die die Wirkung von Koffein verstärken sollen. Eine Dose Red Bull (250 ml) enthält den geringen Anteil von 80 mg Koffein, wohingegen dieselbe Menge an Kaffee ca. 225 mg Koffein beinhaltet. Red Bull besteht zusätzlich aus 1.000 mg Taurin, 5,25 g Glukose, 21,5 g Saccharose, 600 mg Glucuronolakton und diversen Aromastoffen. Red Bull vermarktet den hohen Tauringehalt als eine Verstärkung der Glucosemetabolisierung.[163] Durch diese Folge absorbiere der Konsument die beinhaltete Glucose schneller, was zu einer höheren Aktivität führe. Die Zusammensetzung scheint wirksam zu sein, denn klinische Studien zeigen, dass der Konsum von Energydrinks zu einem etwas höheren körperlichen Effekt führt als der reine Koffeinkonsum. Nach der Einnahme verringert sich die Wirkung nach etwa einer Stunde, weshalb der Konsument versucht durch erneute Einnahme diesen Zustand wiederherzustellen. Das Nebenwirkungsprofil gleicht dem vom Koffein.

Außerdem nehmen manche Ginkgo-Biloba-Tabletten ein. Diese werden aus einem Extrakt aus den Blättern des asiatischen Ginkgo-Baumes hergestellt und sind frei erhältlich. Der Wirkstoff hemme den altersbedingten Rückgang der Gehirnfunktion. Einen solchen von der Werbeindustrie behaupteten Effekt von Ginkgo negiert jede belastbare Studie, dahingegen besitzen Koffein und Zucker eine nachgewiesene Wirkung.

---

161 *Heinz/Kipke/Heimann/Wiesing*, Journal of Medical Ethics, 2012, 372 (373).

162 *Heinz/Kipke/Müller/Wiesing*, Journal of Medical Ethics, 2014, 286.

163 Metabolisierung/Verstoffwechselung: Meint den Transport und die chemische Umwandlung von Stoffen in einem Organismus.

Im Gegensatz zu Ritalin©, Vigil®, Kokain sowie Amphetamin sind die oben genannten Wirkstoffe frei erhältlich und gesellschaftlich akzeptiert. Obwohl Koffein und Zucker manche Körperfunktionen nachgewiesen beeinflussen, übersteigt die Wirksamkeit von pharmakologischen Neuroenhancern diese deutlich. Das Potential der frei erhältlichen Substanzen ist geringer, indessen sind diese deutlich weniger gesundheitsschädlich. Die vermehrte Einnahme von Zucker führt einzig zur Lipogenese[164] und der durchschnittliche Konsum von Koffein zu geringem Tremor und Herzrasen.[165] Im Gegensatz dazu wirken die pharmakologischen Neuroenhancer erheblich schädlicher. Abgesehen von Vigil® unterstehen die anderen Neuroenhancer dem Betäubungsmittelgesetz, weshalb deren Beschaffung regelmäßig strafbar und schwieriger ist.[166] In dem oben angeführten Memorandum weisen die Wissenschaftler außerdem darauf hin, dass es noch kein Medikament ohne Nebenwirkungen gebe und ein solches in absehbarer Zeit nicht verfügbar sei.[167] Die aktuell verwendeten Neuroenhancer weisen starke Nebenwirkungen auf und bergen eine deutlich erhöhte Suchtgefahr, so insbesondere das Mitglied des Memorandums Thorsten Galert, wissenschaftlicher Referent des Deutschen Ethikrates.[168]

## 2. Forschungsstand bei Gesunden

Von dem deutlich erhöhten Missbrauchspotential losgelöst, ist zu konstatieren, dass die Wirkstoffe bei korrekter Indikation die Therapie von Kranken sinnvoll unterstützen. Das Wirkungs-Nebenwirkungs-Profil ist in diesem Falle vergleichsweise günstig,[169] da den Nebenwirkungen ein hoher therapeutischer Nutzen entgegensteht. Unbehandelte Krankheiten sind ein Risiko, dem medikamentös entgegengewirkt werden sollte. Konsumiert jedoch ein gesunder Mensch entsprechende Substanzen, führt die Abwägung zwischen den nicht vorhandenen gesundheitlichen Leiden und den Nebenwirkungen der Medikation zu einem abweichenden Ergebnis. Arzneimittel werden primär an kranken und nur äußerst selten klinisch belastbar an gesunden Menschen getestet. Deshalb sind

---

164 Fetteinlagerung; *Brendel/Müller*, Die Zucker-Lüge, S. 18; *Thannenhauser*, Stoffwechsel und Stoffwechselkrankheiten, S. 307 f.

165 *Herdegen/Böhm*, Kurzlehrbuch Pharmakologie und Toxikologie, S. 93.

166 Zur Einordnung der Substanzen unter das BtMG siehe S. 68 f.

167 *Galert/Bublitz/Heuser/Merkel/Repantis/Schöne-Seifert/Talbot*, Gehirn&Geist 2009, 1 (6, 9).

168 Ebd., S. 6.

169 *Herdegen/Böhm*, Kurzlehrbuch Pharmakologie und Toxikologie, S. 446.

sie erst recht nicht für den dauerhaften indikationslosen Konsum zugelassen oder empfehlenswert.[170]

## a. Methylphenidat

Der Verbrauch von Methylphenidat wächst in Deutschland kontinuierlich. Nach dem Arzneiverordnungsreport stieg von 1998 bis 2016 die Anzahl der verordneten Tagesdosen von 3,9[171] auf 52[172] Millionen. Laut dem DAK-Bericht aus 2015 wurde es, in den Jahren 2012 und 2013, 10,3 % der versicherten Patienten ohne eine entsprechende Diagnose verordnet, obwohl es unter das BtMG fällt.[173]

Aktuell gibt es keine belastbaren Langzeitstudien zu den Auswirkungen der Substanzen, da diese nicht zu dem Zweck des bloßen Neuroenhancements an menschlichen Probanden klinisch getestet wurden. Es ist jedoch anzunehmen, dass zumindest einige der Nebenwirkungen, die beim indizierten Konsum auftreten, zugleich beim indikationslosen angezeigt sind.[174]

Die von Suhr angeführte Studie aus dem Journal of Neuroscience aus 2007[175] lässt den Schluss zu, dass der Konsum von Methylphenidat bei Kindern Langzeitveränderungen des Gehirns bedingt.

Isabella Heuser-Collier, Direktorin der Klinik und Hochschulambulanz für Psychiatrie und Psychotherapie der Charité in Berlin, äußert, dass es „vereinzelt Studien [gibt], die darauf hinweisen, dass Methylphenidat (MPH) die Lernfähigkeit bei neuen Aufgaben und in ungewohnten Situationen steigern kann. Außerdem wurde in Studien wiederholt von positiven Auswirkungen von MPH auf das subjektive Empfinden des eigenen Leistungsniveaus berichtet. Im Umgang mit bekannten, alltäglichen, repetitiven oder eingeübten Aufgaben könnte MPH

---

170 *Glaeske/Merchlewicz*, Gaßmann/Merchlewicz/Koeppe, Hirndoping – Der große Schwindel, S. 26.

171 *Lohse/Müller-Oerlinghausen*, Arzneiverordnungs-Report 1998, S. 473.

172 *Lohse/Müller-Oerlinghausen*, Arzneiverordnungs-Report 2016, S. 683.

173 DAK, Gesundheitsreport 2015, S. 102 f.

174 *Gärditz*, PharmR 2011, 46 (47), DAK, Gesundheitsreport 2009, S. 47, DAK, Gesundheitsreport 2015, S. 48; *Glaeske/Merchlewicz*, Gaßmann/Merchlewicz/Koeppe, Hirndoping – Der große Schwindel, S. 31.

175 *Suhr*, Der medizinisch nicht indizierte Eingriff, S. 75. Es wurde ein Studie an Ratten durchgeführt, bei der sie zweimal täglich hohe Dosen Ritalin© injiziert bekamen. Dabei wurden strukturelle und neurochemische Veränderungen in gewissen Hirnregionen festgestellt. Diese entwickelten sich nach Absetzen der Substanz zwar wieder zurück, jedoch kann daraus geschlussfolgert werden, dass Ritalin© bei Kindern Langzeitveränderungen des Gehirns bedingt.

eventuell durch eine Steigerung der Impulsivität zu einer Häufung von Flüchtigkeitsfehlern führen. Gerade in Prüfungssituationen, in denen gelerntes/geübtes Wissen abgefragt wird, wäre demnach von der Einnahme von MPH abzuraten."[176] Aus dieser einzelnen Studie ließe sich ableiten, dass gerade in Prüfungssituation, in denen erlerntes Wissen genutzt werden soll, die Einnahme von Methylphenidat die Leistung verschlechtere.

Gemein ist allen von Suhr genannten Studien,[177] dass sie die Wirksamkeit von Methylphenidat auf kognitive Fähigkeiten nicht belastbar nachweisen. Die Wirkung sei allenfalls partiell und gering. Die Ergebnisse der Studien sind jedoch teils widersprüchlich, was die Vermutung nahelegt, dass deren Aussagekraft begrenzt ist.[178] Folglich versagen sie als Gegenbeweis zur pharmakologisch bestätigten Wirkung der Substanzen[179].

Dimitris Repantis[180], ein Oberarzt in der Klinik für Psychiatrie und Psychotherapie an der Charité in Berlin, bewertete verschiedene Studien und Daten von Krankenkassen. Diese negieren ebenfalls den positiven Einfluss der dauerhaften Einnahme von Methylphenidat auf die Aufmerksamkeit und Wachheit. Weitere Studien untersuchten eine mehrmalige Einnahme oder eine Einnahme bei Probanden unter Schlafentzug, ergaben jedoch ebenfalls keine eindeutig positiven Ergebnisse.[181] Repantis selbst konnte eine positive Wirkung auf das Gedächtnis bei der einmaligen Einnahme feststellen.

Eine aktuelle Studie[182] von Andreas Franke und Klaus Lieb, die bereits seit vielen Jahren führend zu der Wirkung von pharmakologischen Neuroenhancern forschen, bestätigt die Wirkung von Methylphenidat und Modafinil. Sie führten einen randomisierten, placebokontrollierten Test durch, bei dem die Leistung von Schachspielern unter Substanzkonsum analysiert wurde. Bei knapp 3.000 untersuchten Partien wurde festgestellt, dass die Spieler durch die Einnahme von Methylphenidat oder Modafinil mehr der komplexen Schachpartien gewannen als die Placebokontrollierten. Dies lässt die Schlussfolgerung zu, dass Stimulanzien die kognitiven Fähigkeiten von Schachspielern verbessern und die Probanden Spielentscheidungen vertieft und konzentriert reflektieren konnten. Die

---

176 DAK, Gesundheitsreport 2009, S. 46.

177 *Suhr*, Der medizinisch nicht indizierte Eingriff, S. 73–92.

178 Ebd., S. 91.

179 Siehe S. 33 ff.

180 *Repantis*, MedR 2009, 63 ff.

181 Ebd. (65–67).

182 *Franke/Lieb*, Methylphenidate, modafinil and caffeine for cognitive enhancement in chess: A double-blind, randomised controlled trial.

Untersuchung umfasste daneben die Wirkung von Koffein und es wurde bestätigt, dass Methylphenidat und Modafinil die geistige Leistung der Schachspieler deutlich stärker beeinflussen.

## b. Modafinil

Einzig für Modafinil ist allgemein bestätigt, dass es effektiv die Wachheit des Einnehmenden steigert.[183] Repantis bestätigte bei seinen Untersuchungen die Nebenwirkungen, welche sich unter anderem auf Schlaflosigkeit, Kopfschmerzen, vermehrtes Schwitzen, Appetitminderung, schneller und unregelmäßiger Herzschlag und Blutdruckschwankungen beliefen.

Repantis stellte für Modafinil einen durchweg positiven Effekt auf die Aufmerksamkeit fest. Jedoch negierte er signifikante Veränderungen auf die Stimmung oder Gedächtnisleistung. Er erforschte das Verhalten von Soldaten bei Schlafentzug. Dauerte der Schlafentzug bis zu 36 Stunden, beobachtete Repantis nach der einmaligen Einnahme einen positiven Effekt auf die Wachheit, Gedächtnisleistung und exekutiven Funktionen. Dauerte der Schlafentzug mit mehrmaliger Einnahme bis zu 64 Stunden, blieb zwar die Wachheit erhalten, allerdings sank die Gedächtnisleistung rapide und es konnte ein Hang zur Selbstüberschätzung der kognitiven Fähigkeiten nachgewiesen werden.[184]

Eine Studie der University of Cambridge aus dem Jahre 2002 zeigt, dass die kognitive Leistung der Probanden bei einer Dosierung von 100 bis 200 Milligramm Modafinil signifikant erhöht wird.[185]

Der Student Ruairidh Battleday und die Leiterin der Neuropsychologie des Max-Planck-Instituts in München Anna-Katharine Brem forschten zu diesem Thema gemeinsam an der University of Oxford. Sie führten eine Studie[186] durch, die den Schluss zulässt, dass Modafinil auch gesunde Menschen in kognitiven Belastungssituationen positiv unterstützt. Neben eigenen Untersuchungen analysierten sie 24 weitere Studien über die kognitive Wirkung von Modafinil zwischen 1990 bis 2014. Die Autoren schließen ihre Analysen mit dem Fazit, dass es durchaus naheliege, dass Modafinil der erste gut validierte, pharmazeutische Wirkstoff ist, der die kognitive Leistung messbar erhöht.[187]

---

183 *Suhr*, Der medizinisch nicht indizierte Eingriff, S. 93.

184 *Repantis*, MedR 2009, 63 (65–67).

185 *Turner/Robbins/Clark/Aron/Dowson/Sahakian*, Psychopharmacology 2003, 260 (267).

186 *Battleday/Brem*, European Neuropsychopharmacology, 25/2015, S. 1865 ff.

187 Ebd., S. 1878.

Die ermittelten Nebenwirkungen befanden sich bei allen durchgeführten Studien im Bereich von Kopfschmerzen, Schwindel, gastrointestinalen[188] Beschwerden, erhöhter Harnausscheidung, Nervosität und Schlafdysregulation.[189]

### c. Fazit

Repantis und eine Vielzahl weiterer Wissenschaftler[190] bemängeln, dass der momentane Forschungsstand nicht ausreiche, um eine fundierte Aussage über die kognitiv leistungssteigernde Wirkung der entsprechenden Substanzen zu treffen.[191] Die wenigen und zudem noch widersprüchlichen Studien konstatieren das überraschende Ergebnis der vermeintlich schlechten Wirkung von Methylphenidat. Dieses Ergebnis ist aus pharmakologischer Sicht nicht nachvollziehbar[192] – die Medizin und die Erfahrungen der Einnehmenden belegen eine spürbare physische sowie psychische Zustandsverbesserung.[193]

Die wachhaltende Wirkung von Modafinil beim Gesunden wurde medizinisch validiert und durch veröffentlichte Selbstversuche bestätigt.[194]

Die Steigerung der kognitiven Leistung ist im Kern wünschenswert und als durchaus positiv zu bewerten. Gerade im Bereich der Therapie von Krankheiten wie ADHS oder Demenz ist die Anwendung von entsprechenden Substanzen zu begrüßen und nahezu unverzichtbar.

Indessen bleibt die Verwendung der Wirkstoffe trotzdem risikoreich, wenn die medizinische Indikation fehlt. Vertraut man auf die oben angeführten Erkenntnisse der Medizin, sind die Nebenwirkungen und Langzeitfolgen mitunter dramatisch.

Die Nebenwirkungen sind ausschließlich für Kranke bestätigt worden – es fehlen belastbare Informationen bei Gesunden. Davon ausgehend, dass diese Nebenwirkungen bei erkrankten Personen auftreten, ist es plausibel anzunehmen, dass die Nebenwirkungen bei kontraindiziertem Gebrauch teils gleichwertig sind und weiterhin ein erhöhtes Suchtpotential besteht.[195] Zudem ist der

---

188 Magen-Darm-Region.

189 *Glaeske/Merchlewicz*, Gaßmann/Merchlewicz/Koeppe, Hirndoping – Der große Schwindel, S. 31.

190 *Volkmer*, Körner/Patzak/Volkmer – BtMG, Vorbemerkungen zum AMG, Rn. 274.

191 *Repantis*, MedR 2009, 63 (67–68).

192 Siehe S. 35.

193 Siehe S. 37.

194 Beispielsweise: *Plot*, 100 Milligramm Arbeitswut, S. 4, Onlinemedium, abrufbar unter: http://www.zeit.de/2003/35/M-Modafinil, Stand: 10.02.2017).

195 *Glaeske/Merchlewicz*, Gaßmann/Merchlewicz/Koeppe, Hirndoping – Der große Schwindel, S. 31; siehe S. 49.

Eingriff in das komplexe System des menschlichen Körpers unvorhersehbar, sodass gewisse Restrisiken bestehen.[196]

Es ist festzuhalten, dass der Konsum von pharmakologischen Neuroenhancern die kognitive Leistung Gesunder partiell verbessern kann. Dies geht jedoch einher mit einem erheblichen gesundheitlichen Risiko.[197] In den Situationen, in denen das Gehirn entspannen und regenerieren soll, werden leistungssteigernde Substanzen eingenommen und der erforderliche Regenerationsprozess wird unterbrochen. Dies führt langfristig zu einer Schwächung der generellen Leistung und zur Ausbildung einer Psychose oder eines Burnouts. Neuroenhancer erschaffen keine klügeren Menschen oder vermitteln neues Wissen, sondern sind kurzfristig in der Lage, die Konzentration und Abrufbarkeit des angehäuften Wissens zu verbessern.[198]

## 3. Das Abhängigkeitspotential der Substanzen

Neben den oben genannten unerwünschten Nebenwirkungen ist die Abhängigkeit[199] besonders herauszuheben.[200] Suchtkrankheiten gelten als eines der bedeutsamsten sozialen Probleme moderner Gesellschaften des 20. Jahrhunderts. Der Drogen- und Suchtbericht der Drogenbeauftragten der Bundesregierung schätzt die Anzahl der Medikamentenabhängigen in Deutschland auf 1,3 bis 2,3 Millionen, wobei die Suchterkrankungen bezüglich Amphetaminen und Kokain auf insgesamt 400.000 hochgerechnet werden. Ein hohes Abhängigkeitspotential bergen gerade die stimulierenden Wirkstoffe[201] Kokain[202], Amphetamin[203], Methylphenidat und Modafinil.[204] Damit verbindet sich außerdem meist die Tendenz

---

196 *Heilinger*, „Grenzen des Menschen. Zu einer Ethik des Enhancement", Bundeszentrale für politische Bildung, Onlinemedium, abrufbar unter: http://www.bpb.de/gesellschaft/umwelt/bioethik/160269/enhancement, Stand: 28.03.2018.

197 *Magnus*, ZStW 2012, 907 (912).

198 *Spranger*, Suchttherapie 2011, 164 (165).

199 *Mutschler/Geisslinger/Kroemer/Menzel/Ruth*, Mutschler Arzneimittelwirkungen, S. 180.

200 *Heinz/Müller*, „Underestimation of the risk of addiction", in Meulen/Mohamed/Wayne, Rethinking Cognitive Enhancement, S. 71; *Malek*, BtMG, Kap. 2, Rn. 32.

201 *Benkert/Hippius/Wetzel*, Psychiatrische Pharmakotherapie, S. 313.

202 Kokain wird noch als minimaler Bestandteil in Augentropfen zur Lokalanästhesie genutzt.

203 Wirkt in entsprechend hoher Dosierung ebenfalls euphorisierend.

204 *Benkert/Hippius/Wetzel*, Psychiatrische Pharmakotherapie, S. 314; *Köhler*, Rauschdrogen – Geschichte, Substanzen, Wirkung, Kap. 1.5; *Zeeck, A./Grond/Papastavrou/Zeeck, S.*, Chemie für Mediziner, S. 244.

zur Dosissteigerung und zu Kontrollverlust.[205] Aufgrund der oben dargestellten Motivationslage ist der Mensch insbesondere bei der (nasalen)[206] Einnahme in Lernsituationen erhöht anfällig für die Ausbildung von Suchtstrukturen.[207]

Im Drogen- und Suchtbericht der Drogenbeauftragten der Bundesregierung Marlene Mortler vom Juli 2017 wurde untersucht, wie häufig der Drogenmissbrauch eine Behandlung erforderte. Im Jahre 2014 ließen sich 25,1 % Sportlerinnen und 20,5 % Sportler ambulant an der Deutschen Sporthochschule wegen des Missbrauchs von Kokain und anderen Stimulanzien behandeln.[208] Dies entspricht 21,6 % aller ambulant wegen Drogenmissbrauchs behandelten Sportler. Der stationäre Bereich bestätigt diesen Prozentsatz. Dort wurden in den Jahren 2014 und 2015 etwa 21,5 % aller Patienten mit Suchterkrankung wegen Kokain- oder anderen Stimulanzienmissbrauchs betreut.[209] Die Behandlung wegen der Folgen des Konsums von leistungssteigernden Substanzen nimmt einen hohen Anteil ein, denn fast jeder vierte Behandlungsbedürftige leidet unter entsprechenden Nebenwirkungen.

Abhängigkeitsstrukturen bilden sich rasch aus, da der Konsument danach strebt, das subjektiv als leistungssteigernd empfundene Gefühl erneut hervorzurufen.[210] Jedoch ist gleichfalls das physische Verlangen nach den Substanzen nicht zu unterschätzen.[211] Der Körper schüttet regelmäßig vermehrt den Dopamin-Transmitter aus, wenn der Mensch auf natürliche Art und Weise ein Erfolgserlebnis durchlebt hat. Diesen körperlichen Effekt bewirkt die Einnahme von pharmakologischen Neuroenhancer ebenfalls und übertrifft ihn sogar in der Intensität.[212] Stimulanzien lösen jedoch eine sogenannte Tachyphylaxie aus. Darunter versteht man eine schnelle Toleranzentwicklung gegenüber bestimmten Wirkstoffen. Insbesondere die Wiederaufnahmehemmung von Neurotransmittern verursacht eine zunehmende Entleerung der vorhandenen Neurotransmitter im präsynaptischen Spalt. Dies verringert sukzessive den Wirkungsgrad des

---

205 *Malek*, BtMG, Kap. 2, Rn. 32.

206 *Benkert/Hippius*, Kompendium der Psychiatrischen Pharmakotherapie, S. 798: Bei der nasalen Einnahme flutet der Wirkstoff schneller an als bei einer retardierenden Tablette. Dadurch erfährt der Konsument die Wirkung intensiver und direkter.

207 *Heinz/Kipke/Heimann/Wiesing*, Journal of Medical Ethics, 2012, 372.

208 *Morter*, Drogen- und Suchtbericht der Bundesregierung, 2017, S. 47.

209 Ebd., S. 47.

210 *Beubler/Haltmeyer/Springer*, Opiatabhängigkeit, S. 49; Hirndoping Positionspapier (DHS), S. 6.

211 *Benkert/Hippius/Wetzel*, Psychiatrische Pharmakotherapie, S. 314.

212 Siehe S. 34.

Stimulanz. Das verhindert eine erneute Erregungsübertragung in der vorherigen Intensität. Durch die fehlende Wiederaufnahme produziert der Körper die Neurotransmitter nur noch reduziert und letztlich versiegt die Neuproduktion vollständig. Aufgrund dieser physischen Wirkung erhöht sich nach mehrmaligem Konsum die Toleranz gegenüber der Substanz, was zwangsläufig zu der Erhöhung der Dosis führt. Da der Konsument den Zustand des Glücks und der Erregung erneut hervorrufen möchte, steigert sich die physische Abhängigkeit.[213] Konsumerfahrungen werden als positive Erlebnisse abgespeichert und führen zu dem Verlangen, in ähnlich gelagerten Situationen wiederholt einnehmen zu wollen – der Konsument entwickelt ein Suchtgedächtnis[214]. Der mit dem Suchtmittel verbundene angenehme Effekt wirkt belohnend und mithin positiv verstärkend auf das Verhaltensmuster des Konsumenten.[215] Im Sinne der operanten und klassischen Konditionierung[216] steigt dadurch die Wahrscheinlichkeit, dass das erlernte Verhalten repetiert wird (psychische Suchtstruktur).[217] Erschwerend wirkt, dass die psychische Abhängigkeit Versagensängste des Konsumenten fördern kann. Absolvierte der Einnehmende unter pharmakologischem Einfluss mehrere Prüfungen mit guten Noten, entwickelt er bei dem Gedanken an eine darauffolgende Prüfung ohne pharmakologische Unterstützung erhebliche Versagensängste.[218] Bildet sich ein solches Suchtgedächtnis, besteht die ernstzunehmende Gefahr, dass sich eine lebenslange Sucht entwickelt und der Konsument ausschließlich unter pharmakologischem Einfluss arbeiten kann und ansonsten arbeitsunfähig wird.

Diese Situation verschlimmernd, führt der abrupte Abbruch des Konsums häufig zu den klassischen, suchtbedingten Entzugserscheinungen und Problemen der inneren Organe. Bekannte Entzugssymptome sind: depressive Verstimmung, Erschöpfung, erhöhter Nahrungskonsum, Angst- und Erregungszustände (bis zu mehreren Wochen), Schlafstörungen, Schlaflosigkeit, Appetitstörung, Blutdruckerhöhung, Kopfschmerzen, Schwindel, Trockenheit des Mundes und Tics. Zudem reagieren die Organe auf den Entzug – einige bekannte Symptome sind hierbei: Leberfunktionsstörungen, Herz-Kreislauf-Dysfunktion und

---

213 *Heinz/Kipke/Heimann/Wiesing*, Journal of Medical Ethics, 2012, 372 (373).

214 *Batthyány/Pritz*, Rausch ohne Drogen – Substanzgebundene Süchte, S. 53 f.

215 Ebd., S. 50.

216 *Becker-Carus/Wendt*, Allgemeine Psychologie – Eine Einführung, S. 296; *Elsesser/Sartory*, Medikamentenabhängigkeit – Fortschritte der Psychotherapie, S. 36.

217 *Batthyány/Pritz*, Rausch ohne Drogen– Substanzgebundene Süchte, S. 50, 51.

218 *Galert/Bublitz/Heuser/Merkel/Repantis/Schöne-Seifert/Talbot*, Gehirn&Geist 2009, 1 (5).

Schilddrüsenüberfunktion. Um Abhilfe zu schaffen, nehmen Konsumenten häufig die Substanz erneut.

Die Auswirkungen der Beeinflussung des menschlichen Belohnungszentrums verdeutlichen, wie gefährlich die missbräuchliche Verwendung dieser Substanzen ist.[219] Die Anwendung der Wirkstoffe außerhalb ihrer medizinischen Indikation ist hoch problematisch und nicht empfehlenswert.

## 4. Zugang zu den Substanzen

Der Zugang zu diesen Substanzen ist unterschiedlich geregelt. Das BtMG klassifiziert sie in drei Anlagen nach ihrem Missbrauchspotential. Die in Anlage I des BtMG aufgeführten Substanzen weisen das höchste Missbrauchspotential auf oder werden in Deutschland zu therapeutischen Zwecken nicht benötigt[220] – sie gehören zu der Klasse der nicht verkehrsfähigen Betäubungsmittel.

Methylphenidat ist in der Anlage III aufgeführt und gehört somit zu den verkehrs- und verschreibungsfähigen Substanzen.[221] Folglich kann das Bundesinstitut für Arzneimittel und Medizinprodukte die erforderliche Erlaubnis i.S.d. § 3 BtMG[222] erteilen. Dieser bedarf es gem. § 4 Abs. 1 BtMG nicht[223], wenn Ärzte, Zahnärzte und Tierärzte Betäubungsmittel verschreiben, verabreichen oder zum unmittelbaren Gebrauch unter den Voraussetzungen des § 13 Abs. 1 S. 1 und S. 2 BtMG überlassen.[224]

Im Gegensatz zu Methylphenidat entfernte der Gesetzgeber Modafinil im Jahre 2008 durch Rechtsverordnung[225] aus dem Anwendungsbereich des BtMG. Modafinil ist mithin nur noch ein verschreibungspflichtiges Arzneimittel,[226] was den Zugang erleichtert. Im Gegensatz dazu wird Methylphenidat nur über ein

219 *Heinz/Müller,* „Underestimation of the risk of addiction“, in Meulen/Mohamed/Wayne, Rethinking Cognitive Enhancement, S. 72.

220 BT-Drucks. 8/3551, S. 25; *Oğlakcıoğlu,* MüKo StGB, Bd. 6, § 1 BtMG, Rn. 78.

221 *Oğlakcıoğlu,* MüKo StGB, Bd. 6, § 1 BtMG, Rn. 80.

222 Grundsätzlich ist der Verkehr mit Betäubungsmitteln erlaubnisfähig und kann vom Bundesinstitut für Arzneimittel und Medizinprodukte erteilt werden.

223 *Weber,* BtMG, § 1, Rn. 489.

224 *Oğlakcıoğlu,* MüKo StGB, Bd. 6, § 1 BtMG, Rn. 80.

225 Art. 1 der 21. Betäubungsmittelrechts-Änderungsverordnung vom 18.02.2008, veröffentlicht im BGBl. I S. 246.

226 Siehe S. 37

Betäubungsmittelrezept verordnet und dessen Abgabe verstärkt kontrolliert und gesondert dokumentiert sowie eine Kopie des Rezeptes aufbewahrt.[227]

Zu beachten bleibt weiterhin, dass nur erlaubt ist, diese Arzneimittel bei einer medizinischen Indikation zu verschrieben und nicht zum bloßen Zweck des Neuroenhancements.[228]

227 *Glaeske/Merchlewicz*, Gaßmann/Merchlewicz/Koeppe, Hirndoping – Der große Schwindel, S. 29.

228 *Gärditz*, PharmR 2011, 46 (47).

# IV. Rechtliche Situation de lege lata

## 1. Einführung

Ein Enhancement stellt dann keine Therapie dar, wenn es ohne Indikation, ausschließlich zu Verbesserungszwecken, angewandt wird. Es handelt sich vielmehr um einen sogenannten Off-Label-Use. Dabei nimmt der Konsument ein Medikament außerhalb des dafür zugelassenen Anwendungsbereichs ein.[229]

Die Situation, dass Gesunde Wirkstoffe zur kognitiven Leistungssteigerung nehmen, die grundsätzlich Therapiezwecken[230] vorbehalten sind, wirft die Frage nach der strafrechtlichen Bewertung auf. Bisher existieren keine spezialgesetzlichen Regelungen für kognitives Neuroenhancement. Deshalb wird im Folgenden geklärt, ob die vorhandenen Normen Neuroenhancement bereits regulativ zufriedenstellend erfassen. Zu unterscheiden sind der eigenständige Konsum (Selbstenhancement) und der durch dritte veranlasste Konsum (Fremdenhancement). Fremdenhancement beschreibt die Situation, in der beispielsweise ein Arzt, Trainer, Arbeitgeber oder die Eltern den Betroffenen wissentlich oder unwissentlich durch Medikamente pharmakologisch verbessern.

## 2. Selbstenhancement

### a. Strafgesetzbuch

Als intensivste Einschränkung menschlicher Handlungsfreiheit wird zunächst untersucht, ob sich der Gesunde strafbar macht, wenn er pharmakologische Neuroenhancer zur kognitiven Leistungssteigerung einnimmt.

#### *aa. Körperverletzung, § 223 Abs. 1 StGB*

Der Einnehmende könnte sich wegen der Einnahme der Körperverletzung strafbar machen. Die Körperverletzung gem. § 223 Abs. 1 StGB erfordert die körperliche Misshandlung oder Gesundheitsschädigung einer anderen Person.[231] Schädigt sich jemand selbstständig durch den Konsum von Psychopharmaka, stellt dieser allerdings keine andere Person im Sinne der Norm dar. Insofern

---

229 *Talbot*, Pharmakologisches Enhancement, S. 69 (S. 70).

230 *Mutschler/Geisslinger/Kroemer/Menzel/Ruth*, Mutschler Arzneimittelwirkungen, S. 179 ff.

231 § 223 Abs. 1 StGB; *Joecks*, MüKo StGB, Bd. 4, Vor §§ 223 ff., Rn. 4.

scheitert eine Strafbarkeit in Ermangelung dieses objektiven Tatbestandsmerkmals. Nach der ständigen Rechtsprechung des Bundesgerichtshofs entzieht sich die eigenverantwortliche, gewollte Selbstgefährdung der Körperverletzungsstrafbarkeit,[232] wenn sich das bewusst eingegangene Risiko der Gefährdung realisiert.[233]

Zudem wäre es grundrechtswidrig, stünde die eigene Misshandlung oder Schädigung unter Strafe. Die Straffreiheit der eigenverantwortlichen Selbstschädigung ist Ausfluss des in Art. 2 Abs. 1 i.V.m. Art. 1 Abs. 1 GG geschützten Selbstbestimmungsrechts.[234] Dieses ist insoweit geschützt, wie der Betroffene freiverantwortlich und in Kenntnis der Tragweite seiner Entscheidung handelt.[235]

Mithin entzieht sich die eigenverantwortliche Einnahme kognitiv leistungssteigernder Substanzen einer Strafbarkeit nach den §§ 223 ff. StGB.

### *bb. Betrug, § 263 Abs. 1 StGB*

Fraglich ist, ob der Konsum von pharmakologischen Neuroenhancern einen Betrug darstellt. § 263 StGB schützt als Rechtsgut das Vermögen von Individuen im Sinne aller wirtschaftlichen Güter.[236] In seiner Struktur ist § 263 StGB ein Vermögensverschiebungsdelikt, jedoch ist es nicht erforderlich, dass sich der Handelnde final bereichert, dies muss er lediglich intendieren.

Dazu ist es notwendig, dass der Handelnde das Opfer über eine Tatsache[237] täuscht[238] und in dessen Folge bei diesem einen Irrtum erregt oder unterhält.[239]. Es muss jedoch nicht ausdrücklich getäuscht werden, denn auch die konkludente

---

232 Im StGB gibt es eine Ausnahme. Die Wehrpflichtentziehung durch Selbstverstümmelung ist gem. § 109 StGB strafbar. Dies ist darin begründet, dass diese Strafnorm die Landesverteidigung durch den Erhalt der personellen Verteidigungskraft schützt. Es soll sichergestellt werden, dass der Adressat tauglich ist, seine Wehrpflicht uneingeschränkt zu erfüllen (*Kargl*, Kindhäuser/Neumann/Paeffgen, Strafgesetzbuch, § 109 StGB, Rn. 6).

233 BGHSt 59, 150–172, Rn. 71; *Patzak*, Körner/Patzak/Volkmer – BtMG, § 30, Rn. 106.

234 *Lindner*, AöR 2015, 543 (544).

235 BGHSt 49, 166.

236 *Fischer*, StGB, § 263 StGB, Rn. 3; *Kühl/Heger*, Lackner/Kühl StGB, § 263, Rn. 2; *Satzger*, Satzger/Schluckebier/Widmaier, § 263, Rn. 9.

237 *Duttge*, Dölling/Duttge/König/Rössner, Gesamtes Strafrecht, § 263, Rn. 6.

238 *Hefendehl*, MüKo StGB, Bd. 5, § 263, Rn. 88 ff.

239 *Fischer*, StGB, § 263 StGB, Rn. 53; *Tiedemann*, Leipziger Kommentar StGB, Bd. 9/1, § 263, Rn. 93.

Täuschung ist von § 263 StGB erfasst.[240] Eine Täuschung durch Unterlassen kommt nur in Betracht, wenn der Einnehmende eine Garantenstellung und eine sich daraus ergebende Pflicht zur Aufklärung der Konsumsituation hat.[241]

Die Täuschung umfasst die Vorspiegelung falscher oder die Veränderung oder Unterdrückung wahrer Tatsachen[242] Unter einer Tatsache versteht man Verhältnisse, Zustände oder Geschehnisse in der Gegenwart und Vergangenheit.[243] Ob mittels einer wahrheitswidrigen Erklärung oder auf andere Art und Weise getäuscht wird, ist für die Annahme einer Täuschung äquivalent.[244] Dasselbe gilt für die konkludente Täuschung, bei der sich die Täuschung aus dem schlüssigen Verhalten des Erklärenden ergibt.[245] Beide Alternativen setzen voraus, dass auf die Vorstellung des Betrugsopfers in der Gestalt eingewirkt wird, dass der Täterhandlung ein Erklärungswert zukommt.[246]

Der bloße Erklärungswert allein genügt jedoch nach der herrschenden Lehre nicht, um einem Verhalten die Strafwürdigkeit zuzusprechen.[247] Vielmehr muss diesem – nach der Verkehrsanschauung oder dem Empfängerhorizont – ein entsprechend strafwürdiger Inhalt zukommen. Dazu wird, unter Berücksichtigung der Umstände des Einzelfalles und der Beziehung zwischen Erklärendem und Erklärungsempfänger, ermittelt, was der andere unter der Erklärung verstehen durfte.[248] In diesem Zusammenhang wird insbesondere darauf abgestellt, wie der rechtsgeschäftliche Verkehr (Verkehrsanschauung) das Gesamtverhalten verstehen musste.

Durch die Einwirkung auf seinen Gegenüber muss der Täuschende einen Irrtum erregen. Ein Irrtum ist jede Diskrepanz zwischen der subjektiven Vorstellung

---

240 *Fischer*, StGB, § 263 StGB, Rn. 21; *Kühl/Heger*, Lackner/Kühl StGB, § 263, Rn. 7 f.; *Satzger*, Satzger/Schluckebier/Widmaier, § 263, Rn. 39; *Tiedemann*, Leipziger Kommentar StGB, Bd. 9/1, § 263, Rn. 28.

241 *Fischer*, StGB, § 263 StGB, Rn. 38 f.; *Perron*, Schönke/Schröder – Strafgesetzbuch, § 263, Rn. 18 f.

242 *Kindhäuser*, Kindhäuser/Neumann/Paeffgen, Strafgesetzbuch, § 263, Rn. 57; RGSt 56, 227 (231); OLG Koblenz NJW 76, 63.

243 *Fischer*, StGB, § 263 StGB, Rn. 6; *Joecks*, StGB Studienkommentar, § 263, Rn. 30; *Rengier*, Strafrecht BT I, § 13, Rn. 2.

244 *Duttge*, Dölling/Duttge/König/Rössner, Gesamtes Strafrecht, § 263, Rn. 9 f.

245 BGHSt 47, 1 (3), 51, 165 (169 ff.).

246 *Hefendehl*, MüKo StGB, Bd. 5, § 263, Rn. 9; *Tiedemann*, Leipziger Kommentar StGB, Bd. 9/1, § 263, Rn. 22.

247 *Joecks*, StGB Studienkommentar, § 263, Rn. 24, 29; *Perron*, Schönke/Schröder – Strafgesetzbuch, § 263, Rn. 12; *Wessels/Hillenkamp*, Strafrecht BT 2, Rn. 498.

248 BGH HRRS 12, 414.

des Getäuschten und der Wirklichkeit.[249] Hierzu ist es erforderlich, dass sich das Gegenüber eine Vorstellung über die getäuschte Tatsache macht oder sachgedankliches Mitbewusstsein vorliegt. Kennt das Opfer die täuschungsrelevanten Tatsachen nicht, oder macht es sich darüber keine Gedanken, besteht bloße Tatsachenunkenntnis – sogenannte ignorantia facti[250] – welche regelmäßig keinen Irrtum begründet. Das Fehlen einer Vorstellung begründet nach herrschender Meinung noch keinen täuschungsbedingten Irrtum, dieser entstehe erst bei positiver Fehlvorstellung.[251]

Das Opfer erliegt jedoch nicht nur einer Fehlvorstellung, wenn es den Aussagegehalt der Täuschung positiv reflektiert, sondern auch, wenn es bestimmte Umstände der Tathandlung als selbstverständlich ansieht und sich nicht veranlasst fühlt darüber nachzudenken. Dies liegt darin begründet, dass sich im Wirtschaftsleben bestimmte Verhaltensmuster und -erwartungen gefestigt haben, von deren Bedeutungsgehalt man regelmäßig unreflektiert ausgeht. Ein solches unreflektiertes Mitbewusstsein führt insbesondere bei konkludenten Täuschungen zur Annahme eines Irrtums.[252] Geht der Getäuschte davon aus, dass „alles in Ordnung“[253] sei, genügt dies als sachgedankliches Mitbewusstsein und führt zum Irrtum[254], wenn die Bedeutung der Handlung des Täuschenden durch eine allgemeine Erwartungshaltung gekennzeichnet ist.[255] Macht sich das Opfer hingegen keine Vorstellung oder wähnt es sich in einem undifferenzierten Allgemeinvertrauen, liegt kein betrugsrelevanter Irrtum vor. Die schlichte Unkenntnis führt ausschließlich dann zur Annahme eines Irrtums, wenn sie sich in eine durch die Täuschung hervorgerufene Fehlvorstellung umformulieren lässt.[256]

Die Täuschung muss außerdem zu einer irrtumsbedingten Vermögensverfügung führen, welche einen Vermögensschaden verursacht.[257] Eine Vermögensverfügung ist jedes Tun, Dulden oder Unterlassen, das unmittelbar

249 *Fischer*, StGB, § 263 StGB, Rn. 54; *Joecks*, StGB Studienkommentar, § 263, Rn. 69.

250 *Dannecker*, Graf/Jäger/Wittig, § 263, Rn. 59.

251 BGHSt 2, 325 (326); BGH wistra 1992, 141 f.; BGH NStZ 2004, 266 (267).

252 *Hefendehl*, MüKo StGB, Bd. 5, § 263, Rn. 231.

253 BGHSt 51, 165 (174); BGH NStZ 2003, 506 (507); BGH NStZ 2014, 215.

254 *Dannecker*, Graf/Jäger/Wittig, § 263, Rn. 60.

255 Beispiel: Wer gefälschtes Geld annimmt, irrt auch dann über die Echtheit, wenn er sich (wie üblich) keine Gedanken über die Echtheit macht.

256 *Hefendehl*, MüKo StGB, Bd. 5, § 263, Rn. 230.

257 *Fischer*, StGB, § 263 StGB, Rn. 5; *Joecks*, StGB Studienkommentar, § 263, Rn. 82; *Kühl/Heger*, Lackner/Kühl StGB, § 263, Rn. 21, 32; *Satzger*, Satzger/Schluckebier/Widmaier, § 263, Rn. 139.

vermögensmindernd wirkt.[258] Dieses ungeschriebene Tatbestandsmerkmal ist das Bindeglied zwischen Täuschung, Irrtum und Vermögensschaden und statuiert den Charakter des § 263 StGB als Selbstschädigungsdelikt.[259]

#### *aaa. Betrug zu Lasten des Prüfers*

##### (1) Täuschung und Irrtum

Mit der Einnahme von Substanzen, die das kognitive Leistungsniveau steigern, präsentiert der Prüfling ein manipuliertes Bild seiner natürlichen Leistung. Fraglich ist, ob er deshalb über die Natürlichkeit seiner kognitiven Leistung betrugsrelevant täuscht. Eine aktive Täuschung ist auszuschließen, jedoch könnte er konkludent täuschen.

Dazu ist herauszustellen, ob der Konsumhandlung in der Prüfung ein betrugsrelevanter Erklärungswert zukommt. Dieser ist nach der Verkehrsanschauung und dem Empfängerhorizont zu ermitteln. Berufsqualifizierende Prüfungen dienen generell dazu, herauszufinden, ob der Prüfling für die konkrete Berufsausübung über die erforderlichen Fähigkeiten und Kenntnisse verfügt.[260] Folglich stellt sich der Prüfer regelmäßig nicht vor, wie der Prüfling ein bestimmtes kognitives Leistungsniveau erreicht hat und warum er es in der Prüfungssituation besser abrufen kann. Macht sich der Prüfer keine Gedanken über eine artifizielle Leistungssteigerung, kann er diesbezüglich keinem Irrtum unterliegen. Die psychische oder physische Verfassung mag zwar Voraussetzung für eine bessere Prüfungsleistung sein, ist jedoch klassischerweise nicht unmittelbarer Gegenstand der Prüfung. Zudem liegt kein sachgedankliches Mitbewusstsein vor, da keine gefestigte Verkehrsanschauung darüber besteht, ob dem Absolvieren einer Prüfung der Erklärungswert zugeschrieben werden kann, dass der Prüfling erklärt nicht enhancet zu sein.

Aufgrund der Straflosigkeit der Einnahme wird sich der Prüfling außerdem darauf verlassen können, nicht strafbar zu handeln. Seinem Verhalten kann kein betrugsrelevanter Erklärungswert zugemessen werden. Mithin wird beim Prüfer kein Irrtum erregt oder unterhalten. Erlangt der enhancte Prüfling trotzdem einen physischen und psychischen Wettbewerbsvorteil, ist dieser isoliert betrachtet, de lege lata, nicht strafbar.[261]

---

258 *Perron*, Schönke/Schröder – Strafgesetzbuch, § 263, Rn. 54.

259 BGHSt 14, 170; *Kühl/Heger*, Lackner/Kühl StGB, § 263, Rn. 21; RGSt 47, 152, 64, 228.

260 *Zimmerling/Brehm*, Prüfungsrecht, Rn. 348.

261 *Magnus*, Patientenautonomie im Strafrecht, S. 355.

Fraglich ist, ob der Einnehmende eine Täuschung durch Unterlassen begeht. Das Unterlassungsdelikt ist jedoch nur von demjenigen begehbar, der gem. § 13 StGB rechtlich dafür einzustehen hat, dass ein tatbestandsmäßiger Erfolg nicht eintritt. Aus dieser Garantenstellung ergibt sich eine entsprechende Rechtspflicht zum Handeln. Unterschieden werden zwei Garantenstellungen. Der Beschützergarant ist aufgrund bestimmter rechtlicher oder tatsächlicher Umstände zum Schutz eines bestimmten Rechtsguts, dem Gefahren von außen drohen, verpflichtet. Beispiele hierfür sind die natürliche (familiäre) Verbundenheit, die freiwillige Übernahme von Schutz- oder Beistandspflichten sowie die Stellung als Amtsträger oder Organ einer juristischen Person. Der Überwachergarant hingegen ist für eine bestimmte Gefahrenquelle verantwortlich und hat dafür zu sorgen, dass von dieser Gefahrenquelle keine Schädigungen an anderen Rechtsgütern entstehen. Neben der Überwachung von Gefahrenquellen, der Wahrnehmung von Aufsichtspflichten oder dem Inverkehrbringen gefährlicher Stoffe, begründet auch ein pflichtwidriges gefährdendes Vorverhalten (Ingerenz), diese Garantenstellung. In Ausnahmefällen ergibt sich eine Garantenstellung in Anlehnung an § 242 BGB aus dem Grundsatz von Treu und Glauben.[262] Eine solche kommt jedoch ausschließlich in einem Rechtsverhältnis in Betracht, welches durch wechselseitige Treuepflichten gekennzeichnet ist.[263] Beispiele sind Mietverträge, Warentermingeschäfte oder Immobilienhandel, bei denen hohe Prämien des Vermittlers regelmäßig offengelegt werden müssen oder Kunstgeschäfte bei denen der Kunde über die Echtheit der Werke zu informieren ist.[264] Das Verhältnis zwischen Einnehmenden und Prüfer ist in der Qualität des gegenseitigen Vertrauensausmaßes nicht vergleichbar.

Vorliegend hat der Einnehmende keine Garantenstellung gegenüber dem Prüfer. Er steht zwar in einem gewissen Rechtsverhältnis zum Prüfer, dieses ist jedoch nicht derart weitreichend, als dass sich daraus eine Beschützer-Garantenstellung ableiten ließe. Daneben besteht ebenfalls keine Überwacher-Garantenstellung, da der Einnehmende keine Gefahrenquelle für andere Rechtsgüter darstellt, sondern vielmehr ausschließlich Einfluss auf seine eigene Leistung nimmt. Zudem ist kein pflichtwidriges Vorverhalten des Einnehmenden erkennbar, aus dem sich eine Aufklärungspflicht ergäbe. Aufgrund der Straflosigkeit der Einnahme durfte er davon ausgehen, dass der Konsum leistungssteigernder Substanzen keine strafrechtliche Konsequenz auslöst.

---

262 *Heger/Petzschke*, Leitner/Rosenau, § 263 StGB, Rn. 50.

263 Ebd., Rn. 51.

264 *Kindhäuser*, Kindhäuser/Neumann/Paeffgen, Strafgesetzbuch, § 263, Rn. 163.

(2) Schaden

Sähe man die Tatbestandsmerkmale des Betruges gleichwohl als erfüllt an, wäre klärungsbedürftig, ob durch die Täuschung ein irrtumsbedingter Schaden beim Getäuschten einträte.[265] Die Vermögensverfügung des Getäuschten müsste unmittelbar sein Vermögen mindern.[266] Würde angenommen, dass sich der Prüfer Gedanken über die Erlangung der Leistung macht, würde er, in seiner Funktion als Mitglied des Prüfungsamtes des Landes[267] und als Aussteller des Zeugnisses getäuscht. Durch die Ausstellung und Überreichung des Abschlusszeugnisses verfügt der Prüfer als Vertreter des Landes jedoch nicht über Landesvermögen, weshalb in dieser Beziehung ein Schaden ausgeschlossen ist.

*bbb. Zu Lasten des Arbeitgebers*

(1) Täuschung und Irrtum

(a) Bei Vorlage eines Zeugnisses

Eine aktive Täuschung könnte darin liegen, dass der Bewerber ein Zeugnis vorlegt, welches Bewertungen ausweist, die unter Substanzkonsum entstanden sind, denn die Vorlage des Zeugnisses impliziert, dass der Bewerber über die benoteten Kenntnisse verlässlich verfügt.

Fraglich ist, ob der ähnlich gelagerte Fall des Anstellungsbetruges eine solche Handlung erfasst. Diese Konstellation bestraft grundsätzlich die Fälle, in denen ein Bewerber den Arbeitgeber über die für die Einstellung erheblichen Umstände täuscht und dieser sich infolgedessen irrtumsbedingt zu einer Lohnzahlung verpflichtet.[268] Hierbei unterscheidet man zwischen einer Anstellung als Beamter und als Privater.[269]

Der Anwärter erfüllt die Voraussetzungen des Anstellungsbetruges im Beamtenverhältnis, wenn er bei der Anstellung als Beamter über die fachlichen Qualifikationen oder Laufbahnvoraussetzungen täuscht, die eine Einstellung aufgrund der Ermessensreduzierung auf null ausschließen würden.[270] Davon werden die erforderlichen Qualifikationen auf beruflicher und individueller Ebene erfasst.

---

265 Diese Konstellation stellt einen Unterfall des Eingehungsbetruges dar, siehe: *Satzger*, Satzger/Schluckebier/Widmaier, § 263, Rn. 247 ff.

266 BGHSt 14, 170 (171); *Tiedemann*, Leipziger Kommentar StGB, Bd. 9/1, § 263, Rn. 126.

267 Vgl. für das juristische Staatsexamen: § 4 JAG NRW.

268 *Hoyer*, SK-StGB, 60. Lfg., § 263, Rn. 257; *Perron*, Schönke/Schröder – Strafgesetzbuch, § 263, Rn. 153 ff.

269 *Dannecker*, Graf/Jäger/Wittig, § 263 StGB, Rn. 196 f.

270 BGHSt 45, 1 (11); *Dannecker*, Graf/Jäger/Wittig, § 263 StGB, Rn. 196.

Bei der täuschungsbedingten Erlangung einer Anstellung im privatwirtschaftlichen Bereich täuscht der Bewerber ebenfalls über seine Qualifikation. Es wird differenziert, ob der Bewerber die fachlichen Voraussetzungen erfüllt, er ausreichend qualifiziert ist[271] oder seine Entlohnung an eine besondere Vertrauensstellung anknüpft.[272]

Zur Annahme eines Anstellungsbetruges ist es in beiden Bereichen erforderlich, über berufsspezifische Qualifikationen zu täuschen. Gängige Beispiele sind das Fälschen von Examensnoten[273], Beschönigen von Arbeitszeugnissen[274], Erstellen unrichtiger Doktorurkunden[275] und ähnliche unrichtige Angaben. Der Täuschende verbessert in diesen Fällen unberechtigterweise im Nachhinein ein bestehendes Ergebnis oder erstellt eins.

Fraglich ist, ob es erfasst wird, wenn der Bewerber ein Zeugnis abgibt, das Noten enthält, die unter pharmakologischem Einfluss entstanden sind. Die betrugsrelevante Handlung (Abgabe des Zeugnisses) ist jedoch Zweifeln ausgesetzt. Aufgrund der Einnahme in der Lern- oder Prüfungsphase erzielte der Prüfling zwar bessere Noten, allerdings würde der Anstellungsbetrug somit alle Handlungen vor Erstellung des Zeugnisses erfassen. Die Strafwürdigkeit einer Handlung im Sinne des Anstellungsbetruges ist jedoch erst gegeben, wenn der Handelnde Noten fälscht, Zeugnisse beschönigt oder erstmalig erstellt sowie unrichtige Angaben macht. Die Einnahme verbessert hingegen lediglich die Voraussetzungen zur Erzielung eines besseren Resultats und ist mit dem Unrechtsgehalt aktiver (ex-post) Fälschungen nicht vergleichbar. Der Ansatzpunkt für eine Strafbarkeit wäre außerdem nicht mehr das feststehende Resultat, sondern dessen Herbeiführung. Dies entspräche einer extensiven Ausdehnung des Betrugstatbestandes auf das Vorbereitungsstadium. Werden kognitiv leistungssteigernde Substanzen im Lernprozess eingesetzt, ersetzen diese nicht das originäre Lernen, sondern erleichtern es. Sie ermöglichen besser, konzentrierter, ausdauernder und motivierter zu lernen. Im Ergebnis erfolgt die Wissensaufnahme allerdings weiterhin durch klassisches Lernen. Daraus ergibt sich, dass das erlernte Wissen neuronale Strukturen gebildet hat und sich von dem Wissen, das auf herkömmliche Art und Weise erworben wurde, nicht unterscheidet. Daraus ist zu schließen, dass das „enhancte" Wissen genauso dauerhaft im

---

271 *Hoyer*, SK-StGB, 60. Lfg., § 263, Rn. 257.

272 *Fischer*, StGB, § 263 StGB, Rn. 154; RGSt 73, 268 (269); BGHSt 17, 254 (256 f.); BGH NJW 1978, 2042 (2043); AG Düsseldorf NStZ-RR 2011, 206.

273 AG Düsseldorf NStZ-RR 2011, 206.

274 *Von Lewinski*, JuS 2005, 718 (719).

275 BGHSt 31, 61.

Gehirn verankert ist wie das „normale“. Das gute Zeugnis als Resultat ist folglich ein konsistentes Abbild der damaligen Leistung. Somit täuscht der Bewerber nicht über den Nachweis seiner Leistung. Bei der Vorlage von solchen Zeugnissen handelt es sich mithin nicht um den klassischen Fall des Anstellungsbetruges – es mangelt an der Täuschungshandlung.

Der Arbeitgeber wird regelmäßig davon ausgehen, dass das Zeugnis unverfälscht ist, weshalb dies von seinem sachgedanklichen Mitbewusstsein stets umfasst ist und er diesbezüglich grundsätzlich einem Irrtum unterliegen könnte. Ob dies ebenfalls für das Zustandekommen der Noten der Fall ist, entzieht sich der höchstrichterlichen Rechtsprechung und wissenschaftlichen Diskussion. Bei der Entstehung von Wissen sind eine Vielzahl an Faktoren beteiligt, die sich meist der Kenntnis des Arbeitgebers entziehen. Die zur Erstellung des Zeugnisses stattfindende Leistungsermittlung findet deshalb regelmäßig unter gleichen äußeren Bedingungen statt und unterbindet sachwidrige Störfaktoren wie beispielsweise unerlaubte Hilfsmittel. Abschlussprüfungen ermitteln so ein konsistentes Leistungsbild im Zeitpunkt der Prüfung, berücksichtigen jedoch nicht die Lernphase. Der spätere Arbeitgeber prüft nicht, ob bei oder vor der Leistungsermittlung sichergestellt war, dass keine pharmakologischen Neuroenhancer eingenommen wurden. Dazu fehlt ihm die faktische Möglichkeit und meistens ebenfalls die Eingriffsbefugnis, im Nachhinein Drogentests durchzuführen. Ferner bestehen Zweifel an der Motivation des Arbeitgebers herauszufinden, ob der Bewerber bei der Leistungsermittlung leistungssteigernde Substanzen einnahm. Für die meisten Arbeitgeber ist ausschließlich relevant, ob das Zeugnis unverfälscht ist. Voraussetzung für die Einstellung sind zumeist die Abschlussnoten und nicht die enhancementfreie Entstehung des dafür erforderlichen Wissens. Zeigt der Arbeitnehmer die Leistung im späteren Beruf, wird es dem Arbeitgeber unbedeutend sein, wie das Wissen erlangt wurde. Folglich kommt der Abgabe des Zeugnisses kein betrugsrelevanter Erklärungswert zu. Der Bewerber täuscht nicht über seinen Konsum während der Lern- und Prüfungsphasen.

Bezüglich einer Strafbarkeit wegen Unterlassens, ist der obigen Argumentation zu folgen und festzustellen, dass gegenüber dem Arbeitgeber als Erklärungsempfänger keine Garantenstellung besteht. Folglich ist eine Strafbarkeit wegen Unterlassens ausgeschlossen.

(b) Beim Auswahlgespräch/Assessmentcenter

Klärungsbedürftig ist der weitere Fall, dass ein Bewerber während eines Auswahlgesprächs oder Assessmentcenters pharmakologische Neuroenhancer einnimmt. Der betrugsrelevante Anknüpfungspunkt ist somit die Tatsache, dass der Bewerber seinen gegenwärtigen natürlichen Zustand durch pharmakologische

Mittel verbessert. Die Kriterien, anhand derer in diesem Stadium die Leistung bewertet wird, unterscheiden sich von denen der Vorauswahl. Das Vorverfahren orientiert sich maßgeblich an den Zeugnisnoten des Bewerbers. Im persönlichen Auswahlverfahren tritt die Bedeutung dieser in den Hintergrund. Demgegenüber verfolgen ein anspruchsvolles Auswahlgespräch sowie ein Assessmentcenter das Ziel, substantiiert zu ermitteln, wie erfolgreich der Bewerber in einer Belastungssituation arbeitet.

Der Bewerber versucht regelmäßig seine bestmögliche Leistung darzustellen. Zumeist bereitet er sich auf diese Situationen gezielt vor und ruft sein natürliches Maß an Leistung ab. Durch die Steigerung von Vigilanz und Konzentration erzielt der enhancende Bewerber deshalb einen Vorteil zu Lasten des gutgläubigen Arbeitgebers. Wenn der Arbeitgeber die vom Bewerber dargestellte Leistung als dessen belastbare, valide und natürliche Fähigkeit ansieht, stellt er diesen mit höheren Erwartungen ein. Diese erfüllt der eingestellte Arbeitnehmer nur, wenn er weiterhin konstant Neuroenhancer konsumiert.

Fraglich ist, welcher Erklärungswert dem konkludenten Handeln des Bewerbers zukommt. Der Bewerber mag zwar die Erklärung intendieren, dass die gezeigte Leistung seine natürliche Leistung darstellt, jedoch ist der Erklärungswert nach der Verkehrsauffassung und dem Empfängerhorizont zu ermitteln. Ein Arbeitgeber führt Auswahlverfahren und Assessmentcenter meist durch, um die arbeitsspezifische Leistung und soziale Kompetenz eines Bewerbers in Stresssituationen zu ermitteln. Ziel ist es herauszufinden, ob der Bewerber zukünftig eine Bereicherung für das Unternehmen darstellt. Gerade in dieser Beurteilungssituation besteht ein erhöhtes Interesse des Arbeitgebers an der Validität seines Eindrucks. Der Arbeitgeber geht in dieser Erwartung das Arbeitsverhältnis ein Verfälscht der Bewerber in dieser Phase verdeckt sein natürliches Leistungsniveau, entsteht beim Arbeitgeber ein verzerrtes Bild der Wirklichkeit. Es ist jedoch zweifelhaft, ob das ausreicht, um zu schließen, dass er sich eine qualifizierte Vorstellung davon macht, ob der Bewerber unter pharmakologischem Einfluss steht.

Typischerweise schwankt die Leistung eines Arbeitnehmers. Vielschichtige Faktoren bedingen die Qualität und Kontinuität der menschlichen Leistung und diese divergieren regelmäßig. Folglich weiß ein Arbeitgeber, dass sein Arbeitnehmer nie konstant dieselbe Arbeitsqualität liefert. Dies hat der Gesetzgeber ebenfalls erkannt und gestaltete das Arbeitsverhältnis in § 611a i.V.m. § 611 BGB als ein Dienstverhältnis, in dem nicht der Erfolg[276] geschuldet ist, sondern das

276 Vgl. § 631 BGB.

bloße Bemühen diesen herbeizuführen[277]. Außerdem wird ein neuer Arbeitnehmer zunächst eingearbeitet und zeigt deshalb in den ersten Anstellungsmonaten erfahrungsgemäß eine niedrigere Leistung. Die auf zwei Wochen verkürzte Kündigungsfrist in der Probezeit[278] trägt diesen Unwägbarkeiten adäquat Rechnung. In dieser Zeit lösen sich beide Parteien vereinfacht aus dem Arbeitsverhältnis und dem Arbeitgeber ist es möglich seine Entscheidung aus dem Einstellungsverfahren zu revidieren. Dies deutet darauf hin, dass dem Arbeitgeber bewusst ist, dass sich der Bewerber im Einstellungsverfahren von seiner besten Seite zeigt und es sich erst danach herausstellt, wie valide die alltägliche Arbeitsleistung ist. Mithin macht sich der Arbeitgeber regelmäßig keine Vorstellung über den Ursprung der kognitiven Leistung des Bewerbers. Außerdem liegt es außerhalb der Lebenswirklichkeit, in diesem Bereich ein sachgedankliches Mitbewusstsein anzunehmen. Eine Täuschung liegt mithin nicht vor.

Einzig problematisch ist der Fall, dass der Arbeitnehmer nur unter pharmakologischem Einfluss seine Leistung abrufen kann und die Einnahme während der Berufsausübung unterlässt. Ein Beispiel ist der enhancte Fluglotse, der im Auswahlverfahren konzentriert arbeitete und stets die richtige Entscheidung zu Gunsten der Gesundheit der Passagiere traf. Unterlässt dieser als angestellter Lotse die Einnahme und gefährdet aufgrund der geringeren Wachheit und Konzentration deren Gesundheit, ist er als Fluglotse ungeeignet. Aber auch in diesem Fall täuscht der Einnehmende den Arbeitgeber nicht, denn dieser wird sich regelmäßig keine Vorstellung davon machen, ob der Bewerber im Bewerbungsprozess leistungssteigernde Substanzen einnimmt. Vielmehr wird er davon ausgehen, dass die Bewerber nervös sind und deshalb vielleicht sogar ein eher schlechteres Bild ihrer Leistungsfähigkeit zeigen. Es ist fernliegend, dass sich der Arbeitgeber eine, für eine Täuschungshandlung erforderliche, positive Vorstellung über die Einnahme leistungssteigernder Substanzen macht oder über ein sachgedankliches Mitbewusstsein verfügt. Mithin ist eine betrugsrelevante Täuschung des Arbeitgebers auch in diesem Fall ausgeschlossen.

Aus gesundheitlicher Sicht interessiert es einen Arbeitgeber zwar möglicherweise, dass sein Arbeitnehmer nicht unter konsumbedingten Nebenwirkungen leidet, da ein gesunder Arbeitnehmer seltener krank wird und eine konstantere Leistung erbringt. Trotzdem scheint es weiterhin fernliegend aufgrund dessen anzunehmen, dass sich der Arbeitgeber im Bewerbungsverfahren Gedanken über einen möglichen Substanzkonsum macht.

---

277 *Weidenkaff*, Palandt, Einführung von § 611, Rn. 1 f.

278 § 622 Abs. 3 BGB.

Eine Aufklärungspflicht bezüglich der Einnahme besteht nicht. Da gegenüber dem Arbeitgeber als Erklärungsempfänger keine Garantenstellung besteht, ist die Strafbarkeit wegen Unterlassens ausgeschlossen.

(2) Schaden

Täuscht ein Bewerber im Auswahlverfahren seinen zukünftigen Arbeitgeber und schließt dieser daraufhin mit ihm einen Arbeitsvertrag, könnte der Arbeitgeber dadurch über sein Vermögen verfügt haben. Mit Abschluss des Arbeitsvertrages verpflichtet sich der Arbeitgeber gem. § 611a Abs. 2 BGB zur Gewährung der vereinbarten Vergütung. Stellt der Arbeitgeber den Bewerber als Arbeitnehmer an, könnte sich ein (Gefährdungs-)Schaden bereits mit Abschluss des Arbeitsvertrages verwirklichen,[279] „wenn der Wert des Anspruchs auf die Arbeitsleistung hinter der dafür vereinbarten Vergütung zurückbleibt“[280].

Grundannahme ist, dass die im Bewerbungsverfahren dargestellte Leistung pharmakologisch verbessert wurde, weshalb es von Anfang an unmöglich war, später eine vergleichbare Leistung auf natürlichem Wege zu erreichen. Eine entsprechend defizitäre Arbeitsleistung führt insoweit zu einem monetären Nachteil des Arbeitgebers, wie die Vergütung nicht mehr im erwarteten Verhältnis zur erbrachten Arbeitsleistung steht. Dem Arbeitgeber entsteht ein messbarer Vermögensschaden in Höhe der Differenz zu der im Auswahlverfahren gezeigten Leistung.

Dem ist entgegenzusetzen, dass ein solcher Schaden rein fiktiver Natur ist und im Einzelfall schwer zu bemessen ist. Das Bestimmtheitsgebot[281] aus Art. 103 Abs. 2 GG erfordert, dass jeder Schaden zumindest bestimmbar ist.[282] Die Differenz zwischen der enhancten und nicht-enhancten Leistung kann deshalb nicht als Schaden angenommen werden. Außerdem könnte ein durchschnittlicher Angestellter ebenfalls temporär hinter seiner Arbeitsleistung zurückbleiben. Gerade im Bereich menschlicher Leistung ist eine allgemeingültige Bezifferung des Werts einer Leistung nahezu unmöglich. Die Annahme eines Vermögensschadens steht in Konflikt mit dem Bestimmtheitsgebot gem. Art. 103 Abs. 2 GG. Mithin erleidet der Arbeitgeber keinen bezifferbaren Vermögensschaden.

---

279 Vgl. BGHSt 45, 1 (4).

280 *Satzger*, Satzger/Schluckebier/Widmaier, § 263, Rn. 261.

281 BVerfGE 47, 109.

282 *Roxin*, Strafrecht Allgemeiner Teil, § 5, Rn. 11.

*ccc. Zu Lasten der Konkurrenten/Mitbewerber*

(1) Täuschung und Irrtum

Fraglich ist, ob der Prüfling bzw. Mitbewerber seine Konkurrenten über die Natürlichkeit seiner kognitiven Leistungsfähigkeit täuscht. Eine aktive Täuschung ist fernliegend, vielmehr wird der Einnehmende über die Tatsache der pharmakologischen Verbesserung schweigen. Eine konkludente Täuschung ist jedoch nur soweit betrugsrelevant, wie ihr ein Erklärungswert zukommt. Nach der Verkehrsauffassung und dem Empfängerhorizont ist der Teilnahme an einem Prüf-/Auswahlverfahren nicht der Erklärungswert zuzusprechen, dass der Einnehmende konkludent erklärt, dass er keine pharmakologischen Neuroenhancer eingenommen hat. Es ist realitätsfern, dass sich Konkurrenten eine Vorstellung über den Substanzkonsum des Einnehmenden machen. Für Prüfungsverfahren bestätigen das aktuelle Prüfungsordnungen, denn leistungssteigernde Substanzen fehlen bei der Normierung der verbotenen Hilfsmittel. Daneben existieren keine Normen, die die Einnahme leistungssteigernder Substanzen in Bewerbungsverfahren regeln. Deshalb dürfen Prüflinge und Bewerber regelmäßig annehmen, dass ihr Konsum in Prüfungssituationen grundsätzlich erlaubt ist. In beiden Situationen mangelt es mithin an einer Täuschung.

Vorliegend besteht außerdem keine Garantenstellung gegenüber den Mitprüflingen, weshalb der Einnehmende nicht zum Schutz oder zur Aufklärung dieser verpflichtet ist. Folglich ist eine Strafbarkeit wegen Unterlassens ausgeschlossen.

Mithin begeht der Einnehmende in diesen Situationen de lege lata keine strafrechtlich relevante Täuschungshandlung.

(2) Schaden

Bezüglich des Mitprüflings

Der Prüfer könnte mittelbar über das Vermögen der Mitprüflinge verfügen. Dadurch, dass die Konsumenten bessere Benotungen bekommen als unter normalen Umständen, verändert sich die Wertigkeit der Noten grundsätzlich. Steigt der Notendurchschnitt insgesamt, fällt die Wertigkeit der vorher guten Noten auf ein Durchschnittsmaß. Dies beeinträchtigt die Aussicht eine gut bezahlte Anstellung zu erhalten. Trotzdem ist es fernliegend anzunehmen, dass in dem Ausstellen eines guten Zeugnisses (ohne Berücksichtigung der artifiziellen Leistungssteigerung), bereits eine solche Vermögensverfügung liegt. Es fehlt an elementaren Tatbestandsvoraussetzungen, wie der Unmittelbarkeit der Vermögensverfügung, der Stoffgleichheit und dem Verfügungsbewusstsein. Allein die

Aussicht auf eine Benachteiligung bei der Berufswahl ist als konkreter Schaden zu unbestimmt.

Auch die Konstruktion eines Dreiecksbetrugs ist fernliegend, da dieser erfordert, dass der Verfügende in einer Beziehung zu dem Geschädigten steht oder befugt ist, über dessen Vermögen zu verfügen. Bei einer staatlichen Prüfung stehen der nicht enhancte Prüfling und der Prüfer zwar in einem gegenseitigen Verhältnis, das von Rechten und Pflichten gekennzeichnet ist. Wenngleich das Prüfer weder vertraglich berechtigt oder auf sonstige Art und Weise befugt ist, über das Vermögen des nicht enhancten Prüflings zu verfügen. Mithin mangelt es an der Vermögensverfügung und dem Dreiecksbetrug zu Lasten des Nichtkonsumenten sowie dem Vermögensschaden.

Bezüglich des Mitbewerbers

Wird der Einnehmende nur deshalb bevorzugt eingestellt, weil er leistungssteigernde Substanzen eingenommen hatte und hätte ansonsten der Mitbewerber die Anstellung erhalten, wird dessen Vermögen um die Verdienstaussicht geschmälert. Faktisch ist die Annahme eines Vermögensschadens in diesem Kontext jedoch fernliegend. Die Verdienstaussicht ist ein unbestimmter Betrag von Geld, da nicht vorausgesagt werden kann, ob und wie lange der Mitbewerber die Anstellung behalten hätte. Die Konstruktion eines Vermögensschadens verstößt erneut gegen den Bestimmtheitsgrundsatz.

#### *ddd. Fazit*

Eine Betrugsstrafbarkeit in Bewerbungs- und Prüfungssituationen scheitert an allen objektiven Tatbestandsmerkmalen. Der Anwendungsbereich des § 263 StGB erfasst nicht den Fall des pharmakologischen Neuroenhancements.

## b. Betäubungsmittelgesetz

### *aa. Konsum*

Modafinil wurde durch Rechtsverordnung[283] aus dem Anwendungsbereich des BtMG entfernt und stellt somit nur noch ein verschreibungspflichtiges Arzneimittel dar. Für den Konsum von Modafinil ist eine Strafbarkeit nach dem BtMG folglich ausgeschlossen. Da Methylphenidat, Kokain und Amphetamin in der

283 Art. 1 der 21. Betäubungsmittelrechts-Änderungsverordnung vom 18.02.2008, veröffentlicht im BGBl. I S. 246.

Anlage III und Methamphetamin in der Anlage II des BtMG[284] enthalten sind, unterfällt der Umgang mit diesen Stoffen hingegen generell der Strafbarkeit des BtMG.

Gem. §§ 29 ff. BtMG wird ausschließlich bestraft, wer Betäubungsmittel unerlaubt anbaut, herstellt, mit ihnen Handel treibt, einführt, veräußert, abgibt, oder sonst in den Verkehr bringt, erwirbt oder sich in sonstiger Weise verschafft oder ohne Erlaubnis besitzt. Zudem ist derjenige gem. § 29 Abs. 1 Nr. 9 BtMG strafbar, der unrichtige oder unvollständige Angaben macht, um für sich oder einen anderen die Verschreibung eines Betäubungsmittels zu erlangen – der Konsum ist jedoch nicht unter Strafe gestellt.

Des Weiteren handelt derjenige strafbewehrt, der einem anderen eine Gelegenheit zum unbefugten Erwerb oder zur unbefugten Abgabe von Betäubungsmitteln verschafft oder gewährt, eine solche Gelegenheit öffentlich oder eigennützig mitteilt oder einen anderen zum unbefugten Verbrauch von Betäubungsmitteln verleitet, § 29 Abs. 1 Nr. 10 BtMG.

Gem. § 29 Abs. 5 BtMG kann das Gericht von einer Bestrafung nach den Absätzen 1, 2 und 4 absehen, wenn der Täter die Betäubungsmittel lediglich zum Eigenverbrauch in geringer Menge anbaut, herstellt, einführt, ausführt, durchführt, erwirbt, sich in sonstiger Weise verschafft oder besitzt.

Wie ersichtlich, ist und war[285] die reine Konsumhandlung nicht strafbar. Grund dafür ist das Prinzip der Straflosigkeit der Selbstschädigung[286].[287] Diese Strafbarkeitslücke steht seit Beginn im Mittelpunkt der strafrechtlichen Drogendiskussion.[288] Abgesehen von der straflosen Einnahme stehen jedoch die oben genannten Verhaltensweisen alle unter Strafe. Der Gesetzgeber lässt einerseits den Konsum straflos, indessen bestraft er sämtliche konsumbezogenen Handlungen.

Festzuhalten bleibt, dass der bloße Konsum aller Betäubungsmittel straflos ist.

---

284 Chemische Stoffbezeichnung nach der Nomenklatur der International Union of Pure and Applied Chemistry: „Methyl((*RS*;*RS*)(phenyl)(2-piperidyl)acetat)".

285 *Slotty*, NStZ 1982, 321 (322).

286 *Patzak*, Körner/Patzak/Volkmer – BtMG, § 29, Teil 13, Rn. 32 ff.

287 Siehe eingehend dazu S. 55 ff., S. 172 ff. – die freiverantwortliche Selbstgefährdung ist aufgrund des Schutzbereichs der Allgemeinen Handlungsfreiheit (Art. 2 Abs. 1 GG) straffrei.

288 *Schmitt*, „Strafrechtlicher Schutz des Opfers vor sich selbst? Gleichzeitig ein Beitrag Zur Reform des Opiumgesetzes", in Festschrift für Reinhart Maurach zum 70. Geburtstag, S. 113 ff.

### *bb. Besitz, § 29 Abs. 1 S. 1 Nr. 3 BtMG*

Der strafbare Besitz stellt ein abstraktes Gefährdungsdelikt[289] dar und dient dem Schutz der Volksgesundheit. Seinen strafwürdigen Charakter erhält er dadurch, dass bereits der Besitz geringer Mengen eine abstrakte Gefahr für die Volksgesundheit darstellt., denn es besteht stets die Möglichkeit, dass der Besitzer die Betäubungsmittel teilt oder weitergibt[290] und so Dritte abstrakt gefährdet.

Es scheint paradox, dass § 29 Abs. 1 S. 1 Nr. 3 BtMG den Besitz bestraft, jedoch nicht den Konsum. Denklogisch ist es für den Konsum notwendig das Betäubungsmittel unmittelbar zu besitzen – der Joint wird in der Hand gehalten, die Tablette eingeworfen, die Line gelegt. Obwohl scheinbar ein Widerspruch vorliegt, darf der Konsument beispielsweise einen Joint zum alsbaldigen Verbrauch straflos entgegennehmen, allerdings nicht besitzen oder aufbewahren.[291] Der Besitz ist hier differenzierter zu betrachten, denn nicht jeder Zugang zu Betäubungsmitteln entspricht dem strafbaren Besitz. Der Einnahme hat vielmehr eine eigene Verfügungsmacht vorauszugehen.[292] Besitzen im Sinne des Betäubungsmittelgesetzes ist die Herbeiführung oder Aufrechterhaltung eines tatsächlichen Herrschaftsverhältnisses.[293] Dieses muss sich auf die ungehinderte Einwirkungsmöglichkeit auf das Betäubungsmittel erstrecken und auf nennenswerte Dauer ausgerichteten sein[294].

Für die tatsächliche Verfügungsmacht müssen sich die Betäubungsmittel nicht im unmittelbaren Besitz des Täters befinden – die privatrechtliche Eigentums-/Besitzlage bleibt außer Betracht. § 29 Abs. 1 S. 1 Nr. 3 BtMG meint nicht den Besitz im Sinne des § 854 BGB[295], sondern eher dem Gewahrsam nach § 242 StGB.[296] Erhält der Einnehmende das Betäubungsmittel zum unmittelbaren Konsum und nimmt er dies ein, hält er kein Herrschaftsverhältnis aufrecht oder führt ein neues herbei.[297] Um einen strafbaren Besitz zu begründen, müsste

---

289 *Patzak*, Körner/Patzak/Volkmer, Betäubungsmittelgesetz, § 29, Teil 13, Rn. 2.

290 Vgl. BT-Drucks. 16/5937, S. 7, Beschlussempfehlung und Bericht des Sportausschusses; *Patzak*, Körner/Patzak/Volkmer, Betäubungsmittelgesetz, § 29, Teil 13, Rn. 2.

291 *Patzak*, Körner/Patzak/Volkmer, Betäubungsmittelgesetz, § 29, Teil 13, Rn. 32 ff.

292 *Kotz/Oğlakcıoğlu*, MüKo StGB, Bd. 6, § 29 BtMG, Rn. 1111; *Patzak*, Körner/Patzak/Volkmer, Betäubungsmittelgesetz, § 29, Teil 13, Rn. 15, 33.

293 *Patzak*, Körner/Patzak/Volkmer – BtMG, § 29, Teil 13, Rn. 13.

294 *Kotz/Oğlakcıoğlu*, MüKo StGB, Bd. 6, § 29 BtMG, Rn. 1109.

295 BT-Drucks. VI/1877, 9.

296 *Weber*, BtMG, § 29, Rn. 1174.

297 *Weber*, BtMG, § 29, Rn. 1320 f.

es jedenfalls für eine nennenswerte Zeit bestehen. Folglich entziehen sich alle unmittelbaren Konsumformen der Besitzstrafbarkeit.[298]

Nimmt der Konsument das Betäubungsmittel an und verbringt es an einen anderen Ort oder verwahrt es, besitzt er es in strafbarer Weise. Trotzdem kann von einer Strafe abgesehen werden, wenn der Einnehmende nur geringe Mengen zum Eigenkonsum bei sich führt.[299] Bei der geringen Menge handelt es sich um einen unbestimmten Rechtsbegriff.[300] Sie wird errechnet, indem der Wirkstoffgehalt einer einzelnen Konsumeinheit mit drei multipliziert wird.[301] Um den Wirkstoffgehalt einer Konsumeinheit festzustellen, konstatierten die Rechtsprechung und Literatur entsprechende Werte.[302] Zudem muss erkennbar sein, dass die geringe Menge für den Eigenverbrauch bestimmt ist.[303]

Bei Kokain entspricht die maximale geringe Menge 99 mg des Wirkstoffs Kokainhydrochlorid, bei Amphetamin 150 mg und bei Ecstasy-Tabletten (MDA, MDE, MDMA) 420 mg. Bei Methylphenidat existiert keine gefestigte Rechtsprechung zu der geringen Menge, weshalb auf die Dosierempfehlung des Medikaments zurückgegriffen wird.[304] Typischerweise sind tägliche Dosen von durchschnittlich 10 bis 40 mg indiziert. Somit ergäbe sich ein Schwellenwert von 30 bis 120 mg, der im Einzelfall auf seine Anwendbarkeit hin zu prüfen wäre. Legt man bei der Berechnung[305] die maximal verschreibungsfähige Menge von Methylphenidat von 2.400 mg pro Monat (§ 2 Abs. 1 lit. A BtMVV) zugrunde und geht von einer dreimaligen Einnahme täglich aus, ergäbe dies einen Wert von 26,7 mg pro Konsumeinheit. Somit wäre eine nicht geringe Menge oberhalb von 80 mg Methylphenidat anzusetzen. Der Wirkstoffgehalt einer 10mg Ritalin©-Tablette beträgt üblicherweise 8,65mg Methylphenidat. Mithin überschreitet das Mitführen von 10 Ritalin©-Tabletten oder Ecstasy-Tabletten Schwellenwert für eine geringe Menge. Da Ecstasy-Tabletten keiner regulierten Herstellung unterliegen, divergiert der Wirkstoffgehalt stark, weshalb es unmöglich ist eine

298 OLG Bamberg NStZ-RR 2014, 48; BGH StV 1993, 132; OLG Berlin StV 1992, 424; OLG Düsseldorf StV 1994, 23; OLG Hamburg NStZ 2008, 287.

299 § 29 Abs. 5 BtMG.

300 *Kotz/Oğlakcıoğlu*, MüKo StGB, Bd. 6, Vorbemerkung zu § 29 BtMG, Rn. 198.

301 BayObLGSt NStZ 1999, 514.

302 *Kotz*, MüKo StGB, Bd. 6, Vorbemerkung zu § 29 BtMG, Rn. 201 f.

303 *Patzak*, Körner/Patzak/Volkmer, Betäubungsmittelgesetz, § 29, Teil 29, Rn. 56.

304 LG Kleve Urteil vom 7. November 2014, Az. 120 KLs 29/14, Rn. 104.

305 2400 mg: 30 Tage (gem. § 2 Abs. 1 BtMVV): 3 (durchschnittliche Menge an Konsumeinheiten) = 26,6 mg/Konsumeinheit.

belastbare Anzahl an Tabletten zu nennen, die den Schwellenwert der geringen Menge überschreitet.

### c. Arzneimittelgesetz

Ähnlich gelagert sieht § 95 AMG ein strafwürdiges Verhalten nur für den Fall vor, dass jemand ein bedenkliches Arzneimittel i.S.d. § 5 AMG in den Verkehr bringt oder bei anderen anwendet. In den Verkehr bringen oder anwenden können nicht nur Hersteller sowie verantwortliche Pharmakonzerne, sondern auch Ärzte, Großhändler und Apotheker.[306] Gem. § 5 Abs. 2 AMG sind Arzneimittel bedenklich, „bei denen nach dem jeweiligen Stand der wissenschaftlichen Erkenntnisse der begründete Verdacht besteht, dass sie bei bestimmungsgemäßem Gebrauch schädliche Wirkungen haben, die über ein nach den Erkenntnissen der medizinischen Wissenschaft vertretbares Maß hinausgehen."

Der bestimmungsgemäße Gebrauch umfasst ebenfalls den relevanten, zulassungsüberschreitenden Off-Label-Use.[307]

Als Arzneimittel gelten „alle Stoffe oder Stoffzusammensetzungen, die als Mittel mit Eigenschaften zur Heilung oder zur Verhütung menschlicher Krankheiten bzw. Tierkrankheiten bestimmt sind, oder […] alle Stoffe oder Stoffzusammensetzungen, die im oder am menschlichen bzw. tierischen Körper verwendet oder einem Menschen bzw. Tier verabreicht werden können, um entweder die menschlichen bzw. tierischen physiologischen Funktionen durch eine pharmakologische, immunologische oder metabolische Wirkung wiederherzustellen, zu korrigieren oder zu beeinflussen oder eine medizinische Diagnose zu erstellen."[308]

Für Methylphenidat und Modafinil ist unstreitig, dass sie unter den Begriff des Arzneimittels fallen, denn bei ihnen besteht nicht der begründete Verdacht, dass sie bei bestimmungsgemäßem (und per definitionem auch dem zulassungsüberschreitenden) Gebrauch zu inakzeptablen schädlichen Wirkungen führen, „die über ein nach den Erkenntnissen der medizinischen Wissenschaft vertretbares Maß hinausgehen"[309]. Insofern fallen die oben genannten Substanzen nicht unter den Begriff des bedenklichen Arzneimittels und werden nicht vom AMG

---

306 *Rehmann*, Rehmann, AMG, § 5, Rn. 1.

307 *Brixus/Paus*, Bergmann/Pauge/Steinmeyer, Gesamtes Medizinrecht, § 5 AMG, Rn. 5.

308 Begriffsbestimmung im Gemeinschaftskodex für Humanarzneimittel, Art. 1 der Richtlinie 2001/83/EG vom 16.11.2012; Begriffsbestimmung im Gemeinschaftskodex für Tierarzneimittel, Art. 1 der Richtlinie 2001/82/EG vom 07.08.2009.

309 § 5 Abs. 2 AMG.

erfasst. Kokain und Amphetamin gelten in ihrer reinen Form jedoch weder als unbedenklich noch als Arzneimittel und entziehen sich folglich ebenso dem Anwendungsbereich des § 5 AMG.

Methylphenidat und Modafinil gelten als Fertigarzneimittel i.S.d. § 4 Abs. 1 AMG. Für diese sieht § 96 S. 1 Nr. 5 AMG eine Strafbarkeit für das Inverkehrbringen vor, wohingegen sich der Konsument durch die Einnahme der Präparate nicht strafbar macht. Der Eigenkonsum ist laut AMG straflos. Es verbleibt einzig ein ordnungswidriges Verhalten des Konsumenten, der nach §§ 73 Abs. 1, 97 Abs. 2 Nr. 8 AMG Substanzen von einer nicht dazu befugten Apotheke aus dem Ausland bezieht.

### d. Antidopinggesetz

§§ 3 Abs. 1, 4 Abs. 1 Nr. 4 AntiDopG bestimmt eine Strafbarkeit für die Einnahme des Leistungssportlers in der Absicht, sich in einem Wettbewerb des organisierten Sports einen Vorteil zu verschaffen. Die Einnahme von pharmakologischen Neuroenhancern wird abseits des sportlichen Wettkampfes allerdings nicht erfasst. Festzuhalten bleibt, dass der Gesetzgeber erstmalig den Konsum von bestimmten (leistungssteigernden) Substanzen unter Strafe stellt, indes aber nur für den Teilbereich des sportlichen Wettkampfes.

### e. Fazit der strafrechtlichen Normen

Handelt der Konsument einsichtsfähig und freiverantwortlich, stellt der Eigenkonsum eine straflose Selbstschädigung dar. Für die etwaige Strafbarkeit des Teilnehmers mangelt es mithin an einer vorsätzlichen rechtswidrigen Haupttat des Konsumenten, weshalb auch die Teilnahme (§§ 26, 27 StGB) daran straflos bleibt.[310] Die Einnahme ist de lege lata ausschließlich für den Leistungssportler strafbar, §§ 3 Abs. 1, 4 Abs. 1 Nr. 4 AntiDopG.[311]

Um die Anwendung von pharmakologischen Neuroenhancern durch Dritte zu erfassen, werden die Körperverletzungsvorschriften herangezogen; für Beschaffung, Herstellung, Besitz sowie weitere Begleittaten finden die Normen des BtMG und AMG Anwendung. Dies wird vertieft unter dem Abschnitt „Fremdenhancement" ausgeführt.

---

310 *Magnus*, ZStW 2012, 907 (934).

311 Siehe S. 206 ff.

### f. Prüfungsrecht

Bisher liegen noch keine gerichtlichen Entscheidungen zum Umgang mit pharmakologischem Neuroenhancement in Prüfungen vor. Laut Klaus Ferdinand Gärditz, Straf- und Verfassungsrechtler an der Universität Bonn, mussten sich die universitären Prüfungsämter sowie Verwaltungsgerichte noch nicht mit dieser Problemstellung befassen.[312] Jens Schumacher[313], der Leiter des Prüfungsamtes der Rechtswissenschaftlichen Fakultät der Universität zu Köln, bestätigt, dass sich das Kölner Prüfungsamt noch nicht mit Neuroenhancement als unerlaubtes Hilfsmittel in Klausuren auseinandersetzen musste.

Im Prüfungsrecht gilt der Grundsatz des Gesetzesvorbehalts aus Art. 20 Abs. 1, 3 GG.[314] Die Prüfungsordnungen für staatlich anerkannte Berufszulassungsprüfungen verbieten jedwede Täuschung und untersagen die Nutzung von unzulässigen Hilfsmitteln,[315] wobei das unerlaubte Hilfsmittel keine besondere Eignung für die Verfälschung der Prüfungsleistung aufweisen muss.[316] Jedoch beeinträchtigt es die grundrechtlich geschützte Chancengleichheit,[317] wenn Hilfsmittel in Prüfungen ungleich verteilt sind.[318]

§ 22 des Juristenausbildungsgesetzes Nordrhein-Westfalen ahndet den Besitz oder die Benutzung von unerlaubten Hilfsmitteln als ordnungswidriges Verhalten. Welche Hilfsmittel demgegenüber als zulässig anzusehen sind, bestimmt das Landesjustizministerium gem. § 13 Abs. 3 JAG NRW.

Ähnlich gestaltet ist die Regelung der Rechtswissenschaftlichen Fakultät der Universität zu Köln. Gem. § 27 Abs. 1 SPO14 RW[319] legt der Prüfer die jeweils zulässigen Hilfsmittel fest. Dazu normiert § 28 Abs. 1 S. 1 SPO14 RW das ordnungswidrige Verhalten, welches sich dadurch ausdrückt, dass der Prüfling ein unzulässiges Hilfsmittel nutzt oder bei sich führt.

Gemein ist den beiden beispielhaft aufgeführten Normen, dass unersichtlich ist, was generell ein unerlaubtes Hilfsmittel darstellt – es mangelt an einer

312 *Gärditz*, PharmR, 2011, 46 (51).

313 Akademischer Oberrat und Leiter des Prüfungsamtes der Rechtswissenschaftlichen Fakultät der Universität zu Köln, Stand: Januar 2018.

314 *Niehues/Fischer/Jeremias*, Prüfungsrecht, Rn. 19.

315 *Prütting*, Rechtliche Aspekte der Tiefen Hirnstimulation, S. 223.

316 *Kunz*, MedR 2010, 471 (474).

317 Siehe S. 15.

318 *Niehues/Fischer/Jeremias*, Prüfungsrecht, Rn. 442.

319 Studien- und Prüfungsordnung für den Studiengang Rechtswissenschaft mit Abschluss erste Prüfung der Rechtswissenschaftlichen Fakultät der Universität zu Köln vom 24. Juli 2014.

allgemeingültigen Definition.[320] Vom Wortlaut her spricht nichts dagegen, ebenso pharmakologisches Neuroenhancement als unerlaubtes Hilfsmittel anzusehen. Es liegt jedoch nahe, dass nach dem allgemeinen Sprachgebrauch grundsätzlich Spickzettel[321] oder Notizen in jeglicher Form gemeint sind.[322] Zudem sah der historische Gesetzgeber wohl nicht die Möglichkeiten des pharmakologischen Neuroenhancements.

Festzuhalten bleibt, dass ein Mittel wohl als unerlaubt anzusehen ist, wenn es dem Sinn und Zweck der Prüfung zuwiderläuft[323] und generell geeignet ist, dem Konsumenten einen unberechtigten Vorteil zu verschaffen.

Das Prüfungsrecht dient regelmäßig der Sicherung unverfälschter Prüfungsergebnisse, um die persönliche Leistung aller Prüflinge unter gleichen Prüfungsregelungen festzustellen.[324] Durch diese Regelungen wird die Einhaltung der Chancengleichheit gewahrt.[325]

Fraglich ist vor diesem Hintergrund, ob der Konsum von Neuroenhancern als unzulässiges Hilfsmittel gilt,[326] denn durch deren Konsum steigern sich die Aufmerksamkeit, Wachheit und Konzentrationsfähigkeit, wodurch eine erhöhte Gedächtnisleistung erzielt wird. Dieses Verhalten ermöglicht es, die Ausgangslage vor und in einer Prüfung zu beeinflussen. Die Einnahme von Neuroenhancern zielt darauf ab, sich einen unberechtigten, nicht leistungs-, sondern konsumbedingten Vorteil (den anderen Prüflingen gegenüber) zu verschaffen. Aufgrund dessen greift der Konsum von Neuroenhancern regelmäßig in die Chancengleichheit der Prüfung ein und sollte mithin als unzulässiges Hilfsmittel eingestuft werden.

Unter Verwendung eines unzulässigen Hilfsmittels, dürfte der Konsument nicht an der Prüfung teilnehmen und es müsste ein geeignetes Verfahren entwickelt werden, um die pharmakologische Beeinflussung in der Prüfung nachzuweisen.[327] Dies stellt eine Herausforderung dar, da entsprechende Tests vor, in oder nach der Prüfung stattfinden müssten. Solche Tests greifen zwar in die

---

320 *Suhr*, Der medizinisch nicht indizierte Eingriff, S. 184.

321 BeckRS 2009, 35941.

322 *Bublitz*, ZJS 2010, 306 (310).

323 *Kunz*, MedR 2010, 471 (474); *Prütting*, Rechtliche Aspekte der Tiefen Hirnstimulation, S. 224.

324 *Niehues/Fischer/Jeremias*, Prüfungsrecht, Rn. 127.

325 *Schnellenbach*, Hartmer/Detmer, Hochschulrecht, Kap. 12, Rn. 37; *Niehues/Fischer/Jeremias*, Prüfungsrecht, Rn. 128; *Zimmerling/Brehm*, Prüfungsrecht, Rn. 87.

326 *Bublitz*, ZJS 2010, 306 (309).

327 Siehe S. 232 ff.

allgemeine Handlungsfreiheit, in das Recht auf informationelle Selbstbestimmung[328] und, im Falle eines Bluttests, in das Recht auf körperliche Unversehrtheit ein.[329] Dieser Problematik entgegnet diese Arbeit mit einem Lösungsvorschlag.[330] Trotzdem überschritte die vertiefte Darstellung eines Prüfverfahrens den Schwerpunkt dieser Ausarbeitung.

Es bestehen berechtigte Bedenken, wie die Aufsicht den Konsum überprüfen soll. In der Praxis ist es schwierig, einem Prüfling anzusehen, dass er seine kognitive Leistung mittels Neuroenhancements gesteigert hat. Es ist den Prüfern unzumutbar, jeden Prüfling mittels eines aufwändigen Drogentests auf die Einnahme von Neuroenhancern zu überprüfen; dafür muss eine praktikable Lösung gefunden werden. Fehlt ein konkreter Tatverdacht, bestehen außerdem weitere strafprozessuale Bedenken. Maßnahmen wie Leibesvisitationen, Urintests oder Blutabnahmen verletzen gegebenenfalls das Persönlichkeitsrecht des Prüflings. Insbesondere im schulischen Bereich absolvieren Prüflinge die Prüfungen unfreiwillig, denn es besteht Schulzwang. Die Einführung von Dopingtests wie im Leistungssport ist an dieser Stelle deshalb unpassend, da der Leistungssportler freiwillig an den Wettkämpfen teilnimmt und sich wissend dem Anti-Doping-Reglement im Sport unterwirft.

Fraglich bleibt, ob die kognitive Leistungssteigerung mittels Psychopharmaka de lege lata ein unerlaubtes Hilfsmittel darstellt oder ob das Prüfungsrecht nicht vielmehr eine solche Form des Neuroenhancements tolerieren muss. Um eine belastbare Antwort darauf zu finden, müssen verfassungsrechtliche Werterelationen auf einer höheren Allokationsebene gegenübergestellt werden.[331]

Abgesehen von einer verfassungsrechtlichen Entscheidung ist es jedem Prüfer freigestellt, Psychopharmaka als unerlaubte Hilfsmittel zu verbieten.[332] Die Schwierigkeit liegt allerdings darin, zu entscheiden, welche Mittel die Grenze des Unerlaubten überschreiten. Auch Mittel wie Ginko, Koffein, Energydrinks, Vitamine, Alkohol, Beruhigungsmittel oder andere Substanzen beeinflussen den menschlichen Körper und sind aktuell unreguliert erhältlich.[333]

Außerdem ist es bei Verboten im Bereich der Grundrechte vonnöten, dass sie das rechtsstaatliche Gebot der Bestimmtheit bzw. Bestimmbarkeit einhalten und sich der Prüfling an einer transparenten Norm orientieren kann.

328 Im Hinblick auf die generierten Daten der Untersuchung.
329 *Spranger*, Suchttherapie 2011, 164 (165).
330 Siehe S. 232 ff.
331 Siehe S. 39.
332 Siehe S. 74.
333 *Bublitz*, ZJS 2010, 306 (310).

Unerlaubte Hilfsmittel müssen mithin genau bestimmt oder für den Prüfling zumindest bestimmbar sein. Andernfalls darf dessen Verwendung nicht als Täuschung(sversuch) gewertet werden.

Wäre die Einnahme von Methylphenidat oder Modafinil strafbar, läge die Schlussfolgerung nahe, dass es in Prüfungen als unerlaubtes Hilfsmittel gelte. Dies ist jedoch nicht der Fall, weshalb ein Prüfling de lege lata regelmäßig nicht davon ausgehen muss, dass diese Substanzen trotzdem ein unerlaubtes Hilfsmittel darstellen.[334]

Weiterhin ist es problematisch, dass das Prüfungsrecht Landesrecht ist.[335] Wenn der Bund keine allgemeingültige, bundesweit geltende Regelung trifft, ist die Vergleichbarkeit der einzelnen Prüfungsleistungen zwischen den Bundesländern gefährdet.[336]

## g. Arbeitsrecht

Aufgrund ihrer wachhaltenden Wirkung erfreuen sich Psychopharmaka in der Arbeitswelt großer Beliebtheit. Gerade Personen, die 70 bis 80 Stunden die Woche arbeiten, schätzen die gesteigerte Wachheit und Konzentration.[337] Im Auftrag der Bundesanstalt für Arbeitsschutz und Arbeitsmedizin realisierte ein Team[338] von Wissenschaftlern im Jahre 2015 eine Studie[339] zum Konsum von leistungssteigernden Substanzen im Arbeitsumfeld. Dieser zufolge greifen 8,3 % der Arbeitnehmer in ihrem Arbeitsleben zu pharmakologischen Neuroenhancern, was auf eine starke Bereitschaft hindeutet.[340] Die Studienergebnisse belegen

334 *Bublitz*, ZJS 2010, 306 (310).

335 Die Bundesrepublik hat für das Prüfungsrecht keine Gesetzgebungskompetenz.

336 *Prütting*, Rechtliche Aspekte der Tiefen Hirnstimulation, S. 225.

337 *Bublitz*, ZJS 2010, 306 (307).

338 Helmut Schröder (wiss. Mit im Bereich Wirtschafts- und Sozialpädagogik an der Universität Paderborn), Thorsten Köhler (Professor für Sozialwesen an der KatHO NRW), Petra Knerr (Projektleiterin am infas Institut für angewandte Sozialwissenschaft GmbH in Bonn), Simon Kühne (wiss. Mit. im Bereich empirische Sozialforschung mit Schwerpunkt quantitative Methoden an der Universität Bielefeld), Diana Moesgen (wiss. Mit. am Deutschen Institut für Sucht- und Präventionsforschung an der KatHO NRW) und Michael Klein (Leiter des Deutschen Instituts für Sucht- und Präventionsforschung an der KatHO NRW).

339 „Einfluss psychischer Belastungen am Arbeitsplatz auf das Neuroenhancement – empirische Untersuchungen an Erwerbstätigen“, Projekt F 2283 der Bundesanstalt für Arbeitsschutz und Arbeitsmedizin.

340 *Schröder/Köhler/Knerr/Kühne/Moesgen/Klein*, Einfluss psychischer Belastungen am Arbeitsplatz auf das Neuroenhancement, S. 5.

zudem eine Korrelation zwischen hoher Arbeitsbelastung und der Entscheidung zum kognitiv leistungssteigernden Konsum.

Um die Einnahme von pharmakologischen Neuroenhancern während der Arbeit gesetzlich zu regulieren, verfügt das Arbeitsrecht de lege lata über keine passenden Normen.

Erwartet der Arbeitgeber von seinen Arbeitnehmern den Konsum, oder verlangt er diesen sogar, wirken die Grundrechte des Arbeitnehmers im Drittverhältnis mittelbar und entfalten Schutzwirkung. Der Staat ist verpflichtet seine Schutzpflicht dem strukturell unterlegenen Arbeitnehmer gegenüber auszuüben. Aufgrund dessen könnte, wegen des Abhängigkeitsverhältnisses des Arbeitnehmers vom Arbeitgeber, eine partielle Regulierung möglich sein.[341] Die andere Möglichkeit ist, dass der Arbeitnehmer, in einem festen Anstellungsverhältnis oder bei Assessmentcentern, eigenverantwortlich und aus persönlicher Motivation heraus Psychopharmaka einnimmt. Um die Chancengleichheit und Fairness auf dem Arbeitsmarkt zu sichern, die Arbeitnehmer zu schützen und den Anreiz zur Einnahme leistungssteigender Substanzen zu unterbinden, wäre eine staatliche Regulierung hilfreich.[342]

### h. Zusammenfassung der rechtlichen Situation de lege lata beim Selbstenhancement

Das Strafrecht sieht de lege lata keine Strafbarkeit für die Einnahme pharmakologischer Neuroenhancer vor.

Pharmakologisches Neuroenhancement schädigt zwar den Körper des Konsumenten, allerdings ist die bloße Selbstschädigung straflos. Konsumiert der Gesunde eigenverantwortlich, macht er sich deshalb nicht nach § 223 StGB strafbar. Der Konsum lässt sich nicht unter die Körperverletzungstatbestände subsumieren.

Derjenige, der in Prüfungs- oder Bewerbungssituationen pharmakologische Neuroenhancer einnimmt, macht sich letztlich ebenfalls nicht gem. § 263 StGB wegen Betruges strafbar. Es mangelt an allen objektiven Tatbestandsvoraussetzungen. Der Anwendungsbereich des § 263 StGB erfasst pharmakologisches Neuroenhancement nicht zufriedenstellend.

---

341 *Lindner*, MedR 2010, 463 (469).

342 *Schröder/Köhler/Knerr/Kühne/Moesgen/Klein*, Einfluss psychischer Belastungen am Arbeitsplatz auf das Neuroenhancement, S. 9.

Das Betäubungsmittelgesetz erfasst die Situation ebenso defizitär – der bloße Konsum von Betäubungsmitteln ist straflos[343] und durch die allgemeine Handlungsfreiheit geschützt.

Da die verwendeten Substanzen als Arzneimittel vertrieben werden, liegt es nahe, dass das Arzneimittelgesetz hierfür spezielle Regelungen bereithält. Parallel zum BtMG ist dort der Konsum jedoch ebenfalls straflos.

Einzig das neue[344] AntiDopG begründet eine Strafbarkeit für die reine Einnahmehandlung. Voraussetzung dafür ist, dass sich die konsumierte Substanz in der Anlage I des Internationalen Übereinkommens gegen Doping befindet. Zudem ist es erforderlich, dass der Sportler sie in einem Wettbewerb des organisierten Sports einnimmt, in der Absicht, sich in diesem einen Vorteil zu verschaffen. Die hier untersuchten Substanzen befinden sich allesamt in dieser Anlage, weshalb eine Strafbarkeit des Konsums generell möglich wäre. Indessen passt das vorherrschende Verständnis eines Wettbewerbs des organisierten Sports[345] nicht unmittelbar zu der Situation des pharmakologischen Neuroenhancements in Schule, Ausbildung und Beruf. Mithin ist das relevante Verhalten nach dem AntiDopG straflos.

Das Prüfungs- und Arbeitsrecht normiert ebenfalls keine strafrechtlichen Verbote.

Daraus ergibt sich, dass der Bürger de lege lata straflos pharmakologische Neuroenhancer einnehmen darf.[346] Aufgrund dessen analysiert diese Dissertation, inwieweit eine rechtliche Regulierung verfassungsrechtlich zulässig wäre und wie diese konkret ausgestaltet werden könnte.[347]

## 3. Täterschaft und Teilnahme

Viele der Enhancementmaßnahmen sind meist nur mit der Unterstützung Dritter durchführbar. Bei der Beschaffung von leistungssteigernden Substanzen ist beispielsweise die Mitwirkung von Ärzten, Pharmazeuten, Apothekern oder anderen (auch illegalen) Bezugsquellen erforderlich.[348]

Fremdenhancement meint hier, dass der Neuroenhancer durch einen Dritten beim Konsumenten angewendet. Dies kann entwerder aufgrund des Willens des

343 *Wesemann*, MAH Strafverteidigung, § 46, Rn. 63.

344 In Kraft getreten am 18.12.2015 und geändert am 08.07.2016.

345 BT-Drucks. 18/4898; siehe S. 211.

346 *Patzak*. Körner/Patzak/Volkmer, Betäubungsmittelgesetz, § 29, Rn. 31, 37.

347 Siehe S. 147 ff.

348 *Hilgendorf*, Einführung in das Medizinstrafrecht, 11. Kapitel, Rn. 11.

Konsumenten oder aus eigenem Antrieb des Dritten erfolgen. Dabei handelt es sich entweder um eine straflose Beteiligung[349] an einer Selbstschädigung[350] oder um eine potentiell strafbewehrte Fremdschädigung. Die Teilnahme an einer vorsätzlichen selbstbestimmten Eigenschädigung ist in der Rechtsprechung[351] und der Literatur[352] anerkanntermaßen straflos. Begründet wird das mithilfe des Wortlauts des § 223 Abs. 1 StGB. Der Grundtatbestand der Körperverletzungsdelikte erfordert die Verletzung eines „anderen".[353] Die Tötungstatbestände pönalisieren ebenfalls die Tötung eines anderen Menschen, obwohl es der Wortlaut nicht mit letzter Eindeutigkeit ausdrückt.[354] Der Suizid und die Selbstgefährdung sind folglich straflos[355] und mithin eine vorsatzlose Beteiligung mangels vorsätzlich rechtswidriger Haupttat.[356] Die fahrlässige Teilnahme ist per se straflos.[357] Der Verantwortungsbereich von Fahrlässigkeitstaten kann nicht weiter gehen als der von Vorsatztaten, da ansonsten Wertungswidersprüche aufträten.[358]

Die einzige Ausnahme besteht für den Fall, dass die Selbstgefährdung nicht selbstbestimmt vorgenommen wurde. Differenziert wird dies anhand des Kriteriums der Tatherrschaft.[359] Folglich ist zu ermitteln, ob der Dritte als Täter oder als Teilnehmer handelte.

Täter im Sinne des § 25 StGB ist, wer Tatherrschaft besitzt. Mit Tatherrschaft agiert derjenige, der das Geschehen planvoll lenkend in den Händen hält und die Tatbestandsverwirklichung nach seinem Willen hemmen oder ablaufen lassen kann.[360]

---

349 *Magnus*, Patientenautonomie im Strafrecht, S. 356.

350 Siehe S. 55.

351 BGHSt 32, 262; BGH NStZ 1984, 410.

352 *Beulke/Schröder*, Anmerkung zu BGH NStZ 1991, 392 (393); *Fischer*, StGB, vor § 211, Rn. 4.

353 *Eser/Sternberg-Lieben*, Schönke/Schröder – Strafgesetzbuch, vor §§ 211 ff., Rn. 33; *Fischer*, StGB, vor § 211, Rn. 4.

354 *Eser/Sternberg-Lieben*, Schönke/Schröder – Strafgesetzbuch, Vorbemerkungen zu den §§ 211 ff, Rn. 33.

355 Die Straflosigkeit des Suizids und der eigenverantwortlichen Selbstschädigung ergibt sich aus Art. 2 Abs. 1 GG.

356 §§ 26, 27 StGB.

357 *Oğlakcıoğlu*, MüKo StGB, Bd. 6, 2. Kapitel, 6. Abschnitt, Rn. 153.

358 *Stree*, JuS 1985, 179 (181).

359 BGHSt 32, 262; BGHSt 49, 34; *Lasson*, ZJS 2009, 359 ff.

360 *Rengier*, Strafrecht AT, § 41, Rn. 11; *Wessels/Beulke/Satzger*, Strafrecht AT, Rn. 517 f.

Unmittelbarer Täter wäre beispielsweise derjenige, der einem Gesunden pharmakologische Neuroenhancer eigenhändig verabreicht und damit das Geschehen steuert. Wohingegen bei der eigenverantwortlichen Selbstgefährdung derjenige strafloser Teilnehmer ist, der das Ob und Wie der Tat vom Willen eines anderen abhängig macht und damit ohne eigene Tatherrschaft, als Randfigur des realen Geschehens, die fremde Tat veranlasst oder fördert. Wer sich an einer freiwilligen und bewussten Selbstschädigung beteiligt, handelt straflos, wenn der Konsument weiterhin die Tatherrschaft behält. Die Straflosigkeit der eigenverantwortlichen Selbstschädigung schließt die Bestrafung des Teilnehmers aus, da es an der für §§ 26, 27 StGB erforderlichen vorsätzlichen, rechtswidrigen Haupttat fehlt.[361] Dies gilt sowohl für die vorsätzliche als auch die fahrlässige Teilnahme an einer eigenverantwortlichen Selbstgefährdung oder Selbstverletzung.[362] Eine eigenverantwortliche Tat läge vor, wenn der Dritte die Mittel zum Enhancement nur zur Verfügung stellt und jegliche Anwendung dem Einnehmenden selbst überlässt. Hierbei kommt es darauf an, ob der Konsument einsichts- und einwilligungsfähig ist sowie selbstbestimmt handeln kann. Mangelt es daran, liegt ein Fall der mittelbaren Täterschaft gem. § 25 Abs. 1 Alt. 2 StGB vor. Hierbei handelt der Verabreichende mit Tatherrschaft kraft überlegenen Wissens, während der Konsument ein Strafbarkeitsdefizit (Selbstverletzung ist straflos) aufweist und somit als sogenanntes Werkzeug gegen sich selbst handelt.[363] Ist der Konsument einsichts- und einwilligungsfähig, handelt es sich regelmäßig dann um eine mittelbare Täterschaft kraft überlegenen Wissens, wenn der Konsument die Neuroenhancer in Unkenntnis ihrer Wirkung einnimmt.

Im Folgenden wird der verabreichende Dritte betrachtet, der klassischerweise mit Täterwillen handelt und nicht bloß strafloser Teilnehmer ist.

## 4. Fremdenhancement

### a. Körperverletzung

Pharmakologische Neuroenhancer sind äußerst nebenwirkungsbelastet. Mithin führt eine indikationslose Verabreichung, Verschreibung oder Überlassung direkt oder mittelbar zu einer Körperschädigung. Im Folgenden wird untersucht, ab welcher Grenze eine tatbestandsmäßige Körperverletzung vorliegt.

---

361 BGHSt 59, 150–172, Rn. 71; BGHSt 32, 262 (264); BGH NStZ 2011, 341 (342).

362 BGHSt 32, 262 (264 f.).

363 *Joecks*, MüKo StGB, Bd. 1, § 25, Rn. 54 f.

### *aa. Tatbestandsmäßigkeit*

#### *aaa. Objektiver Tatbestand*

Gem. § 223 Abs. 1 StGB macht sich derjenige strafbar, der einen anderen Menschen körperlich misshandelt oder an der Gesundheit schädigt.[364] Nach ständiger Rechtsprechung erfüllt der medizinisch indizierte und lege artis ausgeführte Heileingriff als solcher den Tatbestand der Körperverletzung.[365] Darunter fällt zudem das kontraindizierte Verabreichen von Medikamenten, wenn dies den Patienten körperlich misshandelt oder an der Gesundheit schädigt.[366] Die oben angeführten Stimulanzien sind nicht für die Nutzung durch den gesunden Menschen freigegeben und werden folglich stets kontraindiziert und „off-label" angewandt.

Die körperliche Misshandlung ist eine üble, unangemessene Behandlung, die geeignet ist, das körperliche Wohlbefinden oder die körperliche Unversehrtheit nicht nur unerheblich zu beeinträchtigen.[367] Im Gegensatz zu dieser Definition entfaltet das Verabreichen von pharmakologischen Neuroenhancern jedoch grundsätzlich die gegenteilige Wirkung und bewirkt eine Verbesserung des körperlichen und geistigen Zustandes.

Wären die verfügbaren pharmakologischen Neuroenhancer nebenwirkungsfrei und nachweisbar ohne negative Spätfolgen, wäre eine Strafbarkeit wegen Körperverletzung de lege lata ausgeschlossen, da die reine geistige Verbesserung nicht unter den Tatbestand der Körperverletzung fällt.[368] Entstehen jedoch – nachweisbar – ungewollte Spätfolgen oder Nebenwirkungen von erheblicher Beeinträchtigung, erfüllen diese eine tatbestandliche körperliche Misshandlung.[369] Die beachtlichen Nebenwirkungen der hier untersuchten Substanzen, wie beispielsweise Herzrhythmusstörungen, Hypertonie, Verschlechterung der

---

364 *Stock*, „Ist die Verbesserung des Menschen rechtsmissbräuchlich?", in Die Verbesserung des Menschen, S. 147.

365 RGSt 25, 375; BGHSt 11, 111; 12, 379; 16, 303; 43, 306; 45, 221.

366 *Fischer*, StGB, § 223, Rn. 4; LG Coburg, Urteil vom 21.03.2011 – 1 Ks 105 Js 2850/08, Rn. 296 ff.; *Prütting*, Rechtliche Aspekte der Tiefen Hirnstimulation, S. 107 (Verabreichen von Medikamenten zur Operationsvorbereitung); *Stock*, „Ist die Verbesserung des Menschen rechtsmissbräuchlich?", in Die Verbesserung des Menschen, S. 147.

367 *Fischer*, StGB, § 223 StGB, Rn. 4; *Joecks*, MüKo StGB, Bd. 4, § 223, Rn. 4; *Kühl/Heger*, Lackner/Kühl StGB, § 223, Rn. 4.

368 *Eberbach*, „Möglichkeiten und rechtliche Beurteilung der Verbesserung des Menschen – Ein Überblick", in Die Verbesserung des Menschen, S. 29; *Magnus*, Patientenautonomie im Strafrecht, S. 361; siehe S. 203.

369 *Eser*, Schönke/Schröder – Strafgesetzbuch, § 223, Rn. 4a.

Herzinsuffizienz, erhöhtes Schlaganfallrisiko, Leberdysfunktion, Depression, ein hohes psychisches Abhängigkeitspotential und mögliche Spätfolgen überschreiten die geforderte Erheblichkeitsschwelle für eine körperliche Misshandlung.

Seelische Beeinträchtigungen sind aufgrund des mangelnden Körperlichkeitsbezuges grundsätzlich nicht von den §§ 223 ff. StGB umfasst, außer sie sind so gewichtig, dass aus ihnen ein pathologischer, somatisch objektivierbarer Zustand entsteht.[370] Per definitionem wird die Gesundheit geschädigt, wenn ein, auch nur vorübergehender, pathologischer Zustand hervorgerufen oder gesteigert wird.[371] Der pathologische Zustand setzt indessen voraus, dass die normalen Körperfunktionen hinreichend nachteilig beeinflusst werden, wodurch ein krankhafter Zustand entsteht.[372] Die oben aufgeführten Nebenwirkungen, wie beispielsweise die Suchtbildung[373] und Depression, charakterisieren unzweifelhaft einen klassischen pathologischen Zustand[374]. Insofern führen pharmakologische Neuroenhancer ebenfalls zu einer Gesundheitsschädigung.

Appliziert jemand den pharmakologischen Neuroenhancer per Injektion, entspricht diese invasive Vorgehensart bereits einer objektiv tatbestandlichen Körperverletzung. Stellt die verwendete Substanz zudem einen gesundheitsschädigenden Stoff dar, erfüllt der Täter den objektiven Tatbestand einer gefährlichen Körperverletzung[375] im Sinne des § 224 Nr. 1 StGB. Um die rechtliche Lage de lege lata anschaulich darzustellen, sei beispielhaft ein verabreichender Arzt angeführt.

### Objektive Zurechnung

Im Rahmen der objektiven Zurechnung ist fraglich, wem der tatbestandliche Erfolg der Körperverletzung zugerechnet wird. Dafür ist zu ermitteln, ob die Nebenwirkungen der Substanzen dem verabreichenden Arzt objektiv zurechenbar sind. Dazu müsste der Arzt eine relevante objektive Sorgfaltspflichtverletzung begehen, die sich im tatbestandlichen Erfolg niederschlägt. Die objektive Zurechnung wird jedoch ausgeschlossen, wenn der Täter bloß an einer eigenverantwortlichen Selbstgefährdung mitwirkt und die endgültige Entscheidung, den pharmakologischen Neuroenhancern anzuwenden, bei dem Einnehmenden

---

370 *Fischer*, StGB, § 223 StGB, Rn. 8; *Magnus*, Patientenautonomie im Strafrecht, S. 370.

371 *Fischer*, StGB, § 223 StGB, Rn. 8; *Joecks*, MüKo StGB, Bd. 4, § 223, Rn. 28 f.; *Kühl/Heger*, Lackner/Kühl StGB, § 223, Rn. 5.

372 Ebd., Rn. 6.

373 BGH NJW 1970, 519; BGHSt 49, 34.

374 *Ulsenheimer*, Laufs/Kern – Handbuch des Arztrechts, § 147, Rn. 27.

375 *Kühl/Heger*, Lackner/Kühl StGB, § 224, Rn. 1a.

verbleibt.[376] Abgesehen von den dogmatisch unterschiedlichen Erklärungen[377] ist die vorsätzliche und fahrlässige Beteiligung an einer eigenverantwortlichen Selbstgefährdung nach einhelliger Meinung straflos. Die eigenverantwortlich gewollte Selbstgefährdung unterfällt somit nicht den Körperverletzungstatbeständen, wenn sich das mit der Gefährdung verbundene und vom Opfer bewusst intendierte Risiko realisiert.[378] Eine Beteiligung an diesem Vorgang ist straflos, da kein tatbestandsmäßiges strafbares Geschehen vorliegt.[379] Der Schutzzweck der §§ 223 ff. StGB besteht im Schutz der körperlichen Integrität vor Fremdeingriffen und wird mithin nicht gefährdet.[380] Die Grundsätze der Eigenverantwortlichkeit gelten gleichermaßen bei vorsätzlicher oder fahrlässiger Beteiligung an einer eigenverantwortlichen Selbstgefährdung.[381]

Maßgebend ist damit die Eigenverantwortlichkeit des Entschlusses des Rechtsgutsinhabers, ob er seinen Körper selbst gefährden möchte. Fehlt die Eigenverantwortlichkeit, kann sich ein Beteiligender an dem entsprechenden Geschehen als Täter einer vorsätzlichen oder fahrlässigen Körperverletzung strafbar machen.[382] Das Prinzip der Eigenverantwortlichkeit geht davon aus, dass

---

376 *Kudlich*, JA 2010, 681 (686).

377 BGH: BGHSt 32, 262 (264). Die eigenverantwortliche Selbstschädigung erfüllt nicht den Tatbestand der Körperverletzung. Mangels einer strafbaren Haupttat und der Akzessorietät der Teilnahme entfällt eine Strafbarkeit des Teilnehmers. Dies gilt identisch für die Selbstgefährdung. Bezüglich der Fahrlässigkeit vertritt der BGH die Ansicht, wenn eine vorsätzliche Beteiligung an einer eigenverantwortlichen Selbstgefährdung straflos ist, dann erst recht die fahrlässige Beteiligung.

A.A.: *Wessels/Beulke/Satzger*, Strafrecht AT, Rn. 186; *Rengier*, Strafrecht AT, § 13, Rn. 77; *Stree*, JuS 1985, 179 (181); *Schünemann*, NStZ 1982, 60. Die Literatur stellt zum Teil auf den Schutzzweck der Norm ab. Folglich ist der Schutzzweck nicht mehr erfüllt, wenn der Verantwortungsbereich des Betroffenen beginnt. Das Strafrecht schützt die Rechtsgüter des Trägers nicht vor sich selbst, sondern ausschließlich vor Fremdgefährdungen. Mithin macht sich der Beteiligende nicht strafbar.

A.A.: *Zaczyk*, Strafrechtliches Unrecht und die Selbstverantwortung des Verletzten, S. 19 ff. Die grundrechtlich geschützte Autonomie des Einzelnen aus Art. 1 und Art. 2 GG gewähren jedem Menschen eigenverantwortlich über die Gefährdung ihrer Rechtsgüter zu entscheiden. Aufgrund dessen können Beteiligte sich nicht strafbar machen.

378 *Roxin*, Strafrecht Allgemeiner Teil, § 11, Rn. 110.

379 BGHSt 32, 262 (264 f.); BGH, NStZ 1985, 25 (26); BGHSt 46, 279 (288 f.); BGHSt 53, 288 (290); BGH, NStZ 2011, 341 (342).

380 *Kudlich*, JA 2010, 681 (686).

381 BGHSt 32, 262 (264 f.); BGH NJW 2014, 1680 (1685); *Roxin*, Strafrecht Allgemeiner Teil, § 11, Rn. 107.

382 BGH NJW 2014, 1680 (1685).

jeder Mensch für seine eigenen Handlungen selbst verantwortlich ist und insoweit andere nicht für das eigenverantwortliche Handeln eines anderen rechtlich einstehen. Mithin können dem anderen die tatbestandlichen Folgen, die sich aus dem eigenverantwortlichen Handeln ergeben, nicht zugerechnet werden.[383] Folglich wird der Zurechnungszusammenhang unterbrochen, wenn es sich um fremde Verantwortungsbereiche handelt. Ein verlässlicher Maßstab, ab wann sich jemand eigenverantwortlich selbst gefährdet, wurde von der Rechtsprechung jedoch nicht definiert.[384]

Der Mangel an Eigenverantwortlichkeit führte bereits in diversen Fällen zur Handlungsherrschaft der sich beteiligenden Personen und damit zu deren Tatherrschaft. Der BGH bejahte die Tatherrschaft beispielsweise, wenn die sich beteiligende Person kraft überlegenen Fachwissens das Risiko der Gefährdung besser einschätzen kann als das Opfer selbst.[385] Tatherrschaft kommt ebenso in Betracht, wenn sich der Gefährdende erkennbar bei der Entscheidung zur Gefährdung seines Rechtsguts irrt.[386]

Übertragen auf das Beispiel des verabreichenden oder verschreibenden Arztes bedeutet das, dass sich der Einnehmende, gegebenenfalls aufgrund mangelhafter Aufklärung, über die Gefahr irrt, die mit der Verbesserung seiner kognitiven Leistung mittels pharmakologischer Hilfe einhergeht. Bei einem Arzt ist regelmäßig von einem überlegenen Fachwissen auszugehen, weshalb ihm die Tatherrschaft über das Geschehen häufig zuwächst. Erkennt der Arzt, dass der sich Gefährdende die Tragweite seiner Entscheidung nicht überblickt, „schafft er ein Risiko, das vom Willen des Opfers nicht mehr gedeckt ist und dessen Verwirklichung daher dem Mitwirkenden zuzurechnen ist“[387].[388] Der Arzt ist deshalb angehalten den Patienten vollumfänglich aufzuklären, sodass dieser in die Lage versetzt wird, eine eigenverantwortliche fundierte Entscheidung über die Gefährdung seiner körperlichen Integrität zu treffen. Unterlässt er die Aufklärung und überblickt er die Tragweite der Gefährdung, übernimmt er das Risiko der sich möglicherweise realisierenden Gefahr.

Darüber hinaus schließt der BGH die Eigenverantwortlichkeit in einer weiteren Konstellation aus. Verhindert eine Intoxikation oder Intoxikationspsychose

---

383 *Geppert*, JURA 2001, 490 (491).

384 *Hagen*, JA 2002, 679 (681).

385 BGHSt 33, 66; BGH, NJW 2000, 2286; BGHSt 53, 288 (290); BGH, NStZ 2011, 341 (342).

386 BGH NJW 2014, 1680 (1685); BGH NStZ 2011, 341.

387 *Roxin*, Strafrecht Allgemeiner Teil, § 11, Rn. 113.

388 BGH NStZ 1986, 266.

das autonome Handeln und die hinreichende Risikobewertung des sich selbst Gefährdenden, übernimmt der Dritte die Tatherrschaft.[389] Hier handelt es sich um Grenzfälle, wie die zum Tod führende Verabreichung von reinem Heroin statt Kokain.[390] Solche Fälle weisen keine übertragbaren Parallelen für die Verschreibung oder Verabreichung pharmakologischer Neuroenhancer auf und bleiben deshalb außer Betracht.

Unter Anwendung dieser Grundsätze verbleibt festzustellen, dass die Eigenverantwortlichkeit des Einnehmenden dann ausgeschlossen ist, wenn er irrtums- oder intoxikationsbedingt die Entscheidung zum Konsum nicht eigenverantwortlich treffen kann. Ab diesem Punkt wächst dem Tatbeteiligten die Tatherrschaft zu und er macht sich wegen Körperverletzungs- oder Tötungsdelikten strafbar.

Abgesehen von dem Arzt ist auch eine Verabreichung durch die Sorgerechtsberechtigten denkbar. Es ist möglich, dass besonders bemühte Eltern die kognitive Leistung ihres unwissenden Kindes verbessern wollen. Mischen diese pharmakologische Neuroenhancer dem Essen bei oder täuschen sie das Kind bei der Einnahme über die Substanz, begründen sie Tatherrschaft und machen sich insoweit wegen täterschaftlicher Begehung strafbar.

Fehlt es an der Eigenverantwortlichkeit, kann sich der beteiligende Dritte wegen mittelbarer Täterschaft strafbar machen. Der Hintermann besitzt aufgrund des überlegenen Wissens und des Mangels der Eigenverantwortlichkeit die Steuerungsherrschaft über den Vordermann.[391] Umstritten ist, welcher Maßstab bei der Ermittlung der Eigenverantwortlichkeit anzulegen ist. Neben bereits entschiedenen Fällen festigten sich zwei maßgebliche Ansichten zur eigenverantwortlichen Selbstgefährdung. Vertreten werden in diesem Zusammenhang die Schuld- und die Einwilligungslösung.[392]

Die Schuldlösung[393] orientiert sich an den Schuldausschließungsgründen analog §§ 3 JGG, 16, 19, 20, 35 StGB. Danach liegt Eigenverantwortlichkeit vor, wenn das Opfer, wäre es in der Position des Täters gewesen (nicht gegen sich selbst, sondern gegen einen Dritten), sich aufgrund der Schuldausschließungsgründe nicht strafbar gemacht hätte (entschuldigt gehandelt hätte).[394] Nicht

389 BGH NStZ 1983, 72; BGH NJW 2009, 2611.

390 BGH NStZ 1986, 266.

391 *Hagen*, JA 2002, 679 (680); BGHSt 32, 262 (265).

392 *Hagen*, JA 2002, 679 (681).

393 Vgl. BGHSt 3, 38 (41 f.).

394 *Kühl/Heger*, Lackner/Kühl StGB, vor § 211, Rn. 13 ff.; *Wessels/Beulke/Satzger*, Strafrecht AT, Rn. 778.

eigenverantwortlich handeln hiernach unter anderem Volltrunkene, Kinder und Geisteskranke.[395] Dafür spräche, dass der Gesetzgeber den Maßstab der Verantwortlichkeit für eigenes Handeln nie an die für Fremdtaten entwickelte Einwilligung, sondern vielmehr an die Anwendung der §§ 3 JGG, 16, 19, 20, 35 StGB geknüpft hat.[396] Dieser Ansatz überzeugt jedoch im Ergebnis nicht. Die Normen wurden ursprünglich für die rechtswidrige Verletzung von Rechtsgütern anderer entwickelt und es ist kein Grund ersichtlich, wieso sie auf die Verantwortlichkeitsmaßstäbe der Selbstgefährdung anwendbar sein sollten. Bei einer Selbstgefährdung ist es irrelevant, ob ein Täter im schuldausschließenden Zustand gehandelt hat.[397] Damit die Entschuldigungsgründe in Betracht kommen, müsste zunächst ein strafbares Unrecht vorliegen, woran es bei der Selbstschädigung regelmäßig mangelt.

Überzeugender ist die zweite Ansicht, die darauf abstellt, ob der Selbstgefährdende seinen Entschluss nach den Anforderungen an eine wirksame strafrechtliche Einwilligung fasste.[398] Die sogenannte Einwilligungslösung orientiert sich zur Bestimmung der Eigenverantwortlichkeit maßgeblich an den Regeln der rechtfertigenden Einwilligung und im Grenzfall an dem Rechtsgedanken des § 216 StGB.[399] Ausschlaggebend ist, ob der Selbstgefährdende im Fall einer hypothetischen Fremdgefährdung ernstlich (im Sinne des § 216 StGB) in seine Selbstgefährdung eingewilligt hätte.[400] Dazu ist erforderlich, dass der Gefährdende das Risiko erkennt und die Reichweite seiner Entscheidung einschätzen kann.[401] Der Selbstgefährdende muss die wesentlichen gefahrbegründenden Umstände kennen und es müssen sich genau diese Risiken im tatbestandlichen Erfolg realisieren. Beruht die Einwilligung beispielsweise auf einer arglistigen Täuschung, Trunkenheit oder wird sie unter Drogeneinfluss abgegeben, ist die Eigenverantwortlichkeit abzulehnen.[402] Wenn der Selbstgefährdende die Tragweite seiner Entscheidung realisiert und ernstlich eingewilligt hätte, der Grenzfall des § 216 StGB eingehalten worden wäre und der Außenstehende die Tatherrschaft kraft überlegenen Wissens gehabt hätte, wäre die hypothetische Einwilligung dennoch unwirksam, wenn sie gegen die guten Sitten im Sinne des § 228 StGB

395 *Joecks*, StGB Studienkommentar, § 20, Rn. 3 ff.
396 *Roxin*, NStZ 1984, 70.
397 *Hagen*, JA 2002, 679 (681).
398 *Kühl/Heger*, Lackner/Kühl StGB, vor § 211, Rn. 13 ff.
399 *Eser/Sternberg-Lieben*, Schönke/Schröder – Strafgesetzbuch, vor § 211, Rn. 36.
400 Bayrisches OLG NJW 1999, 372; *Geppert*, JURA 2001, 490 (493).
401 *Neumann*, JuS 1985, 679.
402 *Fischer*, StGB, § 216, Rn. 9 f.

verstößt. Für die Ausführungen zu den guten Sitten wird auf den nachfolgenden Abschnitt verwiesen und das Ergebnis vorweggenommen, dass die Einwilligung in pharmakologisches Neuroenhancement nicht gegen diese verstößt.[403]

Zusammenfassend ist zu konstatieren, wenn sich der Selbstgefährdende, frei von der Beeinflussung eines Außenstehenden, in voller Kenntnis der möglichen Folgen, freiverantwortlich dem Risiko der Gefährdung aussetzt, wird der Zurechnungszusammenhang unterbrochen und der Beteiligte[404] ist straflos.[405]

#### *bbb. Subjektiver Tatbestand*

Abhängig von den vorliegenden Umständen kann eine Körperverletzung, die auf einer medizinisch unbegründeten Verabreichung, Verschreibung oder Überlassung beruht, (bedingt) vorsätzlich und fahrlässig verursacht werden.[406] Handelt der Dritte fahrlässig, erfüllt er den Tatbestand des § 229 StGB, handelt er hingegen vorsätzlich, erfüllt er den subjektiven Tatbestand der §§ 223 ff. StGB. Die Differenzierung ist oft schwierig[407] und einzelfallabhängig.

Für die Strafbarkeit des Dritten ist es jedoch deutlich relevanter, ob das Opfer wirksam eingewilligt hat.

### *bb. Rechtswidrigkeit*

Eine Bestrafung wegen Körperverletzung kommt ausschließlich in Betracht, wenn die Tat rechtswidrig war.

Verschreibt ein Arzt pharmakologische Neuroenhancer oder wendet er diese bei einem Patienten an, entfällt die Rechtswidrigkeit erst unter verschärften Voraussetzungen. Handelt es sich bei der Behandlung nämlich um eine Heilbehandlung, entfällt die Rechtswidrigkeit erst, wenn eine medizinische Indikation vorliegt, ärztliche Standards eingehalten werden und der Patient wirksam in die Behandlung einwilligt.[408] Essentielle Voraussetzung für eine wirksame Einwilligung ist unter anderem die hinreichende Aufklärung des Patienten.[409]

---

403 Siehe S. 91.

404 Die mittelbare Täterschaft scheitert an der Eigenverantwortlichkeit des Selbstgefährdenden und die Teilnahme an der Straflosigkeit der Vortat.

405 Vgl. *Otto*, JURA 1992, 90 (98).

406 *Ulsenheimer*, Laufs/Kern – Handbuch des Arztrechts, § 147, Rn. 27–30.

407 Vgl. *BayObLG*, StV 1993, 641 ff.

408 *Magnus*, Patientenautonomie im Strafrecht, S. 362.

409 *Prütting*, Rechtliche Aspekte der Tiefen Hirnstimulation, S. 195.

Steht gegen die medizinische Indikation eine sogenannte Kontraindikation,[410] ist die erteilte Einwilligung unwirksam. Eine Kontraindikation liegt vor, wenn bestimmte Faktoren gegen eine therapeutische Maßnahme sprechen und dadurch die Möglichkeit besteht, dass der Körper des Patienten geschädigt wird. Die Einwilligung des Patienten ist unwirksam, wenn der durch das Medikament erzielte Nutzen in einem negativen Verhältnis zum Risiko für seine körperliche Integrität steht.[411]

### *aaa. Medizinische Indikation*

Eine medizinische Indikation belegt die Notwendigkeit einer medizinischen Intervention zur Heilung eines krankhaften Zustandes.[412] Objektiv mangelt es jedoch an der medizinischen Indikation, wenn ein Gesunder seine kognitive Leistung verbessert. Streng genommen scheitert die Rechtfertigung des ärztlichen Handelns somit stets an der fehlenden medizinischen Indikation.[413] Trotzdem ist nach hM eine Rechtfertigung weiterhin möglich, wenn der Patient wirksam einwilligt.[414]

In dem Fall, in dem ein Patient über das Vorliegen der für die medizinische Indikation erforderlichen Symptome täuscht (Desease Mongering[415]), unterliegt der Arzt regelmäßig einem unvermeidbaren Erlaubnisirrtum[416] und macht sich nicht strafbar.

### *bbb. Einwilligung*

Die wirksame Einwilligung setzt grundsätzlich voraus, dass das Rechtsgut, über welches verfügt werden soll, disponibel ist. Außerdem ist erforderlich, dass die Einwilligung kundgegeben und während des Eingriffs aufrechterhalten wird, dass sie willensmängelfrei ist, dass der Konsument einwilligungsfähig ist, dass die Einwilligung nicht gegen die guten Sitten verstößt und dass der Dritte in Kenntnis der Einwilligung handelt.[417]

---

410 *Kotz/Oğlakcıoğlu*, MüKo StGB, Bd. 6, § 13 BtMG, Rn. 22.
411 BGH NJW 1976, 1790 ff.
412 Siehe vertiefend, *Dörries*, „Die medizinische Indikation: Begriffsbestimmung und Rahmenbedingungen", in Dörries/Lipp, Medizinische Indikation.
413 OLG Frankfurt NJW 1988, 2965.
414 *Eser*, Schönke/Schröder – Strafgesetzbuch, § 223, Rn. 50.
415 *Magnus*, Patientenautonomie im Strafrecht, S. 33.
416 Gem. § 17 S. 1 StGB führt der Erlaubnisirrtum zum Schuldausschluss.
417 *Hilgendorf/Valerius*, Strafrecht Allgemeiner Teil, § 5, Rn. 111 ff.; *Rengier*, Strafrecht AT, § 23, Rn. 7 ff.; *Wessels/Beulke/Satzger*, Strafrecht AT, Rn. 374.

Die Disponibilität hängt maßgeblich von dem geschützten Rechtsgut ab. Das von den §§ 223 ff. StGB geschützte Rechtsgut ist die körperliche Unversehrtheit,[418] die grundsätzlich der Disposition des Rechtsgutsinhabers zugänglich ist.[419]

Die Kundgabe der Einwilligung erfolgt entweder mündlich, schriftlich oder konkludent.[420] Zudem muss die Einwilligung willensmängelfrei sein – der Konsument muss seinen Willen ohne Drohung, Täuschung oder Irrtum bilden.[421] Das Erfordernis, dass der Dritte in Kenntnis der Einwilligung handelt, erfasst den Fall, dass jemand aus autonomen Motiven einen anderen am Körper verletzt. Der Dritte muss jedoch gerade aufgrund der Einwilligung des Konsumenten und nicht aus eigenen Verletzungsmotiven handeln.[422]

#### (1) Einwilligungsfähigkeit

Besonders bedeutsam ist das Erfordernis der Einwilligungsfähigkeit. Einwilligungsfähig ist der Einnehmende, wenn er über die natürliche Einsichtsfähigkeit verfügt.[423] Diese orientiert sich grundsätzlich nicht an dem Alter des Konsumenten, sondern vielmehr daran, ob er die Bedeutung seines eigenen Handelns erkennen kann. Dies ist der Fall, wenn er über die geistig-sittliche Reife verfügt, sein Handeln sachgerecht zu beurteilen.[424] Um den Konsumenten in diese Lage zu versetzen, ist es erforderlich, dass der Arzt, vor der Verabreichung oder Applikation des pharmakologischen Neuroenhancers, vollumfänglich über Risiken, Wirkung, Nebenwirkung und Behandlungsmethode aufklärt. Ist der Konsument aufgrund mangelnder Aufklärung oder mangelnder geistig-sittlicher Reife einwilligungsunfähig, kann der gesetzliche Vertreter seine Einwilligung ersetzen, soweit er nicht rechtsmissbräuchlich handelt.[425]

Ersetzt dieser die Einwilligung des Konsumenten, ist fraglich, ob sich der gesetzliche Vertreter selbst nach § 223 StGB strafbar macht, wenn er in die Vergabe oder Applikation von schädlichen pharmakologischen Neuroenhancern einwilligt.[426] Grundsätzlich obliegen dem gesetzlichen Vertreter die

418 *Eser*, Schönke/Schröder – Strafgesetzbuch, § 223, Rn. 1.

419 *Hilgendorf/Valerius*, Strafrecht Allgemeiner Teil, § 5, Rn. 116; *Murmann*, Grundkurs Strafrecht, § 25, Rn. 134.

420 *Rengier*, Strafrecht AT, § 23, Rn. 21.

421 *Kindhäuser*, Strafrecht AT, § 12, Rn. 14, 21 f.

422 *Murmann*, Grundkurs Strafrecht, § 25, Rn. 135; *Rengier*, Strafrecht AT, § 23, Rn. 38.

423 *Murmann*, Grundkurs Strafrecht, § 25, Rn. 126.

424 BGHSt 4, 88 (90).

425 *Kindhäuser*, Strafrecht AT, § 12, Rn. 18.

426 *Magnus*, ZStW 2012, 907 (929).

Personensorge und die daraus resultierende Garantenpflicht, drohende körperliche Gefahren gegenüber dem Vertretenen abzuwenden.[427] Da der Konsum von Medikamenten regelmäßig nebenwirkungsbelastet ist, ist es bei der Einwilligung in die Vergabe von Medikamenten generell erforderlich, dass ein Gesundheitsvorteil die gesundheitliche Gefahr adäquat ausgleicht.[428] Der Neuroenhancer muss somit zu einer entsprechenden Steigerung der Gesundheit führen, sodass die Nebenwirkungen dahinter zurücktreten. Bei einem Gesunden ist dies jedoch denklogisch ausgeschlossen, da er bereits vollständig gesund und leistungsfähig ist. Der Garant handelt mithin strafbar, wenn er um den positiven Gesundheitszustand des Vertretenen weiß. Ein gesunder Konsument leidet nämlich gerade nicht an einem Krankheitsbild, welches die, mit der Einnahme verbundene Gesundheitsgefahr, auszugleichen vermag. Der Garant kann jedoch genauso über den Gesundheitszustand oder das Vorliegen der medizinischen Indikation irren - entweder da der Vertretene ihn ebenfalls täuscht oder weil der Garant dem getäuschten Arzt vertraut. In diesen Fällen handelt der Garant straflos.

Verletzen die Nebenwirkungen der Neuroenhancer den einwilligungsunfähigen Konsumenten über das vertretbare Maß hinaus und unterlässt der Garant es pflichtwidrig die Vergabe oder Applikation zu verhindern, macht er sich der Körperverletzung durch Unterlassen strafbar.

Des Weiteren ist der einwilligende Dritte der Körperverletzung durch Unterlassen strafbar, wenn negative Spätfolgen auftreten, die der Gesundheitsvorteil nicht ausgleicht. Demgegenüber entfällt die Strafbarkeit, wenn Gesundheitsbeeinträchtigungen ausbleiben.

### (2) Gute Sitten

Eine weitere bedeutende Voraussetzung ist, dass die erteilte Einwilligung nicht gegen die guten Sitten verstößt, § 228 StGB. Die tatbestandliche Körperverletzung bleibt rechtswidrig, wenn „die Tat trotz der Einwilligung gegen die guten Sitten verstößt.“[429] Unter den guten Sitten versteht man das Anstandsgefühl aller billig und gerecht Denkenden.[430] Wie die Sittenwidrigkeit konkreter bestimmt wird, ist umstritten.[431]

---

427 *Kühl/Heger*, Lackner/Kühl StGB, § 13, Rn. 8.
428 *Magnus*, Patientenautonomie im Strafrecht, S. 363.
429 § 228 StGB; BGH 2 StR 505/03 - Urteil vom 26.05.2004, Rn. 19.
430 BGHSt 4, 89 (91); 49, 34 (41); *Hardtung*, MüKo StGB, Bd. 4, § 228, Rn. 1.
431 BGH 2 StR 505/03 - Urteil vom 26.05.2004, Rn. 20.

Nach neuerer Rechtsprechung und in der Literatur überwiegend vertretener Auffassung entscheidet eine Gesamtschau diverser Kriterien über die Sittenwidrigkeit der Körperverletzung. Es wird beurteilt, ob „die Körperverletzung wegen des besonderen Gewichts des jeweiligen tatbestandlichen Rechtsgutsangriffs unter Berücksichtigung des Umfangs der eingetretenen Körperverletzung und des damit verbundenen Gefahrengrads für Leib und Leben des Opfers trotz Einwilligung des Rechtsgutsträgers nicht mehr als von der Rechtsordnung hinnehmbar erscheint."[432] Folglich bewertet die Gesamtschau grundsätzlich Art und Gewicht des Körperverletzungserfolgs und den Grad der möglichen Lebensgefahr.[433] Es wird vorrangig ermittelt, wie schwer der Rechtsguteingriff ist.[434] Hierbei werden strenge Maßstäbe angewandt, da das Sittenwidrigkeitsurteil in die grundrechtlich geschützte Dispositionsbefugnis bzw. das Selbstbestimmungsrecht[435] des Rechtsgutsinhabers eingreift. Aufgrund dessen ist eine Körperverletzung trotz Einwilligung erst sittenwidrig, wenn bei Berücksichtigung aller maßgeblichen Umstände der Tat – objektiv und unter vorausschauender Betrachtung – der Einwilligende durch die Verletzungshandlung in konkrete Todesgefahr gebracht wird.

Eine andere Ansicht beurteilt die Sittenwidrigkeit der Tat zusätzlich anhand des Zwecks der Handlung.[436] Dieser Betrachtungsweise käme die Funktion zu, Rechtsgutsverletzungen aufgrund des mit ihnen verfolgten positiven Zwecks vom Anwendungsbereich des § 228 StGB auszunehmen. Demzufolge bestünde die Möglichkeit, die Sittenwidrigkeit durch einen positiven oder mindestens einsehbaren Zweck zu kompensieren.

Aufgrund der höheren Belastbarkeit ist es vorzugswürdig sich vorrangig an objektiven Kriterien zu orientieren. Insofern ist das Gewicht der jeweiligen tatbestandlichen Körperverletzung ausschlaggebend.[437]

Dementsprechend ist zunächst fraglich, ob die Vergabe oder Applikation von pharmakologischen Neuroenhancern nach Art und Gewicht des Körperverletzungserfolgs und dem Grad der möglichen Lebensgefahr als nicht mehr von der Rechtsordnung hinnehmbar erscheinen. Nachrangig wird beurteilt, ob die Vergabe oder Applikation der Neuroenhancer isoliert betrachtet eine

---

432 BGH 2 StR 505/03 – Urteil vom 26.05.2004, Rn. 22.

433 *Stock*, „Ist die Verbesserung des Menschen rechtsmissbräuchlich?", in Die Verbesserung des Menschen, S. 155.

434 Spätestens seit BGHSt 49, 166 in ständiger Rechtsprechung.

435 Siehe S. 135.

436 *Fischer*, StGB, § 228, Rn. 10; *Kühl/Heger*, Lackner/Kühl StGB, § 228, Rn. 10.

437 BGH 3 StR 120/03 – Urteil vom 11.12.2003, Rn. 24.

sittenwidrige Körperverletzung darstellen und der damit verfolgte Zweck dies gegebenenfalls kompensiert.

Die hier zu beurteilenden Rechtsgutsangriffe bestehen in den oben aufgeführten Nebenwirkungen der stimulierenden Pharmaka.[438] Diese Nebenwirkungen entsprechen tatbestandlichen Körperverletzungen in den Alternativen der körperlichen Misshandlung sowie der Gesundheitsschädigung. Lebensgefahr besteht jedoch bei keiner dieser Nebenwirkungen. Um die Einwilligung als sittenwidrig zu charakterisieren, ist es erforderlich, dass der Rechtsgutsangriff ein besonderes Gewicht hat und der Umfang der eingetretenen Körperverletzung sowie die damit verbundenen Gefahren für Leib und Leben die Einwilligung als nicht mehr von der Rechtsordnung hinnehmbar erscheinen lassen. Die Sittenwidrigkeit dient für die Ausnahmefälle, in denen die Dispositionsfreiheit des Einzelnen eingeschränkt werden muss, zum Schutz vor grob schädigender Unvernunft sowie zum Schutz grundlegender gesellschaftlicher Normen.[439]

Somit müsste der potentielle Nutzen der pharmakologischen Neuroenhancer in einem eklatanten Missverhältnis zu den möglichen Nebenwirkungen stehen.[440] Existiert ein solches Missverhältnis, ist der von der Rechtsordnung tolerierbare Rahmen durchbrochen und die Dispositionsbefugnis des Einzelnen einschränkbar. Anerkanntermaßen ist dieser Rahmen überschritten, wenn eine Ex-ante-Betrachtung ergibt, dass die tatbestandliche Körperverletzung den Einwilligenden in konkrete Todesgefahr bringt.[441] Daraus ergibt sich der Grundsatz, dass eine Einwilligung nur dann sittenwidrig ist, wenn sie zumindest an die Körperverletzungsfolgen der schweren Körperverletzung gem. § 226 StGB herankommt.[442]

Die aktuell verfügbaren pharmakologischen Neuroenhancer weisen nicht das Potential auf, solche Folgen herbeizuführen. Aus diesem Grund ist die Einwilligung in die Behandlung mit pharmakologischen Neuroenhancern nicht sittenwidrig und somit eine wirksame Einwilligung möglich.

Die zusätzliche Beurteilung nach dem mit der Handlung verfolgten Zweck führt zu keiner abweichenden Beurteilung der Sittenwidrigkeit. Er besteht in der Verbesserung der kognitiven Leistung und wird von der Allgemeinheit als durchaus wünschenswert angesehen und akzeptiert. Die auftretenden

---

438 Siehe S. 34 ff.

439 *Magnus*, Patientenautonomie im Strafrecht, S. 370.

440 *Gärditz*, PharmR, 2011, 46 (48).

441 *Stock*, „Ist die Verbesserung des Menschen rechtsmissbräuchlich?“, in Die Verbesserung des Menschen, S. 156

442 Ebd., S. 156.

Nebenwirkungen gefährden den Einnehmenden zwar, jedoch sind tödliche Begleiterscheinungen unbekannt, weshalb eine konkrete Todesgefahr ausscheidet.

Handelt es sich bei den Nebenwirkungen oder Spätfolgen um seelische Leiden ohne pathologischen, somatisch objektivierbaren Zustand, erfassen die §§ 223 ff. StGB diese nicht, da der Körperlichkeitsbezug fehlt. Mangels einer negativen Abweichung vom Normalzustand ist ebenso die reine Verbesserung des mentalen Zustandes nicht erfasst.

### b. Betäubungsmittelgesetz

Manche der eingesetzten pharmakologischen Neuroenhancer fallen unter das BtMG.[443] Anlage III enthält Methylphenidat, Kokain und Amphetamin. Für diese Betäubungsmittel bestimmt § 13 Abs. 1 S. 1 BtMG, dass Ärzte sie im Rahmen einer ärztlichen Behandlung verabreichen oder zum unmittelbaren Verbrauch überlassen dürfen, wenn ihre Anwendung am menschlichen Körper begründet ist.[444] Folglich dürfen solche Betäubungsmittel ausschließlich zur Behandlung einer Krankheit verschrieben oder zur Anwendung überlassen werden und nicht zum bloßen Neuroenhancement.[445]

Dementsprechend macht der sich Arzt gem. § 29 Abs. 1 S. 1 Nr. 6 BtMG strafbar, wenn er entgegen § 13 Abs. 1 BtMG ohne Indikation Betäubungsmittel für Enhancementzwecke an Gesunde verschreibt oder abgibt.

### c. Arzneimittelgesetz

Der verschreibende Arzt könnte sich zudem wegen unerlaubten Inverkehrbringens in mittelbarer Täterschaft durch den Apotheker[446] nach §§ 96 S. 1 Nr. 5, 21 Abs. 1, 4 Abs. 1 AMG, § 25 Abs. 1 Alt. 2 StGB strafbar machen, wenn er, durch den abgebenden Apotheker, Fertigarzneimittel[447] ohne Zulassung oder Genehmigung in den Verkehr bringt.[448]

Methylphenidat, Modafinil und Amphetamin[449] sind Stoffe für Arzneimittel, die nur für die Anwendung an einem kranken Menschen getestet und zugelassen

---

443 Siehe S. 24.

444 § 13 Abs. 1 S. 1 BtMG.

445 *Gärditz*, PharmR, 2011, 46 (47); *Kotz/Oğlakcıoğlu*, MüKo StGB, Bd. 6, § 13 BtMG, Rn. 5, 22; *Magnus*, Patientenautonomie im Strafrecht, S. 354.

446 *Weber*, BtMG, § 4 AMG, Rn. 45.

447 Legaldefiniert in § 4 Abs. 1 AMG.

448 § 21 Abs. 1 AMG.

449 Siehe S. 33.

wurden. Die Anwendung am Gesunden erfolgt dementsprechend „off-label“. Darunter versteht man, dass das Arzneimittel nicht für die beabsichtigte Anwendung getestet und zugelassen wurde. Die Anwendung erfolgt ohne Indikation und außerhalb des Zulassungsbereichs.

Fraglich ist, ob der Arzt das Arzneimittel in den Verkehr bringt. Unter dem Inverkehrbringen versteht man gem. § 4 Abs. 17 AMG „das Vorrätighalten zum Verkauf oder zu sonstiger Abgabe, das Feilhalten, das Feilbieten und die Abgabe an andere.“ Die Abgabe des Apothekers kann somit unter diesen Begriff subsumiert werden. Insofern bringt der verschreibende Arzt das Arzneimittel regelmäßig ohne Zulassung über den Apotheker in den Verkehr, wenn er ein Arzneimittel zu bloßen Enhancementzwecken verschreibt.

Der Apotheker gibt das Arzneimittel jedoch in dem Glauben ab, dass eine medizinische Indikation vorläge und der Arzt es aufgrund derer verschrieben habe. Er unterläge folglich einem Irrtum nach § 16 Abs. 1 S. 1 StGB und würde vorsatzlos handeln.

Der verschreibende Arzt bedient sich kraft überlegenen Wissens des Apothekers als vorsatzloses Werkzeug und begründet dadurch seine mittelbare Täterschaft.

Klärungsbedürftig ist, ob die Abgabe an den indikationslosen Patienten ein Inverkehrbringen im Sinne des § 96 S. 1 Nr. 5 AMG darstellt. Die Vorschriften des AMG schützen grundsätzlich die Gesundheit des Einzelnen und die der Bevölkerung als Ganzes.[450] In der hier untersuchten Konstellation bleibt das Inverkehrbringen ausschließlich auf den Patienten beschränkt, der die Verschreibung zu Enhancementzwecken begrüßt. Mithin ist der Zweck, die Verbreitung einzudämmen, um die allgemeine Gesundheit der Gesellschaft zu schützen, nicht gefährdet. Zudem muss die Gesundheit des Einzelnen nicht weiter geschützt werden, wenn dieser die Verschreibung des Arzneimittels selbstbestimmt unterstützt und in die Behandlung einwilligt. Gefahren für Dritte durch die ungehinderte Verbreitung des Arzneimittels bestehen aufgrund des selbstbestimmten Eigenkonsums nicht.

In dieser Konstellation bliebe der Gesetzeszweck des § 96 S. 1 Nr. 5 AMG unerfüllt, weshalb der behandelnde Arzt straflos ist.[451]

---

450 *Weber*, BtMG, Vorbemerkungen zu den §§ 95 ff. AMG, Rn. 8.

451 *Magnus*, Patientenautonomie im Strafrecht, S. 355.

### d. Verletzung der Fürsorge- oder Erziehungspflicht

Gem. § 171 StGB macht sich derjenige strafbar, der „seine Fürsorge- oder Erziehungspflicht gegenüber einer Person unter sechzehn Jahren gröblich verletzt und dadurch den Schutzbefohlenen in die Gefahr bringt, in seiner körperlichen oder psychischen Entwicklung erheblich geschädigt zu werden […].“[452] Die Mehrheit der Meinungen sieht das geschützte Rechtsgut des § 171 StGB in der körperlichen und physischen Entwicklung von Kindern unter 16 Jahren.[453]

Insofern ist fraglich, ob sich derjenige strafbar macht, der es erlaubt, dass ein unter sechzehnjähriger Schutzbefohlener pharmakologische Neuroenhancer einnimmt oder diesem welche verabreicht.

Voraussetzung dafür ist, dass der Täter eine ihm obliegende Fürsorge- oder Erziehungspflicht[454] verletzt.[455] Fürsorge- oder Erziehungspflichten obliegen regelmäßig den (Adoptiv-)Eltern, der nichtehelichen Mutter, dem Vormund, dem Beistand, dem Betreuer oder dem Pfleger.[456] Von einem tauglichen Täter ausgehend, ist festzustellen, ob es eine gröbliche[457] Verletzung der Fürsorgepflicht darstellt, wenn dem Kind pharmakologische Neuroenhancer verabreicht werden. Die Fürsorgepflicht beinhaltet, die gesunde körperliche Entwicklung des Kindes zu gewährleisten.[458] Darunter fällt in gleicher Weise das Fernhalten des Kindes von kontraindizierten Stimulanzien.[459]

Der Gesetzgeber sieht nicht nur in der Unterstützung des Konsums des Schutzbefohlenen eine grobe Pflichtverletzung im Sinne des § 171 StGB, sondern ebenso, wenn die Einnahme geduldet wird, jedoch bei gehöriger Aufsicht durch den Erziehungsverpflichteten hätte verhindert werden können.[460]

Pharmakologische Neuroenhancer wie Methylphenidat, Amphetamin und Kokain fallen unter das BtMG[461] und stellen illegale Betäubungsmittel dar. Pharmakologische Neuroenhancer, die auch als verschreibungspflichtige

---

452 § 171 StGB.

453 *Dippel*, Leipziger Kommentar StGB, Bd. 6, § 171, Rn. 3; *Ritscher*, MüKo StGB, Bd. 2/2, § 171, Rn. 2.

454 *Ritscher*, MüKo StGB, Bd. 2/2, § 171, Rn. 4.

455 *Dippel*, Leipziger Kommentar StGB, Bd. 6, § 171, Rn. 5.

456 *Kühl/Heger*, Lackner/Kühl StGB, § 171, Rn. 2.

457 *Ritscher*, MüKo StGB, Bd. 2/2, § 171, Rn. 9.

458 BGHSt 2, 348 (349); *Dippel*, Leipziger Kommentar StGB, Bd. 6, § 171, Rn. 6.

459 *Neuheuser*, NStZ 2000, 174 (175).

460 *Kühl/Heger*, Lackner/Kühl StGB, § 171, Rn. 3; *Neuheuser*, NStZ 2000, 174 (175).

461 Siehe S. 26.

Medikamente gelten[462], werden zwar nicht als illegale Drogen bezeichnet, fallen jedoch unter den Telos dieser Norm. Die hier dargestellten pharmakologischen Neuroenhancer bergen alle die Gefahr der körperlichen oder psychischen Schädigung der Entwicklung des Schutzbefohlenen und führen mithin zu einer Strafbarkeit nach § 171 StGB.[463]

Folglich macht sich der Erziehungsverpflichtete strafbar, wenn er seinem unter sechzehnjährigen Schutzbefohlenen indikationslos pharmakologische Neuroenhancer verabreicht oder es unterlässt dessen eigenverantwortlichen Konsum zu unterbinden.

### e. Zusammenfassung der rechtlichen Situation de lege lata beim Fremdenhancement

Der Arzt macht sich wegen Körperverletzung am Konsumenten strafbar, wenn er einen nebenwirkungsbelasteten pharmakologischen Neuroenhancer ohne medizinische Indikation und ohne Einwilligung des Patienten verabreicht. Mangels Indikation werden die auftretenden Nebenwirkungen nicht durch einen Gesundheitsvorteil ausgeglichen, weshalb (aufgrund der fehlenden Einwilligung) die Verabreichung der Substanzen eine Körperverletzung darstellt.

Verabreicht ein anderer Dritter dem Konsumenten pharmakologische Neuroenhancer, ist die medizinische Indikation irrelevant und es verbleibt das Erfordernis der wirksamen Einwilligung. Liegt diese nicht vor, ist die Verabreichung nicht gerechtfertigt und führt zur Strafbarkeit wegen Körperverletzung.

Ist der Konsument einwilligungsunfähig und ersetzt ein garantenpflichtiger Dritter die Einwilligung, kann sich dieser wegen Körperverletzung durch Unterlassen strafbar machen. Dies ist der Fall, wenn er die mangelnde medizinische Indikation kennt und trotzdem in die Behandlung einwilligt. Irrt er jedoch über das Vorliegen einer medizinischen Indikation, ist er bloß strafbar, wenn die Nebenwirkungen über ein vertretbares Maß hinausgehen und er es pflichtwidrig unterlässt, die Vergabe zu unterbinden.

Eine wirksame Einwilligung erfordert unter anderem, dass sie nicht sittenwidrig ist. Der potentielle Nutzen von pharmakologischen Neuroenhancern birgt nicht die Möglichkeit der schweren Körperverletzung oder der Todesfolge, weshalb der von der Rechtsordnung tolerierbare Rahmen der Sittenwidrigkeit eingehalten wird. Mithin ist die Einwilligung nicht sittenwidrig.

---

462 Methylphenidat als Ritalin© und Modafinil als Vigil®.

463 *Heger*, Sport, Doping und Enhancement, S. 215.

Verabreicht oder überlässt der Arzt ein Medikament zum unmittelbaren Verbrauch, muss die Anwendung am menschlichen Körper gem. § 13 Abs. 1 S. 1 BtMG begründet sein. Die Überlassung ohne medizinische Indikation zu bloßen Enhancementzwecken ist gem. § 29 Abs. 1 S. 1 Nr. 6 BtMG strafbar, da Methylphenidat, Modafinil und Kokain in der Anlage III des BtMG enthalten sind.[464]

Verschreibt der Arzt dem indikationslosen Patienten Fertigarzneimittel ohne Zulassung oder Genehmigung zu bloßen Enhancementzwecken, macht er sich nicht gem. §§ 96 S. 1 Nr. 5, 21 Abs. 1, 4 Abs. 1 AMG, § 25 Abs. 1 Alt. 2 StGB wegen unerlaubten Inverkehrbringens in mittelbarer Täterschaft durch den Apotheker strafbar. Das Gesetz schützt an dieser Stelle die Gesundheit des Einzelnen und der Gesamtbevölkerung. Das Inverkehrbringen begrenzt sich bei der individuellen Verschreibung für einen Patienten, der zudem in die Behandlung eingewilligt hat, nur auf diesen und stellt kein ungehindertes Inverkehrbringen dar. Die Gesundheit der Gesamtbevölkerung bleibt folglich unberührt. Der Gesetzeszweck des § 96 S. 1 Nr. 5 BtMG wird nicht erfüllt.

Der Erziehungspflichtige macht sich gem. § 171 StGB wegen der Verletzung der Fürsorge- oder Erziehungspflicht strafbar, wenn er den Konsum von pharmakologischen Neuroenhancern des Schutzbefohlenen unterstützt oder wenn er diesen duldet, obwohl der Konsum bei gehöriger Aufsicht durch den Erziehungsverpflichteten hätte verhindert werden können.[465]

Die bloße Beteiligung eines Dritten an einer eigenverantwortlichen Selbstschädigung ist generell straflos. Mangels der Strafbarkeit der eigenverantwortlichen Selbstschädigung fehlt es an der für §§ 26, 27 StGB erforderlichen vorsätzlich rechtswidrigen Haupttat.

## 5. Weitere Strafbarkeiten

Die zur Anwendung des pharmakologischen Neuroenhancements erforderlichen Substanzen müssen im Vorfeld beschafft werden. Der folgende Abschnitt beschäftigt sich überblicksartig mit den gängigsten Bezugsquellen und untersucht die erweiterte Strafbarkeit des verschreibenden Arztes sowie die des täuschenden Patienten.

---

464 Fehlt die medizinische Indikation, ist die Verschreibung von sämtlichen Medikamenten, die Wirkstoffe aus einer der Anlagen des BtMG enthalten, generell strafbar.

465 *Kühl/Heger*, Lackner/Kühl StGB, § 171, Rn. 3; *Neuheuser*, NStZ 2000, 174 (175).

### a. Beschaffung

Medikamente und Betäubungsmittel zum pharmakologischen Neuroenhancement gelangen über verschiedene Bezugsquellen an den Einnehmenden. Die Ergebnisse des DAK-Gesundheitsreports 2015 belegen, dass Medikamente zum pharmakologischen Neuroenhancement zu 53,8 % am häufigsten[466] mithilfe einer Verschreibung vom Arzt erlangt werden. Daneben beziehen 22,4 % die Medikamente ohne Rezept aus einer örtlichen Apotheke. 14,1 % erhalten ihre Medikamente von Kollegen, Freunden, Bekannten oder Familienmitgliedern. Deutlich geringer ist der 5,8 % Anteil derjenigen, die sich ohne Rezept, durch andere Versandquellen[467] oder auf sonstige Weise, ihre Medikamente besorgen.[468] Folglich konsultieren viele Nutzer den Arzt und geben entsprechende Symptome vor, um an die Mittel zu gelangen. Außerdem kann eine hohe Anzahl der Konsumenten die erforderlichen Substanzen auch ohne Verschreibung in der Apotheke erwerben. Erstaunlich sind die Ergebnisse einer Studie der European Alliance for Access to Safe Medicine aus dem Jahre 2008. Diese weisen darauf hin, dass mehr als 90 % der Internetapotheken verschreibungspflichtige Medikamente ohne Vorlage der Verschreibung versenden.[469] Gerade der unkontrollierte Versand von ausländischen Apotheken nach Deutschland birgt ein erhebliches Risiko, da die gesellschaftliche Kontrolle wegfällt und die Strafverfolgung erheblich erschwert wird.[470]

Neben den Onlineapotheken kann man entsprechende Substanzen im sogenannten Darknet[471] erwerben. Abseits der gängigen Betäubungsmittel verkaufen „Händler“ dort zunehmend verschreibungspflichtige Medikamente.[472] Dieser Internet-Drogenhandel erfuhr in den letzten Jahren einen deutlichen Anstieg.[473]

466 *Eberbach*, „Möglichkeiten und rechtliche Beurteilung der Verbesserung des Menschen – Ein Überblick“, in Die Verbesserung des Menschen, S. 4.

467 Beispielsweise über das Darknet oder über illegale Versandapotheken aus dem Ausland.

468 DAK, Gesundheitsreport 2015, S. 83, Abbildung 42; IGES, Erwerbstätigenbefragung der DAK-Gesundheit 2014.

469 *EAASM*, The Counterfeiting Superhighway, S. 20.

470 *Lieb*, Hirndoping – Warum wir nicht alles schlucken sollten, S. 47, 48.

471 Eingehend dazu: *Thiesen*, MMR 2014, 803.

472 *Hoppenstedt*, „Die graueste Zone des Darknets“, Onlinemedium, abrufbar unter: https://motherboard.vice.com/de/article/nz7p9d/die-graueste-zone-des-deep-webs-einblick-in-den-darknet-medikamenten-handel-389, Stand: 09.11.2017.

473 *Morter*, Drogen- und Suchtbericht der Bundesregierung, 2017, S. 51.

Nicht zuletzt wegen der (vermeintlichen)[474] Anonymität und Bequemlichkeit wächst die Attraktivität dieses Marktes rasant und erweitert dadurch seinen Kundenkreis. Dieser besteht jetzt auch aus Menschen, die den Straßendealer meiden würden. Obwohl der Bezug über das Internet häufiger wird, bleibt der klassische Ankauf bei einem Drogendealer[475] weiterhin beliebt.

## b. Unerlaubtes Verschreiben durch den Arzt

Die ärztliche Berufsausübung steht vor tiefgreifenden Strukturveränderungen.[476] Neben die traditionelle, altruistische Auffassung von der Daseinsberechtigung der Medizin, wie Heilung, Linderung oder Begleitung, ist die moderne (wunscherfüllende) Medizin getreten. Ärzte verschönern, verbessern und optimieren den Menschen, seine Anlagen und seine Fähigkeiten.[477] Die in dem Hippokratischen Eid verankerte ärztliche Ethik[478] schreibt vor, dem Kranken zu helfen.[479] Die indikationslose Verbesserung von Gesunden führt diese Maxime der Medizin ad absurdum. Die Verbesserung Gesunder mittels ärztlicher Unterstützung unterfällt der wunscherfüllenden Medizin und beschreibt ein Konsumgut für den Kunden, das auf dem freien Markt gehandelt wird. Ob eine Behandlung der wunscherfüllenden Medizin unterfällt, wird generell nach ihrer Intention beurteilt. Die Behandlung ist wunscherfüllend, „wenn sie geeignet ist und dafür eingesetzt wird, das menschliche Potential zu verbessern und die Leistungsfähigkeit zu steigern"[480]. Pharmakologisches Neuroenhancement unterfällt somit eindeutig dem Begriff der wunscherfüllenden Medizin.

---

474 Die Kommunikation zwischen den Endbenutzern ist zwar über das Tor-Netzwerk verschlüsselt, jedoch gelangen die Strafverfolgungsbehörden häufig über die Beschlagnahme der Computer an die Adressen der Käufer und sind so in der Lage, ein Strafverfahren gegen diese zu eröffnen.

475 *Galert/Bublitz/Heuser/Merkel/Repantis/Schöne-Seifert/Talbot*, Gehirn&Geist 2009, 1 (10).

476 *Einbecker Empfehlungen der Deutschen Gesellschaft für Medizinrecht e.V.*, Der Arzt am Beginn des 21. Jahrhunderts, in Zwischen Hippokrates und Staatsmedizin, S. 149.

477 *Eberbach*, „Möglichkeiten und rechtliche Beurteilung der Verbesserung des Menschen – Ein Überblick", in Die Verbesserung des Menschen, S. 13.

478 Vertiefend zur Ethik in der Medizin: *Schulz/Steigleder/Fangerau/Paul*, Geschichte, Theorie und Ethik der Medizin, S. 15 ff.

479 *Pschyrembel*, Pschyrembel Klinisches Wörterbuch, S. 543.

480 *Eberbach*, „Möglichkeiten und rechtliche Beurteilung der Verbesserung des Menschen – Ein Überblick", in Die Verbesserung des Menschen, S. 16.

Mangels Indikation liegt die Strafbarkeit des Arztes in diesem Zusammenhang nahe. Beschafft der Einnehmende sich die notwendigen Substanzen nicht über illegale Bezugswege, erwägt er notwendigerweise die Erlangung einer ärztlichen Verschreibung. Viele Abhängige suchen Ärzte auf und versuchen durch Täuschung an verschreibungspflichtige (Betäubungs-)Mittel zu gelangen. Verschreibt der Arzt dem Patienten indikationslos Medikamente, verstößt er regelmäßig gegen den Hippokratischen Eid, schädigt die Solidargemeinschaft[481] dadurch, dass die Kosten des Medikaments von der gesetzlichen Krankenkasse unberechtigterweise übernommen werden, und missachtet seine Pflicht, die Gesundheit des Patienten zu erhalten.[482] Im Folgenden wird erörtert, wie sich der Arzt strafbar macht, der dem aufgeklärten und einwilligenden Patienten Betäubungsmittel oder verschreibungspflichtige Substanzen in dem Wissen verschreibt, dass er die erforderliche Indikation nicht aufweist und beabsichtigt die Substanzen zur Leistungssteigerung verwendet.

### *aa. BtMG*

Eingangs werden die Normen des Betäubungsmittelgesetzes untersucht. Mit dem Betäubungsmittelgesetz soll der Gesundheitsschutz dadurch gewahrt werden[483], „dass Betäubungsmittel im Rahmen eines ärztlichen Heilverfahrens nur bei unumgänglicher medizinischer Notwendigkeit und ausschließlich zum Zweck der Heilung – einschließlich der Schmerzlinderung – eingesetzt werden. Damit würde der Entstehung einer Sucht entgegengewirkt und ferner verhindert, dass eine bereits bestehende Sucht, durch Verschreibungen unter Nichtbeachtung oder nicht ausreichender Beachtung des Standes der ärztlichen Wissenschaft oder durch Vorratsverschreibungen, gefördert wird.“[484] Diese Leitlinien sollen unter anderem missbräuchliche Verschreibungen unterbinden.[485] Die nachfolgenden Ausführungen gelten gleichermaßen für privat und gesetzlich Versicherte.

---

481 Stellungnahme der zentralen Ethikkommission der Bundesärztekammer zu Doping und ärztlicher Ethik, Deutsches Ärzteblatt, Jg. 106, Heft 8, 2009, A 362.

482 Ebd., A 363.

483 *Ulsenheimer*, Ulsenheimer, Arztstrafrecht, Rn. 919.

484 BGHSt 29, 6 (10); BGH MDR 1991, 75 (76).

485 BGHSt 29, 6 (11).

### *aaa. Verschreibung, Verabreichung oder Überlassung, § 29 Abs. 1 S. 1 Nr. 6 BtMG*

§ 29 Abs. 1 S. 1 Nr. 6 BtMG bestraft die Verschreibung, Verabreichung oder die Überlassung zum unmittelbaren Gebrauch von Betäubungsmitteln, die entgegen § 13 Abs. 1 BtMG erfolgt.[486] Die Verschreibung ist eine persönliche[487] Anweisung des Arztes an einen Apotheker, einer Person für sich selbst oder für eine Einrichtung ein bestimmtes (Betäubungs-)Mittel auszugeben. Diese BtM-Anweisung muss nach Prüfung des Einzelfalles[488] schriftlich[489] auf einem BtM-Rezept[490] erfolgen und die Menge des bestimmten (Betäubungs-) Mittels ausweisen.[491]

§ 13 Abs. 1 BtMG bestimmt, dass die in Anlage III bezeichneten Betäubungsmittel nur dann verschrieben werden dürfen, wenn ihre Anwendung am oder im menschlichen Körper begründet ist. Das BtMG definiert ausschließlich, wann eine Anwendung unbegründet ist.[492] Dies ist der Fall, wenn der mit der Anwendung beabsichtigte Zweck ebenso auf eine andere Weise erreicht werden kann. Die Rechtsprechung des BGH konkretisiert das dahingehend, dass eine Verschreibung von Stoffen der Anlage III ausschließlich in den Fällen gestattet sei, in denen die Anwendung am oder im menschlichen Körper medizinisch eindeutig begründet[493] ist. Folglich ist der Arzt verpflichtet, zunächst eine Diagnose stellen, die zu einer entsprechenden Indikation führt.[494] Übereinstimmend mit den früheren Auslegungen ist eine Anwendung mithin ausschließlich begründet, „wenn das Mittel nach den allgemeinen oder weitaus überwiegend anerkannten Regeln der ärztlichen Wissenschaft als Heilmittel für das Leiden des Patienten geeignet ist“[495].[496] Die Verschreibung darf insofern nur erfolgen, wenn der Arzt (nach eingehender Prüfung der gesundheitlichen Situation des

---

486 *Kotz/Oğlakcıoğlu*, MüKo StGB, Bd. 6, § 29 BtMG, Rn. 1217.

487 §§ 2 Abs. 1, 5 Abs. 1 BtMVV; die BtMVV beschreibt grundsätzlich die Art und Weise, wie der behandelnde Arzt mit dem Patienten umzugehen hat und welche Medikamente er verschreiben darf sowie in welcher Form das Rezept auszustellen ist.

488 *Ulsenheimer*, Laufs/Kern – Handbuch des Arztrechts, § 147, Rn. 4.

489 §§ 8, 9 BtMVV.

490 Näher: § 9 Abs. 1 BtMVV.

491 *Kotz/Oğlakcıoğlu*, MüKo StGB, Bd. 6, § 13 BtMG, Rn. 14.

492 § 13 Abs. 1 S. 2 BtMG

493 *BGH*, NJW 2014, 1680 (1681).

494 Vgl. *BGH*, NStZ 2012, 337 (338); *Kotz/Oğlakcıoğlu*, MüKo StGB, Bd. 6, § 29 BtMG, Rn. 1219.

495 *BGH*, NJW 2014, 1680 (1681–1682).

496 BGHSt 29, 6 (9); BGHSt 37, 383 (384).

Patienten) überzeugt ist, dass die Anwendung nach den anerkannten Regeln der ärztlichen Wissenschaft zulässig und geboten ist.[497] Das ist der Fall, wenn sie einen Heilerfolg verspricht.[498]

Verschreibt der Arzt pharmakologische Neuroenhancer, die unter das BtMG fallen, müssten diese folglich zur Heilung des Patienten angewandt werden. Die Behandlung mit Betäubungsmitteln dient insbesondere der Schmerzlinderung oder Behandlung von Abhängigkeiten[499].[500] Die Situation des pharmakologischen Neuroenhancements ist jedoch geprägt davon, dass der Einnehmende seinen bereits gesunden Zustand über das natürliche Maß hinaus verbessert. Dieser Vorgehensweise mangelt es an der erforderlichen Indikation für eine rechtmäßige und medizinisch begründete Verschreibung. § 13 Abs. 1 BtMG erfasst somit keine Verordnung zwecks kognitiver Leistungssteigerung eines Gesunden.[501]

Weiß der Arzt, dass der Patient nicht die erforderliche Indikation aufweist, macht er sich gem. § 29 Abs. 1 S. 1 Nr. 6 i.V.m. § 13 Abs. 1 BtMG strafbar. Aufgrund der mangelnden Indikation bei pharmakologischem Neuroenhancement ist die Anwendung von Anfang an unbegründet und die Verschreibung, Verabreichung oder Überlassung dementsprechend strafbar.

#### *bbb. In-den Verkehr-Bringen, § 29 Abs. 1 S. 1 Nr. 1 BtMG*

Die ärztliche Verschreibung oder Verabreichung könnte ein In-den-Verkehr-Bringen i.S.d § 29 Abs. 1 S. 1 Nr. 1 BtMG darstellen. In-den-Verkehr-Bringen ist legaldefiniert in § 4 Abs. 17 AMG, als „das Vorrätighalten zum Verkauf oder zu sonstiger Abgabe, das Feilhalten, das Feilbieten und die Abgabe an andere".

Der verschreibende Arzt bringt das Betäubungsmittel zwar nicht direkt in den Verkehr, jedoch händigt er dem Patienten die Verschreibung aus, mit der dieser das jeweilige Betäubungsmittel über den Apotheker beziehen kann. Die Rechtsprechung konkretisiert das „In-den-Verkehr-Bringen" als „jedes, gleichwie geartete Eröffnen der Möglichkeit, dass ein anderer die tatsächliche Verfügung über den Stoff erlangt und ihn nach eigener Entschließung verwenden kann"[502]. Dies erfasst jede Verursachung des Wechsels der Verfügungsgewalt über ein Betäubungsmittel durch einen anderen.[503] Das In-den-Verkehr-Bringen

497 *Altendorfer*, Diabetes News 2016, 7.
498 *BGH*, NJW 2014, 1680.
499 Mittels Substitutionsbehandlung.
500 *Kotz/Oğlakcıoğlu*, MüKo StGB, Bd. 6, § 29 BtMG, Rn. 1221.
501 *Weber*, BtMG, § 13, Rn. 1294.
502 *BGH*, StV 1981, 127 (128); *OLG Zweibrücken*, NStZ 1986, 558.
503 *Patzak*, Körner/Patzak/Volkmer – BtMG, § 29, Rn. 3.

setzt mithin ausschließlich die Sachherrschaft und nicht den Besitz über das Betäubungsmittel voraus, weshalb mittels einer ärztlichen Verschreibung über ein Betäubungsmittel verfügt werden kann.[504] Der Arzt hat bei der Verschreibung kein Gewahrsam an dem Betäubungsmittel, jedoch steht ihm der Gewahrsamsinhaber in Form des Apothekers zur Verfügung. Handelt der Apotheker nicht selbst vorsätzlich[505], bringt der Arzt das Betäubungsmittel im Wege der mittelbaren Täterschaft (mittels seiner ärztlichen Verschreibung) durch den Apotheker als „Werkzeug“ in den Verkehr.[506]

### *bb. StGB*

Die Beteiligten können sich neben dem Betäubungsmittelstrafrecht ebenso in den Bereichen des Kernstrafrechts strafbar machen. Hinsichtlich der Betrugsstrafbarkeit unterscheidet sich die Beurteilung des Privatversicherten von der des gesetzlich Versicherten. Hierbei sind die Besonderheiten des kassenärztlichen Abrechnungs- und Sachleistungssystems zu beachten, die im Nachfolgenden dargestellt werden.

#### *aaa. Betrug, § 263 Abs. 1 StGB*

Um eine Betrugsstrafbarkeit gem. § 263 Abs. 1 StGB eingehend zu untersuchen, werden vorab die tatsächlichen sowie rechtlichen Besonderheiten des kassenärztlichen Abrechnungs- und Sachleistungssystems, in Gegenüberstellung zum privatärztlichen Abrechnungssystems, aufgezeigt.[507]

Im privatärztlichen Abrechnungssystem begegnen sich Arzt und Patient als Parteien eines Dienstvertrages nach § 611 BGB. Sie stehen sich im Sinne eines Behandlungsvertrages gegenüber.[508] Bezüglich dessen weist das kassenärztliche System abweichende Strukturen auf.[509] Überblicksartig dargestellt, erfolgt die Liquidation der kassenärztlichen Leistungen auf zwei Stufen. Auf der ersten Stufe stehen die Krankenkassen als Leistungsträger[510] mit den Kassenärztlichen

---

504 *Oğlakcıoğlu*, MüKo StGB, Bd. 6, § 29 BtMG, Rn. 932; *Weber*, BtMG, § 29, Rn. 1130.

505 Handelt der Apotheker selbst vorsätzlich, entfällt sein Strafbarkeitsdefizit und er handelt volldeliktisch. Die mittelbare Täterschaft des Arztes wäre in dieser Konstellation nicht mehr möglich.

506 *Patzak*, Körner/Patzak/Volkmer – BtMG, § 29, Rn. 9.

507 Vgl. BGH, NStZ 1993, 388.

508 *Frister/Lindemann/Peters*, Arztstrafrecht, 2. Kapitel, Rn. 8.

509 Ebd., Rn. 9 f., 49 f.

510 §§ 143 ff. SGB V.

Vereinigungen im Vertragsverhältnis. In diesem Verhältnis zahlen die Leistungsträger an die Kassenärztliche Vereinigung eine Gesamtvergütung im Sinne des § 85 SGB V. Diese wird auf der zweiten Stufe von der Kassenärztlichen Vereinigung an die Vertragsärzte verteilt.[511]

Die grundlegende Norm des Leistungsrechts der gesetzlichen Krankenversicherungen ist § 12 SGB V,[512] auf welchen § 2 Abs. 1 S. 1 SGB V explizit verweist.[513] Grundsätzlich verpflichtet § 70 SGB V die Krankenkassen eine bedarfsgerechte Versorgung ihrer Versicherten zu gewährleisten, sie verfügen jedoch selbst nicht über eigene Gesundheitseinrichtungen (§ 140 SGB V).[514] Diesem Versorgungsauftrag werden sie regelmäßig dadurch gerecht, dass sie entsprechende Verträge mit den sogenannten Leistungserbringern abschließen.[515] Unter diesen Begriff fallen grundsätzlich Ärzte, Zahnärzte, Psychotherapeuten, Apotheken, Heil- und Heilmittelerbringer.[516] Die zu gewährleistende Versorgung erbringen dementsprechend die Leistungserbringer. Diese Personen oder Einrichtungen führen letztendlich die tatsächlichen erforderlichen Sach- und Dienstleistungen aus.[517]

Gemäß dem Wirtschaftlichkeitsgebot des § 12 Abs. 1 SGB V umfasst die kassenärztliche Versorgung ausschließlich solche Leistungen, die ausreichend, zweckmäßig, notwendig und wirtschaftlich sind.[518] Widersprechen sie der Erzielung eines Heilerfolges, können Versicherte diese nicht beanspruchen; weder darf der Arzt solche bewirken noch die Krankenkasse sie bewilligen.[519]

Bei der Prüfung der Zweckmäßigkeit des pharmakologischen Neuroenhancements eines Gesunden bestehen bereits erhebliche Zweifel. Die Zweckmäßigkeit einer Leistung setzt begrifflich einen medizinischen Zweck oder ein Behandlungsziel voraus.[520] Beim Gesunden ist jedoch ein mögliches Behandlungsziel

511 *Frister/Lindemann/Peters*, Arztstrafrecht, 2. Kapitel, Rn. 8.

512 *Wagner*, Wagner/Knittel, Soziale Krankenversicherung, Pflegeversicherung, § 12 SGB V, Rn. 1–3.

513 *Grötschel*, Bergmann/Pauge/Steinmeyer, Gesamtes Medizinrecht, § 2 SGB V, Rn. 1.

514 *Wenzel*, Handbuch des Fachanwalts Medizinrecht, Kapitel 2, Rn. 76 f.

515 *Berchtold*, Berchtold/Rehborn, Gesundheitsrecht, § 2 SGB V, Rn. 22.

516 § 69 Abs. 1 S. 1 SGB V; *Berchtold*, Berchtold/Rehborn, Gesundheitsrecht, § 2 SGB V, Rn. 22; *Grötschel*, Bergmann/Pauge/Steinmeyer, Gesamtes Medizinrecht, § 2 SGB V, Rn. 22.

517 *Grötschel*, Bergmann/Pauge/Steinmeyer, Gesamtes Medizinrecht, § 2 SGB V, Rn. 21.

518 BGH NStZ 1993, 388; § 12 Abs. 1 SGB V.

519 BGH NStZ 1993, 388.

520 *Hellkötter-Backes*, Hähnlein/Schuler, Sozialgesetzbuch V, § 12 SGB V, Rn. 7.

oder ein medizinischer Zweck von Anfang an nicht angelegt. Potentielle Maßnahmen wären demzufolge ungeeignet eines der Ziele[521] zu erreichen.

Zudem muss die Leistung notwendig sein. Dies ist der Fall, wenn für sie Bedarf besteht und sie unverzichtbar ist im Hinblick auf den Heilerfolg.[522] Die medizinische Notwendigkeit bemisst sich maßgeblich an dem verfolgten Behandlungsziel im Sinne des § 11 Abs. 1 SGB V.[523] Der Zweck einer medizinisch notwendigen Leistung liegt vor allem in der „Erkennung und Heilung einer Krankheit, in der Verhütung einer Verschlimmerung und der Linderung von Krankheitsbeschwerden“[524]. Die angeführten Zwecke erfordern alle eine medizinische Indikation, die beim Gesunden fehlt. Allgemeine gesellschaftliche, soziale und private Nachteile bleiben bei der Notwendigkeitsbewertung unberücksichtigt.[525]

Stellt der Arzt eine Verschreibung aus, welcher keine medizinische Indikation zugrunde liegt, verstößt er mithin gegen die Grundsätze des Sozialrechts und handelt außerhalb des Wirtschaftlichkeitsgebots des § 12 SGB V.

Die Krankenkassen sind gem. § 70 SGB V verpflichtet, die Versorgung des Versicherten zu gewährleisten und bleiben gegenüber dem Versicherten Schuldner dieses ausfüllungsbedürftigen Rahmenrechts. Im Sinne des Sozialrechts konkretisieren die Leistungserbringer das Rahmenrecht der Versicherten (Anspruch auf Versorgung). Die Leistungserbringung erfolgt nicht direkt durch die Krankenkassen, sondern durch die vertraglich mit den Krankenkassen verbundenen Leistungserbringer – sogenannter Grundsatz der Fremderbringung.[526]

§§ 27 Abs. 1 S. 1, S. 2 Nr. 3, 31 Abs. 1 SGB V normiert den Anspruch der gesetzlich Versicherten auf Krankenbehandlung. Dieser umfasst Arznei-, Verbands-, Heil- und Hilfsmittel in Form von Sachleistungen, derer sich häufig als Verordnung[527] im Sinne des § 31 Abs. 1 S. 1 SGB V bedient wird. Die Verordnung begründet den Sachleistungsanspruch (sogenanntes Sachleistungsprinzip)[528] und kann erst nach Erhalt der Verordnung, durch Vorlage beim Apotheker, durchgesetzt werden.[529] Die in § 2 Abs. 3, 4 SGB V aufgeführten Leistungserbringer

---

521 Vgl. weitere Ziele in den §§ 11 Abs. 1, Abs. 2, 27 Abs. 1 S. 2 SGB V.

522 *Wagner*, Wagner/Knittel, Soziale Krankenversicherung, Pflegeversicherung, § 12 SGB V, Rn. 9.

523 *Hellkötter-Backes*, Hähnlein/Schuler, Sozialgesetzbuch V, § 12 SGB V, Rn. 8.

524 *Roters*, Kasseler Kommentar Sozialversicherungsrecht, § 12 SGB V, Rn. 39.

525 *Roters*, Kasseler Kommentar Sozialversicherungsrecht, § 12 SGB V, Rn. 39.

526 *Berchtold*, Berchtold/Rehborn, Gesundheitsrecht, § 2 SGB V, Rn. 22.

527 Verordnung und Verschreibung werden synonym benutzt.

528 *Frister/Lindemann/Peters*, Arztstrafrecht, 2. Kapitel, Rn. 9.

529 BGH NJW 2004, 454 (455).

(wie beispielsweise Vertragsärzte, Zahnärzte, Krankenhäuser) sind nicht selbst Schuldner der Leistungsansprüche,[530] sondern fungieren als Vertreter[531] der Krankenkasse. Kraft der ihm als Kassenarzt verliehenen Kompetenz verbrieft der Arzt das, zu Gunsten des Versicherten wirkende, Kaufangebot der Krankenkasse in Form der Verschreibung.[532] Durch Vorlage der Verschreibung schließt der Patient mit dem Apotheker einen Kaufvertrag mit Wirkung für und gegen die Krankenkasse.[533] Das verbriefte Kaufangebot wird dem Apotheker durch das Aushändigen der Verschreibung durch den begünstigten Patienten angetragen und mit der Übergabe des Medikaments erfüllt.[534] Erbringt die Krankenkasse eine unaufschiebbare Leistung nicht rechtzeitig, oder verweigert sie eine Leistung zu Unrecht, besitzt der Patient ihr gegenüber einen Anspruch auf Erstattung ersatzweise beschaffter Leistungen, § 13 Abs. 3 S. 1 SGB V.

Da die Ärzte die Rahmenrechte der Patienten gegenüber den Krankenkassen konkretisieren und die Kassen nur eingeschränkte Überprüfungsmöglichkeiten besitzen, handelt es sich um einen besonders täuschungsanfälligen Bereich. Außerdem ist der Apotheker bloß verpflichtet, die kassenärztliche Verordnung in begrenztem Maße zu kontrollieren.[535] Grundsätzlich beinhaltet das gesetzlich vorgeschriebene Prüfungsprogramm des Apothekers, dass er zunächst die formalen Anforderungen an die ärztliche Verordnung prüft.[536] Daneben überzeugt er sich, dass kein Ausschluss des verordneten Medikaments gem. § 31 SGB V vorliegt. Außerdem muss er gem. § 20 ApBetrO den Patienten über das Medikament beraten und informieren, um Anwendungsgefahren zu mindern.[537] Darüber hinaus ist der Apotheker nicht angehalten sicherzustellen, dass die Verschreibung sachlich begründet ist.[538] Diese Überprüfungsmöglichkeit obliegt

530 *Grötschel*, Bergmann/Pauge/Steinmeyer, Gesamtes Medizinrecht, § 2 SGB V, Rn. 1.

531 BSGE 77, 194 (200).

532 Vgl. §§ 72 Abs. 1, 73 Abs. 2 Nr. 7 SGB V.

533 Vgl. BSGE 73, 271 (278 ff.); BSGE 77, 194 (199 f.).

534 Gemeint ist ausschließlich die Erfüllungswirkung bezüglich der Eigentumsverschaffung an den Patienten. Der Anspruch des Apothekers gegenüber der Krankenkasse auf Bezahlung des Medikaments bleibt weiterhin bestehen.

535 Näheres ist geregelt in § 17 ApBetrO und spezieller in § 129 SGB V.

536 Dies beinhaltet die Prüfung des Namens, der Anschrift und der Berufsbezeichnung des verschreibenden Arztes. Zudem prüft er die Daten des Begünstigten der Verschreibung und die verschriebene Menge des Medikaments.

537 *Senge/Hadamitzky*, Erbs/Kohlhaas, Band I, § 20 ApBetrO, Rn. 2–3.

538 BSGE 77, 194 (207 ff.); die Indikationsstellung und Bedarfsanalyse werden ausschließlich von approbierten Ärzten durchgeführt.

allein der Krankenkasse, denn der Apotheker ist „weder ein medizinischer Obergutachter noch eine Aufsichtsbehörde des Arztes“[539].

Bei der gesetzlichen Krankenversicherung richtet sich der Behandlungsanspruch des Versicherten folglich primär gegen seine gesetzliche Krankenkasse. Konträr dazu gelten für den Bereich der privaten Krankenversicherungen abweichende Beziehungen der Beteiligten. Die rechtlichen Grundlagen der Privatversicherten bilden das Versicherungsvertrags- und das Versicherungsaufsichtsrecht. Parallel zum System der gesetzlichen Krankenversicherung garantieren das VVG und VAG langfristig den Fortbestand des individuell vereinbarten Versicherungsschutzes.[540]

Bei der Privatversicherung besteht allerdings eine wesentliche rechtliche Abweichung zum Sachleistungssystem der gesetzlichen Krankenversicherung. Die private Krankenversicherung unterscheidet zwischen dem Behandlungsvertrag des Versicherten mit seinem Leistungserbringer (Arzt, Krankenhaus etc.) und dem Versicherungsvertrag mit seiner privaten Krankenversicherung.[541] Bezüglich des Versicherungsvertrages bestehen spezialgesetzliche Regelungen in den §§ 192 ff. VVG und den Allgemeinen Geschäftsbedingungen in Form von Musterbedingungen des Verbandes der privaten Krankenversicherungen.[542] Der zwischen dem Arzt und dem Patienten geschlossene Behandlungsvertrag[543] begründet einen eigenständigen Anspruch des Patienten auf Behandlung durch den Arzt und dessen Vergütungsanspruch gegenüber dem Patienten.[544] Der Umfang des Versicherungsschutzes ist für die Wirksamkeit der gegenseitigen Ansprüche zwischen Arzt und Patient unbeachtlich. Folglich tritt die private Krankenversicherung grundsätzlich in keine direkte Vertragsbeziehung zu dem behandelnden Leistungserbringer.

Konträr zum Sachleistungsprinzip der gesetzlichen Krankenkasse gilt bei der Privatversicherung das Prinzip der Kostenerstattung.[545] Der Versicherte muss dem Arzt gegenüber zunächst in Vorleistung gehen und lässt sich die ausgelegten

---

539 BSGE 77, 194 (209).

540 *Wenzel*, Handbuch des Fachanwalts Medizinrecht, Kapitel 2, Rn. 46, 47; vgl. §§ 178i Abs. 1, 178a Abs. 4 S. 1 VVG.

541 *Wenzel*, Handbuch des Fachanwalts Medizinrecht, Kapitel 2, Rn. 65.

542 *Frister/Lindemann/Peters*, Arztstrafrecht, 2. Kapitel, Rn. 53.

543 Üblicherweise ein Dienstvertrag nach §§ 611 ff. BGB, teils jedoch mit werkvertraglichen Bestandteilen gem. §§ 631 ff. BGB.

544 *Frister/Lindemann/Peters*, Arztstrafrecht, 2. Kapitel, Rn. 49.

545 *Frister/Lindemann/Peters*, Arztstrafrecht, 2. Kapitel, Rn. 106.

Kosten danach, entsprechend den Bestimmungen des Versicherungsvertrages, von seiner Versicherung zurückerstatten.

Damit der Patient mit der Verschreibung das Medikament (kostenfrei[546]) über die Apotheke beziehen kann, täuscht der wissende Arzt folglich über das Vorliegen einer Indikation und insofern über die Notwendigkeit der Leistung. Ausgehend von den versicherungsrechtlichen Besonderheiten wird nachfolgend eine mögliche Betrugsstrafbarkeit geprüft.

Zunächst müsste der Arzt durch die Ausstellung der Verschreibung getäuscht haben. Gem. § 263 Abs. 1 StGB täuscht jemand dadurch, „daß er durch Vorspiegelung falscher oder durch Entstellung oder Unterdrückung wahrer Tatsachen einen Irrtum erregt oder unterhält“[547]. Danach ist eine Täuschung jedes Verhalten mit einem Erklärungswert, das den Adressaten objektiv irreführt oder bei ihm einen Irrtum unterhält und damit auf seine Vorstellung einwirkt.[548] Maßgeblich ist, wie das konkrete (konkludente) Verhalten im Einzelfall von dem Empfängerhorizont und der allgemeinen Verkehrsauffassung verstanden wird.[549]

Dafür wird geprüft, ob der Arzt durch das Ausstellen der indikationslosen Verschreibung einen Irrtum bei der Krankenkasse[550] oder bei der Krankenversicherung[551] erregt oder unterhält. Abgesehen davon wird auf das besondere Rechtsverhältnis zwischen Krankenkasse/-versicherung und Leistungserbringer hingewiesen. Der Arzt vertritt die gesetzlichen Krankenkassen und konkretisiert diesen gegenüber den Sachleistungsanspruch des Versicherten,[552] und verfügt dadurch über das Vermögen der Krankenkassen. Eine irrtumsbedingte Vermögensverfügung ist somit denklogisch ausgeschlossen, da der Arzt selbst über das Vermögen der geschädigten Krankenkasse verfügt und als selbst handelnder Mitwisser sich nicht selbst täuschen kann.

Er könnte jedoch durch das Ausstellen der indikationslosen Verschreibung den Apotheker zur irrtumsbedingten Herausgabe des Medikaments veranlasst und insofern getäuscht haben. Fraglich ist, ob sich der Apotheker über die der

546 Beim gesetzlich Versicherten aufgrund der direkten Abrechnung des Apothekers mit der Krankenkasse und beim privat Versicherten aufgrund des Erstattungsanspruchs des Versicherten gegenüber seiner Versicherung.

547 § 263 Abs. 1 StGB.

548 BGHSt 47, 1 (3); *Satzger*, Satzger/Schluckebier/Widmaier, § 263 StGB, Rn. 28.

549 BGH NJW 1995, 539; BGH NJW 2009, 2900 (2901); *Rengier*, Strafrecht BT I, § 13, Rn. 11.

550 Gemeint ist die gesetzliche Krankenkasse.

551 Gemeint ist die private Krankenversicherung.

552 Siehe S. 107.

Verordnung zugrundeliegende Indikation eine irrtumsfähige Vorstellung macht. Das eingangs dargestellte Prüfungsprogramm des Apothekers[553] widerspricht dem, da er ausschließlich die formalen und grundlegenden Anforderungen an die Verschreibung prüft. Der Apotheker handelt zur Erfüllung des Rechtsanspruchs des Versicherten auf gesundheitliche Versorgung im Sinne des § 31 SGB V. Er ist aufgrund des zivilrechtlichen Kontrahierungszwangs gem. § 17 Abs. 4 ApBetrO verpflichtet, die Verschreibung in einer der Verschreibung angemessenen Zeit auszuführen.[554] Ob die Verschreibung notwendig ist im Sinne des § 12 Abs. 1 SGB V, entzieht sich seiner Überprüfungskompetenz.

In der Position des Arztes mangelt es an einem tauglichen Empfänger der Täuschungserklärung, da er die Krankenkasse, die er selbst vertritt, nicht täuschen kann. Bezüglich des Apothekers[555] mangelt es an der Irrtumserregung, da er sich keine Vorstellung über die Richtigkeit der medizinischen Indikation macht, die der Verschreibung zugrunde liegen müsste.

Konträr dazu steht bei der privaten Krankenversicherung der behandelnde Arzt in keiner Beziehung zu der Versicherung, weshalb ein Betrug weiterhin möglich ist. Dazu müsste der Arzt beim Ausstellen der Verschreibung über das Vermögen der Krankenversicherung verfügen. Um wirksam darüber zu verfügen und einen entsprechenden Vermögensschaden endgültig zu realisieren, ist es erforderlich, dass sich der Versicherte im Nachhinein die Kosten der Verschreibung bei seiner Krankenkasse erstatten lässt. Erst durch diese eigenständige Handlung realisiert sich ein Schaden bei der Versicherung. Die Rückerstattung wird vom Versicherten selbst und nicht vom verschreibenden Arzt oder aushändigenden Apotheker beantragt.

Die weiteren Anforderungen an eine Betrugsstrafbarkeit weisen regelmäßig keine Probleme auf. Liege sie vor, macht sich der Arzt in dieser Konstellation wegen Betrug zu Lasten der Krankenversicherung in mittelbarer Täterschaft, in mittäterschaftlicher Begehung oder wegen Beihilfe strafbar, soweit deren spezifischen Voraussetzungen erfüllt sind.

### *bbb. Untreue, § 266 Abs. 1 StGB*

Aufgrund der mangelnden Beziehung zwischen dem Arzt und der privaten Krankenversicherung scheidet eine Untreuestrafbarkeit in dieser Konstellation

553 Siehe S. 107.

554 BGH NJW 2004, 454 (456).

555 Eine Täuschung des Apothekers ist in den Fällen der gesetzlichen Krankenkasse und privaten Krankenversicherung gleichermaßen ausgeschlossen.

aus. Der verschreibende Arzt könnte sich jedoch aufgrund der rechtlichen Beziehung zu der gesetzlichen Krankenkasse der Untreue zum Nachteil der Krankenkasse gem. § 266 Abs. 1 StGB strafbar machen, indem er dem Versicherten eine indikationslose Verschreibung ausstellt.

(1) Objektiver Tatbestand

Vermögensbetreuungspflicht

Konstitutiv für die Strafbarkeit wegen Untreue ist das Vorliegen einer Vermögensbetreuungspflicht des Täters, § 266 Abs. 1 StGB.[556] Diese liegt vor, wenn der Täter in einer besonderen Beziehung zum Geschädigten steht und sich daraus eine herausragende Verantwortung für die materiellen Güter des Geschädigten ableitet.[557] Nach dem oben dargestellten System der kassenärztlichen Abrechnung konkretisiert der Arzt bei einer Verschreibung das Rahmenrecht des Versicherten auf medizinische Versorgung. Er ist befugt, über das Vermögen der Krankenkasse zu verfügen und diese zu verpflichten. Der Arzt muss sich dabei grundsätzlich im gesetzlichen Rahmen der sicherzustellenden kassenärztlichen Versorgung bewegen.[558] Gem. § 31 Abs. 1 SGB V ist die Krankenkasse unter anderem verpflichtet ihre Mitglieder mit Medikamenten zu versorgen.[559] Diese Pflicht übertrug die Krankenkasse vertraglich an den Kassenarzt, weshalb ihm die Aufgabe zuteilwird, die Versorgung der Versicherten sicherzustellen. In Erfüllung dieser Aufgabe muss er sich an die Voraussetzungen des § 12 Abs. 1 SGB V halten und nicht notwendige, unzweckmäßige oder unwirtschaftliche Verschreibungen unterlassen. Aufgrund dieser Befugnis nimmt der Arzt die Vermögensinteressen der Krankenkasse wahr und besitzt mithin eine gesetzliche Vermögensbetreuungspflicht im Sinne des § 266 Abs. 1 StGB.

Missbrauch der Vermögensbetreuungspflicht

Der Arzt müsste die entsprechende Vermögensbetreuungspflicht missbraucht haben.[560] Ein solcher Missbrauch liegt vor, wenn der Täter sein rechtliches Dürfen im Innenverhältnis im Rahmen seines rechtlichen Könnens im Außenverhältnis überschreitet.[561] Verlässt der Arzt den Bereich des § 12 Abs. 1 SGB V, indem er Verschreibungen ausstellt, die nicht notwendig oder unzweckmäßig

556 *Salinger*, Satzger/Schluckebier/Widmaier, § 266, Rn. 9.
557 BVerfG NJW 2010, 3209 (3213); BGHSt 55, 288 (298).
558 BSGE 73, 271 (278 f.).
559 BGHSt 49, 17 (24).
560 *Frister/Lindemann/Peters*, Arztstrafrecht, 2. Kapitel, Rn. 209.
561 BGHSt 5, 61 (63); BGH NJW 1995, 1535; *Kühl/Heger,* Lackner/Kühl StGB, § 266, Rn. 6.

sind, missbraucht er die ihm gesetzlich[562] im Innenverhältnis verliehene Befugnis zur (wirtschaftlichen) kassenärztlichen Versorgung nach außen. Dadurch verletzt er seine Vermögensbetreuungspflicht der Krankenkasse gegenüber.[563]

Unter Würdigung der Gesamtumstände[564] entspricht die indikationslose Verschreibung den Voraussetzungen des Missbrauchstatbestandes des § 266 Abs. 1 StGB.

Die weiteren objektiven Voraussetzungen der Untreue liegen vor.[565]

#### (2) Subjektiver Tatbestand

Aufgrund der Unbestimmtheit des objektiven Tatbestandes[566] werden an die subjektive Tatseite des § 266 StGB strenge Anforderungen gestellt.[567] Dem Vertragsarzt[568] obliegt objektiv die Betreuung des Vermögens der Krankenkasse. Um bezüglich dieser vorsätzlich zu handeln, muss er diese erkennen und um ihre Existenz wissen. Dem durchschnittlichen Arzt wird regelmäßig nicht bewusst sein, dass er als Vertreter der Krankenkasse eine strafrechtlich relevante Vermögensbetreuungspflicht innehat.[569] Um vorsätzlich zu handeln, muss der Vertragsarzt das normative Tatbestandsmerkmal der Vermögensbetreuungspflicht allerdings in seiner konkreten Bedeutung erfassen. Dies bedeutet, dass er zumindest in einer Parallelwertung in der Laiensphäre[570] erfasst, was man unter der Vermögensbetreuungspflicht und dem Missbrauch der Verfügungsbefugnis versteht. Der Täter muss zugleich den sozialen Sinn[571] des Straftatbestandes nachvollziehen.

Folglich muss sich der Arzt seiner Stellung im Sachleistungs- und Abrechnungssystem der gesetzlichen Krankenkassen und insbesondere seiner Vermögensbetreuungspflicht bewusst sein. Das Wissen um eine dementsprechend weitreichende rechtliche Stellung des Vertragsarztes dürfte dem freiberuflich und eigenverantwortlich handelnden Arzt meist abzusprechen sein. Zwar weiß er um seine abrechnungsrelevanten Beschränkungen durch die Krankenkassen,

---

562 § 12 Abs. 1 SGB V.
563 BGH NJW 2004, 454 (456).
564 BGHSt 13, 315 (317); BVerfG NJW 2010, 3209 (3214).
565 Vgl. *Frister/Lindemann/Peters*, Arztstrafrecht, 2. Kapitel, Rn. 211 ff.
566 *Ulsenheimer*, Ulsenheimer, Arztstrafrecht, Rn. 1161.
567 BGHSt 47, 295 (302).
568 Synonym zu Kassenarzt.
569 *Ulsenheimer*, Ulsenheimer, Arztstrafrecht, Rn. 1182.
570 *Kaspar*, Leitner/Rosenau, § 16 StGB, Rn. 19.
571 *Roxin*, Strafrecht Allgemeiner Teil, § 12, Rn. 100.

jedoch wird er sich nicht für die Vermögensinteressen der Krankenkassen verantwortlich fühlen, sondern sieht sich primär als Dienstleister im Auftrag der Gesundheitsinteressen des Patienten.[572] Mithin ist sich der Vertragsarzt seiner Vermögensbetreuungspflicht nicht bewusst und kann diese folglich nicht vorsätzlich missbrauchen.

Mangels Vorsatzes macht sich der Arzt durch das Ausstellen indikationsloser Verschreibungen nicht der Untreue zu Lasten der Krankenkasse gem. § 266 Abs. 1 StGB strafbar. Erfasst der Arzt hingegen doch seine Pflichtenstellung, macht er sich der Untreue strafbar.

Löst der Patient die Verschreibung beim Apotheker ein, macht er sich, aufgrund der fehlenden eigenen Pflichtenstellung, nicht wegen mittäterschaftlicher Begehung strafbar. Vielmehr kommt eine Strafbarkeit wegen Anstiftung (§ 26 StGB) oder Beihilfe (§ 27 StGB) zur Untreue in Betracht.

#### *ccc. Ausstellen unrichtiger Gesundheitszeugnisse*

Durch das Ausstellen der indikationslosen Verschreibung könnte sich der Arzt wegen des Ausstellens eines unrichtigen Gesundheitszeugnisses gem. § 278 StGB strafbar machen. Eine Strafbarkeit kommt nur in Betracht, wenn er ein Privatrezept ausstellt, da § 278 StGB ausschließlich den Gebrauch der Verschreibung bei einem privaten Versicherungsunternehmen erfasst.[573]

Bei einem Gesundheitszeugnis handelt es sich um eine Urkunde im Sinne von § 277 StGB, die den Gesundheitszustand eines Menschen beschreibt.[574] Nach dem Schutzzweck des § 278 StGB wird davon ebenso die Verschreibung von Medikamenten erfasst.[575] Diese Norm sichert die Beweiskraft von ärztlichen Zeugnissen, die zum Gebrauch bei Behörden oder Versicherungsgesellschaften bestimmt sind.[576] Wie oben festgestellt, beinhaltet die Verschreibung die Aufforderung an den Apotheker, das Medikament an den Patienten herauszugeben, und die Anweisung an die Versicherung, dem Apotheker die ausgelegten Beschaffungskosten zu erstatten.[577] Folglich enthält die Verschreibung

572 *Ulsenheimer*, Ulsenheimer, Arztstrafrecht, Rn. 1182.

573 *Koch*, Dölling/Duttge/König/Rössner, Gesamtes Strafrecht, § 277, Rn. 11.

574 *Erb*, MüKo StGB, Bd. 5, § 277, Rn. 2; *Koch*, Dölling/Duttge/König/Rössner, Gesamtes Strafrecht, § 277, Rn. 3; *Heger*, Lackner/Kühl StGB, § 277, Rn. 1.

575 *Ulsenheimer*, Ulsenheimer, Arztstrafrecht, Rn. 1099; LG Köln Beschluss vom 7.7.2016 – 105 Qs 165/16, BeckRS 2016, 118308, Rn. 6, 7.

576 BGH NJW 1957, 718.

577 Siehe S. 105 ff.

gesundheitsrelevante Daten, die für die Entscheidung der Versicherung relevant sind, ob sie die Kosten der Medikation übernimmt.

Stellt der Arzt (bedingt) vorsätzlich[578] eine irreguläre Verschreibung aus, die zum Gebrauch bei einer Behörde oder Versicherungsgesellschaft geeignet ist, macht er sich gem. § 278 StGB strafbar.

## c. Erlangung einer Verschreibung durch Täuschung des Arztes

Nachfolgend wird untersucht, wie sich der Patient strafbar macht, der dem unwissenden Arzt Symptome vortäuscht, um an eine Verschreibung von Betäubungsmitteln oder verschreibungspflichtigen Medikamenten zu gelangen.

### *aa. BtMG*

Durch den § 29 BtMG wird die Intention des Gesetzgebers erkennbar, den Umgang mit Betäubungsmitteln auf rein medizinische und wissenschaftliche Zwecke zu beschränken.[579] Erlangt der Patient eine indikationslose Verschreibung des unwissenden Arztes oder erwirbt er damit ein Betäubungsmittel, könnte er sich nach den folgenden betäubungsmittelrechtlichen Vorschriften strafbar machen.

#### *aaa. Erschleichen von Verschreibungen, § 29 Abs. 1 Nr. 9 BtMG*

Diese Vorschrift pönalisiert den Patienten, der den behandelnden Arzt durch die Angabe von falschen oder unvollständigen Angaben täuscht, um für sich oder einen anderen an eine unbegründete Verschreibung eines Betäubungsmittels zu gelangen.[580]

Das geschützte Rechtsgut der Erschleichung einer Verschreibung ist neben der Volksgesundheit[581] das Vertrauen der Öffentlichkeit in die ärztliche Verschreibung[582].[583]

Die strafbare Handlung begründet sich darin, dass der Patient unrichtige oder unvollständige Angaben über sich oder einen Dritten[584] macht, um an die

578 *Heine/Schuster*, Schönke/Schröder – Strafgesetzbuch, § 279, Rn. 3.
579 *Weber*, BtMG, § 29 BtMG, Rn. 1666.
580 *Malek*, Spickhoff Medizinrecht, § 29 BtMG, Rn. 16; *Weber*, BtMG, § 29 BtMG, Rn. 1667, 1674.
581 *Kotz/Oğlakcıoğlu*, MüKo StGB, Bd. 6, vor §§ 29 ff. BtMG, Rn. 2 ff.
582 *Weber*, BtMG, § 29 BtMG, Rn. 1416; Argument: Herleitung aus den §§ 277 ff. StGB.
583 *Kotz/Oğlakcıoğlu*, MüKo StGB, Bd. 6, § 29 BtMG, Rn. 1387.
584 *Patzak*, Körner/Patzak/Volkmer – BtMG, §, Rn. 3.

Verschreibung eines Betäubungsmittels zu gelangen.[585] Unter Angaben werden Schilderungen von Tatsachen verstanden.[586] Diese wiederum sind Mitteilungen über konkrete Ereignisse oder Zustände der Gegenwart oder Vergangenheit.[587] Hierrunter fallen sämtliche Angaben, die der Arzt benötigt, um die Behandlung des Patienten durchzuführen. Angaben sind beispielsweise Äußerungen über Personendaten, Krankengeschichte, Beschwerden, Symptome, Kontraindikationen oder Vorerkrankungen.[588] Bloße Schlussfolgerungen und Werturteile werden hingegen nicht erfasst.

Unrichtig ist eine der Angaben, wenn sie nicht mit der Realität übereinstimmt.[589] Unvollständig ist sie, wenn entscheidungserhebliche Informationen des Patienten weggelassen werden.[590] Vermittelt der Patient dadurch einen, für die Verschreibung unzutreffenden Eindruck seiner Symptomatik, fällt diese Handlung unter den Tatbestand des Erschleichens einer Verschreibung.[591]

Die Angaben müssen in der Absicht gemacht werden, eine vorschriftswidrige ärztliche Verschreibung zu erlangen.[592] Da der Tatbestand bereits die Absicht erfasst, wird die Vorbereitungshandlung zum Erwerb des Betäubungsmittels unter Strafe gestellt. Mithin tritt die Strafbarkeit schon im originären Versuchsstadium ein und nicht erst bei Erlangung der Verschreibung selbst oder bei deren Einlösung[593] – der Erfolg des Erschleichens ist somit nicht Tatbestandsvoraussetzung.[594] Der Versuch des § 29 Abs. 1 S. 1 Nr. 9 BtMG ist gem. § 29 Abs. 2 BtMG nicht strafbar. Die Äußerung einer unrichtigen Angabe vollendet das Delikt unmittelbar.[595]

Täuscht der Patient den Arzt über das Vorliegen verschreibungsbegründender Tatsachen, macht er sich gem. § 29 Abs. 1 S. 1 Nr. 9 BtMG wegen des Erschleichens von Verschreibungen strafbar. Löst der „Erschleicher" die Verschreibung

585 § 29 Abs. 1 S. 1 Nr. 9 BtMG, *Weber*, BtMG, § 29 BtMG, Rn. 1668.
586 *Weber*, BtMG, § 29 BtMG, Rn. 1419.
587 *Kotz/Oğlakcıoğlu*, MüKo StGB, Bd. 6, § 29 BtMG, Rn. 1396, Fn. 14; OLG Koblenz NJW 1976, 63.
588 Vgl. bspw. BGH NJW 1957, 30.
589 *Kühl/Heger*, Lackner/Kühl StGB, § 264, Rn. 17; beispielsweise das Verwenden einer Legende, BayOLG NJW 1970, 529.
590 BGH NStZ 2006, 625.
591 *Kotz/Oğlakcıoğlu*, MüKo StGB, Bd. 6, § 29 BtMG, Rn. 1396.
592 OLG Frankfurt/M NJW 1956, 1769; *Weber*, BtMG, § 29 BtMG, Rn. 1674.
593 *Patzak*, Körner/Patzak/Volkmer – BtMG, § 29, Teil 19, Rn. 3.
594 *Kotz/Oğlakcıoğlu*, MüKo StGB, Bd. 6, § 29 BtMG, Rn. 1408; *Patzak*, Körner/Patzak/Volkmer – BtMG, § 29, Teil 19, Rn. 11; *Weber*, BtMG, § 29 BtMG, Rn. 1416, 1428.
595 *Weber*, BtMG, § 29 BtMG, Rn. 1678.

nach Erhalt ein und wird er mit dem Medikament beliefert, tritt diese Vorschrift, im Wege der Subsidiarität, hinter der Strafbarkeit wegen unbefugten Erwerbs nach § 29 Abs. 1 S. 1 Nr. 1 BtMG zurück.[596]

### *bbb. Erwerb von Betäubungsmitteln, § 29 Abs. 1 S. 1 Nr. 1 BtMG*

Der wissende Patient könnte sich durch das Einlösen des indikationslosen Rezepts gem. § 29 Abs. 1 S. 1 Nr. 1 BtMG wegen des Erwerbs von Betäubungsmitteln strafbar machen.

Dieser Tatbestand schützt ebenfalls die Volksgesundheit, indem er den Drogenhandel einschränkt und deshalb die Gewinne aus Drogengeschäften nicht zur Finanzierung kriminogener Szenen verwendet werden können.[597]

Der Täter erwirbt ein Betäubungsmittel, wenn er die eigene tatsächliche Verfügungsgewalt erlangt, ohne Rücksicht auf die Eigentumslage oder den Zweck des Erwerbs,[598] sodass der Empfänger in die Lage versetzt wird, frei über das Betäubungsmittel zu verfügen.[599] Das Betäubungsmittel muss, durch das einverständliche Zusammenwirken mit dem Vorbesitzer, per Rechtsgeschäft erlangt werden.[600] Legt der Patient die Verschreibung vor, trägt er dem Apotheker den Abschluss eines Kaufvertrages mit der Krankenkasse, mit Wirkung zu Gunsten des Patienten, an. Beim Direkt- und Versandkauf[601] begegnen dem Abschluss des Kaufvertrages keine Hindernisse, da der Apotheker dem Kontrahierungszwang unterliegt.[602] Der Versand von Betäubungsmitteln ist jedoch ausgeschlossen, da dieser gem. § 11a S. 1 ApoG i.V.m. §§ 43 Abs. 1 S. 1, 44 AMG verboten ist. Mithin erlangt der Patient das Betäubungsmittel (nur), wenn der Apotheker es ihm übergibt.

Grundsätzlich erfordert der Erwerb keinen besonderen Zweck, jedoch bestimmt er wesentlich die Strafbarkeit des Erwerbers. Erwirbt der Käufer das Betäubungsmittel nicht zum Eigengebrauch, sondern zum Weiterverkauf, erfüllt er den Tatbestand des Handeltreibens[603] und der Erwerb ginge darin vollständig auf.[604] In der vorliegenden Ausarbeitung erwirbt der Käufer das Betäubungsmittel

---

596 Siehe S. 117.

597 *Patzak*, Körner/Patzak/Volkmer – BtMG, § 29, Teil 10, Rn. 1.

598 BGH NStZ 1993, 191; BayObLG NStZ 1990, 395; *Weber*, BtMG, § 29 BtMG, Rn. 1170.

599 Ebd. Rn. 5; *Weber*, BtMG, § 29 BtMG, Rn. 1179.

600 *Patzak*, Körner/Patzak/Volkmer – BtMG, § 29, Teil 10, Rn. 4.

601 *Domeier/Weinreich*, Leupold/Glossner, Anwaltshandbuch IT-Recht, Teil 2, Rn. 1046; siehe § 11a S. 1 Nr. 3b ApoG.

602 *Senge/Hadamitzky*, Erbs/Kohlhaas, Band I, § 17 ApBetrO, Rn. 10.

603 § 29 Abs. 1 Nr. 1 S. 1 Var. 3 BtMG.

604 *Patzak*, Körner/Patzak/Volkmer – BtMG, § 29, Teil 10, Rn. 7, 63 ff.

zum eigenen Gebrauch oder zur Anwendung beim Schutzbefohlenen und macht sich folglich wegen unerlaubten Erwerbs strafbar.

#### *ccc. Konkurrenz zwischen Erschleichen und Erwerben*

Folgt auf die Erschleichung der Verschreibung der Erwerb zum (Eigen-)Verbrauch, ist das Konkurrenzverhältnis teils umstritten. Skizzenhaft seien drei Ansätze dargestellt. Da die Ausführungshandlungen auseinanderfallen, nehmen Jörn Patzak[605] und Klaus Weber[606] Realkonkurrenz an. Klaus Malek[607] hingegen wertet das Erschleichen als Vorbereitungstat zum Erwerb und lässt das Erschleichen als Gefährdungsdelikt hinter dem Erwerb als Verletzungsdelikt zurücktreten. Ulrich Franke und Karl Wienroeder[608] sind der Meinung, dass beide Delikte in Idealkonkurrenz stünden, wodurch der erhöhte Unrechtsgehalt gegenüber dem Erwerb berücksichtigt würde. Dieser läge darin, dass der Arzt instrumentalisiert und seine Befugnis zur Verschreibung ausgenutzt würde. Dem ist zuzustimmen, da diese Auffassung die Willensrichtung des Täters beachtet. Für diesen ist der Erwerb des Betäubungsmittels maßgeblich und die Erschleichung eine typische Begleittat.[609]

### *bb. Unerlaubtes Handeltreiben mit verschreibungspflichtigen Arzneimitteln, § 95 Abs. 1 Nr. 4 Alt. 1 AMG*

Gem. § 95 Abs. 1 Nr. 4 Alt. 1 AMG ist es strafbar, unerlaubt mit verschreibungspflichtigen Arzneimitteln zu handeln. Methylphenidat, Kokain, Amphetamin oder ähnliche pharmakologische Neuroenhancer fallen bereits unter die Strafbarkeit des BtMG, wohingegen der Wirkstoff Modafinil „nur" verschreibungspflichtig ist und kein klassisches Betäubungsmittel (mehr) darstellt. Trotzdem ist der unerlaubte Handel mit solchen Wirkstoffen strafbewehrt. Neben der berufs- oder gewerbsmäßigen Abgabe von verschreibungspflichtigen Arzneimitteln an Verbraucher[610] erfasst das Verbot des unerlaubten Handeltreibens ebenso jede entgeltliche Abgabe durch andere[611].[612]

605 Ebd., Rn. 13.
606 *Weber*, BtMG, § 29 BtMG, Rn. 1685.
607 *Malek*, BtMG, Kap. 2, Rn. 338.
608 *Franke/Wienroeder*, § 29, Rn. 190.
609 *Kotz*/Oğlakcıoğlu, MüKo StGB, Bd. 6, § 29 BtMG, Rn. 1409.
610 Über den Vertriebsweg der Apotheken.
611 OLG Stuttgart, Die Justiz 2012, 276.
612 OLG Stuttgart NZWiSt 2013, 352 (354).

Der Begriff des Handeltreibens wird primär im BtMG verwendet, weshalb sich das AMG daran orientiert.[613] Damit wird jeder Erwerbsvorgang erfasst, der von einem Umsatzwillen getragen ist.[614] Für den hier untersuchten Bereich wird das Handeltreiben nicht weiter vertieft, da die Strafbarkeiten der Einnahme, Verabreichung und Verschreibung im Vordergrund stehen.

### *cc. Betrug, § 263 Abs. 1 StGB*

Erlangt der Patient durch Täuschung eine Verschreibung, macht er sich möglicherweise wegen Betruges strafbar. Zur Untersuchung ist präzise zwischen dem Kassen- und Privatpatienten zu unterscheiden. Der Kassenpatient erhält das verschriebene Medikament (abzüglich der Rezeptgebühr) kostenfrei, wohingegen der Privatpatient in Vorkasse geht und die Verschreibung zur Rückerstattung bei seiner Krankenkasse einreicht. Aufgrund dessen ergibt sich eine abweichende rechtliche Bewertung der Strafbarkeit.

#### *aaa. Kassenpatient*

In dieser Konstellation ist der Arzt unwissend und kann mithin erfolgreich über das Vorliegen der für eine positive Indikation erforderlichen Umstände getäuscht werden. Folglich unterliegt der Arzt einem entsprechenden Irrtum. Durch die Ausstellung der die Krankenkasse zur Leistung verpflichtenden Arzneimittelverordnung verfügt er täuschungsbedingt über deren Vermögen.[615]

Wie oben erläutert, steht der Arzt in vertraglicher Verpflichtung (Lagertheorie)[616] zur Krankenkasse (Vertragsarzt) und ist rechtlich befugt (Ermächtigungstheorie)[617], den Anspruch des Patienten auf die Sachmittelversorgung zu konkretisieren und auszufüllen.[618] Das Vertragsverhältnis zwischen Arzt und Krankenkasse begründet regelmäßig ein Sonderrechtsverhältnis des Arztes zum Vermögen der Krankenkasse[619]. Demzufolge sind die Grundvoraussetzungen eines Dreiecksbetruges erfüllt.[620]

---

613 *Rehmann*, Rehmann, AMG, § 95 AMG, Rn. 13.

614 BGHSt. 6, 246; BGHSt. 50, 252; *Franke/Wienroeder*, § 29, Rn. 22; *Patzak*, Körner/Patzak/Volkmer – BtMG, § 29, Teil 4, Rn. 23.

615 OLG Stuttgart NZWiSt 2013, 352 (353).

616 BGHSt 18, 221 (224); *Joecks*, StGB Studienkommentar, § 263, Rn. 91.

617 *Hoyer*, SK-StGB, Lfg. 60, § 263, Rn. 144 ff.

618 BGH NStZ 2012, 505; BGHSt 49, 17; OLG Hamm NJW 2006, 2341.

619 *Satzger*, Satzger/Schluckebier/Widmaier, § 263 StGB, Rn. 186.

620 *Tiedemann*, Leipziger Kommentar StGB, Bd. 9/1, § 263, Rn. 112 f.

Klärungsbedürftig ist, ob der erforderliche Vermögensschaden[621] bereits mit dem Ausstellen der Verschreibung und der damit einhergehenden Vermögensverfügung entsteht.[622] Durch die Vermögensverfügung in Form der Ausstellung der Verschreibung erwächst zwar noch kein endgültiger Vermögensverlust auf Seiten der Krankenkasse, jedoch handelt es sich möglicherweise um eine schadensgleiche Vermögensgefährdung. Die greifbare Gefährdung des Vermögens[623] verkörpert aus wirtschaftlicher Sicht bereits eine tatsächliche Vermögensminderung und wird deshalb der reellen Vermögensgefährdung gleichgestellt.[624] Ob die Vermögensgefährdung als Vermögensschaden anerkannt wird, hängt maßgeblich von der Wahrscheinlichkeit der Verlustgefahr[625] und dem wirtschaftlichen Risiko[626] ab. Wie oben dargestellt[627], unterliegt der Apotheker bei Vorlage der Verschreibung dem Kontrahierungszwang. Zur Einlösung der Verschreibung muss der Apotheker jedoch noch ausgewählt werden. Wird die Verschreibung eingelöst, erwirbt er seinerseits unmittelbar den Anspruch auf Vergütung des Rezepts durch die Krankenkasse gem. § 129 SGB V und den individuellen Vereinbarungen[628], indessen hat der Apotheker keine materielle Überprüfungsmöglichkeit. Folglich schließt selbst ein mehraktiges Handeln die schadensgleiche Vermögensgefährdung nicht aus. Mit Ausstellen der Verschreibung ist das Vermögen der Krankenkasse mithin erfolgreich schadensgleich gefährdet.

Um als Korrektiv[629] einer zu weiten Auslegung des Betrugstatbestandes zu dienen, muss das Erfordernis der Unmittelbarkeit eingehalten werden. Es ist vorausgesetzt, dass die Vermögensverfügung den Vermögensschaden unmittelbar herbeiführt.[630] Nach Ausstellung der Verschreibung muss der Versicherte diese nur noch beim Apotheker einlösen, um die verschriebene Substanz zu erhalten. Mangels Überprüfungsmöglichkeiten des Apothekers handelt es sich dabei um einen bloß unwesentlichen Zwischenschritt. Daraus ergibt sich, dass keine Zweifel am Unmittelbarkeitserfordernis bestehen.

621 *Kindhäuser*, Kindhäuser/Neumann/Paeffgen, Strafgesetzbuch, § 263, Rn. 226 ff.
622 OLG Stuttgart NZWiSt 2013, 352 (353).
623 BGHSt 1, 92 (93 f.); *Dannecker*, Graf/Jäger/Wittig, § 263 StGB, Rn. 92.
624 *Tiedemann*, Leipziger Kommentar StGB, Bd. 9/1, § 263, Rn. 168.
625 BGHSt 51, 177, Rn. 38.
626 *Fischer*, StGB, § 263, Rn. 1258 ff, 159.
627 Siehe S. 110.
628 BSG Urteil vom 17.12.2009, Az. B 3 KR 14/08 R, Rn. 2.
629 *Dannecker*, Graf/Jäger/Wittig, § 263 StGB, Rn. 72.
630 BGHSt 14, 170 (171).

Demzufolge wird das Vermögen der Krankenkasse bereits mit Ausstellen der Verschreibung unmittelbar gefährdet.[631]

Außerdem muss objektiv Stoffgleichheit bestehen zwischen dem vom Versicherten erstrebten Vermögensvorteil und dem Vermögensschaden der Krankenkasse.[632] Stoffgleichheit meint, dass der Vermögensvorteil die Kehrseite des Schadens darstellt.[633] Es ist erforderlich, dass der Vorteil und der Schaden auf derselben Vermögensverfügung beruhen.[634] Zunächst erhielt der Versicherte die Medikamente aus dem Vermögen des Apothekers, jedoch wird letztendlich das Vermögen der Krankenkasse dadurch geschädigt, dass der Apotheker sich die ausgelegten Kosten zurückerstatten lässt. Mithin ist der Vermögensvorteil des Versicherten spiegelbildlich der Schaden der Krankenkasse und stoffgleich.[635]

Bezüglich des Vermögensschadens der gesetzlichen Krankenversicherung wäre vollstellbar, dass der Versicherte, der ausschließlich am Erhalt des Medikaments interessiert ist, von seinem Arzt die Ausstellung eines Privatrezepts verlangt. Dem gesetzlich Versicherten steht es nämlich frei seine Medikamente selbst zu zahlen, ohne die Krankenkasse zu belasten. Reicht der gesetzlich Versicherte das von ihm selbst verlangte Privatrezept nicht bei seiner Krankenkasse zur Erstattung ein, entsteht dieser kein betrugsrelevanter Vermögensschaden. Ungeachtet dessen wird eine Strafbarkeit wegen Betruges nur angenommen, wenn der Versicherte vorsätzlich handelt bezüglich aller objektiven Tatbestandsmerkmale und der weiteren subjektiven Voraussetzungen. Verlangt dieser jedoch ausdrücklich die Ausstellung eines Privatrezeptes, manifestiert er nach außen, dass er unvorsätzlich handelt bezüglich der Vermögensverfügung und des Vermögensschadens. Folglich erstrebt er ausschließlich das Betäubungsmittel unerlaubt zu erlangen. Dies führt dazu dass der gesetzlich Versicherte, der die bloße Erlangung des Medikaments begehrt und die Ausstellung eines Privatrezepts verlangt, entweder mangels Vermögensverfügung sowie Vermögensschaden oder mangels Vorsatzes bezüglich dieser Tatbestandsvoraussetzungen straffrei im Sinne des § 263 StGB bleibt.

---

631 Vgl. BVerfG NStZ 2012, 496; NStZ 2010, 626.

632 BGH NStZ 2002, 433 (434); OLG Stuttgart NZWiSt 2013, 352 (354).

633 BGHSt 6, 115 (116); *Tiedemann*, Leipziger Kommentar StGB, Bd. 9/1, § 263, Rn. 256.

634 *Satzger*, Satzger/Schluckebier/Widmaier, § 263 StGB, Rn. 295.

635 OLG Stuttgart NZWiSt 2013, 352 (354).

Demgegenüber macht sich der Patient, der die verschreibungspflichtigen Medikamente bzw. Betäubungsmittel kostenfrei beziehen möchte oder den Schaden der Krankenkasse billigend in Kauf nimmt, strafbar wegen Betruges zu Lasten der gesetzlichen Krankenversicherung.

#### *bbb. Privatpatient*

Betrug (in mittelbarer Täterschaft) zu Lasten der Krankenversicherung

Der Unterschied zwischen dem Betrug zu Lasten der gesetzlichen Krankenkasse und zu Lasten der privaten Krankenversicherung liegt in dem Moment der täuschungsbedingten Vermögensverfügung.

Beim gesetzlich Versicherten beinhaltet die Verschreibung einen Kontrahierungszwang und die Verpflichtung der Krankenkasse, den Apotheker für den Einkauf der Medikamente des Patienten zu vergüten. Aus diesem Grund entsteht im Moment der Ausstellung der Verschreibung bereits eine schadensgleiche Vermögensgefährdung auf Seiten der Versicherung. Die Verschreibung des Privatpatienten unterliegt zwar ebenso dem Kontrahierungszwang, jedoch ist der Privatversicherte zunächst selbst vorleistungspflichtig und dem Apotheker erwächst kein eigener Vergütungsanspruch gegenüber der Krankenversicherung. Vielmehr ist der Patient selbst angehalten, sich die entstandenen Kosten der Verschreibung von seiner Krankenversicherung rückvergüten zu lassen.

Folglich ist die bloße Ausstellung der privatärztlichen Verschreibung noch keine schadensgleiche Vermögensgefährdung. In dieser Konstellation ist auf den Zeitpunkt abzustellen, in dem der Versicherte die Verschreibung zur Kostenerstattung bei seiner Krankenversicherung einreicht. Erst dann täuscht der Patient darüber, dass die Verschreibung auf einer vermeintlichen medizinischen Indikation beruht, zur Heilung einer Krankheit erforderlich sei und somit die Anforderungen an eine erstattungsfähige Verschreibung erfülle. Zu der konkreten Vermögensschädigung kommt es mithin erst, wenn die Versicherung dem Versicherten die Kosten zurückerstattet.

Folglich macht sich der Versicherte nicht wegen Betruges strafbar, der die Verschreibung nicht einreicht, wenn es ihm ausschließlich um die (kostenpflichtige) Erlangung der kognitiv leistungssteigernden Medikamente geht. Außerdem ist derjenige straflos, der in Unkenntnis ist über seine fehlende Indikation.

#### *ddd. Gebrauchen unrichtiger Gesundheitszeugnisse*

Durch das Einreichen der Verschreibung beim Versicherer könnte sich der Privatversicherte wegen des Gebrauchs eines unrichtigen Gesundheitszeugnisses gem. § 279 StGB strafbar machen. Gesetzlich Versicherte können sich mangels Täterqualität nicht strafbar machen, da § 279 StGB ausschließlich private Versicherungsunternehmen erfasst.[636]

Bei einem Gesundheitszeugnis handelt es sich um eine Urkunde im Sinne von § 277 StGB,[637] weshalb § 278 StGB ebenso Verschreibungen von Medikamenten erfasst.[638] Die Verschreibung enthält gesundheitsrelevante Daten, die für die Entscheidung der Versicherung relevant sind, ob sie die Kosten der Medikation übernimmt.

Reicht der Versicherte (bedingt) vorsätzlich[639] die Verschreibung zur Kostenerstattung bei seiner Versicherung ein, gebraucht er ein unrichtiges Gesundheitszeugnis und macht sich mithin gem. § 279 StGB strafbar.

## 6. Fazit der rechtlichen Situation de lege lata

Das Recht hält zwar für die Beschaffung oder Bereiche der Fremdanwendung von pharmakologischen Neuroenhancern Lösungen bereit, jedoch vermag ausschließlich das AntiDopG den reinen Konsum, im eng begrenzen Bereich des „Profisports", zu erfassen. Somit ist dargelegt, dass das deutsche Strafrecht de lege lata die Einnahme von pharmakologischen Neuroenhancern nicht erfasst.

636 *Koch*, Dölling/Duttge/König/Rössner, Gesamtes Strafrecht, § 277, Rn. 11.

637 *Erb*, MüKo StGB, Bd. 5, § 277, Rn. 2; *Koch*, Dölling/Duttge/König/Rössner, Gesamtes Strafrecht, § 277, Rn. 3; *Heger*, Lackner/Kühl StGB, § 277, Rn. 1.

638 LG Köln Beschluss vom 7.7.2016 – 105 Qs 165/16, BeckRS 2016, 118308, Rn. 6, 7; *Ulsenheimer*, Ulsenheimer, Arztstrafrecht, Rn. 1099.

639 *Heine/Schuster*, Schönke/Schröder – Strafgesetzbuch, § 279, Rn. 3.

# V. Ethisch-moralische Bewertung

In der Gesellschaft wird die Wissensanhäufung durch klassisches Lernen besonders wertgeschätzt. Erwirbt jemand Wissen hingegen unter Zuhilfenahme von pharmakologischen Neuroenhancern, diskreditiert die Gesellschaft teils die erreichte Leistungssteigerung. In Anbetracht der Entwicklung der pharmakologischen Wirkstoffe wird hinterfragt, ob eine solche Sichtweise heute noch konsistent ist oder sich die Gesellschaft an die neuen Verbesserungsmöglichkeiten anpassen muss.[640] Es ist klärungsbedürftig, ob der pharmakologisch unterstützte Erkenntnisgewinn weniger anerkannt ist als der, den konventionelles, mühsames Lernen herbeiführt. Neben diskreditierenden Tendenzen werden die Einwände beleuchtet, dass die Einnahme pharmakologischer Neuroenhancer die Natürlichkeit der menschlichen Leistung verändert oder die Autonomie, Authentizität und Identität beeinträchtigt. Außerdem fördern leistungssteigernde Substanzen möglicherweise die sozialen Unterschiede und schaffen ungleiche Entwicklungsmöglichkeiten.

Die vorliegende Analyse betrachtet das Enhancement der eigenen kognitiven Leistung mittels pharmakologischer Hilfe. Ausgangspunkt der Diskussion ist die Annahme, dass grundsätzlich jeder Mensch de lege lata berechtigt ist, pharmakologische Neuroenhancementpräparate zur kognitiven Leistungssteigerung einzunehmen – so groß die Bedenken mancher Kritiker auch sein mögen.[641] Einzige Voraussetzung, das Recht auszuüben, ist stets, dass der Einnehmende über die geistig-sittliche Reife verfügt, sein eigenes Handeln bewerten zu können.

Im Folgenden wird berücksichtigt, dass die Menschen in verschiedenen Zusammenhängen pharmakologische Neuroenhancer einnehmen.[642] Ein Kontext ist derjenige, in dem der Einnehmende seine eigenen Fähigkeiten verbessert, um die individuellen Anforderungen in Ausbildung oder Beruf zu bewältigen. Angesichts ambitionierter Anforderungen Außenstehender und desjenigen selbst scheinen leicht anzuwendende leistungssteigernde Substanzen attraktiv,

---

640 *Groß*, „Neuro-Enhancement unter besonderer Berücksichtigung neurobionischer Maßnahmen", in Die Verbesserung des Menschen, S. 94–95.

641 *Lindner*, MedR 2010, 463 (465).

642 Vgl. zu diesem Konzept *Heilinger*, „Grenzen des Menschen. Zu einer Ethik des Enhancement", Bundeszentrale für politische Bildung, Onlinemedium, abrufbar unter: http://www.bpb.de/apuz/233466/grenzen-des-menschen-zu-einer-ethik-desenhancement?p=all, Stand: 27.03.2018.

wenn die eigene Leistung nicht genügt. Dies gilt vor allem für Menschen, die in besonders herausgehobener Verantwortung zu Dritten stehen, wie Ärzte, Piloten, Fluglotsen oder Juristen. Die Motivation zur Einnahme liegt nahe, denn gerade eine verantwortungsvolle Position verlangt nach guten Arbeitsleistungen. Sämtliche Substanzen, die zur Sicherung oder Verbesserung der Leistung beitragen, gewinnen an Interesse.

Außerdem könnte der Einnehmende versuchen die Ausbildung oder den Beruf substanzbedingt besser zu absolvieren als seine Konkurrenten. Dieses Ziel überwiegt häufig in ausbildungs- oder berufsspezifischen Wettkampfsituationen, wenn derjenige einen unlauteren[643] Vorteil anderen gegenüber anstrebt und nicht möchte, dass andere ihre Leistungsgrenzen ebenfalls entsprechend verbessern. Das Motiv ist regelmäßig weit verbreitet, unterscheidet sich jedoch in seiner Qualität darin, ob es durch faire Hilfsmittel gefördert wird oder verdeckt leistungssteigernde Substanzen eingenommen werden, die anderen nicht frei zugänglich sind. Die oben angeführten Studien belegen neben dem Bedarf einer rechtlichen Würdigung, die Konsensfindung in der ethisch-moralischen Bewertung pharmakologischen Neuroenhancements.. Die Bereitschaft freiwillig und ohne Indikation leistungssteigernde Substanzen einzunehmen, ist belegt und stieg in den letzten Jahren kontinuierlich. Folglich werden sich entsprechende Mittel weiter verbreiten und zur Medikalisierung der Gesellschaft beitragen. Die Begrenzung des Rechts zum selbstbestimmten Umgang mit pharmakologischen Neuroenhancern ist allerdings begründungsbedürftig. Im Folgenden wird geklärt, ob dieser Entwicklung aus ethisch-moralischen Gründen entgegengewirkt werden sollte.

## a. Einwände

### aa. Soziale Folgen von Neuroenhancement

Ein gewichtiger Einwand gegen pharmakologisches Neuroenhancement ist der mögliche negative Einfluss auf soziale Gesellschaftsstrukturen. Die oben angeführten Untersuchungen[644] konstatieren eine kontinuierliche Steigerung des gesamtgesellschaftlichen Konsums von pharmakologischen Neuroenhancern. Die zitierten Studien führen das unter anderem darauf zurück, dass die kognitive Leistung an Bedeutung hinzugewann. In der modernen Gesellschaft

643 Unlauter ist ein Verhalten, das geeignet ist, den Wettbewerb zu beeinträchtigen, um einen nicht wettbewerbskonformen Vorteil zu erlangen.

644 Siehe S. 44 ff.

verdrängt die mentale Stärke die Bedeutung der physischen jedoch weitgehend. Die körperlich belastende Arbeit wurde im Zuge der Technisierung sukzessive irrelevant. Maschinen ersetzen heutzutage das Heben schwerer Lasten und im Haushalt überwiegen technische Innovationen, die das körperlich anstrengende Leben erleichtern. Physische Stärke benötigen Menschen heute fast ausschließlich in sportlichen Wettkämpfen, weshalb die Athleten versuchen, sich durch klassisches Doping körperliche Vorteile zu sichern. Die Geltung der körperlichen Stärke nahm ab, wohingegen die mentale Leistung simultan gewichtiger wurde. Insofern ist es vorstellbar, dass Menschen zukünftig weiter versuchen ihre mentalen Fähigkeiten mittels pharmakologischer Hilfe zu verbessern und somit zu einer flächendeckenden Steigerung der Konsumentenanzahl beitragen.

Ein weiterer Grund, weshalb der Konsum von pharmakologischen Neuroenhancern zukünftig zunehmen wird, könnte darin liegen, dass erfolgreiche Konsumenten die Nichtkonsumenten indirekt zur Einnahme verleiten.[645] Führt der Konsum einer Person dazu, dass sie spürbar bessere Leistungen erreicht, und muss eine andere dadurch Nachteile in Beruf oder Ausbildung hinnehmen, liegt es nahe, dass der Druck wächst, selbst leistungssteigernde Substanzen einzunehmen. Es entsteht ein gewisser sozialer Anpassungsdruck[646], um nicht hinter der Leistung des anderen zurückzufallen.[647] Pharmakologisches Neuroenhancement greif hierbei direkt in die neurobiologischen Strukturen des Menschen ein und beeinflusst den Einnehmenden auf eine intensive Art und verändert möglicherweise sogar dessen Persönlichkeit nachhaltig.[648]

Dies führt dazu, dass die Wahrscheinlichkeit steigt, dass ein ernstzunehmender sozialer Konsumdruck entsteht. Ein solch nennenswerter Assimilationsdruck ist für kognitive Konkurrenzsituationen zwar noch nicht empirisch belegt,[649]

645 *Heinz/Kipke/Heimann/Wiesing*, Journal of Medical Ethics, 2012, 372 (374).

646 *Kipke/Heimann/Wiesing/Heinz*, Neuroenhancement, A 2386.

647 *Hilgendorf*, Einführung in das Medizinstrafrecht, 11. Kapitel, Rn. 13.

648 *Kipke/Heimann/Wiesing/Heinz*, Neuroenhancement, A 2386.

649 In der ersten von mir durchgeführten Umfrage nahmen die Befragten in Lern-/Prüfungssituationen zu 4,11 % und in Bewerbung/Beruf zu 2,86 % Substanzen ein, da andere ebenfalls welche einnahmen. Diese Werte steigerten sich in der zweiten Umfrage auf 5,81 % bzw. auf 2,44%. Bei der hypothetischen Frage, warum Nichtkonsumenten in Zukunft Substanzen zur Leistungssteigerung in den entsprechenden Situationen einnehmen würden, antworteten 5,32 % der Befragten in der ersten Umfrage, dass sie in Lern-/Prüfungssituationen und 4,12 % in Bewerbung und Beruf konsumieren würden. Diese Werte fielen in der zweiten Umfrage auf 5,16 % und 3,72 %.

jedoch besteht dieser bereits unzweifelhaft in der vergleichbaren Situation des Sportdopings.[650] Dort kämpfen die Athleten um Medaillen, Geld und Ehre. Spiegelbildlich dazu streiten Schüler, Studenten, Auszubildende und Berufstätige um faire Bildungschancen, gute Abschlüsse und Karrierewege. Die Einnahme von Psychopharmaka ist unkompliziert und regelmäßig ohne direkte ärztliche Hilfe durchführbar. Die simple Einnahme und die Aussicht auf den sozialen Aufstieg intensivieren den Drang zum eigenen Konsum. Die leistungssteigernden Effekte von pharmakologischem Neuroenhancement verschärfen folglich den allgemeinen Leistungsgedanken und vergrößern die Konsumentenschicht.

Diesen Missbrauch befördert, dass die Einnehmenden einem pharmazeutischen Medikament[651], welches in Laboren hergestellt und ebenso für die Verwendung bei Kindern freigegeben ist, hohes Vertrauen entgegenbringen.

Abgesehen von den gesundheitlichen und damit solidargemeinschaftlichen Nebenwirkungen der verbreiteten Einnahme könnte sich die Art des Wettbewerbs ändern. Bliebe pharmakologisches Neuroenhancement zukünftig unreguliert, könnte ein Klima des unsozialen Wettbewerbs Einzug halten und die unerwünschte Medikalisierung der Gesellschaft vorantreiben.[652] Der Konsum von leistungssteigernden Substanzen ist die subtile Art, die Fairness eines Wettbewerbs zu verzerren, weil sie, im Gegensatz zu anderen unlauteren Methoden, äußerlich schwer wahrnehmbar ist.[653] Ein Szenario, in dem die Mitglieder der Gesellschaft täglich Medikamente nehmen, um dem Leistungsdruck gerecht zu werden, führt dazu, dass sich das soziale Gefüge grundlegend ändert und sich von der Vorstellung einer gesunden und fairen Gesellschaft entfernt. Es ist zu befürchten, dass pharmakologisches Neuroenhancement eine Steigerung des allgemeinen Leistungsdrucks bewirkt. Je stärker es sich verbreitet, desto höher steigt der gesellschaftliche Konkurrenzdruck. Die konsequente Ausrichtung des menschlichen Daseins auf Leistung und Effizienz ist entschieden abzulehnen und als inhuman zu charakterisieren.[654] Medikamente, die es ermöglichen rund um die Uhr zu arbeiten, sind moralisch ohne Wert und führen letztlich zu einer enormen Steigerung der bereits vorhandenen Arbeitsbelastung.

---

650 *Kipke/Heimann/Wiesing/Heinz*, Neuroenhancement, A 2386; siehe S. 206.

651 Methylphenidat, Modafinil, teils Amphetamin.

652 *Groß*, „Neuro-Enhancement unter besonderer Berücksichtigung neurobionischer Maßnahmen", in Die Verbesserung des Menschen, S. 110.

653 Vgl. *Faber*, Doping als unlauterer Wettbewerb und Spielbetrug, S. 25.

654 *Galert/Bublitz/Heuser/Merkel/Repantis/Schöne-Seifert/Talbot*, Gehirn&Geist 2009, 1 (6, 7).

Des Weiteren muss mit einer Steigerung der Kriminalität gerechnet werden. Der Konsument verschafft sich entweder – durch das Vorspiegeln falscher Symptome – eine indikationslose Verschreibung des Arztes oder nutzt illegale Bezugsquellen. Aufgrund mangelnder Indikation sind der Zugang zu den Medikamenten mit teils hohen Kosten und illegale Beschaffungshandlungen verbunden. Folglich muss der Konsument entweder den Arzt täuschen oder über die finanziellen Mittel sowie die Kontakte zu illegalen Verkäufern verfügen. Eine Tablette mit 10-mg Methylphenidat kostet aktuell auf dem Schwarzmarkt einen Euro und entspricht der unteren durchschnittlichen Tagesdosis.[655] Der Wirkstoff Modafinil ist erheblich teurer. Er kostet pro Tablette ca. drei Euro und beinhaltet die Tagesdosis von 200 mg[656]. Die Aufrechterhaltung des kontinuierlichen Konsums der Tagesdosis erfordert somit monatlich einen Betrag von 30 bis 90 Euro. Dies führt zu dem nicht unerheblichen Finanzierungsbedarf von 360 bis 1080 Euro pro Jahr. Die bereits vorherrschenden Handelsstrukturen sind vergleichbar zu denen des klassischen Rauschgifthandels.[657] Die Polizeiliche Kriminalstatistik 2016[658] erfasste im Bereich der Rauschgiftkriminalität insgesamt 195.376 Fälle. Dies bedeutet eine besorgniserregende Steigerung von 6,2 % zum Vorjahr. Sollte sich pharmakologisches Neuroenhancement zunehmend ausbreiten, ist ein weiterer Anstieg der Betäubungsmitteldelikte und der Beschaffungs- und Gewaltkriminalität zu befürchten. Bei Nichtregulierung des Konsums würden auch die illegalen Vertriebswege nicht in letzter Konsequenz bekämpft.[659] Wäre zukünftig der Konsum von pharmakologischen Neuroenhancern strafbar, bestünde die vielversprechende Aussicht, dass der Markt für diese Mittel zunehmend schwände. Dadurch würde der Drogenhandel effektiver bekämpft und Einsteiger würden vor den Nebenwirkungen der Einnahme geschützt.

Außerdem könnte sich der Unterschied zwischen den sozialen Schichten verstärken. Die finanziellen Möglichkeiten der verschiedenen gesellschaftlichen Personengruppen differieren stark. Ist der Zugang zu den Medikamenten aufgrund einer geringeren Kaufkraft erschwert, können diese Menschen ihre kognitive Leistung nicht pharmakologisch steigern, wohingegen die Wohlhabenden zur geistigen Elite avancieren.[660] Die bereits privilegierte Oberschicht könnte

---

655 *Mutschler/Geisslinger/Kroemer/Menzel/Ruth*, Mutschler Arzneimittelwirkungen, S. 179.

656 Edb., S. 180.

657 Vgl. BT-Drucks. 18/6677, S. 1.

658 PKS 2016, S. 130.

659 Vgl. *Swoboda/Bohn*, JuS 2016, 686 (687).

660 *Groß*, „Neuro-Enhancement unter besonderer Berücksichtigung neurobionischer Maßnahmen", in Die Verbesserung des Menschen, S. 111.

sich gewichtige Vorteile im sozialen Wettbewerb erkaufen und sich verstärkt von den anderen separieren. Soziologisch betrachtet bildet sich dadurch eine kognitive „Zwei-Klassen-Gesellschaft".[661] Es könnte in Grenzfällen sogar dazu führen, dass bestimmte gesellschaftliche Rollen ausschließlich von enhancten Personen bekleidet werden dürfen.[662] Ein solches Szenario wäre höchst dramatisch und würde dazu führen, dass es für Menschen mit geringer kognitiver Leistung, gepaart mit mangelnden finanziellen Möglichkeiten, zunehmend unmöglich würde, ihren gesellschaftlichen Stand zu verbessern. Diesem Einwand kann nicht mit dem Argument begegnet werden, dass das Krankenkassensystem die Kosten des pharmakologischen Neuroenhancements auffängt, denn die Ersatzpflicht der Krankenkasse besteht ausschließlich für Medikamente, die der Arzt aufgrund einer Indikation verschreibt. Bei der indikationslosen Einnahme von pharmakologischen Neuroenhancern durch einen Gesunden handelt es sich allerdings um einen Off-Label-Use außerhalb des Zulassungsbereichs des Medikaments, der eine Kostenerstattung ausschließt. Mangels pathologischen Zustands trüge der gesunde Konsument die oben genannten Kosten selbst.

Dem Einwand der Zwei-Klassen-Gesellschaft kann entgegengehalten werden, dass Klassenunterschiede in einer demokratischen Gesellschaft mit freien Entfaltungsmöglichkeiten nicht zu vermeiden sind. Sogar das Vorzeigemodell der Gleichheit und gerechten Verteilung von Gütern, der Kommunismus, verwirklicht diese Maxime nie vollends. Zudem ist der demokratische Staat nicht gehalten, soziale Unterschiede so weit auszugleichen, dass die Differenzierung zwischen den einzelnen Bildungsschichten verschwindet. Der Staat schafft den Zugang zur kostenfreien Bildung, ist jedoch nicht verpflichtet jedem Einzelnen die gleichen Mittel zur Bewältigung zur Verfügung zu stellen. Jedes Individuum hat einen anderen finanziellen und sozialen Hintergrund und wird sich vor diesem abweichend entwickeln. Das ist das positive Wesen einer vielfältigen Gesellschaft.

Obwohl solche gewachsenen Formen der Chancenungleichheit gesellschaftlich akzeptiert sind, bedeutet das im Umkehrschluss nicht, dass der Staat nicht regulierend einschreiten müsste. Einer weiteren Verschärfung der sozialen

---

661 *Galert/Bublitz/Heuser/Merkel/Repantis/Schöne-Seifert/Talbot*, Gehirn&Geist 2009, 1 (8); *Heilinger*, „Grenzen des Menschen. Zu einer Ethik des Enhancement", Bundeszentrale für politische Bildung, Onlinemedium, abrufbar unter: http://www.bpb.de/gesellschaft/umwelt/bioethik/160269/enhancement, Stand: 28.03.2018.

662 Ein ähnlich beängstigendes Szenario wird in dem Film Gattaca vom Regisseur Andrew Niccol entwickelt.

Ungerechtigkeit ist nachhaltig mit Instrumenten der Sozial-, Steuer- und Bildungspolitik entgegenzuwirken.[663] Der Staat wurde hier bereits gesetzgeberisch tätig und schützt das soziale Miteinander in diversen Bereichen. Um Chancengleichheit, Gerechtigkeit, Fairness sowie gewisse ethisch-moralische Vorstellungen zu sichern, bestehen de lege lata einige Regelungen, die nachfolgend überblicksartig vorgestellt werden.

In § 138 Abs. 1 BGB schützt der Gesetzgeber etwa die Vertragsparteien vor sittenwidrigen Rechtsgeschäften. Er normiert hier die Nichtigkeit eines „Rechtsgeschäft[s], das gegen die guten Sitten verstößt“[664]. Unter den guten Sitten versteht man das Anstandsgefühl aller billig und gerecht Denkenden.[665] Insofern schützt der Gesetzgeber sogar die vorherrschenden Anstands- und Moralvorstellungen einer Gesellschaft.

Daneben finden sich Regelungen zum Schutz von Minderjährigen in den §§ 104 ff. BGB, die eine enorme Rechtswirkung auf den Vertragsschluss haben.[666] Aufgrund seiner mangelnden geistigen Reife ist der Minderjährige volljährigen Vertragspartnern strukturell unterlegen und wird deshalb vor den nachteiligen Rechtswirkungen eines Vertrages geschützt.

Im Arbeitsrecht existiert eine Vielzahl an Regelungen zum Arbeitsschutz. Der hier ebenfalls strukturell unterlegene Arbeitnehmer wird vor dem wirtschaftlich stärkeren Arbeitgeber geschützt.

In volkswirtschaftlicher Hinsicht sorgen die Steuergesetze für eine faire und gerechte Besteuerung der einzelnen Einkommensstufen. Solche Regelungen sind unerlässlich, damit die Gesellschaft geregelt zusammenlebt und Gerechtigkeit herrscht.[667] Steuern sind die Existenzvoraussetzung des modernen Verfassungsstaates und nicht hinwegzudenken.[668] Grundsätzliche Funktion der Steuererhebung ist die staatliche Einnahmenerzielung zur Umsetzung von Verwaltungsaufgaben.[669] Steuern sollen zum einen dem Steuerpflichtigen Geld entziehen und zum anderen dessen Verhaltensweisen lenken.. Über die persönliche (Arbeits-)Leistung besteuert der Staat das Einkommen und das Vermögen, um einen gewissen Ausgleich zwischen Viel- und Geringverdienern herzustellen.[670]

---

663 *Galert/Bublitz/Heuser/Merkel/Repantis/Schöne-Seifert/Talbot*, Gehirn&Geist 2009, 1 (8).
664 § 138 Abs. 1 BGB.
665 *Ellenberger*, Palandt, § 138, Rn. 2.
666 *Ellenberger*, Palandt, Überblick vor § 104, Rn. 26.
667 *Berger*, Methodenlehre und Klausurtechnik im Steuerrecht, S. 5.
668 *Weber-Grellet*, Steuern im modernen Verfassungsstaat, S. 3–4.
669 Ebd., S. 8–9.
670 *Kirchhof*, NJW 1987, 3217 (3220).

Die verschiedenen Lohnsteuersätze sind nur ein Beispiel der solidarischen Besteuerung. Das Steuerrecht wird als legitimes Instrument der Wirtschafts- und Sozialpolitik eingesetzt.[671] Hierdurch wird deutlich, dass der Staat mittels des Steuerrechts gerechtfertigt in die Grundrechte der Bürger eingreift, um die soziale Gerechtigkeit zu schützen.

Verglichen mit dem Doping im Leistungssport, bei dem der Staat sein regulatives Eingreifen unter anderem mit dem Schutz der Fairness des sportlichen Wettbewerbs[672] rechtfertigt, fehlt ein vergleichbarer Fairnessgedanke im sozialen Zusammenleben. Jegliches Selbstenhancement ist hier straflos. Eine abweichende Bewertung könnte in Einzelfällen angezeigt sein, denn obwohl es kein „Recht auf ein faires" Leben gibt, schützt der Staat nachweislich positiv die soziale Gerechtigkeit (siehe oben). Bliebe der Konsum von pharmakologischen Neuroenhancern weiterhin unreguliert, würde dieser in Zukunft die soziale Struktur der Gesellschaft beeinträchtigen.

Dies wirft die weiterführende Frage auf, ob der Konsum von pharmakologischen Neuroenhancern in ausgewählten ausbildungs- und berufsspezifischen Wettbewerbssituationen geeignet ist, das soziale Gefüge regulierungsbedürftig zu beeinflussen.

Nach erfolgreicher Ausbildung erlangt der Absolvent regelmäßig ein staatliches Zeugnis über den Wert seiner abgelegten Leistungen. Dieses Zeugnis attestiert ihm einen gewissen Kenntnisstand und somit mittelbar seine allgemeine oder berufsspezifische kognitive Leistung. Pharmakologisches Neuroenhancement verzerrt diese Beurteilung dahingehend, dass nicht mehr nachgewiesen werden kann, welche Leistung auf die Substanzunterstützung entfällt und welche der natürlichen, stets reproduzierbaren Leistung entspricht. Die Aussagekraft einer solchen Bescheinigung ist begrenzt, wenn es unmöglich ist, sie in einen belastbaren Vergleich zu den Leistungen anderer Absolventen zu setzen. Miteinander verglichen werden kann nur dasjenige, das unter gleichen Bedingungen entstand und nicht pharmakologisch beeinflusst wurde.

Die Leistungsbewertung erfolgt meist in relativer Hinsicht, weshalb sie herausragender erscheint, wenn die Noten eines Absolventen deutlich besser sind als die seiner Vergleichsgruppe. Dass Leistung zumeist relativ beurteilt wird, verdeutlicht die exzellente Note „vollbefriedigend" im juristischen Staatsexamen. Diese verlöre an relativem Wert, wenn der Notendurchschnitt insgesamt stiege. Folglich beeinflusst die Vergleichsgruppe die soziale Bewertung des Zeugnisses.

671 BVerfGE 38, 61 (80).

672 Siehe S. 208.

Insofern manipuliert die Anwendung von pharmakologischen Neuroenhancern die Authentizität des sozialen Vergleichs. Mit der Einnahme von leistungssteigernden Substanzen greift der Anwender auf Ressourcen zu, die ihm in unmedikamentiertem Zustand nicht zur Verfügung stünden. Er überschreitet damit seine natürliche Leistung und kann dadurch Anforderungen erfüllen, die sonst unerreichbar wären. Mithilfe der artifiziellen Leistungssteigerung kann der Konsument zu einer höheren sozialen Schicht aufsteigen. Er kann kognitiv anspruchsvollere und höher dotierte Tätigkeiten ausüben. Durch den Konsum beeinflusst er mithin die natürliche Unterteilung der kognitiven Gesellschaftsschichten.

Spiegelbildlich dazu vergleicht der Arbeitgeber die Arbeitsleistungen seiner Mitarbeiter, um zu entscheiden, wen er einstellt, befördert oder wem er mehr berufliche Verantwortung überträgt. Der berufliche Erfolg knüpft somit ebenfalls eng an die kognitive Leistung des Beschäftigten. Die artifizielle Steigerung verzerrt den regulären Wettkampf um das berufliche Weiterkommen einseitig zu Gunsten des Einnehmenden. Mithin eignet sich der Konsum von pharmakologischen Neuroenhancern dazu, gleichsam die regulären Bewertungskriterien, ebenso im beruflichen wie im ausbildungsspezifischen Bereich, zu beeinflussen und somit das soziale Gefüge nachhaltig zu beeinträchtigen.

Es bleibt festzuhalten, dass die zunehmende Manipulierung des sozialen Gefüges und der entstehende Konsumdruck als negative Entwicklung der Gesellschaft zu bewerten sind.[673] Aus diesem Grund ist aus sozialgesellschaftlicher Sicht eine staatliche Regulierung in den entsprechenden Situationen angebracht.

### bb. Desavouierung der Leistung

Der natürliche Weg der Leistungssteigerung ist und war stets das mühsame Training, denn um Wissen anzuhäufen, ist es unerlässlich viele Stunden Arbeit aufzuwenden. Daraus, dass dieser Weg meist beschwerlich und mit Einschränkungen verbunden ist, resultiert die gesellschaftliche Anerkennung für gebildete Menschen. Dieses soziale Konstrukt ist Ergebnis der Sozialisation. Wendet jemand seine begrenzte Lebenszeit intensiv für etwas Bestimmtes auf, wird er anderweitig Einsparungen vornehmen müssen. Die Honorierung einer besonderen Leistung resultiert sodann daraus, dass ein begrenztes Gut (Zeit) aufgebraucht

673 *Galert/Bublitz/Heuser/Merkel/Repantis/Schöne-Seifert/Talbot*, Gehirn&Geist 2009, 1 (7, 8).

wurde, um aus eigener Kraft ein gewisses Leistungsniveau zu erreichen.[674] Es ist fraglich, ob es die Anerkennung schmälerte, wenn die kognitive Leistung darauf zurückzuführen wäre, dass jemand pharmakologische Hilfe in Anspruch nimmt und den Prozess der Leistungsausbildung abkürzt.[675]

Wenn ein Kandidat in einem Fernsehquiz nur deshalb gewinnt, weil er unter Einfluss von Neuroenhancern steht, und deshalb auf eine gesteigerte kognitive Leistung zugreift und seine Nervosität unterdrückt, sinkt die Anerkennung für die richtige Beantwortung der Fragen. Natürliche Störfaktoren sind Bestandteil des alltäglichen Lebens. Werden beispielsweise Stress, Unruhe, Schwitzen, Konzentrationsschwäche, Müdigkeit oder Versagensängste minimiert, steigert das die kognitive Leistung. Solch sedierende Mittel[676] werden gerne von aufgeregten Musikern angewandt.

Wenn ein Investmentbanker nur deshalb 14 Stunden pro Tag konzentriert Aktienmärkte beobachtet, weil er durchgängig Substanzen einnimmt, verliert sein Erfolg die gesellschaftliche Bewunderung. Zwar werden es seine Arbeitgeber und Bewunderer wertschätzen, wenn er für gute Gewinne sorgt, jedoch greift die Betrachtung kurzzeitiger Höchstleistung zu kurz und verliert den Anschluss an die Realität.

Die gesundheitlichen Folgen sind unverhältnismäßig hoch im Vergleich zur kurzzeitigen Leistungsoptimierung – die Anerkennung für die erbrachte Leistung sinkt. Gesunde Schüler, Auszubildende oder Studenten, die unter Einfluss von leistungssteigernden Substanzen ihre Ausbildung bewältigen, verfügen über eine erhöhte kognitive Leistung, durchleben jedoch nie vergleichbare Anstrengungen wie Nichtkonsumenten und verpassen persönlichkeitsbildende Prozesse. Die Mehrheit der Nichtkonsumenten wird mithin despektierlich auf die pharmakologische Erleichterung der anderen blicken und deren Leistung als ungleichwertig beurteilen. Herausfordernde Lernprozesse und Prüfungssituationen durch Substanzkonsum medikamentös zu vereinfachen oder abzukürzen, entzieht sich regelmäßig der Bewunderung durch die Gesellschaft.

Der Symphoniker, der nur aufgrund Neuroenhancements besonders kreative Stücke schreibt und seine schöpferischen Qualitäten Psychopharmaka verdankt, fällt weniger in gesellschaftlichen Misskredit als verantwortungsvolle Berufe wie beispielsweise Ärzte oder Piloten. Gerade im kreativen Bereich sind

674 Vgl. Stellungnahme der zentralen Ethikkommission der Bundesärztekammer zu Doping und ärztlicher Ethik, Deutsches Ärzteblatt, Jg. 106, Heft 8, 2009, A 360.

675 *Magnus*, Patientenautonomie im Strafrecht, S. 359 f.

676 Beta-Blocker.

leistungssteigernde oder bewusstseinserweiternde Substanzen gängiger und werden verstärkt toleriert, denn schöpferische Arbeiten gefährden keine Dritten. Wohingegen der Arzt, der nach einer anstrengenden Schicht seine Leistung medikamentös steigert, die Wahrscheinlichkeit erhöht, aufgrund der Nebenwirkungen folgenreiche Fehlentscheidungen zu treffen. Zudem könnte er seine körperliche Belastbarkeit überschätzen. Die gesteigerte Leistung verliert in dieser Konstellation seinen bewundernswerten Charakter und wird gesellschaftlich diskreditiert. Akzeptierte man pharmakologisches Neuroenhancement, würde der Wert der natürlichen menschlichen Leistung fragwürdig und bekannte Standards der Leistungsbewertung veränderten sich.[677]

Beim Leistungssport verknüpfen die Zuschauer die Bewunderung für die erzielte sportliche Leistung mit dem dafür notwendigen Trainingsaufwand und bewerten sie vor diesem Hintergrund.[678] Die Dopingpraktiken in diesem Bereich verdeutlichen, dass die Anerkennung der durch Doping erzielten Leistung hinter der natürlichen zurücktritt.[679] Dies gleicht sich in allen sportlichen Disziplinen, jedoch wurden insbesondere die Bereiche des Ski- und Radsports sowie der Leichtathletik in der Vergangenheit häufig in Verbindung mit Dopingskandalen erwähnt.[680] Seit Jahren sind gerade dort rückläufige Zuschauerzahlen zu beobachten, die unter anderem auf die geringe Wertschätzung der Gesellschaft für Dopingverhalten zurückzuführen sind.

Folglich korreliert die gesellschaftliche Wertschätzung grundsätzlich mit der Anstrengung, die zur Erlangung der kognitiven oder physischen Fähigkeiten notwendig ist. Die Anerkennung setzt sich daraus zusammen, dass einerseits das erlangte Ziel, jedoch insbesondere der beschwerliche Weg dorthin bewertet wird. Erleichtert sich jemand diesen Weg, geht damit eine Entwertung der Leistung einher. Es ist zu befürchten, dass Neuroenhancement dadurch die Bedeutung des menschlichen Handelns insgesamt diskreditiert.[681]

Dessen Verbreitung führt außerdem dazu, dass eine, ohne pharmakologisches Enhancement erbrachte Leistung, zukünftig nur noch als unterdurchschnittlich gelten wird. Je mehr Menschen ihre Leistung artifiziell steigern, desto eher würde deren Leistung als gesamtgesellschaftliche Norm angesehen. Die flächendeckende Verbesserung der kognitiven Leistung bewirkt somit eine

---

677 *Groß*, „Neuro-Enhancement unter besonderer Berücksichtigung neurobionischer Maßnahmen", in Die Verbesserung des Menschen, S. 109.

678 *Magnus*, Patientenautonomie im Strafrecht, S. 360.

679 *Merkel*, ZStW 2009, 919 (938).

680 BT-Drucks. 18/4898, S. 1.

681 *Merkel*, ZStW 2009, 919 (939).

grundsätzliche Normverschiebung und eine durchschnittliche Leistung erreicht jemand regelmäßig nur noch durch Substanzeinnahme. In letzter Konsequenz stünden alsbald nahezu alle Menschen unter pharmakologischem Einfluss, wenn sie den Wunsch hätten, zur kognitiven Mittelschicht zu gehören.

Herauszuheben ist, dass neben der pharmakologischen Leistungssteigerung Psychotherapie, Nachhilfe, Coaching, autogenes Training oder Meditation als anerkannte ungefährliche Alternativen der kognitiven Verbesserung bestehen. Die Risiken und Nebenwirkungen[682] des pharmakologischen Neuroenhancements müssen, aufgrund der Verfügbarkeit von nebenwirkungsfreien Alternativen, kritischer bewertet und deshalb umso weniger akzeptiert werden.[683]

Folglich führt pharmakologisches Neuroenhancement dazu, dass erbrachte Leistungen weniger wertgeschätzt werden und die nicht-enthancte Leistung nicht mehr als durchschnittlich gilt. Kognitive Durchschnittsleistungen könnten nur noch durch die Einnahme von leistungssteigernden Pharmaka erzielt werden, wodurch der gesellschaftliche Konsumduck auf den Einzelnen enorm ansteigt. Es ist zu befürchten, dass sich die Variablen der Beurteilung von Anerkennung und Geringschätzung verschieben und dadurch die Bereitschaft sinkt, nicht-enhancte Leistung zu erbringen. Vor diesem Hintergrund ist eine frühzeitige staatliche Regulierung erforderlich, um der Desavouierung der Leistung Einhalt zu gebieten.

### cc. Natur des Menschen

„Die US-amerikanische Bioethikkommission und der ihr angehörige Philosoph Michael Sandel lehnen ihre Nutzung [pharmakologischen Neuroenhancements] kategorisch ab. Einer ihrer Einwände ist, dass das kollektive Gut, die menschliche Natur als Ganzes, durch Neuroenhancement beschädigt werde. Pharmazeutische Veränderungen des So-Seins seien ein Affront gegen die ‚Gabe des Lebens'."[684] Die Natürlichkeit des Menschen als unveränderbaren, gottgegebenen Zustand anzusehen, führe dazu, dass jegliche Veränderung dessen als unnatürlich gelte.[685] Der Mensch entwickelt sich jedoch ständig weiter und ist gezwungen sich neuen Herausforderungen anzupassen. Es stößt auf wissenschaftlichen

---

682 Siehe S. 34.

683 *Groß*, „Neuro-Enhancement unter besonderer Berücksichtigung neurobionischer Maßnahmen", in Die Verbesserung des Menschen, S. 109.

684 *Bublitz*, ZJS 2010, 306.

685 *Merkel*, ZStW 2009, 919 (940).

Widerstand, die Verbesserung der Menschheit generell als unethisch zu bezeichnen.[686] Pauschal auf die Natur des Menschen zu rekurrieren, überzeugt wenig.[687]

Aufgrund dessen wird zunächst bestimmt, was unter der Natur des Menschen verstanden wird. Die Präzisierung des Begriffs fördert die Kategorisierung von Enhancementmaßnahmen als noch von der Gesellschaft annehmbar oder bereits regulierungsbedürftig. Die Natur des Menschen ist allerdings höchst mehrdimensional[688] und schwer zu definieren.[689] Definiert man sie als „nicht künstlich beeinflusst", ist sie kein verfassungsrechtlich normierbares Schutzgut. Obwohl der Begriff „Natürlichkeit" scheinbare Bestimmbarkeit suggeriert, passt er sich doch den verschiedenen Situationen an und übernimmt vielfältige Bedeutungen.[690] Er besitzt wenig Trennschärfe und lässt sich nicht alternativlos bestimmen. Natürlichkeit wird regelmäßig durch die individuelle gesellschaftliche Anschauung geprägt und resultiert aus einer sozialen Bewertung. Jeder kann in diesem Bereich sein eigenes Verständnis von Natürlichkeit entwickeln und danach leben, denn die grundrechtlich normierte Freiheit zur Selbstbestimmung[691] gewährleistet das freiverantwortliche Handeln des Grundrechtsträgers. Würde der Staat per Gesetz vorschreiben, was unter der Natur des Menschen zu verstehen sei, stünde dies in Konflikt zu der Freiheit des Einzelnen, Entsprechendes gerade für sich selbst festzulegen. Es ist vorstellbar, dass es für manche durchaus natürlich wäre, auf für jemand anderen vermeintlich unnatürliche Art und Weise zu leben.[692] Wie ersichtlich, definiert sich die Natürlichkeit des Menschen durch die individuelle Ausprägung des Selbstbestimmungsrechts in konkreten Fällen und entzieht sich einer allgemeingültigen Definition. Um eine brauchbare Definition von Natürlichkeit zu bestimmen, wird der Begriff im Kontext seiner Verwendung präzisiert.

Vorliegend wird somit betrachtet, was unter der Natürlichkeit zu verstehen ist, auf die pharmakologisches Neuroenhancement einwirkt. Plakativ könnte argumentiert werden, dass die Medikamente natürlich wären, wenn sie aus natürlichen Stoffen hergestellt wären. Die Herstellung von Methylphenidat, Modafinil, Amphetamin oder Kokain erfordert die komplexe Synthese von

686 *Stock*, „Ist die Verbesserung des Menschen rechtsmissbräuchlich?", in Die Verbesserung des Menschen, S. 145.

687 *Lindner*, MedR 2010, 463 (468).

688 *Birnbacher*, Natürlichkeit, S. 7 f.

689 *Merkel*, ZStW 2009, 919 (940).

690 *Birnbacher*, Natürlichkeit, S. 6.

691 Siehe S. 69; *Hufen*, Staatsrecht II GR, § 10, Rn. 16.

692 *Gärditz*, PharmR, 2011, 46 (50–51).

diversen chemischen Stoffen. Neben der Tatsache, dass – exklusive Modafinil – deren Herstellung strafbar ist, verändert dieser Vorgang die Grundstoffe in ihrer Molekülstruktur grundlegend. Die Veränderung von zwar natürlichen Grundstoffen gilt aufgrund der aufwändigen chemischen Eingriffe nicht mehr als natürlicher Vorgang. Die Substanzen stellen mithin synthetisch-künstliche Erzeugnisse dar.[693] Dass die Grundstoffe natürlich waren, genügt als Einwand nicht, um die Unnatürlichkeit zu verneinen. Folgte man diesem Gedankengang, würde dies jede vergleichbare Argumentation ad absurdum führen. Somit ist die Natürlichkeit des Grundstoffes unzureichend, um einen künstlich hergestellten Wirkstoff als natürlich zu charakterisieren.

Eingriffe in die komplexe und größtenteils unverstandene Natur des Menschen dürfen nur mit äußerster Zurückhaltung erfolgen.[694] Evolutionstheoretisch lässt sich allerdings bezweifeln, dass die Einnahme von pharmakologischen Neuroenhancern die biologische Natur des Menschen nachhaltig verändert. Um die evolutionäre Entwicklung des Menschen zu beeinflussen, wäre ein direkter Eingriff in dessen Erbgut erforderlich. Würde Neuroenhancement die Keimbahn beeinflussen, wäre es gegebenenfalls strafbar im Sinne des Embryonenschutzgesetzes (ESchG). Der § 5 ESchG bestraft denjenigen, der „die Erbinformation einer menschlichen Keimbahnzelle künstlich verändert“[695]. Diese Regelung unterbindet die Veränderung der menschlichen Keimbahnzellen, wodurch das Erbgut manipuliert werden könnte.[696] Ebenso wird derjenige bestraft, der „eine menschliche Keimzelle mit künstlich veränderter Erbinformation zur Befruchtung verwendet.“[697] Wäre das pharmakologische Neuroenhancement dazu fähig, wäre es strafbar. Die aktuell zur Verfügung stehenden und hier untersuchten Substanzen, wirken jedoch nicht auf das Erbgut des Konsumenten ein und bezwecken keine nachhaltige Veränderung der genetischen Informationen. Die erzielte Verbesserung der kognitiven Leistung steht primär nur dem Konsumenten zur Verfügung und wird nicht über das Erbgut an die nachfolgenden Generationen weitergegeben.[698]

---

693 *Malek*, BtMG, Kap. 2, Rn. 34.

694 *Galert/Bublitz/Heuser/Merkel/Repantis/Schöne-Seifert/Talbot*, Gehirn&Geist 2009, 1 (3).

695 § 5 Abs. 1 ESchG.

696 *Graf/C. Graf*, Graf/Jäger/Wittig, § 5 ESchG, Rn. 1.

697 § 5 Abs. 2 ESchG

698 *Groß*, „Neuro-Enhancement unter besonderer Berücksichtigung neurobionischer Maßnahmen“, in Die Verbesserung des Menschen, S. 103, 107.

Der Begriff könnte auf qualitative Weise konturiert werden. Dazu wird die Leistung eines enhancten mit der Leistung eines nicht-enhancten Menschen verglichen und der nicht-enhancte als natürlich definiert. Zunächst ist allerdings der qualitative Wert der Natürlichkeit zu postulieren, um eine Unterscheidung zu ermöglichen. Hierbei ist zu bemerken, dass der Grad der Künstlichkeit oder Natürlichkeit von der jeweiligen Perspektive und Ansicht des Untersuchenden abhängt. Aus diesem Grund ist eine objektive Betrachtungsweise vorzugswürdig. Natürlichkeit als solche ist im Sprachgebrauch regelmäßig als durchweg positiv konnotiert. Dies wird insbesondere daran deutlich, dass ihre Gegenbegriffe negative Zustände implizieren, wie beispielsweise widernatürlich, anormal, gekünstelt, entartet, abartig oder verfälscht. Diese Heuristik leitet die menschliche Beurteilung und führt zu dem Urteil, dass das Natürliche regelmäßig in einem positiven Sinne verstanden wird.[699] Zudem verbindet der Mensch mit dem Natürlichen häufig das Vertraute oder Normale, womit auf kulturelle und soziale Erlebnisse rekurriert wird. Die Kategorisierung als natürlich oder unnatürlich erfolgt meist routinemäßig und basiert auf erlernten sowie erfahrenen Mustern. Folglich ist die gesellschaftliche Anschauung zu konsultieren, um auf die Natürlichkeit und somit auf die Akzeptanz von pharmakologischem Neuroenhancement zu schließen. Gerade die Beurteilung im Einzelfall entscheidet die Kategorisierung. Negativ lässt sich formulieren, dass der Mensch unnatürlich handelt, wenn er seine biologischen Fähigkeiten mithilfe von externen Faktoren beeinflusst. Er kann auf natürliche Weise nur die Leistung erbringen, zu der sein Körper aufgrund genetischer Dispositionen befähigt ist. Der sportliche Wettkampf verdeutlicht dies anschaulich. Unterscheidet sich die genetische Disposition eines Sportlers deutlich zu der seines Konkurrenten, wird dieser den Nachteil nicht durch hartes Training ausgleichen können. Das Ziel eines sportlichen Wettkampfes liegt nämlich gerade darin, diese genetischen Unterschiede in einem fairen Wettkampf zu ermitteln. Manipulieren leistungssteigernde Substanzen diesen Vorgang, handelt es sich um eine Verzerrung des Leistungsvergleichs unter homogenen Grundvoraussetzungen – es werden keine natürlichen Leistungen mehr miteinander gemessen, da es an einer vergleichbaren Basis mangelt. Um eine faire Bewertung durchzuführen, ist es erforderlich davon auszugehen, dass alle Beteiligten ohne verbotene Substanzen trainiert haben. Eine unter pharmakologischem Einfluss erbrachte Leistung hat ihren Ursprung in der Einnahme einer leistungssteigernden Substanz. Genetische Nach- oder Vorteile mögen für manche unfair erscheinen und eine Verbesserung legitimieren,

---

699 *Birnbacher*, Natürlichkeit, S. 30.

nähmen jedoch alle Teilnehmer leistungssteigernde Substanzen ein, wäre die natürliche Ungleichheit weitestgehend aufgehoben und der Wettkampf ad absurdum geführt. Die Diversität der Gesellschaft verschwände und alle Menschen verfügten über vergleichbare Leistungen. Eine Gesellschaft, in der natürliche Dispositionen mittels pharmakologischer Hilfe ausgeglichen werden, beschränkt den Menschen nur noch auf seine Leistung und die Individualität verschwindet. Folglich widersprechen Verbesserungen, die durch Psychopharmaka herbeigeführt wurden, dem verbreiteten gesellschaftlichen Verständnis von Natürlichkeit.[700]

Ein anderer Ansatz stellt auf die Tatsache ab, ob von außen auf den menschlichen Organismus eingewirkt wurde. Damit wird grundsätzlich der Konsum von pharmakologischen Neuroenhancern erfasst. Angesichts der heutzutage vergleichsweise häufigen Einnahme von Medikamenten wird allerdings zu Recht bestritten, dass alleine durch die externe Einwirkungsmöglichkeit auf den Menschen die Natürlichkeit präzise definiert werden könnte.

Insgesamt zeigt sich, dass eine unangreifbare Kategorisierung auch in der Einzelfallbetrachtung ausgeschlossen ist, da die vielfältigen Betrachtungsdimensionen dieser entgegenstehen. Dies lässt den Schluss zu, dass eine kulturell und gesellschaftlich bedingte Unklarheit bei dem Begriff der Natürlichkeit besteht und sich keine hinreichend solide Grundlage zur abstrakten Bestimmung der Bedeutung ermitteln lässt. Als Schlussfolgerung aus der gesellschaftlichen Kategorisierung von pharmakologischem Neuroenhancement als unnatürlich könnte eine anwendbare, dynamische Minimal-Definition lauten:

„Natürlich ist ein gesunder Mensch, der ausschließlich auf körpereigene Leistungsressourcen zurückgreift und keine künstlichen Substanzen anwendet oder anwenden lässt, um seine biologisch determinierte kognitive Leistung artifiziell zu modifizieren."

Angesichts der zu erwartenden Akzeptanz zukünftiger technischer Innovationen könnte diese Definition zwar eine überschaubare Halbwertszeit haben, jedoch entspricht sie dem aktuellen gesellschaftlichen Verständnis. Diesem folgend ist die Einnahme pharmakologischer Neuroenhancer ein unnatürlicher Vorgang und verstößt gegen den ethisch-moralischen Grundsatz der Natürlichkeit.[701]

---

700 *Groß*, „Neuro-Enhancement unter besonderer Berücksichtigung neurobionischer Maßnahmen", in Die Verbesserung des Menschen, S. 98.

701 Anders: *Lindner*, MedR 2010, 463 (468, 471).

### dd. Autonomie, Authentizität und Identität der Persönlichkeit

Es ist fraglich, ob pharmakologisches Neuroenhancement zur Störung der Autonomie, Authentizität und Identität der Persönlichkeit des Konsumenten führt.[702] Diese Begriffe unangreifbar zu definieren, scheitert aufgrund der Vielfalt ihrer Bedeutungen.

Ausgehend davon, dass das Gehirn konstitutiv ist für die menschliche Subjektqualität, liegt es nahe, dass hinreichend gewichtige Eingriffe in die neuronalen Vorgänge teils gravierende mentale Konsequenzen auf die Identität des Menschen haben können. Die personale Identität wird über Jahre hinweg ausgebildet und gefestigt. Artifiziell herbeigeführte Leistungsspitzen könnten dazu führen, dass sich erfahrene Strukturen und Denkmuster verändern und die Identifizierung mit der personalen Identität zukünftig fehlschlägt. Der Konsument wäre der Gefahr ausgesetzt, daran zu zweifeln, ob die gesteigerte Leistung noch Teil seiner eigenen Identität sei. Der Mensch benötige bei der Veränderung oder vielmehr Verbesserung seines eigenen Selbst eine gewichtige Mitwirkungshandlung. Andernfalls verspüre er den inneren Konflikt, dass der artifiziell herbeigeführte Leistungszuwachs nicht zu ihm selbst gehöre[703] – die gefühlte und tatsächliche Realität würden dadurch verzerrt.[704]

Des Weiteren spreche gegen Neuroenhancement, dass die dadurch erzielte Leistungssteigerung nicht aufgrund einer eingeübten mentalen Struktur eintrete, sondern bloßes Resultat der Einnahme eines Medikaments sei. Somit werde im Gehirn der Erfolg ausschließlich mit dem Konsum von Medikamenten verknüpft und nicht mit dem anstrengenden, aber sogleich befriedigenden Weg des Erlernens neuer Fähigkeiten. Die persönlichkeitsstärkende Erfahrung, Wissen in Stresssituationen abrufen zu können, werde durch die Einnahme von Neuroenhancern verhindert. Indessen seien für die Ausprägung einer Persönlichkeit Lebenserfahrungen wie Leid, Freude, Erfolg, Niederlage, Bewältigung von Stress und Herausforderungen essentiell.[705] Folglich wird die mentale Stärke durch den Konsum nachhaltig geschwächt. Der Einnehmende kann nicht mehr unterscheiden, ob seine Leistung pharmakologischen oder natürlichen Ursprungs ist. Die

702 *Galert/Bublitz/Heuser/Merkel/Repantis/Schöne-Seifert/Talbot*, Gehirn&Geist 2009, 1 (3 f.).

703 *Groß*, „Neuro-Enhancement unter besonderer Berücksichtigung neurobionischer Maßnahmen", in Die Verbesserung des Menschen, S. 98.

704 Vgl. ebd., S. 105.

705 *Glaeske/Merchlewicz*, Gaßmann/Merchlewicz/Koeppe, Hirndoping – Der große Schwindel, S. 27.

Identifikation mit den körpereigenen Kräften schlägt fehl. Dies schwächt das Selbstwertgefühl und fördert den kontinuierlichen Konsum.

Zudem habe der Mensch die ethische Pflicht, seiner personalen Identität treu zu bleiben. Werde sie beeinflusst oder verändert, verletze er die Treuepflicht gegenüber sich selbst.[706] Dies hätte zur Konsequenz, dass die menschliche Handlung als unethisch gelte. Zwar können, die durch pharmakologisches Neuroenhancement herbeigeführten Persönlichkeitsveränderungen nur von vorübergehender Natur sein, jedoch besteht stets die ernstzunehmende Möglichkeit, dass sich diese manifestieren, wenn Mittel dauerhaft eingenommen werden oder die Nebenwirkungen irreversibel sind. Außerdem verbleiben die, unter dem Einfluss von Psychopharmaka gemachten, positiven sowie negativen Erfahrungen, dauerhaft im Gedächtnis und prägen die Persönlichkeit nachhaltig.[707]

Dagegen wird weiterhin eingewandt, dass die pharmakologisch bewirkten Veränderungen ausschließlich temporärer Art seien. Setze der Einnehmende die Medikamente ab, kehre er vollständig zu seinem ursprünglichen Verhaltensmuster zurück. Wie erläutert, ist jedoch zu berücksichtigen, dass die unter Einfluss der Neuroenhancer erlangten Erkenntnisse sowie Erfahrungen dauerhaft im Gedächtnis verbleiben und die Persönlichkeit nachhaltig prägen.[708] Es lässt sich jedoch bezweifeln, ob dies bereits einen hinreichenden Verbotsgrund darstellt,[709] denn Veränderungen der Persönlichkeit sind üblich[710] und Teil der Entwicklung.

Einen weiteren Kritikpunkt führt Reinhard Merkel an. Grundsätzlich könne nur ein aufgeklärter Mensch in eine Veränderung einwilligen. Problematisch sei, dass jeder Mensch anders auf die pharmakologische Beeinflussung reagiere. Diesbezüglich wird vorgebracht, dass er denklogisch nicht autonom in die Veränderung des eigenen Selbst einwilligen könne, da er dessen Resultat nicht kenne.[711] Verstünde man Autonomie als die Fähigkeit, „zu denken, vernunftgemäß zu handeln, Entscheidungen zu treffen und frei zu agieren“[712], könnte die Beeinflussung von Entscheidungsfreudigkeit, Risikobereitschaft, Selbstbewusstsein,

---

706 *Merkel*, ZStW 2009, 919 (935, Fn. 31).

707 *Groß*, „Neuro-Enhancement unter besonderer Berücksichtigung neurobionischer Maßnahmen“, in Die Verbesserung des Menschen, S. 105.

708 Ebd., S. 108.

709 *Eberbach*, „Möglichkeiten und rechtliche Beurteilung der Verbesserung des Menschen – Ein Überblick“, in Die Verbesserung des Menschen, S. 36.

710 *Gärditz*, PharmR, 2011, 46 (50).

711 *Merkel*, ZStW 2009, 919 (935, Fn. 29).

712 *Groß*, „Neuro-Enhancement unter besonderer Berücksichtigung neurobionischer Maßnahmen“, in Die Verbesserung des Menschen, S. 104.

Selbsteinschätzung, Aufmerksamkeit oder Wachheit eine Bedrohung des autonomen Handelns darstellen. Um autonom handeln zu können, muss das menschliche Verhalten stets geprägt sein von selbstbestimmten Entscheidungen, die bewusst getroffen werden. Zudem bliebe auch die Authentizität ausschließlich erhalten, wenn sich der Mensch auf natürliche Art und Weise entwickle. Nur dann sei er bewusster Autor seines eigenen Lebens und gelte als gleichberechtigtes Mitglied einer moralischen Gemeinschaft.[713]

Diese Argumente vermögen nicht zu überzeugen. Beruht die Veränderung der Persönlichkeit auf einer selbstbestimmten Entscheidung des Konsumenten, ist sie nicht zu diskreditieren.[714] Viele Menschen verändern im Laufe des Lebens ihre Persönlichkeit und erfinden eine neue Identität. Dieses Vorgehen ist Bestandteil der menschlichen Entwicklung und Ausdruck der grundrechtlich geschützten, individuellen Freiheit.[715] Unter Umständen sieht der Konsument gerade in der Veränderung der Persönlichkeit seine authentische Entwicklung, über die er sich als Individuum identifiziert. Ebenso Patienten, die eine Psychotherapie machen, verändern gegebenenfalls nachhaltig ihre Persönlichkeitsstrukturen. Diese Weiterentwicklung wird nicht herabgewürdigt, sondern vielmehr gelobt und sozial unterstützt. Insofern besteht die menschliche Entwicklung aus selbstbestimmten Persönlichkeitsveränderungen, die grundsätzlich ethisch nicht verwerflich sind. Möchte sich eine Person verändern und wird diese Entscheidung von ihrem freien Willen getragen, ist die Handlung als authentisch zu charakterisieren.[716] Die Pflicht, ewig so zu bleiben, wie man ist, existiert nicht – weder ethisch noch rechtlich.[717] Eine Festlegung auf einen authentischen Status stünde im offenen Kontrast zu den grundrechtlichen Freiheitsrechten.

Es ist allerdings bedenklich, ob die Einwilligung in die Einnahme freiwillig erfolgt, wenn der Druck der Gesellschaft ein erhöhtes Maß erreicht. Leidet derjenige offen oder subtil unter dem Zwang, leistungssteigernde Substanzen zu nehmen, da er ansonsten im kompetitiven System nicht mithalten kann, wird er sich genötigt fühlen, ebenfalls zu konsumieren. Die Anwendung von pharmakologischen Neuroenhancern ist in diesem Kontext nicht mehr als autonome Entscheidung zu werten und moralisch zu diskreditieren.

---

713 *Merkel*, ZStW 2009, 919 (935, Fn. 30).

714 *Galert/Bublitz/Heuser/Merkel/Repantis/Schöne-Seifert/Talbot*, Gehirn&Geist 2009, 1 (4).

715 *Gärditz*, PharmR, 2011, 46 (50).

716 *Linoh*, MedR 2011, 353 (354).

717 *Lindner*, MedR 2010, 463 (469); *Merkel*, ZStW 2009, 919 (936).

## b. Fazit

Ethik und Moral sind originäre Ergebnisse der Erziehung und der Sozialisation. Die Moralvorstellung, im Sinne von sittlichem Verhalten, unterliegt dem stetigen Wandel und entwickelt sich fortwährend. Eine Steigerung der kognitiven Fähigkeiten ist in diesem Kontext grundsätzlich als positiv zu bewerten. Gerade im Bereich der therapeutischen Anwendung nützen entsprechende Neuroenhancementpräparate und sind nahezu unverzichtbar. Problematisch ist es, wenn Gesunde zu Medikamenten greifen, die ausschließlich für Kranke zugelassen sind.

In der Erziehung wird den Kindern bereits beigebracht, was die Eltern und die Gesellschaft als sozialverträglich ansehen. In dieser frühkindlichen Phase ist schon zu beobachten, dass ein wahrnehmbarer Verbesserungsdruck omnipräsent ist. Selbst die Verbesserung der physischen Eigenschaften des Kindes wird forciert. Um die Ausgangschancen in der Gesellschaft zu verbessern, verwenden Eltern bereits frühzeitig Wachstumshormone, um klein gewachsenen Kindern eine durchschnittliche Körpergröße zu ermöglichen. Eine solche Maßnahme entspricht einem physischen Enhancement, welches die Gesellschaft erschreckenderweise weitestgehend akzeptiert.[718] Neben der frühkindlichen Förderung durch staatliche Betreuungsangebote bestreben viele Eltern, den Nachwuchs in diversen Disziplinen wie Musik, Kunst, Sprachen oder Sport zusätzlich zu fördern. Das Kind solle so früh wie möglich so vielfältig wie möglich lernen, um die besten Ausgangschancen für das spätere Weiterkommen zu bekommen. Fällt ein Kind durch das Aufmerksamkeits-Defizit-Syndrom auf, verbessert es der Wirkstoff Methylphenidat auf ein sozialverträgliches und wettbewerbsfähiges Niveau. Die Vergabe von leistungssteigernden Psychopharmaka ist in diesem Bereich gesellschaftlich ebenso anerkannt wie ausdrücklich erwünscht.

Die obigen Ausführungen zusammenfassend, wird gegen leistungssteigerndes pharmakologisches Neuroenhancement angeführt, dass es widernatürlich sei, in die Natur des Menschen eingreife, negative psychische Effekte durch die Gefährdung der Persönlichkeit und Authentizität des Menschen hervorrufe,[719] Abhängigkeit und Suchtgefahr fördere,[720] Dritte gefährde, durch die Bildung einer geistigen Elite die Gesellschaftsstrukturen ändere,[721] sozialen Druck zur

718 *Groß*, „Neuro-Enhancement unter besonderer Berücksichtigung neurobionischer Maßnahmen", in Die Verbesserung des Menschen, S. 97.

719 *Eberbach*, „Möglichkeiten und rechtliche Beurteilung der Verbesserung des Menschen – Ein Überblick", in Die Verbesserung des Menschen, S. 36.

720 *Lindner*, MedR 2010, 463 (465).

721 *Merkel*, ZStW 2009, 919 (920).

Einnahme begünstige,[722] zur Entwertung der menschlichen Eigenschaften führe, Nebenwirkungen auf die Gesundheit habe, Probleme der sozialen Gerechtigkeit verstärke und eine zunehmende Medikalisierung unterstütze.[723]

Überzeugen kann unter anderem das Argument des Konsumdrucks. Die in Schule, Ausbildung, Studium und Beruf vorherrschende Konkurrenzsituation verstärkt spürbar den Drang, zu den kognitiv Leistungsstärkeren aufschließen zu wollen oder diese zu überholen. In der von mir durchgeführten Studie antworteten mehrere der befragten Personen, dass sie Substanzen einnahmen, um ihre Wachheit zu steigern und somit Abgabefristen einzuhalten. Länger durchhalten, eine Erhöhung der Konzentrationsfähigkeit, die Steigerung von Erfolgschancen und die Reduktion von arbeitsbedingtem Stress sowie Leistungsdruck waren schwerpunktmäßig ausschlaggebend. Auffallend ist, dass einer der Hauptgründe für die Einnahme von Neuroenhancern der Wille ist, sich besser in die Gesellschaft einfügen zu können und nicht den sozialen Anschluss zu verlieren. Der Konsument nimmt die Substanzen nicht ein, weil er Freude daran verspürt, sondern weil er gewisse Arbeitsanforderungen ansonsten nicht erfüllen kann oder in Prüfungen sowie Bewerbungsverfahren entspannter und leistungsfähiger sein muss. Die Entscheidung zur Einnahme wird somit stark extrinsisch bestimmt. Dieser soziale Druck zur Einnahme wird mit zunehmender Verbreitung rasanter wachsen, denn je größer die Konsumentenschicht wird, desto höher wird der Konsumdruck auf den Einzelnen.

Zudem leidet die gesellschaftliche Anerkennung für die bewirkte Steigerung der Leistung, wenn diese substanzbasiert und nicht durch den beschwerlichen Weg des Lernens erlangt wird. Der Sinn einer Leistungsprüfung wird ad absurdum geführt und die Bedeutung des menschlichen Handelns nachhaltig diskreditiert. Dies fördert ebenfalls den Konsumdruck und die damit einhergehende Verbreitung der Substanzen auf einer weiteren Ebene. Wenn die nicht-enhancte Leistung zukünftig nur noch als unterdurchschnittlich gelten würde und geistige Durchschnittsleistungen ausschließlich mittels pharmakologischen Neuroenhancements möglich wären, entstünde ein gesellschaftlicher Konsumzwang, um als mindestens durchschnittlich leistungsfähig zu gelten. Die natürliche Leistung würde desavouiert.

Der Einwand, dass sich eine kognitive Zwei-Klassen-Gesellschaft bilde, ist besorgniserregend und überzeugt ebenfalls. Es wird angeführt, dass sich eine geistige Elite etabliere, wenn die sozialen Schichten nicht, unabhängig von ihrer

722 *Lindner*, MedR 2010, 463 (465).
723 *Merkel*, ZStW 2009, 919 (934).

finanziellen Kaufkraft, den gleichen Zugang zu Neuroenhancementpräparaten bekämen. Es bestünde die Gefahr, dass sich eine geistige Oberschicht bildet, zu der die breite Masse kaum noch aufsteigen könne. Diesbezüglich ist zu wiederholen, dass die Einnahme von pharmakologischen Neuroenhancern geeignet ist, die funktionierende Chancengleichheit des sozialen Zusammenlebens zu beeinträchtigen. Ein aufgeklärter Staat muss eingreifen, wenn Einzelne auf unfaire Weise ihre Zugangsvoraussetzungen zu Lasten anderer verbessern. Die Bildung einer pharmakologisch verbesserten Zwei-Klassen-Gesellschaft ist zwingend zu vermeiden. Es dürfen ausschließlich die Personen Zugang zu entsprechenden Substanzen erhalten, die eine medizinische Indikation vorweisen.

Außerdem ist der Einwand kritisch zu sehen, die Natur des Menschen sei gefährdet, kürze der Konsument den natürlichen Weg des Lernens ab. Die Leistungssteigerung mittels pharmakologischer Neuroenhancer belässt die biologische Natürlichkeit des Menschen, da sie nicht auf die Erbinformationen des Konsumenten einwirken. Insofern überzeugt dieses Argument nicht. Die Natürlichkeit an sich ist allerdings differenzierter zu betrachten. Folgt man dem Ansatz, dass die Einnahme von künstlichen Substanzen einen unnatürlichen Vorgang darstellt, gilt dies ebenfalls für den Konsum von (künstlichen) pharmakologischen Neuroenhancern. Greift der Konsument mit ihrer Hilfe auf Ressourcen zu, die ihm normalerweise nicht zugänglich wären, handelt er unnatürlich.

Der vorgebrachte Einwand, die Autonomie des freien und selbstbestimmt handelnden Menschen leide unter der Einnahme von pharmakologischen Neuroenhancern, überzeugt gleichwohl nur partiell. Wenn Medikamente die Persönlichkeitsstrukturen so sehr beeinflussen, dass eine selbstbestimmte Handlung nicht mehr möglich ist, und der Konsument von den Medikamenten fremdgesteuert wird, ist die Autonomie zwar zweifelsfrei gefährdet. Bei den hier betrachteten pharmakologischen Neuroenhancern ist eine Beeinflussung in dieser Intensität indessen nicht ersichtlich.

Des Weiteren wird aufgrund der unnatürlichen Entstehung der kognitiven Leistung die Authentizität der menschlichen Existenz bezweifelt. Ohne eine gewichtige und spürbare Mitwirkungshandlung werde die erlangte Leistung nicht authentischer Bestandteil der Persönlichkeit.[724] Der Mensch verletze durch die Identitätsänderung die Pflicht, seiner personalen Identität treu zu bleiben. Diese Argumente überzeugen gleichfalls nicht. Vorausgesetzt der Konsument handelt selbstbestimmt, ist die bewirkte Veränderung der Persönlichkeit

724 Vgl. Stellungnahme der zentralen Ethikkommission der Bundesärztekammer zu Doping und ärztlicher Ethik, Deutsches Ärzteblatt, Jg. 106, Heft 8, 2009, A 360.

auf dessen autonomen Wunsch zurückzuführen und folglich Ausdruck seines grundrechtlich geschützten Selbstbestimmungsrechts.

Äußerst bedenklich ist die Entwicklung des Konsumdrucks und dessen Folgen. Werden Gesunde durch andere Konsumenten motiviert, oder verspüren den inneren Druck konsumieren zu müssen, wird sich pharmakologisches Neuroenhancement zunehmend verbreiten. Wie die Erkenntnisse aus meinen beiden Umfragen belegen, sind mit dem Konsum von pharmakologischen Neuroenhancern existenzielle Ängste verbunden. Der Gesunde versucht seinen kognitiven Leistungsbereich zu erweitern, da er befürchtet, nicht leistungsfähig genug zu sein, um mit der Konkurrenz mitzuhalten. Da das pharmakologische Neuroenhancement empfindlich in existenzielle Lebensbereiche eingreift und eine verführerische Motivationslage sowie einen intensiven Konsumdruck bei Nichtkonsumenten auslöst, ist es ethisch-moralisch verwerflich und der Staat gehalten gesetzgeberisch zu intervenieren.

Aufgrund des Wirkungsgrades der aktuell erhältlichen Psychopharmaka ist festzuhalten, je unsicherer das Resultat der Einnahme von Neuroenhancern ist, desto kritischer ist ihre Anwendung zu sehen[725] – dem Nutzen stehen erhebliche und teilweise irreversible Nebenwirkungen gegenüber. Beim Kranken werden diese durch die Herbeiführung des gesunden Zustandes ausgeglichen, wohingegen beim Gesunden kein zu heilender Zustand vorliegt[726] und folglich die Situation kritischer zu beurteilen ist. Der aktuell vorherrschende teils destruktive, permanente Verbesserungsdrang der Menschen ist unter Kontrolle zu bringen. Unter Abwägung aller Gesichtspunkt sprechen in der Summe gewichtigere Gründe dafür, pharmakologisches Neuroenhancement als ethisch-moralisch verwerflich anzusehen und ausgewählte Bereiche zukünftig einer Regulierung zuzuführen.

---

725 *Groß*, „Neuro-Enhancement unter besonderer Berücksichtigung neurobionischer Maßnahmen", in Die Verbesserung des Menschen, S. 108.

726 *Magnus*, ZStW 2012, 907 (912).

# VI. Einführung eines neuen Straftatbestandes

Unter ethisch-moralischen Aspekten ist pharmakologisches Neuroenhancement zwar als verwerflich zu qualifizieren, jedoch fehlt es de lege lata an einer (straf-) rechtlichen Grundlage, dieses Problem zu lösen. Dafür ist es erforderlich zu untersuchen, ob die Einnahme von pharmakologischen Neuroenhancern strafwürdig und strafbedürftig ist. Ist dies der Fall, wäre es möglich, entweder ein bestehendes Strafgesetz zu ändern oder ein neues einzuführen.

## 1. Zweck des Strafrechts

Das Strafrecht verteidigt die Lebensbedingungen der Gesellschaft[727] und konstituiert die Säulen des Rechtsstaates.[728] Es verkörpert als Ultima Ratio den staatlichen Rechtsgüterschutz und gelangt deshalb ausschließlich zur Anwendung, wenn einem gesellschaftlichen Problem nicht mit anderen gesetzlichen Mitteln begegnet werden kann.[729] Im sozialen Miteinander grenzt das Strafrecht die einzelnen Freiheitssphären der Bürger schützend voneinander ab. Die Koordination der entgegenstehenden Interessen erfolgt durch das Recht.[730] Das Strafrecht ist insoweit gebunden an die Freiheit des Einzelnen,[731] weshalb dieselben Legitimationsbegründungen an eine Strafnorm zu stellen sind wie an einen klassischen staatlichen Grundrechtseingriff. Infolgedessen ist eine strafrechtliche Norm nur in dem Bereich zulässig, den der Staat zu schützen verpflichtet ist.[732]

Grundsätzlich sanktioniert eine strafrechtliche Norm typischerweise ein menschliches Fehlverhalten.[733] Darunter werden ideelle Werte verstanden, die dem Straftatbestand seine spezifische Schutzrichtung geben.[734] Um eine strafrechtliche Regulierung des Konsums von pharmakologischen Neuroenhancern einzuführen, ist es notwendig die Zweckrichtung strafrechtlicher Normen zu beleuchten. Die zentrale Funktion und Legitimation des Strafrechts besteht in

---

727 *Martins*, ZStW 2013, 234 (258).
728 *Swoboda*, ZStW 2010, 24 (50).
729 BVerfGE 96, 245 (249), 88, 203 (258), 39, 1 (47), 32, 98 (109).
730 *Kindhäuser*, Strafrecht AT, § 2, Rn. 1.
731 *Murmann*, Grundkurs Strafrecht, § 8, Rn. 1.
732 *Freund*, Strafrecht Allgemeiner Teil, § 1, Rn. 1–2.
733 Ebd., Rn. 5 ff.
734 *Rengier*, Strafrecht AT, § 3, Rn. 1.

dem Schutz von spezifischen Rechtsgütern[735] weshalb auch das BVerfG im Kern an dieser Rechtsgutslehre[736] festhält. Aus dem Inzest-Urteil des BVerfG geht hervor, dass der Gesetzgeber den Bereich strafbaren Handelns festlegt und er hierbei grundsätzlich frei ist, den Schutz bestimmter Rechtsgüter als so wesentlich anzusehen, dass diese mit den Mitteln des Strafrechts zu schützen sind.[737] Jede Norm schützt ein oder mehrere bestimmte Rechtsgüter.[738] Hierbei unterscheidet das Strafrecht zwischen Individual- und Kollektivrechtsgütern.[739] Welches Rechtsgut oder welche Rechtsgüter es durch eine strafrechtliche Norm schützt, steht nicht ausdrücklich im Gesetz. Vielmehr wird im Einzelfall aus dem Sinn und Zweck der Norm ermittelt, welchen Schutz die Regelung konkret bezweckt.[740] Geschützte Rechtsgüter sind beispielsweise Leben, Freiheit, körperliche Unversehrtheit, Vermögen, jedoch auch die Umwelt, die Funktionsfähigkeit der staatlichen Verwaltung oder die Sicherheit des Straßenverkehrs.

Bei der Verabschiedung einer bestimmten strafrechtlichen Vorschrift bestimmt der Gesetzgeber zunächst deren grundsätzliche Schutzrichtung. Welche Rechtsgüter sie schützt, ist jedoch variabel und kann sich im Laufe der Zeit ändern. Der Gesetzgeber und die Rechtspflege beachten dazu die Entwicklung der Gesellschaft und deren ethisch-moralischen Vorstellungen. Hierdurch werden die wandelbaren Werte einer Gesellschaft berücksichtigt und abgebildet. Indessen ist der Gesetzgeber weder an die strikte Anwendung der strafrechtlichen Rechtsgutslehre noch an die bereits anerkannten Rechtsgüter gebunden.[741] Eine solche Restriktion wäre unvereinbar mit dem Demokratieprinzip und der Gestaltungshoheit des Gesetzgebers.[742] Er kann vielmehr frei entscheiden, ein spezielles Rechtsgut durch das Strafrecht zu schützen.[743]

Zu beachten ist, dass das Strafrecht dabei nicht alle ethisch-moralisch verwerflichen Verhaltensweisen erfassen kann und soll- Unsittliches oder anstößiges Verhalten alleine rechtfertigt nicht die Anwendung des Strafrechts, sondern

---

735 Edb., Rn. 2; *Roxin*, Strafrecht Allgemeiner Teil, § 2, Rn. 1.

736 Zur heutigen Bedeutung: *Engländer*, ZStW 2015, 616 ff., *Kudlich*, ZStW 2015, 635 ff.; *Kudlich*, ZStW 2015, 635 ff.

737 BVerfG Beschluss vom 26. Februar 2008 – 2 BvR 392/07, Rn. 35; vgl. BVerfGE 50, 142 (162).

738 *Kindhäuser*, Strafrecht AT, § 2, Rn. 6; *Murmann*, Grundkurs Strafrecht, § 8, Rn. 8.

739 *Kindhäuser*, Strafrecht AT, § 2, Rn. 6; *Rengier*, Strafrecht AT, § 3, Rn. 3.

740 *Murmann*, Grundkurs Strafrecht, § 8, Rn. 10.

741 *Kudlich*, JA 2007, 90 (91).

742 BRAK Stellungnahme 5/2015, S. 7, BRAK Stellungnahme 29/2015, S. 2.

743 BVerfGE 120, 224 (240).

erfordert weniger einschneidende Maßnahmen. Ethisch-moralische Maßstäbe können allerdings zum Anlass genommen werden, Risiken frühzeitig zu erkennen und rechtliche Rahmenbedingungen zu schaffen. Außerdem kommt ethisch-moralischen Argumenten zugute, dass sie auf einer vergleichbar hohen Abstraktionsebene wie die rechtspolitischen Überlegungen liegen. Da die Verhängung einer strafrechtlichen Sanktion jedoch am intensivsten in die Freiheitssphäre des Bürgers eingreift, besteht für eine Strafnorm ein entsprechend hohes Legitimationserfordernis.[744] Das Strafrecht ist stets dosiert zur Regulierung von besonders sozialschädlichem Verhalten einzusetzen und markiert die Ultima Ratio des Rechtsgüterschutzes.[745] Bei einer solchen Sanktion muss deshalb der Verhältnismäßigkeitsgrundsatz[746] verstärkt beachtet und gewahrt werden.[747] Dieser gebietet, dass die Strafnorm dem Schutz anderer oder der Allgemeinheit dient und sie nur in Betracht kommt, „wenn ein bestimmtes Verhalten über das Verbotensein hinaus in besonderer Weise sozialschädlich und für das geordnete Zusammenleben der Menschen unerträglich, seine Verhinderung daher besonders dringlich ist“[748].[749] Die Sanktion muss ein gerechtes und sachdienliches Instrument zur Ahndung von Verstößen sein.[750] Aufgrund dessen ist strafrechtlicher Güterschutz immer subsidiär zu anderen rechtlichen Möglichkeiten. Vor seiner Anwendung müssen zivil- und verwaltungsrechtliche Möglichkeiten ausgeschöpft sein oder keinen Erfolg versprechen.[751]

## 2. Strafwürdigkeit

Ethisch-moralische Einwände gegen die kognitive Leistungssteigerung mittels Psychopharmaka besitzen ihre Daseinsberechtigung. Bei der Einführung eines neuen Straftatbestandes ist deshalb herauszustellen, ob ein legitimer Zweck für die gesetzgeberische Maßnahme besteht. Dies beinhaltet die Frage nach der Strafwürdigkeit eines Verhaltens. Folglich ist vorerst zu prüfen, ob die Einnahme

744 *Kindhäuser*, Strafrecht AT, § 2, Rn. 5.

745 BVerfGE 120, 224 (240), 96, 10 (25); 90, 145 (201), 88, 203 (258); *Murmann*, Grundkurs Strafrecht, § 8, Rn. 13; *Rengier*, Strafrecht AT, § 3, Rn. 5.

746 Der Verhältnismäßigkeitsgrundsatz wurzelt im Rechtsstaatsprinzip (Art. 20 Abs. 3 GG).

747 *Kindhäuser*, Strafrecht AT, § 2, Rn. 8.

748 BVerfGE 120, 224 (240).

749 BVerfGE 88, 203 (258), 71, 108 (118 ff.).

750 *Kindhäuser*, Strafrecht AT, § 2, Rn. 5.

751 BVerfGE 39, 1 (47); *Hilgendorf/Valerius*, Strafrecht Allgemeiner Teil, § 1, Rn. 40.

von pharmakologischen Neuroenhancern ein Rechtsgut gefährdet, dessen Schutz den Eingriff des Strafrechts rechtfertigt.[752]

## a. Zu schützende Rechtsgüter

Zunächst wird herausgestellt, welche Schutzgüter die strafrechtliche Norm schützen soll, denn die Wahl der Schutzgüter beeinflusst die Anwendung der Norm erheblich; sie werden stets zur Auslegung des gesamten Tatbestandes herangezogen.[753]

Der geschützte Personenkreis besteht aus den Mitbewerbern, anderen Wettbewerbsbeteiligten und der Allgemeinheit. Durch die Verbotsnorm sollen unter anderem Schulen, Universitäten, Prüfungsämter, Ausbildungsstätten, Weiterbildungsstätten, Arbeitgeber, Konkurrenten und Dritte geschützt werden, wenn sie in irgendeiner Form an dem kognitiven Wettkampf beteiligt sind oder durch den Konsum von Neuroenhancern gefährdet werden könnten. Somit werden ebenso die Stellen geschützt, die Bildungsmaßnahmen oder einzelne Teilnehmer über die Vergabe von öffentlichen oder privaten Mitteln unterstützen. Im Vordergrund stehen hierbei allerdings der Schutz Dritter und die Gewährleistung des fairen Wettbewerbs um Bildungs- und Karrierechancen. Im Folgenden werden die einzelnen Schutzgüter vorgestellt.

### *aa. Gesundheit des Konsumenten*

Wie eingangs dargelegt,[754] sind die Nebenwirkungen[755] von Stimulanzien im Sinne des pharmakologischen Neuroenhancements teils gravierend und stellen eine ernstzunehmende Gefahr für den allgemeinen Gesundheitszustand[756] der Bevölkerung dar.[757]

Wie oben erläutert,[758] schützt die allgemeine Handlungsfreiheit das Recht des Menschen sich selbst[759] durch den Substanzkonsum straflos zu

752 Vgl. *Feltes/Kabuth*, Stellungnahme zum Gesetzesentwurf der Bundesregierung zur Strafbarkeit von Sportwettbetrug und der Manipulation berufssportlicher Wettbewerbe, S. 1–2.

753 BVerfGE 45, 187 (253).

754 Siehe S. 33 ff.

755 *Magnus*, ZStW 2012, 907 (911).

756 *Maurach/Schroeder/Maiwald*, Strafrecht BT, § 56, Rn. 1 ff.

757 *Kudlich*, JA 2007, 90 (93).

758 Siehe S. 166 ff.

759 Siehe S. 55 f.

schädigen.[760] Erörterungswürdig ist, inwieweit die Gefährdung der Gesundheit als Schutzgut für eine Verbotsnorm dienen kann. Das Selbstenhancement steht unter dem grundrechtlichen Schutz der Selbstbestimmung – jeder Mensch darf mit seinem Köper verfahren, wie er möchte, auch wenn er diesen durch die Nebenwirkungen massiv schädigt. Bei der eigenverantwortlichen Selbstschädigung tritt der Schutz der Gesundheit hinter dem Selbstbestimmungsrecht des Konsumenten zurück. Diese Ansicht überzeugt, denn andernfalls müsste der Raucher, der Alkoholiker oder der Adipöse für sein gesundheitsschädigendes Verhalten ebenso bestraft werden wie derjenige, der pharmakologisches Neuroenhancement betreibt.[761] Das Selbstbestimmungsrecht wiegt grundsätzlich höher als ein paternalistischer Gesundheitsschutz, der durch den Staat aufoktroyiert wird. Im Strafrecht wird dies ersichtlich an zwei Normen. §§ 216 und 228 StGB beschreiben die Grenzen, innerhalb derer die körperliche Integrität ein anerkanntermaßen frei disponibles Rechtsgut ist und jemand wirksam in dessen Verletzung einwilligen kann.

Mithin ist ein Strafgesetz, das ausschließlich dem Schutze der Gesundheit eines selbstbestimmt handelnden Menschen dient, äußerst kritisch und zurückhaltend zu beurteilen. Der alleinige Schutz der Gesundheit genügt als Rechtsgut nicht, um eine Regulierung zu rechtfertigen. Die Selbstschädigung ist straflos und rechtfertigt regelmäßig keine Strafbarkeit.[762] Ausnahmen sind einzig möglich, wenn jemand nicht die geistig-sittliche Reife besitzt, sein Selbstbestimmungsrecht wirksam ausüben zu können. Beispiele dafür sind suchtgesteuertes Verhalten und der Schutz der gesunden Entwicklung Minderjähriger.[763]

Es ist umstritten, inwieweit die Argumente der Befürworter der straflosen eigenverantwortlichen Selbstschädigung überzeugen, wenn sich Suchtstrukturen ausgebildet haben. Der ersten Einnahme von abhängigkeitsintensiven Substanzen geht meistens eine eigenverantwortlich getroffene Konsumentscheidung voraus. Bei fortgesetztem Konsum bestehen jedoch erhebliche Zweifel an der Fähigkeit zum eigenverantwortlichen Handeln. Für den Mangel der Eigenverantwortlichkeit sprechen überzeugende Argumente. Zunächst erfolgt der

---

760 *Nestler*, Kreuzer Handbuch des Betäubungsmittelstrafrechts, S. 72 ff.; *Pasedach*, Verantwortungsbereiche wider Volksgesundheit, S. 168 ff.

761 Zu der Frage, warum Alkohol und Tabak nicht der Kontrolle des BtMG unterliegen, obwohl deren Gefahrenpotential mit dem von illegalen Drogen vergleichbar ist: LG Lübeck NJW 1992, 1572; *Patzak*, Körner/Patzak/Volkmer – BtMG, § 30, Rn. 102 f.; *Wang*, Drogenstraftaten und abstrakte Gefährdungsdelikte, S. 14.

762 BR-Drucks. 266/13, S. 2.

763 Vgl. BT-Drucks. 16/4166, S. 1, Antrag Fraktion BÜNDNIS 90/DIE GRÜNEN.

erstmalige Konsum von leistungssteigernden Substanzen häufig in Unkenntnis oder in Fehleinschätzung der daraus resultierenden Sucht. Die zweite Einnahme knüpft bereits an die Erfahrungen des ersten Konsums an. Der Konsument versucht wiederholt und zielgerichtet den leistungsgesteigerten Zustand des Erstkonsums erneut herbeizuführen. In einem solchen Verhalten sind bereits anfängliche Suchtstrukturen erkennbar und das Entscheidungsverhalten des Konsumenten wird beeinflusst.

Manifestiert sich eine Sucht, sinkt die Widerstandskraft, dem zukünftigen Konsum zu widerstehen. Die Fähigkeit, eigenverantwortliche Entscheidungen zu treffen, ist gestört und der Konsument wird von der Sucht fremdbestimmt. In diesem Zustand ist die strafrechtlich relevante Schuldfähigkeit zwar weiterhin gegeben, obgleich eine echte Eigenverantwortlichkeit zu bezweifeln ist.[764] Mithin bestehen erhebliche Nebenwirkungen und ein enormes Suchtpotential, wenn Stimulanzien zur kognitiven Leistungssteigerung angewandt werden. Es bleibt klärungsbedürftig, ob der Staat verpflichtet ist, den Konsumenten vor der Bildung einer Suchtkrankheit zu schützen.

Hierzu kann § 1 Abs. 2 Nr. 1 BtMG konsultiert werden. Dieser ermächtigt die Bundesregierung, durch Rechtsverordnung, mit Zustimmung des Bundesrates, die Anlagen des BtMG zu ergänzen, wenn einer Substanz ein erhöhtes Abhängigkeitspotential innewohnt. Das BtMG erfasst jedoch nicht die Konsumhandlung an sich. Obwohl Betäubungsmittel existieren, die ein höheres Suchtpotential aufweisen als Stimulanzien, wie beispielsweise Heroin, ist sogar deren bloßer Konsum nicht strafbar. Der Gesetzgeber sieht anscheinend, trotz des starken Abhängigkeitspotentials mancher Substanzen, keine Strafwürdigkeit des Konsums. Neben dem Abhängigkeitspotential von pharmakologischen Neuroenhancern muss jedoch insbesondere die gesamtgesellschaftliche Gefährdung beachtet werden. Heroinabhängige befinden sich meist am Rande der Gesellschaft und stellen eine Gruppe sozial ausgegrenzter Menschen dar, wohingegen sich die Personen, die leistungssteigernde Stimulanzien konsumieren, meist in der Mitte der Gesellschaft bewegen. Konsumenten von Stimulanzien befinden sich auf fast allen Arbeitsebenen und im Bildungswesen. In dem Onlineartikel „Die Drogen der Manager“, erschienen in der Wirtschaftswoche vom 21.03.2017, wird herausgehoben, dass insbesondere Führungseliten gerne zu den Wirkstoffen Methylphenidat und Modafinil greifen, um in kürzerer Zeit

764 *Maurach/Schroeder/Maiwald*, Strafrecht BT, § 56, Rn. 5.

dem Arbeitspensum gerecht zu werden.[765] Ein Jahr später griffen die Journalisten Miriam Meckel, Milena Merten und Sven Prange das Thema erneut auf und berichteten im Handelsblatt über die Aktualität der Problematik der eigenen Leistungsoptimierung.[766] Hierbei stellten sie heraus, dass die Zahl der einnehmenden Personen stetig wächst und, aufgrund des erhöhten Arbeitsaufkommens, der Drang zur Optimierung des Gehirns gerade im Managementbereich erhöht ist. Leistungseliten werden in der Gesellschaft bewundert und ihr Verlangen, die kognitive Leistung steigern zu wollen, wird sogar sozial anerkannt. Heutzutage stellt es keinen Ausgrenzungsgrund dar, wenn jemand Medikamente einnimmt, um arbeits- und leistungsfähig zu sein. Seitens mancher Arbeitgeber ist es vielmehr gewollt, dass der Mensch in allen Lebenslagen seine Leistung voll ausschöpft und sogar darüber hinausgeht. Es findet keine soziale Degradierung von leistungsfähigen Menschen statt, wohingegen der Heroinabhängige als gescheiterte Existenz gilt und mit Verachtung gestraft wird. Die Sucht nach leistungssteigernden Substanzen wird dadurch verharmlost und die Hemmschwelle des Konsumenten herabgesenkt. Obwohl die freiverantwortliche Selbstgefährdung straflos ist, sollte die Gefahr der Suchtbildung bei der Ermittlung der Strafwürdigkeit des Konsums berücksichtigt werden.

### *bb. Fairness des Wettbewerbs*

Das strafwürdige Unrecht der artifiziellen Leistungssteigerung durch pharmakologische Neuroenhancer ist bei natürlicher Betrachtungsweise der Angriff auf die Fairness und Chancengleichheit des kognitiven Wettkampfes. Chancengleichheit im strengen Sinne kann es jedoch im kognitiven Wettkampf nicht geben, da es dabei gerade darauf ankommt, die natürlichen Ungleichheiten zur Geltung zu bringen.[767] Das unterschiedlich ausgeprägte Talent wird einer sachlichen Bewertung zugeführt, vorausgesetzt die Teilnehmer verhalten sich regelkonform und können ihre Fähigkeiten unter denselben Wettbewerbsvoraussetzungen unter Beweis stellen. Werden diese Bedingungen eingehalten, ist von einem fairen

---

765 Wirtschaftswoche vom 21.03.2017, Onlinemedium, abrufbar unter: https://www.wiwo.de/erfolg/management/alkohol-kokain-und-ritalin-die-drogen-der-manager/12724422.html, Stand: 19.03.2018.

766 *Meckel, Merten, Prange*, Handelsblatt vom 19.03.2018, Onlinemedium, abrufbar unter: http://www.handelsblatt.com/unternehmen/beruf-und-buero/the_shift/hirndoping-mit-diesen-drogen-pimpen-manager-ihr-gehirn-/21087150-all.html, Stand: 19.03.2018.

767 Vgl. Stellungnahme der zentralen Ethikkommission der Bundesärztekammer zu Doping und ärztlicher Ethik, Deutsches Ärzteblatt, Jg. 106, Heft 8, 2009, A 361.

Wettbewerb auszugehen. Würde die Beschaffung pharmakologischer Neuroenhancer zugelassen, damit sie von allen angewandt werden können, entfiele zwar das Argument der Fairness und Chancengleichheit, jedoch resultierten daraus andere schwerwiegende Konsequenzen. Profitierten die Wettbewerber alle in gleicher Weise von der Einnahme, würde der Wettbewerb ad absurdum geführt. Darüber hinaus nähme der Wettbewerb neue Formen der Chancenungleichheit an. Er würde sich nun daran entscheiden, wer die besseren pharmakologischen Neuroenhancer beschaffen kann und welcher Körper die Substanzen besser annimmt und durch die Nebenwirkungen weniger geschädigt wird.[768] Nach hiesiger Ansicht wäre der Wettkampf unter diesen Umständen unnatürlich.

Aufgrund dessen muss bei dem manipulativen Element angesetzt werden. Verwendet jemand pharmakologische Neuroenhancer, nutzt er die Normtreue der anderen zur Erzielung eines unlauteren Wettbewerbsvorteils aus. Er verzerrt die Wettbewerbsbedingungen und bringt die anderen um ihre Erfolgschancen und zwingt sie mittelbar, ebenfalls pharmakologische Neuroenhancer einzunehmen. Manipulieren unlautere Verhaltensweisen die Gleichheit der Voraussetzungen eines Wettkampfes einseitig, besteht eine erhöhte Relevanz der staatlichen Sanktion – insbesondere wenn die Gefahr des Anpassungszwangs besteht oder das Vermögen der Beteiligten dadurch so nachteilig gefährdet wird, dass ihre Zukunftschancen verringert werden.

Kritiker werden geltend machen, dass die Fairness des kognitiven Wettbewerbs ein vages Rechtsgut und dessen Schutz keine Angelegenheit des Strafrechts sei. Sie verkennen jedoch, dass der neue Straftatbestand keinen allumfassenden Schutz der Fairness bieten soll, sondern vielmehr den fairen und chancengleichen kognitiven Wettbewerb gegen wettbewerbsverzerrende Eingriffe sichert. Das Verbot der Einnahme von leistungssteigernden Substanzen dient der Wahrung des kognitiven Wettbewerbs als solchen und hat nicht bloß einen ethisch-moralischen Anspruch.

*Bildungssektor*

In der Schul- und Studienwelt spiegelt sich die gesamtgesellschaftliche Entwicklung wieder. Die physischen Fähigkeiten verlieren an Bedeutung, wohingegen die kognitiven Fähigkeiten weiter in den Vordergrund rücken. Die Leistungen in der Grundschule bedingen die Zulassung zur weiterführenden Schule, die Bewerbung um einen Studienplatz orientiert sich am Abiturschnitt und ein

768 Angelehnt an: Stellungnahme der zentralen Ethikkommission der Bundesärztekammer zu Doping und ärztlicher Ethik, Deutsches Ärzteblatt, Jg. 106, Heft 8, 2009, A 361.

herausragender Studienabschluss ermöglicht den Absolventen einen lukrativen Einstieg in die Arbeitswelt. Derjenige, der einen besseren Notendurchschnitt erzielte, wählt seinen Studiengang aus einer größeren Anzahl als ein schlechterer Absolvent. Kann jemand einen guten Abiturschnitt jedoch nur erzielen, weil er seine kognitive Leistung artifiziell erhöht, schafft er sich einen unlauteren Vorteil den anderen gegenüber.[769] Mithilfe der Immatrikulationsbeschränkung anhand des Numerus Clausus schützen sich die Hochschulen vor Kapazitätsengpässen. Besetzen sie die Studienplätze mit Bewerbern, die ihre Immatrikulationsvoraussetzungen durch pharmakologisches Neuroenhancement erlangten, verlieren nicht-enhancte Bewerber möglicherweise die Chance auf eine Zulassung zu ihrem Wahlstudiengang. Der Vorteil des Konsumenten schlägt sich wirtschaftlich messbar nieder, denn durch einen besseren Bildungsabschluss kann später ein höheres Gehalt erzielt werden. Wie oben herausgearbeitet, korreliert der Bildungsabschluss mit dem späteren Durchschnittsgehalt. Somit erhält der Konsument durch die Einnahme wirtschaftlich messbare Vorteile, die mittelbar zu einem Vermögensschaden Dritter führen.[770]

Mit einem höheren Schulabschluss oder besseren Ausbildungsleistungen eröffnen sich zudem staatliche Förderungsmöglichkeiten wie Stipendien oder Begabtenförderungsprogramme. Solche bleiben anderen voraussichtlich dadurch verwehrt, dass die Kapazität der Förderungsprogramme mit enhancten Bewerbern ausgeschöpft wird. Somit entsteht ein weiterer finanzieller Nachteil für den Nichtkonsumenten, da er ihm normalerweise zustehende Förderungsmöglichkeiten nicht in Anspruch nehmen kann. Zudem richten sich solche Förderungsprogramme regelmäßig an Personen mit verlässlichen herausragenden kognitiven Leistungen und nicht an Konsumenten von pharmakologischen Neuroenhancern, die temporär ihre geistige Leistung steigern. Eine überobligatorische Begabtenförderung verliert ihre Legitimation, wenn die vermeintliche Befähigung unnatürlichen Ursprungs ist und nicht verlässlich reproduziert werden kann. Folglich werden Schulen, Universitäten, Förderer und viele andere in der Erwartung einer belastbaren Leistung und eines fairen Wettkampfes getäuscht und monetär geschädigt.

Der Konsum von leistungssteigernden Substanzen verzerrt nicht nur die natürliche Leistung, sondern beschädigt zudem das Ethos des fairen Wettbewerbs.[771]

---

769 *Magnus*, ZStW 2012, 907 (932).

770 Vgl. Stellungnahme der zentralen Ethikkommission der Bundesärztekammer zu Doping und ärztlicher Ethik, Deutsches Ärzteblatt, Jg. 106, Heft 8, 2009, A 361.

771 *Hilgendorf*, Einführung in das Medizinstrafrecht, 11. Kapitel, Rn. 8.

Es stellt eine unlautere Gewinnerzielung dar, wenn der edukative Wettbewerb manipuliert wird.[772]

*Berufswelt*

Konsumiert ein Teilnehmer im Bewerbungsverfahren pharmakologische Neuroenhancer, wird er eine höhere kognitive Leistung aufweisen als im Normalzustand. Fraglich ist, ob dies die Fairness beeinträchtigt und einen Nachteil für seine Mitbewerber darstellt.

Im persönlichen Bewerbungsverfahren bewertet der Arbeitgeber allein die vor Ort gezeigten Leistungen aller Teilnehmer. Aufgrund der relativen Bewertung dieses temporären Ausschnitts besteht die ernstzunehmende Möglichkeit, dass die artifizielle Steigerung der kognitiven Leistung des Konsumenten das Ergebnis manipuliert. Bleibt das bei der Entscheidung unberücksichtigt, genießt der Konsument einen unlauteren Vorteil gegenüber seinen Konkurrenten. Wird er demzufolge bevorzugt eingestellt, beeinflusst diese Entscheidung den abgelehnten, fairen Bewerber wirtschaftlich nachteilig. Hätte der Konsument keine leistungssteigernden Substanzen eingenommen, hätten sich seine Einstellungschancen verringert und es wäre nicht ausgeschlossen gewesen, dass der Nichtkonsument eine höhere Einstellungschance gehabt hätte. Folglich liegt der Schluss nahe, dass sich der Einnehmende einen unlauteren, einstellungsrelevanten Vorteil verschaffte, der letztlich zum Abschluss des Arbeitsvertrages führte. Mit Abschluss des Vertrages verringert sich das Vermögen des Nichtkonsumenten um die Verdienstmöglichkeit.

Daneben könnten sich nachteilige Folgen des pharmakologischen Neuroenhancements auf Seiten des Arbeitgebers ergeben. Grundsätzlich wird der Arbeitgeber daran interessiert sein, einen verlässlich leistungsfähigen Mitarbeiter einzustellen. Neben sozialen Fähigkeiten ist die kognitive Leistung ein zentrales Beurteilungskriterium für die Einstellungsentscheidung. Erhöht der Bewerber seine Leistung in einem dieser Stadien artifiziell, vermittelt er nicht den Dauerzustand seiner natürlichen Leistung. Um dauerhaft dem vermittelten Bild zu entsprechen, müsste er kontinuierlich leistungssteigernde Substanzen einnehmen. Angesichts der beachtlichen Nebenwirkungen[773] des Dauerkonsums würde der Arbeitnehmer längerfristig seine Gesundheit nachhaltig schädigen. Infolgedessen bestünde die Gefahr, dass der Arbeitnehmer auf lange Sicht hinter der Leistung zurückfällt, wenn er den Konsum beendet oder sein

772 *Rössner*, Dölling/Duttge/König/Rössner, Gesamtes Strafrecht, § 233 StGB, Rn. 17.
773 Siehe S. 33 f.

Gesundheitszustand pathologische Ausmaße annimmt. Würde der Arbeitnehmer die Leistung nicht erbringen, stünde die Vergütung in einem unangemessenen Verhältnis zur Arbeitsleistung. Das Risiko, dass ein Arbeitnehmer krank wird oder zeitweise hinter seiner eigentlichen Leistung zurückfällt, ist üblich. Im Falle des pharmakologischen Neuroenhancements schädigt sich der Arbeitnehmer jedoch bewusst über die arbeitsbedingte Belastung hinaus. Bei Abschluss des Arbeitsvertrages war dieses Verhalten für den Arbeitgeber nicht ersichtlich und floss nicht in seine Einstellungsentscheidung ein. Konsumiert der Arbeitnehmer während der Arbeitszeit nicht weiter, täuscht er den Arbeitgeber bei Vertragsschluss über eine Tatsache, die die Grundlage des Geschäfts bildet.[774] Hätte der Arbeitgeber von dem Konsum und der damit verbundenen Verzerrung des natürlichen Leistungsbildes der Bewerbers Kenntnis gehabt, wäre seine Einstellungsentscheidung möglicherweise anders ausgefallen. Dieses Risiko darf ihm nicht auferlegt werden. Demzufolge steht die Vergütung des konsumierenden Arbeitnehmers im Missverhältnis zur erwarteten Arbeitsleistung, denn der arbeitsvertraglichen Zahlungspflicht des Arbeitgebers steht kein wertmäßiges Äquivalent gegenüber. Der Schaden läge mindestens in der Differenz von natürlicher zu enhancter Leistung. Allerdings könnte der Schaden ebenfalls in der vollen Höhe bestehen, wenn zur Erfüllung der arbeitsvertraglichen Pflicht mindestens die enhancte Leistung erforderlich wäre und der Arbeitgeber die geringere Leistung nicht verwenden könnte. In beiden Fällen entsteht dem Arbeitgeber ein monetarisierbarer Schaden.

Gerade die Aussicht auf finanzielle Vorteile stellt für den Konsumenten einen Anreiz dar, den Wettbewerb durch die Einnahme von pharmakologischen Neuroenhancern zu verzerren[775] und gegen die Fairness des Wettbewerbs zu verstoßen. Der saubere Wettbewerber muss erhebliche wirtschaftliche Nachteile in Kauf nehmen, wenn sich andere kognitive Vorteile verschaffen, und es wird ihm nahezu unmöglich zu diesen aufzuschließen.[776] Die hohe wirtschaftliche Relevanz der kognitiven Leistung verlangt nach einer effektiven strafrechtlichen Absicherung.

Das StGB erfasst nämlich bereits die Lauterkeit als solche als Rechtsgut. Sie wird klassischerweise in den Amtsträgerdelikten §§ 331 ff. StGB geschützt[777], wobei davon ausgegangen wird, dass eine Dienstpflichtverletzung generell

---

774 Vgl. *Cherkeh/Momsen*, NJW 2001, 1745 (1748).

775 Vgl. BT-Drucks. 16/5937, S. 18, Beschlussempfehlung und Bericht des Sportausschusses.

776 Vgl. *Striegel*, Lehner/Nolte/Putzke, § 2 AntiDopG, Rn. 8.

777 BT-Drucks. 18/4350, 21 (24).

geeignet sei, das mit dem Beruf einhergehende Amtsethos zu erschüttern. Durch dieses Rechtsgut begegnet der Gesetzgeber der Wirkung der Vorteilsnahme nach innen und sanktioniert die Selbstkorrumpierung des Amtsträgers.[778] Früher wurde die Lauterkeit eher als eine allgemeine, moralische Verpflichtung, die „Reinheit der Amtsausübung"[779] zu wahren, umschrieben.[780] Bis heute herrscht jedoch das Verständnis vor, dass durch die Lauterkeit ein chancengleicher und sachgemäßer Zugang zu der Exekutiven sowie der Judikativen und der Umgang mit selbiger gesichert werden sollen.[781] Das Vertrauen des Bürgers in die nicht korrumpierbare und sachlich richtige Dienstwahrnehmung des Amtsträgers wird gestärkt.[782] Die Berücksichtigung des Vertrauensaspekts verdeutlicht, dass es bedeutsam ist, die Akzeptanz der Staatstätigkeit zu erhalten. Der Strafgesetzgeber schützt in diesen Vorschriften einen wichtigen Grenzbereich des fairen Miteinanders – das Vertrauen in Chancengleichheit, Fairness und Unbeeinflussbarkeit.

Die beim pharmakologischen Neuroenhancement zu gewährleistenden Rechtsgüter der Chancengleichheit und Fairness gleichen insoweit strukturell den Bestechlichkeitsvorschriften. Eine zukünftige Regulierung würde diese Rechtsgüter effektiv stabilisieren.[783]

### *cc. Integrität und Vorbildfunktion des kognitiven Wettkampfes*

Die Integrität eines Wettkampfes beruht maßgeblich auf der Fairness und der Chancengleichheit. Die Einnahme von pharmakologischen Neuroenhancern greift tief in diese ethisch-moralischen Grundwerte ein und entzieht dem Wettkampf außerdem seine Glaubwürdigkeit, Unverfälschtheit und Vorbildfunktion. Die Integrität als Allgemeinrechtsgut und das Vermögen als Individualrechtsgut werden im StGB bereits in den neuen Paragrafen zum Sportwettbetrug, §§ 265c, 265d StGB, geschützt.[784] Mit der Einführung dieser Vorschriften intendiert der Gesetzgeber die Unverfälschtheit und Authentizität sportlicher Wettbewerbe

---

778 *Kargl*, NStZ 2007, 489 (495).
779 BGHSt 10, 237 (241); RGSt 72, 174 (176); ähnlich BGHSt 15, 88 (96 ff.): „Ehrenhaftigkeit des Beamten".
780 *Gaede*, Leitner/Rosenau, § 331 StGB, Rn. 3.
781 BGHSt 47, 22 (25); BGHSt 47, 22 (25); *Gaede*, Leitner/Rosenau, § 331 StGB, Rn. 3.
782 *Kargl*, NStZ 2007, 489 (495).
783 Ebd. (495).
784 *Krack*, WISTRA 2017, 289.

vor Manipulationen zu schützen, damit der Sport seine hervorgehobene gesellschaftliche Bedeutung nicht verliert.[785]

Neben den Teilnehmern von sportlichen Wettbewerben besitzt die kognitive Elite ebenfalls eine gewisse Vorbildfunktion für junge Menschen.[786] Laut dem Statistischen Bundesamt lebten im Jahre 2015 ca. 8,8 Millionen Menschen im Alter von 15 bis 25 Jahren in Deutschland.[787] Das bedeutet, dass sich 8,8 Millionen Menschen potentiell ein Beispiel an herausragenden Personen der Öffentlichkeit, Wirtschaft oder Politik nehmen. Die dortigen Akteure repräsentieren Werte wie Leistungsbereitschaft, Disziplin, Engagement, Fleiß, Zielstrebigkeit, Durchsetzungskraft, Willensstärke, Durchhaltevermögen, Wohlstand, Erfolg und viele mehr. Entsprechende Eigenschaften und Werte nehmen sich viele Menschen zum Vorbild für ihre eigene Karriere. Die charakterbildende Funktion von Vorbildern, vor allem gegenüber Jugendlichen, ist nicht zu unterschätzen. Heranwachsende sind mangels ihrer persönlichen Stabilität deutlich anfälliger für (negative) Beeinflussungen von außen, weshalb sie besonders schützenswert sind. Diese gesetzgeberische Wertung wird ebenfalls durch den § 29a BtMG deutlich, der den Verkauf an und den Ankauf von unter 18-Jährigen einer gesonderten Strafbarkeit zuführt.[788]

Die Faszination und Bewunderung von kognitiv leistungsfähigen Personen beruht maßgeblich darauf, dass die Bewunderer an eine Demonstration überdurchschnittlicher Leistung aus eigener Kraft glauben.[789] Der Substanzkonsum beeinträchtigt diese Bewertung massiv[790] und schwächt die Leitfunktion der Vorbilder. Pharmakologisches Neuroenhancement vermag die Grundwerte der Entwicklung einer Persönlichkeit zu verändern und schafft Vorbilder, die nicht erstrebenswert sind.

---

785 BT-Drucks. 18/8831, S. 1, 10 ff.; *Swoboda/Bohn*, JuS 2016, 686.

786 Vgl. BT-Drucks. 16/5937, S. 1, Beschlussempfehlung und Bericht des Sportausschusses.

787 Ergebnisse der Bevölkerungsfortschreibung auf Grundlage des Zensus 2011, Onlinemedium, abrufbar unter: https://www.destatis.de/DE/ZahlenFakten/GesellschaftStaat/Bevoelkerung/Bevoelkerungsstand/Tabellen/AltersgruppenFamilienstandZensus.html, Stand: 12.10.2017.

788 *Malek*, Spickhoff Medizinrecht, § 29a BtMG, Rn. 2; *Patzak*, Körner/Patzak/Volkmer – BtMG, Vorbemerkungen zu § 29a, Rn. 1; *Weber*, BtMG, § 29a, Rn. 3.

789 Vgl. Stellungnahme der zentralen Ethikkommission der Bundesärztekammer zu Doping und ärztlicher Ethik, Deutsches Ärzteblatt, Jg. 106, Heft 8, 2009, A 360.

790 Vgl. *Striegel*, Lehner/Nolte/Putzke, § 1 AntiDopG, Rn. 9.

### *dd. Schutz Dritter und der Gesellschaft*

Der Einsatz von pharmakologischen Neuroenhancern kann zu eklatanten Schäden an der Gesellschaft führen. Die Nebenwirkungen belasten das System der gesetzlichen Krankenversicherung einseitig. Grundsätzlich sind die gesetzlichen Krankenversicherungen als Solidargemeinschaften ausgestaltet,[791] deren Beiträge sich gem. § 3 S. 2 SGB V nach den beitragspflichtigen Einnahmen der Mitglieder richten. Gem. § 1 S. 3 SGB V sollen die Versicherten durch eine geeignete Lebensweise dazu beitragen, den Eintritt des Krankheitsfalles zu vermeiden. Aufgrund der Nebenwirkungen der Einnahme von pharmakologischen Neuroenhancern schädigt der Konsument seine Gesundheit regelmäßig wissentlich und willentlich selbst. Suchtkranke müssen kostenintensiv therapiert werden, um ihre Abhängigkeit zu überwinden. Chronische Leiden erfordern meist eine lebenslange medikamentöse Begleitung unter ärztlicher Aufsicht. Arbeitnehmer fallen aufgrund des Substanzkonsums auf der Arbeit aus und erbringen nicht die versprochene Arbeitsleistung. Längere Rehabilitationsmaßnahmen, therapeutische Betreuungen und Präventionsarbeit sind die Folge. Solange etwaige Folgeschäden nicht aus dem Leistungskatalog der gesetzlichen Krankenversicherungen entfernt werden, belasten diese die Solidargemeinschaft mit Behandlungskosten[792] – die persönlichen Schäden werden mithin indirekt vergesellschaftet.

Handelt es sich um einen gefahrgeneigten Arbeitsplatz, wie beispielsweise als Fluglotse, Pilot, Jurist oder operierender Arzt, kann die körperliche Integrität Dritter gefährdet werden, wenn ein Arbeitnehmer aufgrund seiner substanzbasierten Höchstleistung in einem gefahrgeneigten Betätigungsfeld eingesetzt wird und ohne die kontinuierliche Einnahme hinter seiner ursprünglich gezeigten Leistung zurückbleibt oder aufgrund von Selbstüberschätzung[793] Fehlentscheidungen trifft. Die Ausbildungs- und Einstellungsvoraussetzungen für Fluglotsen erfordern eine äußerst hohe sowie stabile kognitive Leistung und Stressresistenz. Unter Berücksichtigung der späteren Arbeitsbelastung sind die Auswahlverfahren höchst anspruchsvoll und die Einstellungsvoraussetzungen dementsprechend gewählt. Mit dem Ärztegelöbnis[794] geloben Ärzte als oberste Priorität zur Erhaltung und Wiederherstellung der körperlichen Gesundheit ihrer Patienten

791 § 1 S. 1 SGB V.

792 Vgl. Stellungnahme der zentralen Ethikkommission der Bundesärztekammer zu Doping und ärztlicher Ethik, Deutsches Ärzteblatt, Jg. 106, Heft 8, 2009, A 361.

793 *Repantis*, MedR 2009, 63 (65–67).

794 *Pschyrembel*, Pschyrembel Klinisches Wörterbuch, S. 159 f.

tätig zu werden, woraus ein besonderes Verantwortungsverhältnis zu ihren Patienten erwächst. Müssen kurzfristig lebenswichtige Entscheidungen getroffen werden, stehen sie in langen Schichten häufig unter Leistungsdruck. Es wird von ihnen erwartet, dass sie auch in solchen Situationen konzentriert, aufmerksam und verlässlich praktizieren. Dieser Belastung halten nicht alle stand. Ähnlich ist das Maß der Verantwortung auf Seiten der Piloten, deren Pflicht es ist, mehrere hundert Passagiere sicher vom Abflug- zum Zielflughafen zu befördern. Piloten sind oft unregelmäßigen Arbeitszeiten und langen, konzentrationsintensiven Flügen ausgesetzt. Obwohl der Autopilot den Flug in der Luft meist unterstützt, muss der Mensch stets bereit sein, im Gefahrfall einzugreifen. Außerdem navigiert der Pilot in den neuralgischen Phasen des Starts und der Landung meist manuell. Zum Ende eines psychisch und physisch belastenden Fluges wird somit erwartet, dass der Pilot die Passagiere zuverlässig und sicher zum Erdboden steuert. Ein Jurist sieht sich zwar nicht den motorischen Anforderungen eines Piloten oder Arztes ausgesetzt, jedoch beteiligt er sich, gerade im strafrechtlichen Bereich als Richter, Staatsanwalt oder Anwalt, maßgeblich an dem möglicherweise freiheitsentziehenden Prozess der Urteilsfindung. Die Prozessbeteiligten müssen dabei immerzu hochkonzentriert, aufmerksam, analytisch, strukturiert und mit der nötigen Empathie arbeiten. Dies setzt ein hohes Maß an Verantwortung und korrekter Selbsteinschätzung voraus.

Es ist offensichtlich, dass bei entsprechend gefahrgeneigten Beschäftigungsverhältnissen, in denen es maßgeblich auf Genauigkeit, Stressresistenz, Multitasking, Zuverlässigkeit, Verantwortung, Konzentrationsfähigkeit und auf die kognitive Leistung ankommt, die Zulassungsprüfungen und Auswahlverfahren dazu dienen, eine Gefährdung Dritter so gering wie möglich zu halten. Täuscht der Bewerber im Bewerbungsverfahren über die Natürlichkeit seiner Leistung, entzieht er dem Arbeitgeber die Möglichkeit, die Gesellschaft vor der labilen Leistungserbringung des Bewerbers zu schützen. Folglich ergeben sich in den Berufszweige Pilot, Fluglotse, Arzt und Jurist besondere Belastungssituationen, in denen es angezeigt ist, mit einer gesetzlichen Regelung einzugreifen, um die Gefährdung für Dritte zu unterbinden.

Die Beschränkung des Anwendungsbereichs auf entsprechend ausgewählte Berufsgruppen wird zudem durch die BAG- und LAG-Rechtsprechung unterstützt. Beispielhaft entschied das LAG im Jahre 2010, dass ein Gefahrgut-LKW-Fahrer verpflichtet ist, bei hinreichender Veranlassung dem Arbeitgeber eine ärztliche Unbedenklichkeitsbescheinigung über seine weitere Berufsausübung beizubringen. Grundsätzlich erfasst diese Pflicht jedoch nicht alle Berufsgruppen. Vielmehr verengt auch das LAG die Verpflichtung auf Arbeitsbereiche, die gefahrgeneigt sind und bei denen das Risiko besteht, dass der Arbeitnehmer substanzbedingt seine Arbeit nicht mehr erfüllen kann und dadurch Dritte gefährdet. In diesen Fällen besteht seitens des Arbeitgebers ein berechtigtes Interesse daran, zu ermitteln, ob der Arbeitnehmer seine Tätigkeit noch sicher und verlässlich ausführen kann. Folglich ist der Anwendungsbereich einer strafrechtlichen Norm auf die oben genannten, besonders gefahrgeneigten Berufsgruppen und deren staatliche Berufszulassungsprüfungen zu beschränken. In diesen Bereichen geht von der indikationslosen Anwendung von pharmakologischen Neuroenhancern ein herausgehobenes Drittgefährdungs- und Missbrauchspotential aus. Mithin gefährdet die Einnahme von pharmakologischen Neuroenhancern in Prüfungs-, Bewerbungs- und Arbeitssituationen mittelbar die körperliche Integrität und Freiheit Dritter – der Schutz der Allgemeinheit dient als Rechtsgut.[795] Der Einsatz von pharmakologischen Neuroenhancern hat folglich eine gesundheitspolitische, volkswirtschaftliche und allgemeingesundheitliche Relevanz.

## b. Eröffnung des Schutzbereichs und Eingriff

Der Gesetzgeber ist an die normativen Vorgaben der Verfassung gebunden.[796] Die Anwendung des Strafrechts sollte immer die Ultima Ratio darstellen. Die relevanten Rechtsgüter müssen deshalb eine entsprechend exponierte Stellung aufweisen, dass der Staat verpflichtet ist, sie zu schützen. Soziale Grundwerte, Normen, Ethik und Moral sind zweifelsohne wichtige Grundpfeiler einer sozialen Gesellschaft, bieten jedoch alleine regelmäßig keine ausreichende Legitimation für einen strafrechtlichen Schutz. Trotzdem können sie für den Gesetzgeber zum Anlass genommen werden, ethische Problembereiche andersgesetzlich zu regeln.[797] Auf zweiter Ebene ist herauszustellen, ob eine, dieses Verhalten sanktionierende Norm, in Grundrechte des Einnehmenden eingreift.

Somit ist es begründungsbedürftig, wenn Neuroenhancement per Gesetz eingeschränkt oder verboten werden soll.[798] Als grundrechtsintensivste Eingriffsnorm muss sich ein Strafgesetz an den Grenzen des Verfassungsrechts messen lassen.[799] Es wird im Folgenden diskutiert, ob die vorgebrachten Einwände gegen pharmakologisches Neuroenhancement ausreichen, um eine strafrechtliche Norm verfassungsrechtlich zu legitimieren.

---

795 *Rössner*, Dölling/Duttge/König/Rössner, Gesamtes Strafrecht, § 233 StGB, Rn. 17.

796 Art. 20 Abs. 3 GG.

797 *Gärditz*, PharmR, 2011, 46 (48).

798 *Lindner*, MedR 2010, 463 (465).

799 BVerfGE 45, 187 (253); *Kudlich*, JA 2007, 90.

Ausgangspunkt dieser Betrachtung ist die Freiheit jedes freiverantwortlichen Menschen, über seine körperliche Integrität zu verfügen. Diese Betrachtungsweise ist weder willkürlich noch abänderbar, denn grundsätzlich unterfällt der Konsum von pharmakologischen Neuroenhancern der grundrechtlich geschützten Freiheitsentfaltung – dem sich aus Art. 2 GG ergebenden Selbstbestimmungsrecht. Der Mensch ist in seinen grundrechtlich geschützten Handlungen frei und darf in der Entfaltung seiner Persönlichkeit nicht eingeschränkt werden, Art. 2 Abs. 1 GG i.V.m. Art. 1 Abs. 1 GG.[800] Die Grundrechte gewährleisten die Freiheit, das Leben nach eigenen Maßstäben zu führen.[801] Dem Konsumenten steht es dabei frei, zum Zwecke der kognitiven Leistungssteigerung grundsätzlich einzunehmen was er möchte. Das Erfordernis der Regulierung tritt erst in den Vordergrund, wenn durch das Verhalten entweder Dritte, die Gesellschaft allgemein oder deren Entwicklung geschädigt werden.[802] Ethische oder moralische Argumente können gegenüber verfassungsrechtlich geschützten Interessen divergieren und treten insoweit hinter diesen zurück.

Der Konsument wird des Weiteren geschützt durch die Menschenwürde (Art. 1 Abs. 1 GG), das Grundrecht auf Chancengleichheit (Art. 3 Abs. 1 GG) und das Grundrecht der Berufsfreiheit (Art. 12 Abs. 1 GG). Somit ist klärungsbedürftig, ob das Verbot des Konsums von Neuroenhancern in diese Schutzbereiche eingreift.

### *aa. Schutzbereich und Eingriff in die Menschenwürde – Art. 1 Abs. 1 GG*

Den Schutzbereich der Menschenwürde definieren Schrifttum und Rechtsprechung unterschiedlich. Die Mitgifttheorie versteht die Menschenwürde als einen dem Menschen von Gott mitgegebenen Wert, der die Entwicklung einer Vernunft ermöglicht und dem Menschen die Willens- und Entscheidungsfreiheit über sein Leben zuspricht.[803] Die Leistungstheorie besagt, dass die Menschenwürde auf der Fähigkeit des Menschen zum selbstbestimmten Verhalten beruhe.[804] Das Bundesverfassungsgericht hingegen bestimmt die Menschenwürde anhand der Objektformel.[805] Mit dem Begriff der Menschenwürde sei der soziale Wert- und Achtungsanspruch des Menschen verbunden.[806] Grundsätzlich diene die

800 *Gärditz*, PharmR, 2011, 46 (49), *Magnus*, Patientenautonomie im Strafrecht, S. 355.
801 *Gärditz*, PharmR, 2011, 46 (49).
802 BVerfGE 90, 145 (172); *Gärditz*, PharmR, 2011, 46 (49).
803 *Kingreen/Poscher*, Grundrechte Staatsrecht II, Rn. 379.
804 Ebd., Rn. 380.
805 *Höfling*, Sachs-GG, Art. 1, Rn. 15.
806 *Hofmann*, Schmidt-Bleibtreu/Hofmann/Henneke, GG-Kommentar, Art. 1, Rn. 7.

Menschenwürde dem Schutz des Eigenwerts des Menschen und der Verwirklichung individueller Gestaltungsmöglichkeiten. Anhand der daraus entwickelten Objektformel[807] sieht das Bundesverfassungsgericht die Würde stets tangiert, wenn staatliches Handeln den Menschen zum bloßen Objekt des Staates degradiert. Wie die verschiedenen Theorien zeigen, ist es schwierig den Schutzbereich der Menschenwürde einheitlich zu definieren.

Die bloße Konsumhandlung stellt jedenfalls ein aktives Verhalten dar und keinen dem Menschen von Gott mitgegebenen Wert, weshalb die Mitgifttheorie diese Situation nicht erfasst. Die Leistungstheorie basiert darauf, dass der Mensch über die Fähigkeit verfügt, selbstbestimmt zu handeln und dadurch eine Identität auszubilden. Entschließt sich der Mensch selbstbestimmt zur Einnahme, entwickelt er nicht zwangsläufig genau dadurch seine Identität. Die Konsumhandlung alleine verleiht ihm nicht die Würde eines Menschen.

Folgt man der Meinung des Bundesverfassungsgerichts, müsste die Regulierung des Konsums den Adressaten zum bloßen (auswechselbaren) Objekt staatlicher Gewalt degradieren.[808] Dies setzt allerdings eine starke Intensität voraus, und wann eine Degradierung vorliegt, ist einzelfallabhängig und restriktiv auszulegen.[809] Beispiele sind Sklaverei, Folter, Verhöre unter Zuhilfenahme von Drogen, Entzug der wirtschaftlichen Lebensgrundlage oder pornografische Darstellungen von Soldaten.[810] In dem Verbot der Einnahme von leistungssteigernden Substanzen ist eine solche Herabwürdigung jedenfalls nicht ersichtlich.

Mithin wird der Konsum von kognitiven Neuroenhancern regelmäßig nicht durch die Menschenwürde geschützt, der Schutzbereich ist nicht eröffnet. Sollte dies trotzdem angenommen werden, scheitert der Eingriff mangels Degradierung zum bloßen Objekt staatlichen Handelns.

### *bb. Schutzbereich und Eingriff in das allgemeine Persönlichkeitsrecht – Art. 2 Abs. 1 i.V.m. Art. 1 Abs. 1 GG*

Da die allgemeine Handlungsfreiheit subsidiär ist,[811] stellt sich zunächst die Frage, ob der Schutzbereich des allgemeinen Persönlichkeitsrechts eröffnet ist. Erfasst werden verschiedene Schutzgüter, wie beispielsweise die Sozial-,

807 Unter anderem BVerfGE 27, 1; BVerfGE 30, 1 (26).

808 *Rothhaar*, Die Menschenwürde als Prinzip des Rechts, S. 62, 63.

809 *Herdegen*, Maunz/Düring, Art. 1 Abs. 1, Rn. 36 ff.

810 *Antoni*, Hömig/Wolff, Art. 1, Rn. 5; HessStGH, DVBl 1974, 940 ff.

811 *Hofmann*, Schmidt-Bleibtreu/Hofmann/Henneke, GG-Kommentar, Art. 2, Rn. 2; *Höfling*, Sachs-GG, Art. 1, Rn. 15.

Privat- und Intimsphäre, die persönliche Ehre und das Recht auf Gegendarstellung, die Dispositionsbefugnis über die Darstellung der eigenen Person, das Recht am eigenen Bild und am gesprochenen Wort.[812] Diese Schutzgüter sichern alle die Integrität der Persönlichkeit – das menschliche „Sein".[813]

Der Schutz des „So-Seins" ist als Sicherung eines passiven Zustandes zu verstehen, der darauf basiert, dass die menschliche Würde als Grundprinzip im Menschen angelegt ist. Hingegen ist der Konsum von Mitteln zur kognitiven Leistungssteigerung eine aktive Handlung und kein passiver Zustand des So-Seins. Die Betroffenheit der passiven Komponente wäre allenfalls dann zu überprüfen, wenn der Konsument eine Zwangsmaßnahme zur Überprüfung des Einnahmeverhaltens dulden müsste, denn dann würde sein passiver Zustand gestört werden – beispielsweise durch eine Kontrolle im Staatsexamen oder Bewerbungsverfahren.[814]

Die reine Konsumhandlung unterfällt somit nicht dem Schutzbereich des allgemeinen Persönlichkeitsrechts.

### *cc. Schutzbereich und Eingriff in das Recht auf Leben und körperliche Unversehrtheit – Art. 2 Abs. 2 S. 1 GG*

Art. 2 Abs. 2 S. 1 GG schützt grundsätzlich das Leben und die körperliche Unversehrtheit. In dieses Recht darf nur aufgrund eines Gesetzes eingegriffen werden.[815] Fraglich ist, ob der Schutz des gesundheitlichen Selbstbestimmungsrechts von Art. 2 Abs. 2 S. 1 GG umfasst ist.

BVerfGE 1, 97 beschränkte die Reichweite von Art. 2 Abs. 2 S. 1 GG noch auf den Schutz, ein Recht auf Leben und körperliche Unversehrtheit zu konstatieren,[816] wohingegen BVerfGE 39, 1 bereits eine staatliche Pflicht zum Schutze des Lebens annahm. Die Pflicht, das Leben zu schützen, resultiere daraus, dass Verletzungen, die sich aus Grundrechtsgefährdungen entwickeln können, meist irreversibel seien.[817] Der Schutz des Art. 2 Abs. 2 S. 1 GG beinhaltet insoweit einen erkennbaren Menschenwürdegehalt.[818]

---

812 *Hofmann*, Schmidt-Bleibtreu/Hofmann/Henneke, GG-Kommentar, Art. 2, Rn. 14.

813 *Murswiek/Rixen*, Sachs-GG, Art. 2, Rn. 59.

814 Hier gilt es jedoch erneut zu differenzieren. Wird im beruflichen Kontext eine Zwangsmaßnahme durchgeführt, könnte der Schutzbereich von Art. 12 Abs. 1 GG als spezielleres Grundrecht eröffnet sein.

815 Art. 2 Abs. 2 S. 3 GG.

816 BVerfGE 1, 97 (104 f.).

817 *Kingreen/Poscher*, Grundrechte Staatsrecht II, Rn. 454.

818 Ebd., Rn. 437.

Aus den Entscheidungen zur Rechtmäßigkeit von medizinischem Zwang[819] lässt sich ableiten, dass das medizinische Selbstbestimmungsrecht[820] über die körperliche Integrität in Art. 2 Abs. 2 S. 1 GG geschützt wird. Es umfasst den Schutz der Selbstbestimmung über die physische und psychische Integrität und somit überdies den Anwendungsfall des kognitiven Selbst- oder Fremdenhancements.

Eine mögliche Regulierung von kognitivem Enhancement müsste sich am Maßstab des Art. 2 Abs. 2 S. 1 GG messen lassen. Wenn zwangsweise Blut abgenommen wird, um ein Enhancement nachzuweisen, wird aktiv in die körperliche Integrität eingegriffen, wovor Art. 2 Abs. 2 S. 1 GG schützt. Insofern stellt Art. 2 Abs. 2 S. 1 GG ein Abwehrrecht dar – es schützt gegen Fremdeinwirkung. Daraus lässt sich jedoch nicht entnehmen, dass ferner der Schutzbereich hinsichtlich der selbstständigen Einnahme eröffnet ist. Festzuhalten bleibt, dass Neuroenhancement die kognitive Leistung verbessert und nicht verschlechtert. Trotz seinen Nebenwirkungen zielt es auf die Verbesserung kognitiver Fähigkeiten ab, weshalb eine schützenswerte Gefährdung der körperlichen Unversehrtheit fernliegt. Der Schutzbereich ist mithin nicht eröffnet.

### *dd. Schutzbereich und Eingriff in die allgemeine Handlungsfreiheit – Art. 2 Abs. 1 GG*

Als subsidiäres Auffanggrundrecht erfasst der Schutzbereich der allgemeinen Handlungsfreiheit positiv jedes menschliche Handeln[821] und negativ jedes Nichthandeln, ungeachtet der Relevanz für die Persönlichkeitsentwicklung.[822] Der Konsum von Substanzen zur kognitiven Leistungssteigerung stellt zumeist ein aktives menschliches Handeln dar und ist demnach generell vom Schutzbereich des Art. 2 Abs. 1 GG erfasst.

Da Grundrechte regelmäßig als Abwehrrechte gegen den Staat fungieren, entfalten sie zwischen Privaten nur mittelbare Wirkung. Dafür, dass eine Prüfungsbewertung oder ein Einstellungsverfahren in den Schutzbereich einbezogen werden, ist es erforderlich, dass die Bewertung oder Einstellung von Seiten des

---

819 BVerfGE 128, 282, 300; BVerfGE 129, 269 (280); siehe S. 173.

820 Das aus Art. 2 Abs. 2 S. 1 GG abgeleitete Selbstbestimmungsrecht gewährleistet jedoch ausschließlich die Bestimmung über die körperliche und geistige Integrität – der Umgang mit persönlichen Daten ist davon nicht umfasst, *Suhr*, Der medizinisch nicht indizierte Eingriff, S. 207, Fn. 27.

821 *Kingreen/Poscher*, Grundrechte Staatsrecht II, Rn. 403, 404; BVerfGE 6, 32.

822 *Hofmann*, Schmidt-Bleibtreu/Hofmann/Henneke, GG-Kommentar, Art. 2, Rn. 2.

Staates erfolgt oder der Bereich, beispielsweise aufgrund divergierender wirtschaftlicher Machtpositionen,[823] auch im Privaten besonders schützenswert ist[824] oder Dritte durch die Einnahme gefährdet werden könnten. Beeinflusst eine Person durch die Einnahme von leistungssteigernden Substanzen Prüfungs- oder Bewerbungssituationen, tangiert dies insbesondere Gleichheitsgesichtspunkte, Beschränkungen des Selbstbestimmungsrechts und den Schutz Dritter, deren Ausprägungen vom Schutzbereich des Art. 2 Abs. 1 GG erfasst sind.[825]

Aufgrund des weiten Schutzbereichs stellt eine Vielzahl von Beeinträchtigungen bereits einen Eingriff dar.[826] Würde der Gesetzgeber die Einnahme per Gesetz reglementieren, griffe er insofern in den Schutzbereich des Art. 2 Abs. 1 GG ein.

### *ee. Schutzbereich und Eingriff in die Berufsfreiheit – Art. 12 Abs. 1 GG*

Gerade wenn die kognitive Leistung den beruflichen Schwerpunkt bildet oder zum Erlangen eines Jobs hilfreich ist, werden vermehrt entsprechende Mittel zur Steigerung der geistigen Fähigkeiten eingenommen. Konsumiert ein Konkurrent leistungssteigernde Substanzen, fördert er den allgemeinen Konsumdruck Dritter, das eigene Leistungsniveau an das des Einnehmenden anzupassen.[827] Fraglich ist, ob der Grundrechtsschutz des Art. 12 Abs. 1 GG ebenfalls den berufs- und ausbildungsbedingten Konsum erfasst.

Art. 12 Abs. 1 GG weist einen einheitlichen Schutzbereich auf.[828] Geschützt werden alle berufs- und ausbildungsspezifischen Handlungen.[829] Insofern ist es erforderlich, dass die Regulierung von Neuroenhancement in einen dieser Bereiche eingreift. Hierfür kommen die Berufsausübungsfreiheit sowie die freie Wahl des Arbeitsplatzes und die der Ausbildungsstätte in Betracht.

Nach Josef Franz Lindner, dem Lehrstuhlinhaber für öffentliches Recht, Medizinrecht und Rechtsphilosophie an der Universität Augsburg, ist der Schutzbereich von Art. 12 Abs. 1 GG eröffnet, wenn ein Arbeitnehmer oder

---

823 Im Arbeitsrecht verfügt der wirtschaftlich stärkere Arbeitgeber beispielsweise über das Direktionsrecht.

824 *Linoh*, MedR 2011, 353 (355).

825 Ebd. 354.

826 *Kingreen/Poscher*, Grundrechte Staatsrecht II, Rn. 403, 421.

827 *Spranger*, Suchttherapie 2011, 164 (166).

828 BVerfGE 7, 377 (401 f.) – das „Apotheken-Urteil" führte zur Aufgabe der Differenzierung zwischen Berufswahl- und Berufsausübungsfreiheit; *Ipsen*, Staatsrecht II – Grundrechte, Rn. 634; *Kingreen/Poscher*, Grundrechte Staatsrecht II, Rn. 899–900.

829 *Kingreen/Poscher*, Grundrechte Staatsrecht II, Rn. 915.

Arbeitssuchender Substanzen zur kognitiven Leistungssteigerung einnimmt, um dadurch die Chance auf einen Arbeitsplatz zu erhöhen oder dessen Erhalt zu sichern. Das Recht, seine Chancen durch pharmakologisches Neuroenhancement zu verbessern, sei grundsätzlich von Art. 12 Abs. 1 GG geschützt.[830] Genauso wie die Verbesserung der kognitiven Leistung von Prüfungsteilnehmern, um in Prüfungen besser abzuschneiden und sich dadurch vielversprechende Chancen auf dem Arbeitsmarkt zu sichern, erfasse der Schutzbereich zudem die körperliche Vorbereitung auf Prüfungs- oder Bewerbungssituationen.[831] Versucht ein Bewerber seine kognitive Leistung für den Bewerbungsprozess zu verbessern, steht diese Handlung im Zusammenhang mit der Wahl seines Arbeitsplatzes oder seiner Ausbildungsstätte. Mithin ist der Schutzbereich für diese berufs- oder ausbildungsspezifischen Handlungen regelmäßig eröffnet.

Ob der Schutzbereich des Art. 12 Abs. 1 GG ebenso den Konsum von Neuroenhancern während der Arbeit erfasst, hängt davon ab, ob der Konsum einen arbeitsspezifischen Zusammenhang aufweist. Die häufigsten Einnahmegründe während der Arbeit sind Steigerungen der Gedächtnisleistung, der Konzentration und der Wachheit.[832] Versucht jemand diese arbeitsrelevanten Fähigkeiten zu verbessern, steht diese Handlung im Zusammenhang mit der Berufsausübung und ist folglich dem Schutzbereich des Art. 12 Abs. 1 GG zuzuordnen.

In seiner rechtlichen Struktur normiert Art. 12 Abs. 1 S. 1 GG ein Abwehrrecht gegen jegliche staatliche Maßnahme, die die Berufsfreiheit einschränkt[833] – insofern wirkt es grundsätzlich in der Beziehung zwischen Staat und Bürger. Besitzt eine Maßnahme subjektiv oder objektiv berufsregelnde Tendenz,[834] wird angenommen, dass sie in den Schutzbereich eingreift.

Eingriffe in die Berufsfreiheit können verschiedene Stufen betreffen. Eine Regulierung mit geringer Intensität (erste Stufe) greift in die Berufsausübung ein.[835] Bei dem geringstmöglichen Eingriff auf der ersten Stufe muss dieser eine berufsregelnde Tendenz aufweisen und in engem Zusammenhang mit der Art der Berufsausübung stehen.[836] Würde ein Gesetz den arbeitsbedingten Konsum

---

830 *Lindner*, MedR 2010, 463 (467).

831 *Lindner*, MedR 2010, 463 (467).

832 DAK, Gesundheitsreport 2009, S. 78.

833 *Ipsen*, Staatsrecht II – Grundrechte, Rn. 648; *Mann*, Sachs-GG, Art. 12, Rn. 16.

834 Die Handlung muss auf die Berufsregelung zielen oder sich unmittelbar auf die berufliche Tätigkeit auswirken oder mittelbare Auswirkungen von einigem Gewicht haben. *Kingreen/Poscher*, Grundrechte Staatsrecht II, Rn. 915.

835 *Hufen*, Staatsrecht II GR, § 35, Rn. 18, *Ipsen*, Staatsrecht II – Grundrechte, Rn. 654.

836 *Ipsen*, Staatsrecht II – Grundrechte, Rn. 658; *Manssen*, Staatsrecht II – GR, § 26, Rn. 610.

von Neuroenhancern regulieren, besäße es berufsregelnde Tendenz. Konsumiert jemand während der Ausübung seines Berufs Neuroenhancer, gestaltet er dadurch die Art seiner Berufsausübung. Die Regulierung des Konsums während der Arbeit greift folglich auf erster Stufe ein.

Die zweite Stufe knüpft an subjektive Voraussetzungen für die Berufswahl an. Diese liegen in der Person des Bewerbers und umfassen zumeist die Vor- und Ausbildung.[837] Die Vor- und Ausbildung stellt die Befähigung des Bewerbers dar und vermittelt dem Arbeitgeber einen Eindruck von dessen Kenntnissen und Qualifikation. Dadurch soll sichergestellt werden, dass ein Bewerber über die erforderlichen Kenntnisse verfügt, um nicht, durch unsachgemäße Betätigung in seinem Berufsfeld, Schäden zu verursachen oder eine Gefahr für die Allgemeinheit darzustellen.[838] Der Bewerber präsentiert im Auswahlverfahren seine persönliche Eignung für den Beruf und dies umfasst ebenfalls die erforderlichen kognitiven Fähigkeiten. Wird er von staatlicher Seite aus beschränkt die persönliche Eignung im oder vor dem Bewerbungsverfahren mithilfe von Neuroenhancement zu verbessern, stellt diese einen Eingriff auf zweiter Stufe der Berufsfreiheit dar.

Festzuhalten ist, dass eine Regulierung des Konsums in den Beispielfällen in die Berufsfreiheit nach Art. 12 Abs. 1 GG eingreifen würde.

### *ff. Zwischenergebnis*

Das Recht auf Neuroenhancement ist zwar nicht expressis verbis im Grundgesetz genannt, wird jedoch vom Schutzbereich der allgemeinen Handlungsfreiheit erfasst. Es gehört zu den grundrechtlichen Freiheiten eines jeden Menschen, dass der Staat ihn in seinen selbstbestimmten Handlungen nicht beschränkt, sondern vielmehr schützt. Es liegt in dem freien Willen eines jeden Grundrechtsträgers, ob er versucht seine kognitiven Leistungen mittels Neuroenhancement zu steigern.

Ebenso ist der Schutzbereich der Berufsfreiheit von Relevanz, denn er erfasst alle berufs- und ausbildungsspezifischen Handlungen. Würde die Einnahme von pharmakologischen Neuroenhancern im oder vor dem Bewerbungsverfahren sowie bei der Berufsausübung verboten, wiese diese Regelung berufsregelnde Tendenz auf und eröffnete den Schutzbereich der Berufsfreiheit.

---

837 BVerfGE 7, 377 (406 f.).

838 Ebd. (408).

### c. Ergebnis zur Strafwürdigkeit

Der legitime Zweck einer Verbotsnorm bestimmt sich regelmäßig nach den durch die Handlung gefährdeten Rechtsgütern. Die Einnahme von pharmakologischen Neuroenhancern gefährdet die körperliche Integrität Dritter, die Fairness kognitiver Wettbewerbe, die Chancengleichheit und die Natürlichkeit der menschlichen Leistung. Darüber hinaus verschiebt die pharmakologische Verbesserung die sozialen Schichten, fördert den gesundheitsschädigenden Konsum und missachtet das Recht des Einzelnen an einem neuroenhancementfreien kognitiven Wettbewerb teilzunehmen. Der Staat ist mithin verpflichtet diese Rechtsgüter wirksam zu schützen. Die Einführung einer neuen Verbotsnorm ist über den legitimen Zweck hinaus an den verfassungsrechtlichen Vorgaben der Grundrechte zu prüfen, weshalb herausgestellt wurde, dass die Regulierung der Einnahme in das Grundrecht der allgemeinen Handlungsfreiheit und in die Berufsfreiheit eingreifen würde.

## 3. Strafbedürftigkeit

Zur Begrenzung staatlicher Eingriffe sind sie ihrerseits ebenfalls beschränkbar - sogenannte Schranken-Schranken.[839] Um rechtswirksam zu sein, muss das fiktive Strafgesetz formell und materiell verfassungsgemäß sein.[840] In concreto setzt das voraus, dass der Grundrechtseingriff verfassungsrechtlich gerechtfertigt ist. Aufgrund des Verzichts auf die Prüfung der formellen Verfassungsmäßigkeit ist bei der materiellen Verfassungsmäßigkeit schwerpunktmäßig zu untersuchen, ob der durch das Gesetz erfolgende Grundrechtseingriff einen legitimen Zweck verfolgt sowie geeignet, erforderlich und verhältnismäßig im Sinne der Angemessenheit ist.[841] Rechtsprechung und Lehre verlangen für die Verhältnismäßigkeitsprüfung, dass der mit dem Eingriff verfolgte Zweck zu der Beeinträchtigung des Bürgers in wohl gewichtetem Verhältnis steht.[842] Des Weiteren ist das Übermaßgebot als Maßstab für die Überprüfung der Strafnorm zu berücksichtigen.[843] Folglich begrenzen der Verhältnismäßigkeitsgrundsatz und das Übermaßverbot die Einschätzungsprärogative des Gesetzgebers. Indessen ist

---

839 *Kingreen/Poscher*, Grundrechte Staatsrecht II, Rn. 230.

840 *Manssen*, Staatsrecht II - GR, § 11, Rn. 246.

841 *Kingreen/Poscher*, Grundrechte Staatsrecht II, Rn. 293 f., 297; *Manssen*, Staatsrecht II - GR, § 11, Rn. 246.

842 *Kingreen/Poscher*, Grundrechte Staatsrecht II, Rn. 307

843 Ebd., Rn. 35; vgl. BVerfGE 90, 145 (172); 92, 277 (326); 96, 10 (25).

es nicht erforderlich, dass er die zweckmäßigste, vernünftigste oder gerechteste Regelung findet.

### a. Geeignetheit

Eine Verbotsnorm muss zunächst geeignet sein, der Einnahme von pharmakologischen Neuroenhancern entgegenzuwirken. Diese ist dazu geeignet, wenn der damit verfolgte Zweck erreicht oder gefördert werden kann.[844] De lege lata regelt die Rechtsordnung die Einnahme pharmakologischer Neuroenhancer nicht. Wettbewerbsverzerrendes und drittschädigendes Verhalten wird bislang nicht hinreichend erfasst. Ein strafrechtliches Verbot von pharmakologischem Neuroenhancement in entsprechenden Anwendungsfällen fördert eindeutig die Gewährleistung der zu schützenden Ziele, da es eine öffentliche Signalwirkung besitzt, mit der ein Abschreckungseffekt verbunden ist. Eine strafrechtliche Sanktionierung trägt zudem dazu bei, das Bewusstsein für die besondere Sozialschädlichkeit zu steigern. Folglich ist das Verbot geeignet.

### b. Erforderlichkeit

Eine Norm ist erforderlich, wenn es kein milderes Mittel gibt, das den Zweck in gleicher Weise erfüllt.[845] Wie dargelegt, bestehen rechtstatsächlich keine Regelungen, die pharmakologisches Neuroenhancement erfassen. Obwohl die Möglichkeit bestünde, Normen im Zivil- oder öffentlichen Recht zu etablieren, sind diese gleichwohl nur tauglich einen effektiven Strafrechtsschutz zu flankieren. Pharmakologische Manipulationen beeinträchtigen den fairen Wettkampf und gefährden Dritte.

Die oben dargestellten und eigens durchgeführten Studien belegen umfangreich die Erforderlichkeit einer Intervention.[846] Zudem unterstreichen die herausragenden Bedeutungen der zu schützenden Rechtsgüter die Notwendigkeit einer strafrechtlichen Regulierung.

### c. Verhältnismäßigkeit im engeren Sinne[847]

Unter Beachtung des Verhältnismäßigkeitsgrundsatzes wird im Folgenden untersucht, welche Rechtfertigungsmöglichkeiten bestehen, wenn der Staat in

844 Ebd., Rn. 334; BVerfGE 120, 224, Rn. 36.
845 *Kingreen/Poscher*, Grundrechte Staatsrecht II, Rn. 336 f.
846 Siehe S. 17 ff., 27 ff.
847 Eingehend zum Strafwürdigkeitsbegriff: *Deckert*, ZJS 2013,266 (270).

das Recht eingreift, pharmakologische Neuroenhancer in den spezifischen Situationen einzunehmen.

### *aa. Rechtfertigung des Eingriffs in die allgemeine Handlungsfreiheit, Art. 2 Abs. 1 GG*

Da die Grundrechtsausübung nicht schrankenlos gewährleistet wird, und die allgemeine Handlungsfreiheit unter einem Schrankenvorbehalt steht, kann der gerechtfertigte Eingriff in die allgemeine Handlungsfreiheit nur erfolgen, wenn durch die Konsumhandlung die verfassungsmäßige Ordnung, Rechte anderer oder das Sittengesetz tangiert werden (Schrankentrias).[848] Hierbei kommt der verfassungsmäßigen Ordnung die höchste Bedeutung zu[849], weshalb diese im Folgenden schwerpunktmäßig geprüft wird.

Zunächst wird untersucht, ob der Einnehmende vor einer Selbstgefährdung geschützt werden muss oder darf. Hierbei werden insbesondere das Suchtpotential dieser Stoffe und die Gefährdung von Minderjährigen mit einbezogen.

#### *aaa. Rechtfertigungsgrund: Schutz vor Selbstgefährdung der einnehmenden Person selbst*

Zuvorderst ist klärungsbedürftig, ob der Staat den Bürger generell vor einer Selbstgefährdung schützen darf oder ob ein solches Vorgehen eine zu paternalistische Beschneidung seines Selbstbestimmungsrechts darstellt. Grundsätzlich schützt die allgemeine Handlungsfreiheit gegen alle Handlungsbeschränkungen von Seiten der Staatsgewalt.[850] In eng begrenzten Fällen besteht trotzdem die Möglichkeit des Staates, den Grundrechtsträger vor seinem grundrechtsrelevanten Tun oder Unterlassen zu schützen.[851] Insofern beschränkt er den Grundrechtsträger gegen seinen Willen bei der Wahrnehmung seiner grundrechtlichen Freiheiten.

Konzeptionell gehören die allgemeine Handlungsfreiheit und das damit einhergehende Selbstbestimmungsrecht zu dem essentiellen Freiheitsrecht, über welches der Grundrechtsträger regelmäßig eigenverantwortlich bestimmt und verfügt.[852] Es kann folglich nicht die Aufgabe des Staates sein, dem Bürger seine allgemeingültigen Vorstellungen von einem freiheitlichen Leben aufzudrängen

---

848 *Hufen*, Staatsrecht II GR, § 14, Rn. 20.
849 *Kingreen/Poscher*, Grundrechte Staatsrecht II, Rn. 426; BVerfGE 6, 32.
850 *Windthorst*, Gröpel/Windthorst/von Coelln, GG Studienkommentar, Art. 2, Rn. 32.
851 *Bethge*, Handbuch des Staatsrechts, Band IX, § 203, Rn. 149.
852 *Bethge*, Handbuch des Staatsrechts, Band IX, § 203, Rn. 149.

und den selbstbestimmten Bürger vor sich selbst zu schützen. Dies widerspräche der Vorstellung eines selbstbestimmten Grundrechtsträgers. Aufgrund dessen garantiert der Staat die individuelle Freiheit und schützt sie, denn Selbstgefährdungen einzugehen ist ebenfalls Ausdruck der grundrechtlich geschützten Persönlichkeitsentwicklung. Der Staat garantiert dem selbstbestimmt Handelnden beispielsweise die Freiheit zur Ausübung risikoreicher Sportarten oder zu einer bewusst gesundheitsschädlichen Lebensweise, ohne dass derjenige wirtschaftliche Einbußen hinnehmen muss, wie beispielsweise eine Erhöhung des Krankenkassenbeitrages. Ausnahmslose Einschränkungen der allgemeinen Handlungsfreiheit sind somit regelmäßig nicht möglich.[853] Folglich sind die Anforderungen an eine Rechtfertigung des Eingriffs hoch.

Beispiele aus der Rechtsprechung zur Beschränkungen der Freiheit der Selbstgefährdung sind: die Rettung eines zum Suizid Entschlossenen, die zwangsweise Ernährung eines psychisch Kranken im Maßregelvollzug, das Verbot der öffentlichen Solariennutzung für Minderjährige, die Beschränkung des Konsum von Alkohol, Nikotin und Haschisch durch Minderjährige sowie der Umgang mit Haschisch und anderen Drogen, das Rauchverbot in Gaststätten, die Gurtanlegepflicht beim Führen eines Kfz, das Tragen eines Schutzhelms beim Motorradfahren, die zwangsweise Ernährung eines stationär untergebrachten Patienten und die Suchtprävention.[854]

Rettung eines zum Suizid Entschlossenen

Art. 2 Abs. 2 S. 1 GG schützt das Leben, als physische Existenz, bereits vor dem Beginn der Geburt und bis zum Tod. In positiver Hinsicht sichert das Recht insoweit die Existenz des Menschen und in negativer Hinsicht die Freiheit, sein eigenes Leben zu beenden.[855] Das Recht auf den Tod wird mithin geschützt.

Wenn das Recht auf den Tod vom Schutzbereich des Art. 2 Abs. 2 S. 1 GG erfasst ist, besteht die grundsätzliche Möglichkeit, dass der Staat es einschränkt. Ob er in diesen empfindlichen Bereich eingreifen darf, bestimmt sich regelmäßig danach, ob der Grundrechtsträger die erforderliche Einsichts- und Kontrollfähigkeit besitzt, um sein Selbstbestimmungsrecht jederzeit selbstbestimmt auszuüben. Im Falle eines Suizids ist der Staat beispielsweise sodann verpflichtet schützend einzugreifen, wenn die Selbsttötung im öffentlichen Bereich stattfindet. Zuschauer und insbesondere Jugendliche müssen davor geschützt werden

853 Ebd., Rn. 151.

854 *Kingreen/Poscher*, Grundrechte Staatsrecht II, Rn. 405.

855 *Kingreen/Poscher*, Grundrechte Staatsrecht II, Rn. 438.

das Verhalten nachzuahmen.[856] Der Staat rechtfertigt den Eingriff in die Selbsttötung mithin mit dem Jugendschutz und dem Schutz der Allgemeinheit.

Zwangsweise Ernährung eines psychisch Kranken im Maßregelvollzug

Ein Inhaftierter befindet sich in einer Strafvollzugsanstalt in einem Sonderstatusverhältnis zum Staat.[857] Der Staat besitzt in dieser Konstellation eine erhöhte grundrechtsspezifische Schutzpflicht, denn er ist für das Leben und die Gesundheit des Inhaftierten verantwortlich. Tritt der Inhaftierte in den Hungerstreik, ist der Staat mindestens berechtigt, wenn nicht sogar verpflichtet, den Inhaftierten zwangsweise zu ernähren und dadurch am Leben zu halten. Das Sonderverhältnis befugt den Staat mithin zum Eingriff in die Grundrechte des Strafgefangenen.[858]

Das BVerfG[859] entschied hierzu den Fall einer psychisch kranken Person im Maßregelvollzug, die gegen ihren Willen ernährt wurde. Der Untergebrachte war krankheitsbedingt nicht mehr in der Lage, einen eigenständigen Willen zu bilden. Das BVerfG stellte fest, dass die Zwangsernährung des Untergebrachten stets in die von Art. 2 Abs. 2 S. 1 GG geschützte[860] körperliche Integrität und somit in das Selbstbestimmungsrecht eingreife.[861] Obwohl der natürliche Wille des Untergebrachten gegen die Zwangsbehandlung gerichtet war, sah das BVerfG den Eingriff in das Selbstbestimmungsrecht mittels der ärztlich angeratenen Zwangsernährung, die vom Willen des Betreuers gedeckt war, als gerechtfertigt an. Der Eingriff werde aufgrund der „sich aus Art. 1 Abs. 1 GG ergebenden Verpflichtung aller staatlichen Gewalt, die unantastbare Würde des Menschen zu achten und zu schützen, gerechtfertigt."[862]

Insofern lässt sich festhalten, dass eine medizinische Zwangsbehandlung zulässig ist, wenn der Untergebrachte krankheitsbedingt in der Fähigkeit eingeschränkt ist, die Behandlungsbedürftigkeit einzusehen und entsprechend zu handeln.[863] In einer aktuellen Entscheidung des BVerfG[864] stellte der Zweite Senat dar, wie ein effektiver Grundrechtsschutz eines Zwangsbehandelten im

---

856 *Bethge*, Handbuch des Staatsrechts, Band IX, § 203, Rn. 152.
857 Grundlegend dazu: BVerfGE 33, 1.
858 *Bethge*, Handbuch des Staatsrechts, Band IX, § 203, Rn. 153.
859 BVerfGE 133, 113.
860 BVerfGE 128, 282, 300; BVerfGE 129, 269 (280).
861 BVerfG NJW 2013, 2337.
862 BVerfG NJW 2013, 2337.
863 *Hofmann*, Schmidt-Bleibtreu/Hofmann/Henneke, GG-Kommentar, Art. 2, Rn. 68.
864 Beschluss vom 19.07.2017, Az. 2 BvR 2003/14.

Maßregelvollzug gewahrt werde. Zunächst müsse eine Zwangsbehandlung mit ausreichendem Vorlauf angekündigt werden, um dem Behandelten rechtliche Schritte zu ermöglichen, und außerdem müsse die Behandlung zur Wahrung der Verhältnismäßigkeit durch einen Arzt begleitet werden.

Zwangsweise Ernährung eines stationär untergebrachten Patienten

Am 26.07.2016 entschied das BVerfG, dass „eine medizinische Zwangsbehandlung auch gegen den Willen eines nur stationär behandelten Betreuten möglich sein müsse, wenn dieser nicht einsichtsfähig sei und eine erhebliche gesundheitliche Beeinträchtigung drohe.“[865]

Zur Argumentation führt das BVerfG aus, dass es gegen die staatliche Schutzpflicht aus Art. 2 Abs. 2 S. 1 GG verstoße, wenn hilfsbedürftige, stationär untergebrachte Menschen, die sich nicht mehr aus eigener Kraft fortbewegen können, nicht notfalls gegen ihren natürlichen Willen medizinisch versorgt würden. Die anerkannte staatliche Schutzpflicht[866] begründet sich aus dem objektiven Wert der verfassungsrechtlich geschützten Rechtsgüter. Können Patienten die Notwendigkeit einer ärztlichen Maßnahme nicht erkennen oder nach dieser Einsicht handeln, bestünde eine konkrete Schutzpflicht des Staates. Ärztliche Zwangsbehandlungen müssten in diesen Fällen gegen den natürlichen Willen der Patienten erfolgen können, da solche Patienten eine besondere Schutzbedürftigkeit aufwiesen. Zwar kollidiert diese Auffassung mit dem Selbstbestimmungsrecht des Patienten, jedoch sei es dem Staat erlaubt im Falle einer erheblichen Gesundheitsgefährdung für nicht einsichtsfähige Patienten entsprechende Zwangsbehandlungen durchzuführen. Grundvoraussetzung sei stets, dass kein freier Wille des Patienten vorliege.

Sonnenbank-Urteil

In dem Sonnenbank-Urteil[867] hatte das BVerfGE über die Rechtmäßigkeit des § 4 NiSG zu entscheiden. Der § 4 NiSG beschränkt den Zugang von Minderjährigen zu öffentlichen Solarien. Der Entscheidung lässt sich entnehmen, dass ein die Gesundheit gefährdendes oder verletzendes Verhalten generell vom Schutzbereich der allgemeinen Handlungsfreiheit umfasst ist.[868]

---

865 BVerfG, Beschluss vom 26.07.2016 – 1 BvL 8/15.

866 *Spranger*, Suchttherapie 2011, 164 (165).

867 BVerfG NJW 2012, 1062.

868 Ebd. (1063); mit Verweisen auf BVerfGE 59, 275 (278) – Schutzhelmpflicht; BVerfGE 90, 145 (171) – Cannabiskonsum; BVerfG NJW 1987, 180 – Gurtanlegepflicht; BVerfG NJW 1999, 3399 – Organentnahme.

Das BVerfG rechtfertigt den Eingriff in das Recht des Minderjährigen, ein öffentliches Solarium zu nutzen, mit dessen Gesundheitsschutz, denn gerade Minderjährige seien anfälliger für Hautkrebsbildung.[869] Neben dem Gesundheitsschutz als legitimer Zweck wird angeführt, dass es „ein legitimes Gemeinwohlanliegen [ist], Menschen davor zu bewahren, sich selbst leichtfertig einen größeren persönlichen Schaden zuzufügen. Insbesondere der Schutz der Jugend ist nach einer vom Grundgesetz selbst getroffenen Wertung ein Ziel von bedeutsamem Rang und ein wichtiges Gemeinschaftsanliegen."[870]

Die Entscheidung des BVerfG ist jedoch ausschließlich auf den Bereich der Minderjährigen übertragbar. In seinem Urteil weist das BVerfG zu Recht darauf hin, dass der Besuch eines Solariums keine gemeinschädliche Handlung darstelle und seine Regulierung in den originären Kernbereich der privaten Lebensgestaltung eingreife.[871] Der Kernbereich der privaten Lebensgestaltung sei jedoch absolut geschützt und grundsätzlich der Einwirkung durch die öffentliche Gewalt entzogen.[872] Vor diesem Hintergrund ist es erhöht begründungsbedürftig, jemanden vor selbstschädigendem Verhalten zu schützen.

Der Jugendschutz ist als Schutzgut ebenso in anderen Grundgesetzen verankert und dort ausdrücklich anerkannt – wie beispielsweise in Art. 5 Abs. 2 GG. Um den Besonderheiten der Minderjährigkeit gerecht zu werden, gilt hier eine andere Bewertungsebene, da Minderjährige aufgrund ihres Alters über eine verminderte Einsichtsfähigkeit und mangelnde Reife verfügen. Deshalb sind Altersbeschränkungen zum Alkohol- und Nikotinkonsum bereits seit langem etabliert. Der Staat ist an der gesunden Entwicklung der Minderjährigen interessiert und aufgrund dessen berechtigt, Schutzgesetze zu erlassen, um Gefährdungen und Verletzungen zu vermeiden.[873] Um den Minderjährigen vor Selbstgefährdungen zu schützen, nutzt das Bundesverfassungsgericht folglich die Besonderheit des Jugendschutzes als Legitimationsgrund zur Reglementierung.

### Beschränkung des Konsums von Alkohol, Nikotin und Haschisch durch Minderjährige und der Umgang mit Haschisch und anderen Drogen

„Für den Umgang mit Drogen gelten die Schranken des Art. 2 Abs. 1 GG."[874] Außer dem Konsum ist der Umgang mit Betäubungsmitteln weitgehend unter

869 BVerfG NJW 2012, 1062 (1063).
870 Ebd. (1063).
871 Ebd. (1064).
872 BVerfGE NJW 1994, 1577 (1578).
873 BVerfG NJW 2012, 1062 (1064).
874 BVerfGE 90, 145.

Strafe gestellt.[875] In dem Cannabis-Beschluss des BVerfG vom 09.03.1994[876] stützt das BVerfG seinen Entschluss, den Umgang mit Cannabisprodukten zu regulieren, darauf, dass Cannabis eine schwerwiegende sozialschädliche Auswirkung auf die Gesellschaft habe. Es bestünde die Gefahr von sozialschädlichen Aus- und Wechselwirkungen durch das Sichberauschen.[877] Zudem solle die Bevölkerung – insbesondere die Jugend – vor den Gesundheitsgefahren und der psychischen Abhängigkeit von der Droge geschützt werden.[878] Zudem seien Dritte dadurch gefährdet, dass durch das Handeltreiben die Möglichkeit der unkontrollierten Weitergabe der Drogen an Dritte eröffnet werde. Das Bundesverfassungsgericht argumentiert mit gesundheits- und kriminalpolitischen Interessen und begründet die Regulierung des Umgangs nicht ausschließlich mit dem Schutz des Konsumenten, sondern führt Gemeinwohlbelange an. Die reine Konsumhandlung wurde allerdings nicht reglementiert.

Demgegenüber wird der Umgang mit Alkohol und Nikotin abweichend reguliert. Es ist zwar anerkannt, dass sowohl Alkohol als auch Nikotin ähnliche gesellschaftliche und individuelle Gefahren birgt wie Betäubungsmittel. Nikotin bewirkt jedoch keinen Rausch beim Konsumenten und Alkohol wird hingegen nicht primär dazu verwendet, um einen Rauschzustand herzustellen, sondern als Lebens- oder Genussmittel sowie bei religiösen Kulthandlungen.[879] Des Weiteren ist die berauschende Wirkung von Alkohol allgemein bekannt und unterliegt insoweit einer sozialen Regulierung.

Gem. § 9 Abs. 1 JuSchG dürfen „in Gaststätten, Verkaufsstellen oder sonst in der Öffentlichkeit […] Branntwein, branntweinhaltige Getränke oder Lebensmittel, die Branntwein[880] in nicht nur geringfügiger Menge enthalten, an Kinder

---

875 Siehe S. 68.

876 BVerfG, Beschluss vom 09. März, 1994 – 2 BvL 43/92.

877 BVerfGE NJW 1994, 1577 (1578).

878 Ebd. (1581).

879 BVerfGE NJW 1994, 1577 (1584).

880 „Unter Branntwein iSd. Abs. 1 Nr. 1 ist Trinkbranntwein jeder Art sowie auch unbearbeiteter Branntwein (Spiritus) zu verstehen, [..] wie zB Weinbrand, klare Schnäpse, Whisky, Magenbitter, Rum. Nicht unter die Vorschrift fallen dagegen vergällter Branntwein, Arzneimittel und Kosmetika.
Branntweinhaltige Getränke sind etwa Likör, Grog, Kräuterschnaps, Mixgetränke (zB Cola-Rum (…)) und mit Branntwein versetzte Bowlen. Außerdem unterfallen Mischgetränke mit geringem, möglicherweise unterhalb von Wein oder Bier liegendem Alkoholgehalt dem absoluten Abgabeverbot, […]. Von dem Verbot erfasst werden schließlich auch Lebensmittel, die Branntwein als Zutat enthalten. Dazu gehören nicht nur Lebensmittel, die überwiegend aus Branntwein bestehen, sondern auch solche,

und Jugendliche, [und] andere alkoholische Getränke an Kinder und Jugendliche unter 16 Jahren weder abgegeben noch darf ihnen der Verzehr gestattet werden."[881]

Die Abgabe oder der Verzehr von branntweinhaltigen Getränken an Minderjährige ist in der Öffentlichkeit verboten.[882] Die Altersgrenze für die Abgabe oder den Verzehr von anderen alkoholischen Getränken[883] in der Öffentlichkeit liegt bei 16 Jahren. Es besteht eine Ausnahme zu § 9 Abs. 1 Nr. 2 JuSchG, wenn der Minderjährige von einer personensorgeberechtigten Person begleitet wird.[884]

Die Gefährdung ist insbesondere in der Gruppe der Jugendlichen besonders hoch. Die Jugendlichen streben nach der euphorisierenden, enthemmenden und spannungsreduzierenden Wirkung des Alkohols. Ihnen entbehrt jedoch regelmäßig die geistige Reife, den Alkoholkonsum zu kontrollieren. Zum Gesundheits- und Entwicklungsschutz sieht der Gesetzgeber es daher als erforderlich an, den Konsum von alkoholischen Getränken im JuSchG zu regulieren.[885]

Für den Nikotinkonsum gilt, dass gem. § 10 JuSchG dem Minderjährigen in der Öffentlichkeit „Tabakwaren und andere nikotinhaltige Erzeugnisse und deren Behältnisse [...] weder abgegeben noch [...] das Rauchen oder der Konsum nikotinhaltiger Produkte gestattet werden"[886] darf. Beim Rauchverbot stellt der Gesetzgeber maßgeblich auf den Schutz des Minderjährigen vor den mit dem Rauchen verbundenen Gesundheitsgefahren ab und betont die pädagogische Einwirkung auf Kinder und Jugendliche.[887] Mithin darf dem Minderjährigen in der Öffentlichkeit das Rauchen nicht gestattet werden.

Festzuhalten bleibt, dass der reine Konsum von Betäubungsmitteln, Alkoholika und Nikotin für den Konsumenten nicht strafbar ist. Verboten sind allein die Abgabe, die Gestattung des Verzehrs und der Umgang mit diesen Substanzen.

---

die Branntwein in nicht nur geringfügiger Menge enthalten (zB Eisbecher, denen rezepturmäßig Spirituosen zugegossen werden). [...]
Andere alkoholische Getränke (Absatz 1 Nr. 2) sind solche, deren Alkoholgehalt durch Gärung, Kelterung oder ähnliche Prozesse entsteht (zB Bier, Wein, Obst- und Beerenwein, Met, Sekt). [...]." *Liesching*, Erbs/Kohlhaas/Ambs, § 9 JuSchG, Rn. 3–5.

881 § 9 Abs. 1 JuSchG.

882 § 9 Abs. 1 Nr. 1 JuSchG.

883 § 9 Abs. 1 Nr. 2 JuSchG.

884 § 9 Abs. 2 JuSchG

885 *Liesching*, Erbs/Kohlhaas/Ambs, § 9 JuSchG, Rn. 1.

886 § 10 Abs. 1 JuSchG.

887 *Liesching*, Erbs/Kohlhaas/Ambs, § 10 JuSchG, Rn. 6.

Suchtprävention

Tatsächlich ist neben Alkohol- und Nikotinmissbrauch der Medikamentenmissbrauch die drittgrößte Missbrauchsproblematik in Deutschland.[888] Hierzulande sind bereits 1,4 bis 1,5 Millionen Menschen abhängig von Medikamenten.[889] Aufgrund dessen lässt sich vermuten, dass die langjährige Einnahme von pharmakologischen Neuroenhancern ebenfalls zu der Bildung von Abhängigkeitsstrukturen führt.[890] Werden die zunächst selbstbestimmten Handlungen des Konsumenten durch den Einfluss der Psychopharmaka zu fremdbestimmten Handlungen, leidet die grundrechtlich geschützte Selbstbestimmungsfreiheit.[891] Kommt es durch den Konsum zu erheblichen Beeinträchtigungen der Steuerungsfähigkeit, liegen die Kennzeichen einer Sucht vor. Die Suchtprävention ist im Betäubungsmittelstrafrecht als legitime Rechtfertigung des Eingriffs anerkannt.[892] Es wird insbesondere auf den Gesundheitsschutz von Minderjährigen rekurriert, denn diese seien erhöht gefährdet, wenn Mittel mit Suchtpotential und der Möglichkeit zur Gesundheitsschädigung frei verfügbar wären. Minderjährige sind deshalb besonders schutzbedürftig, da die Steuerungsfähigkeit aufgrund der mangelnden geistigen Reife noch zu weit eingeschränkt ist, um den Konsum und seine Folgen adäquat zu bewerten.[893] Die von pharmakologischen Neuroenhancement ausgehende Missbrauchsgefahr ist deshalb vergleichsweise hoch, da die Verbesserung von kognitiven Leistungen gerne von Eltern forciert wird und der gesellschaftlichen Anerkennung zugänglich ist.

Rauchverbot in Gaststätten

Durch das Urteil des BVerfG zum Rauchverbot in Gaststätten[894] erfahren Raucher zwar einen Schutz vor Selbstschädigung,[895] jedoch begründet das BVerfG seine Entscheidung zur Rechtmäßigkeit des Rauchverbotes in Gaststätten ausschließlich mit dem Schutz des Nichtrauchers. Es führt explizit aus, dass Raucher durch die Entscheidung nicht bevormundet werden und ihnen kein Schutz vor Selbstgefährdung aufgedrängt werde.[896] Da die Schädlichkeit des Passivrauchens

---

888 *Kowalski*, Fehlzeiten-Report 2013, S. 27 (4.1).
889 *Gaßmann/Merchlewicz/Koeppe*, Hirndoping – Der große Schwindel, S. 5.
890 *Groß*, „Neuro-Enhancement unter besonderer Berücksichtigung neurobionischer Maßnahmen", in Die Verbesserung des Menschen, S. 108.
891 *Lindner*, AöR 2015, 543 (556).
892 BVerfGE 90, 145 (174).
893 *Gärditz*, PharmR, 2011, 46 (51).
894 BVerfGE 121, 317.
895 BVerfG JuS 2008, 916.
896 BVerfG JuS 2008, 916 (918).

geklärt sei, sei es die Aufgabe des Gesetzgebers, rauchfreie Räume in Gaststätten zu schaffen. Bei Missachtung der Vorschriften wird nicht der Raucher belangt, vielmehr verstößt der Betreiber der Gaststätte gegen ordnungsrechtliche Vorschriften.

Gurtanlegepflicht im Kfz

In dem Urteil des BVerfG zur Gurtanlegepflicht für Kraftfahrzeugführer[897] erklärt das Gericht, dass die Pflicht zwar in Art. 2 Abs. 2, 2 Abs. 1 GG eingreife, jedoch aufgrund des Schutzes anderer Verkehrsteilnehmer gerechtfertigt sei. Ein Fahrzeugführer, der nach einem Unfall noch reagieren könne, da seine Verletzungen durch den Einsatz eines Sicherheitsgurtes deutlich geringer ausfielen, mindere das unfallbedingte Risiko für andere Verkehrsteilnehmer. Zudem schütze der angelegte Sicherheitsgurt einen etwaigen Beifahrer davor, dass der unangeschnallte Fahrer ihn im Kollisionsfalle verletze.[898] Des Weiteren würde das Krankenkassensystem durch einen erhöhten Behandlungsbedarf und etwaige Rehabilitationsmaßnahmen unbillig belastet.

Helmpflicht beim Motorradfahren

In der Entscheidung über die Rechtmäßigkeit der Helmpflicht beim Motorradfahren[899] argumentierte das BVerfG damit, dass ein Motorradfahrer, der ohne Helm in einen Unfall verwickelt werde, gleichsam der Allgemeinheit schade. Die Verletzungen des Motorradfahrers würden den Einsatz von Rettungskräften, ärztliche Versorgung, Rehabilitationsmaßnahmen und die Versorgung von Invaliden erfordern. Durch einen Schutzhelm könnten die zu erwartenden Schäden am Kopf erheblich reduziert werden. Zudem könnten weitere Schäden abgewandt werden, wenn der kollidierte Motorradfahrer noch bei Bewusstsein sei. Durch die zu erwartenden Risiken werde die Allgemeinheit mehr belastet als der Motorradfahrer, der verpflichtet wird einen Helm zu tragen.[900] Unterlässt der Motorradfahrer das Tragen eines geeigneten Schutzhelms, handelt er ordnungswidrig im Sinne des § 49 Abs. 1 Nr. 20a StVO.

---

897 BVerfG, Beschluss vom 24.07.1986 – 1 BvR 331/85.
898 BVerfG NJW 1987, 180.
899 BVerfG, Beschluss vom 26.01.1982 – 1 BvR 1295/80.
900 BVerfG NJW 1982, 1276.

Fazit

Den beispielhaft angeführten Rechtsprechungen kann entnommen werden, dass Regelungen, die alleine dem Zweck dienen den volljährigen, aufgeklärten und in seiner Willensbildung nicht beeinträchtigten Bürger vor einer Selbstgefährdung oder Selbstschädigung zu schützen, regelmäßig unmöglich sind. Regulierungen sind zum einen zulässig, wenn dadurch Minderjährige geschützt werden sollen oder der Bildung von Suchtstrukturen vorgebeugt wird. Die verminderte Einsichtsfähigkeit sowie geringere Reife der Minderjährigen und die begrenzte Selbstbestimmungsfähigkeit des Süchtigen rechtfertigen einen Eingriff in deren grundrechtlich geschützte Freiheiten.

Zum anderen sind weitere gerechtfertigte Eingriffe möglich, wenn sich ein Patient in einem die freie Willensbildung ausschließenden Zustand befindet und erhebliche Gesundheitsgefahren zu befürchten sind. Hier ist der Arzt berechtigt, in das Selbstbestimmungsrecht des Patienten einzugreifen, um dessen Gesundheit zu schützen.

Des Weiteren sind Eingriffe möglich, wenn sich der Geschützte in einem Sonderverhältnis zum Staat befindet, wie dies bei Inhaftierten der Fall ist. Diese dürfen im Falle eines Hungerstreiks zwangsernährt werden.

In das Recht des Suizidgefährdeten, sich selbst das Leben zu nehmen, greift der Staat lediglich regulierend ein, wenn Dritte dadurch gefährdet werden, dass sie motiviert werden, diesen nachzuahmen. Der Suizid darf folglich nicht in der Öffentlichkeit oder im staatlichen Sonderverhältnis stattfinden.

Die weiteren Eingriffe (Nikotin- und Alkoholkonsum, Umgang mit Haschisch, Gurtanlege- und Helmpflicht) dienen nur mittelbar dem Selbstschutz des Bürgers und sind in ihrer Konzeption auf den Schutz Dritter oder auf den Schutz des Sozialsystems ausgelegt. Die Gurtanlege- und Helmpflicht dient beispielsweise primär dem Schutz Dritter und dem solidarischen Krankenkassensystem – dass die Gesundheit des Fahrers dadurch ebenfalls geschützt wird, ist bloßer Nebeneffekt der Norm.

Es ist zu konstatieren, dass der Gesetzgeber einen hinreichend aufgeklärten und in seiner Willensbildung unbeeinträchtigten Bürger regelmäßig nicht gegen seinen Willen vor einer Selbstschädigung oder Selbstgefährdung schützen darf, denn dies würde einen ungerechtfertigten Eingriff in die allgemeine Handlungsfreiheit aus Art. 2 Abs. 1 GG und in das Selbstbestimmungsrecht aus Art. 2 Abs. 2 S. 1 GG darstellen.[901] Insofern ist es grundsätzlich unmöglich pharmakologisches Neuroenhancement ausschließlich zum Schutze vor Selbstgefährdung

901 *Suhr*, Der medizinisch nicht indizierte Eingriff, S. 231.

zu regulieren. Es ist vielmehr notwendig, dass das Verhalten einen Sozialbezug aufweist. Dieser besteht in den Fällen, in denen Dritte oder Minderjährige durch den Konsum gefährdet werden oder wenn der Betroffene in der Ausübung seines Selbstbestimmungsrechts so eingeschränkt ist, dass er keinen eigenen Willen mehr bilden kann. Weitere Möglichkeiten bestehen in dem Fall, in dem sich der Bürger in einem Sonderrechtsverhältnis zum Staat befindet, das es rechtfertigt, dass in seine grundrechtlich geschützte Handlungsfreiheit eingegriffen wird, oder Allgemeinwohlbelange gewahrt werden müssen. In solchen Fällen greift die Fürsorgepflicht des Staates.

Damit dem Selbstbestimmungsrecht des Bürgers ausreichend Rechnung getragen wird, stellt der Gesetzgeber strenge Anforderungen an das Verneinen der freiverantwortlichen und unbeeinträchtigten Willensbildung, denn sogar grob risikoreiches[902] und gesundheitsgefährdendes Verhalten führt nicht per se zur Verneinung der Freiverantwortlichkeit.

Ein weiterer anerkannter Bereich zur Rechtfertigung eines Eingriffs in die allgemeine Handlungsfreiheit ist die Suchtprävention. Dies gilt insbesondere im Hinblick auf Minderjährige,[903] denn sie sind in besonderem Maß gefährdet, wenn Mittel zur kognitiven Leistungssteigerung frei erhältlich wären. Wie gezeit sind pharmakologische Neuroenhancer aufgrund ihrer chemischen Wirkung als äußerst gefährlich einzustufen. Sie besitzen ein erhöhtes Suchtpotential, da sie bei der missbräuchlichen Anwendung (insbesondere nasal oder intravenös) zu einer schnellen Anflutung großer Wirkmengen im Gehirn führen.[904]

Fraglich ist, ob das Argument der Suchtprävention als Rechtfertigungsgrund belastbar ist. Begibt sich der Konsument kraft autonomer Entscheidung in eine Sucht, ist diese Entscheidung grundsätzlich von seinem Selbstbestimmungsrecht geschützt und unterliegt seiner persönlichen Disposition.[905] Zweifelhaft ist jedoch grundsätzlich, inwieweit die Entscheidung für eine Sucht autonom ist. Zumeist bildet sich eine Sucht aufgrund eines schleichenden Übergangs und stellt keine überlegte Entscheidung am Anfang eines Konsumentenlebens dar. Die meisten Konsumenten fördern unbewusst Abhängigkeitsstrukturen und bemerken diese erst, wenn sie bereits vorliegen und sich verfestigt haben – eine

---

902 *Di Fabio*, Maunz/Düring, Art. 2, Rn. 50 f.: Selbstgefährdende Handlungen, wie beispielsweise Zigaretten-, Alkohol- oder Drogenkonsum, sind vom Grundrechtsschutz der allgemeinen Handlungsfreiheit umfasst.

903 BVerfGE NJW 1994, 1577 (1581).

904 *Herdegen/Böhm*, Kurzlehrbuch Pharmakologie und Toxikologie, S. 449 f.

905 *Gärditz*, PharmR, 2011, 46 (51.)

freie und autonome Entscheidung ist ab diesem Stadium nicht mehr möglich.[906] Der Gesetzgeber ist zwar generell zur Suchtprävention berechtigt und angehalten, zum Schutz vor Selbstschädigungen einzugreifen, allerdings sollte er Regulierungen ausschließlich zum Schutz von Minderjährigen oder in ihrer Handlungsfreiheit beschränkten Menschen erlassen. Aufgrund des verfassungsrechtlichen Schutzes der Selbstbestimmung liegt die Grenze der Regulierung jedoch regelmäßig bei der selbstbestimmten Konsumhandlung. Folglich steht die generelle Regulierung des pharmakologischen Neuroenhancements in einem zumeist unüberwindbaren Konflikt mit dem grundrechtlich geschützten Recht auf Selbstgefährdung.

Ein Verbot in spezifischen Situationen ist davon jedoch ausgenommen. Werden Rechte Dritter durch die Konsumhandlung beeinträchtigt, gilt ein anderer Bewertungsmaßstab, mithilfe dessen es möglich ist, das Recht des Einnehmenden einzuschränken. Im Folgenden wird daher weiter geprüft, ob eine begrenzte Rechtfertigung in ausgewählten Kontexten möglich ist.

#### *bbb. Rechtfertigungsgrund: Schutz Kinder und Jugendlicher, Art. 6 Abs. 2 S. 1, Art. 1 Abs. 1 i.V.m. Art. 2 Abs. 1 GG*

Es ist fraglich, ob der Schutz des Kindeswohls und der Jugend als Rechtfertigung für einen staatlichen Eingriff in deren allgemeine Handlungsfreiheit dienen kann. Der Begriff des Kindes umfasst grundsätzlich Minderjährige, wirkt jedoch teils über die Volljährigkeit hinaus.[907] Die Art. 5 Abs. 2, 11 Abs. 2, 13 Abs. 7 GG normieren grundsätzlich die Möglichkeit, zum Schutze der Jugend in grundrechtlich geschützte Freiheiten einzugreifen – sogenanntes Wächteramt. Gem. Art. 6 Abs. 2 S. 1 GG ist die Pflege und Erziehung des Kindes das natürliche Recht der Eltern und die zuvörderst ihnen selbst obliegende Pflicht. Strukturell wird Art. 6 Abs. 2 S. 1 GG als die konstitutive Rechtsgrundlage des Elternrechts angesehen,[908] bei dessen Schutzdimension das Kindeswohl an oberster Stelle steht.[909] Er gewährleistet das selbstverantwortliche elterliche Handeln[910] und dient den Eltern als Abwehrrecht gegen staatliche Eingriffe in die Art und Weise der Erziehung des Kindes.[911] Der Staat wacht im Hintergrund lediglich über die elterliche

906 *Magnus*, Patientenautonomie im Strafrecht, S. 376.

907 *Von Coelln,* Sachs-GG, Art. 6, Rn. 52.

908 *Hofmann*, Schmidt-Bleibtreu/Hofmann/Henneke, GG-Kommentar, Art. 6, Rn. 44; *von Coelln,* Sachs-GG, Art. 6, Rn. 52.

909 BVerfG, FamRZ 2010, 713.

910 *Antoni*, Hömig/Wolff, Art. 6 GG, Rn. 16.

911 *Von Coelln,* Sachs-GG, Art. 6, Rn. 53.

Betätigung, denn die Eltern sind primär zuständig für die Kindererziehung.[912] Das Wächteramt des Staates verpflichtet ihn lediglich, durch Überwachung die Pflege und Erziehung des Kindes sicherzustellen.[913] Der Staat muss dafür sein Handeln am Wohle des Kindes ausrichten[914] und ist zur effektiven Umsetzung gleichzeitig befugt in das elterliche Erziehungsrecht einzugreifen, wenn sich die Eltern der Erziehung entziehen und das Kind vernachlässigen.[915]

Somit ist festzustellen, ob der Jugendschutz ein legitimer Zweck und eine verfassungsimmanente Schranke ist, um die Einnahme von pharmakologischen Neuroenhancern wirksam zu unterbinden.

Der Gesetzgeber sichert durch den Jugendschutz grundsätzlich das staatliche und allgemeingesellschaftliche Interesse an der ungestörten Entwicklung der Jugendlichen. Zum Schutz der Beteiligten ist in Art. 6 Abs. 2 S. 1 GG das elterliche Erziehungsrecht normiert und in Art. 1 Abs. 1 i.V.m. Art. 2 Abs. 1 GG das allgemeine Persönlichkeitsrecht der Kinder und Jugendlichen selbst.[916] Aus der bloßen Existenz des Persönlichkeitsrechts der Kinder und Jugendlichen ist jedoch kein Eingriffsrecht des Staates abzuleiten, um Regelungen zu deren Schutz zu erlassen. Dies würde die grundrechtlich gewährleistete Schutzdimension in ein Eingriffsrecht des Staates verkehren und den Jugendlichen einen vermeintlichen Schutz aufoktroyieren. Es erscheint deshalb wenig plausibel das Schutzrecht des Grundrechtsträgers in ein Eingriffsrecht des Staates umzuwandeln.

Der (Kinder- und) Jugendschutz besitzt zwar Verfassungsrang, eine Charakterisierung als eigenes Verfassungsgut und folglich als eine verfassungsimmanente Schranke ist allerdings nicht ersichtlich. Der Jugendschutz ist nicht als allgemeines Schutzgut normiert, sondern dient ausschließlich vereinzelt als Schranke für einzelne Grundrechte.[917] Insofern ist der Jugendschutz zwar ein legitimes Ziel[918], um von staatlicher Seite aus regulierend tätig zu werden, allerdings entfällt er als verfassungsimmanente Schranke zum Schutz der allgemeinen Handlungsfreiheit der Kinder und Jugendlichen. Der Schutz des Kindeswohls und der Jugend dient mithin nicht als Rechtfertigung für einen staatlichen Eingriff in die allgemeine Handlungsfreiheit der Kinder und Jugendlichen.

912 *Antoni*, Hömig/Wolff, Art. 6 GG, Rn. 13.

913 BVerfGE 24, 144; 60, 88.

914 *Badura*, Maunz/Düring, Art. 6 GG, Rn. 63.

915 BVerfGE 24, 143 f.

916 *Bethge*, Sachs-GG, Art. 5, Rn. 160.

917 *Suhr*, Der medizinisch nicht indizierte Eingriff, S. 238.

918 Siehe S. 175.

#### ccc. Rechtfertigungsgrund: Schutz des öffentlich-rechtlichen Sozialsystems

Das Bundesverfassungsgericht erkannte neben der Gefährdung Dritter[919] noch die aus einer Gesundheitsschädigung folgenden sozialen Lasten für die Allgemeinheit[920] als legitimen verfassungsrechtlichen Grund an, grundrechtliche Freiheiten einzuschränken. Insofern ist es fraglich, ob die allgemeine Handlungsfreiheit zum Schutze des öffentlich-rechtlichen Sozialsystems einschränkbar ist.

Resultiert die Selbstschädigung aus einem autonom gefassten Entschluss, schützt sie das Selbstbestimmungsrecht des Einzelnen umfassend.[921] Um gegen ein, die Kranken- oder Versorgungskassen belastendes Verhalten vorzugehen, wird regelmäßig mit dem Ausschluss von Sozialleistungen reagiert.[922] Zudem ließen sich erhöhte Lasten der Sozialversicherungssysteme durch zusätzliche Beiträge der Selbstgefährder gerecht ausgleichen.[923]

Insofern kann der Schutz des öffentlich-rechtlichen Sozialsystems nicht als Rechtfertigungsgrund für den Eingriff in die allgemeine Handlungsfreiheit angesehen werden.

#### ddd. Rechtfertigungsgrund: Prüfungsrechtliche Chancengleichheit – Art. 12 Abs. 1 i.V.m. 3 Abs. 1 GG

Der Eingriff in das von der allgemeinen Handlungsfreiheit gem. Art. 2 Abs. 1 GG geschützte Selbstbestimmungsrecht könnte – zur Wahrung der Chancengleichheit in staatlich anerkannten Prüfungen – gerechtfertigt oder sogar geboten sein, wenn der Einnehmende eine Verbesserung der eigenen kognitiven Leistung herbeiführt und diese Möglichkeit nicht allen Prüflingen offensteht.

Zunächst erfordert die Abwehrdimension des Gleichheitsgrundsatzes, dass dem Berechtigten ein positives Recht zusteht. Gem. Art. 12 Abs. 1 GG i.V.m. Art. 3 Abs. 1 GG hat der Prüfling grundsätzlich das subjektive Recht auf eine Prüfungsentscheidung, die die Chancengleichheit wahrt.[924] Insbesondere

919 *Gärditz*, PharmR, 2011, 46 (49).

920 BVerfGE 59, 275 (279).

921 Siehe S. 135.

922 *Gärditz*, PharmR, 2011, 46 (49); *Magnus*, Patientenautonomie im Strafrecht, S. 355–356.

923 *Bethge*, Handbuch des Staatsrechts, Band IX, § 203, Rn. 151.

924 VG Hamburg, Urteil vom 13.05.2015, 2 K 189/14; vgl. OVG Lüneburg, Urteil vom 09.09.2015, 2 LB 169/14.

müssen für Prüflinge einer Vergleichsgruppe vergleichbare Prüfungsbedingungen geschaffen werden.[925]

Nach der ursprünglich vom Bundesverfassungsgericht vertretenen Rechtsprechung[926] wird ein Verstoß gegen das Gleichbehandlungsgebot anhand der Willkürformel geprüft. Diese besagt, dass wesentlich Gleiches nicht willkürlich ungleich und wesentlich Ungleiches nicht willkürlich gleich behandelt werden darf.[927] Heute wendet das BVerfG die Willkürformel ausschließlich in Fällen an, in denen die Ungleichbehandlung von geringem Ausmaß ist, wie beispielsweise die Steuerpflichtigkeit des Hundehalters gegenüber der Befreiung des Katzenhalters – das Ausmaß der Ungleichbehandlung ist hier überschaubar. Nach der Willkürformel ist Art. 3 Abs. 1 GG verletzt, wenn sich kein vernünftiger, aus der Natur der Sache ergebender oder sonstwie sachlich einleuchtender Grund für die gesetzliche Gleich- oder Ungleichbehandlung finden lässt.[928] Ist die Ungleichbehandlung von größerem Ausmaß, bemüht das BVerfG die „neue Formel".[929] Diese bejaht eine Verletzung des Gleichheitsgrundsatzes, wenn zwischen vergleichbaren Normadressaten keine Unterschiede von solcher Art und solchem Gewicht bestehen, dass sie die Ungleichbehandlung rechtfertigen können.[930] Folglich wäre eine Prüfung nicht chancengleich, wenn ein Prüfling aufgrund der einseitigen Einnahme von leistungssteigernden Substanzen einen Vorteil erhielte und insofern willkürlich (Willkürformel) oder ohne sachlichen Grund (neue Formel) unterschiedlich behandelt werden würde.

Insofern müsste zunächst eine Ungleichbehandlung der Prüflinge vorliegen. Eine Regulierung ist jedoch ausschließlich sinnvoll, wenn es möglich wäre, durch pharmakologisches Neuroenhancement bewertungsrelevante Faktoren zu beeinflussen.[931]

Wie herausgestellt, ist pharmakologisches Neuroenhancement zumindest geeignet, die für die kognitive Leistung verantwortlichen Funktionen des menschlichen Körpers nachweisbar zu verbessern.[932] Indessen lässt die kognitive Leistungssteigerung des verbesserten Prüflings die Leistung des Nicht-Verbesserten unberührt, denn ob ein Prüfling Substanzen zur kognitiven Leistungssteigerung

925 VG Gelsenkirchen, Urteil vom 09.04.2014, 7 K 389/11.
926 BVerfGE 55, 72 ff.; 82, 126 ff.
927 *Kingreen/Poscher*, Grundrechte Staatsrecht II, Rn. 527.
928 BVerfGE 1, 14 (52).
929 BVerfGE 55, 72 (88); *Osterloh/Nußberger*, Sachs-GG, Art. 3, Rn. 13 ff.
930 *Nußberger*, Sachs-GG, Art. 3, Rn. 13.
931 *Linoh*, MedR 2011, 353 (354).
932 Siehe S. 48.

eingenommen hat, ändert zunächst nichts an der persönlich zu beurteilenden Leistung des anderen. Ein Nachteil ergäbe sich, wenn die Prüfungsleistung in Relation zu den anderen Prüflingen ermittelt werden würde und nicht allein die isolierte Leistung des Einzelnen den Ausschlag gäbe.

Nach der Rechtsprechung des Bundesfinanzhofs gilt bei der Prüfungsbewertung allerdings regelmäßig ein absoluter Bewertungsmaßstab.[933] Art. 12 GG schreibt vor, dass Prüfungsleistungen isoliert und unabhängig voneinander bewertet werden müssen.[934] Konträr zu dem Urteil des Bundesfinanzhofs liest sich das Urteil des Bundesverfassungsgerichts.[935] Diesem ist zu entnehmen, dass Prüfungsnoten nicht isoliert für den Einzelfall gefunden werden würden, sondern sich vielmehr aus einer vergleichenden Bewertung der Prüflinge ergäben[936] – es müsse eine gerechte Relation zwischen den Bewertungen vorgenommen werden.[937]

Fraglich ist, ob die Rechtsprechung des Bundesfinanzhofs der Realität von Prüfungsbewertungen entspricht oder ob der absolute Maßstab nicht eher ein Leitmotiv des Art. 12 GG ist.[938] Um eine absolute Prüfungsbewertung durchzuführen, müssten entsprechende Bewertungsvorgaben existieren, die durch eine unabhängige Beurteilung und Gewichtung entstanden sind. Solche Vorgaben werden jedoch regelmäßig aus den Erfahrungswerten des Prüfungsstellers – insofern aus relativen, vergleichenden Anhaltspunkten – entwickelt, denn nur durch den Vergleich der Leistungen lässt sich bestimmen, ob sie unter- oder überdurchschnittlicher Art sind.[939] Mithin bedarf es einer relativen Betrachtung der einzelnen Prüfungsleistungen, um eine vertretbare und faire Benotung durchzuführen – der fachkundige Vergleich sichert die gerechte Leistungsbeurteilung.[940] Dies legt den Schluss nahe, dass jede enhancte Prüfungsbewertung die Benotung des nicht-enhancten Prüflings mittelbar beeinflusst. Selbst wenn es eine absolute Prüfungsbewertung gäbe, würde die pharmakologisch verbesserte Prüfungsleistung spätestens bei einem Bewerbungsgespräch in Relation zu

---

933 *BFH*, NVwZ-RR 2000, 299 (300 ff.).

934 *Bublitz*, ZJS 2010, 306 (310–311).

935 BVerfGE 84, 34.

936 BVerfGE 84, 34 (52 f.).

937 *Bublitz*, ZJS 2010, 306 (310).

938 *Mann*, Sachs-GG, Art. 12, Rn. 91, die typische Abwehrfunktion des Art. 12 Abs. 1 S. 1 GG schützt – über den Wortlaut hinaus – ebenso die chancengleiche Teilnahme an Prüfungen.

939 *Suhr*, Der medizinisch nicht indizierte Eingriff, S. 254.

940 BVerfG NJW 1991, 2005 (2007).

anderen Bewerbern gesetzt und dem nicht-enhancten Prüfling dann zum Nachteil gereichen.[941]

Darüber hinaus wird der generelle Wert der einzelnen Note verringert, denn dieser ermittelt sich aus dem Vergleich zu anderen Abschlüssen. Beim ersten juristischen Staatsexamen erreichten im Jahre 2015 ca. 13 % aller Prüflinge die Note vollbefriedigend.[942] Würde sich dieser Wert durch kognitive Leistungssteigerung mittels Psychopharmaka verschieben, verlöre die Note ihren grundsätzlichen Wert und die schlechteren Abschlüsse erschienen noch schlechter, so wie die guten dem Mittelmaß entsprächen. Mithin geht in Wettbewerbssituationen der Vorteil des einen mit dem Nachteil des anderen einher.[943] Durch die Verschiebung des Notenwerts nimmt der kognitiv leistungsgesteigerte Prüfling in unlauterer und wettbewerbsverzerrender Weise Einfluss auf das gesamte Prüfungsergebnis – die Prüfung entspricht dadurch nicht mehr einem fairen Wettbewerb. Somit besteht ein Nachteil zu Lasten des nicht enhancten Prüflings. Da der pharmakologisch nicht enthancte Prüfling wenig Einfluss auf das Vorgehen seiner Konkurrenten besitzt, bedarf er zwingend des gesetzgeberischen Schutzes.

Zudem müsste der Nachteil des Nichtkonsumenten auf der Verletzung der prüfungsrechtlichen Chancengleichheit beruhen. Diese verpflichtet den Staat, allen Prüflingen die gleichen Voraussetzungen zu schaffen, um ihre Leistungen unter Beweis zu stellen.[944] Im schulischen Bereich sichert beispielsweise das Zentralabitur und im Staatsexamen der gleiche Sachverhalt die bundesländerweite Gleichheit der Prüfungen. Der Staat darf niemandem einseitig einen Vorteil verschaffen oder versagen. Dies beschränkt sich allerdings allein auf die äußeren Umstände der Leistungsermittlung, die im Falle der eigenverantwortlichen Einnahme von leistungssteigernden Psychopharmaka nicht tangiert werden.

Anerkannt ist, dass in den Fällen, in denen Prüflinge medizinisch festgestellte Behinderungen vorweisen, diese regelmäßig einen Nachteilsausgleich[945] für sich fordern dürfen (leistungsrechtliche Dimension).[946] Vorliegend beklagt

941 *Suhr*, Der medizinisch nicht indizierte Eingriff, S. 246.

942 Ausbildungsstatistik des Bundesjustizamtes, Stand: 21.10.2016, abrufbar unter: https://www.bundesjustizamt.de/DE/SharedDocs/Publikationen/Justizstatistik/Juristenausbildung_2015.pdf?__blob=publicationFile&v=5.

943 *Bublitz*, ZJS 2010, 306 (311).

944 VG Hamburg, Urteil vom 13.05.2015, 2 K 189/14; vgl. OVG Lüneburg, Urteil vom 09.09.2015, 2 LB 169/14.

945 Dieser kann beispielsweise in Form einer Schreibverlängerung oder der Zuhilfenahme eines Computers bewilligt werden.

946 *Schnellenbach*, Hartmer/Detmer, Hochschulrecht, Kap. 12, Rn. 31.

der Nichtkonsument hingegen den Vorteil des Konsumierenden. Fraglich ist, ob der Staat aufgrund der abwehrrechtlichen Dimension von Art. 3 GG verpflichtet ist, den artifiziell herbeigeführten Vorteil des konsumierenden Prüflings auszugleichen, denn würde die Leistung des enhancten Prüflings anhand der gleichen Bewertungsmaßstäbe beurteilt, läge eine Gleichbehandlung von Ungleichem vor.[947] Indes ist es gerade das Ziel einer Prüfung, den Unterschied der kognitiven Leistung herauszustellen. Der Staat ist nicht verpflichtet sicherzustellen, dass die kognitiven Fähigkeiten unter denselben Bedingungen entstehen, sondern lediglich, dass sie unter gleichen Bedingungen abgeprüft werden.[948] Richterlich bestätigt ist, dass dieselben Bedingungen manipuliert werden, wenn bei der staatlichen Prüfung Hilfsmittel wie Spickzettel oder Markierungen in Gesetzestexten verwendet werden, da diese regelmäßig geeignet seien die Gleichheit der Prüfungsbedingungen zu stören.[949] Eine ähnliche Bewertung gilt ebenfalls für den Konsum von pharmakologischen Neuroenhancern. Wenn ein Prüfling Substanzen zur kognitiven Leistungssteigerung einnimmt und deshalb auf gesteigerte kognitive Funktionen zurückgreift, ist das Vorgehen mit der Situation vergleichbar, in der jemand Wissen extern auf einen Spickzettel auslagert und dadurch Zugriff auf eine weitere Wissensquelle erhält. Es unterscheidet sich folglich in der Zielsetzung, über eine gesteigerte Verfügbarkeit von Wissen zu verfügen, nicht von der Anwendung pharmakologischer Neuroenhancer. Notizen und Spickzettel weisen dahingehend eine Parallele auf, da in der Prüfung konsumierte Mittel das Leistungsbild des Prüflings ebenso bloß temporär verbessern und deshalb die Prüfung unter Missachtung der Chancengleichheit stattfindet.

Hinzu kommt, dass der Staat aufgrund der strafbewehrten Beschaffung der meisten Psychopharmaka und deren teils erheblicher gesundheitlicher Gefahren berechtigterweise daran interessiert ist, dass die kognitive Leistung enhancementfrei ermittelt wird.[950]

Eine Verletzung der Chancengleichheit liegt jedoch ausschließlich vor, wenn die Ungleichheit nicht in den Verantwortungsbereich des Prüflings selbst fällt – der Nichtkonsument hätte seinerseits Neuroenhancer einnehmen können, um erneut gleiche Prüfungsbedingungen herzustellen. Um diesem Einwand zu begegnen, ist anzumerken, dass die Beschaffung von Methylphenidat sowie Kokain und Amphetamin unter die Strafbarkeit des BtMG fällt und Modafinil

947 *Bublitz*, ZJS 2010, 306 (312).
948 Ebd. (312).
949 VG Lüneburg, Urteil vom 08. Dezember 2016 – 6 A 173/15 – Rn. 210.
950 *Suhr*, Der medizinisch nicht indizierte Eingriff, S. 247.

ausschließlich verschreibungspflichtig erhältlich ist. Von dem Prüfling kann nicht verlangt werden, gegen Rechtsnormen zu verstoßen, um gleiche Prüfungsbedingungen herzustellen. Zudem ist mit der Einnahme ein gewisses und unzumutbares gesundheitliches Risiko verbunden.[951]

Die Chancengleichheit ist demzufolge verletzt, wenn Prüflinge, Bewerber und Arbeitnehmer pharmakologische Neuroenhancer einnehmen und deren artifizielle Leistungssteigerung unberücksichtigt bleibt. Das Prüfungsverfahren ist unter diesen Umständen nicht ohne einen Verstoß gegen den Gleichbehandlungsgrundsatz durchführbar.

#### *eee. Rechtfertigungsgrund: Chancengleichheit im Bewerbungsverfahren*

Der Eingriff könnte gerechtfertigt sein, wenn der Staat verpflichtet wäre, die chancengleiche Ausgestaltung des Bewerbungsverfahrens zu gewährleisten.

Die Chancengleichheit wird de lege lata nur hinsichtlich ausgewählter Kriterien geschützt. Das Allgemeine Gleichbehandlungsgesetz (AGG) konkretisiert in § 1 AGG die Aspekte, hinsichtlich derer Arbeitnehmer im Bewerbungsverfahren[952] nicht benachteiligt werden dürfen. Diese gelten ebenfalls für die in § 24 AGG genannten Personenkreise,[953] weshalb § 1 AGG entsprechend übertragbar ist.[954] Die Aspekte erfassen sämtliche „Benachteiligungen aus Gründen der Rasse oder wegen der ethnischen Herkunft, des Geschlechts, der Religion oder Weltanschauung, einer Behinderung, des Alters oder der sexuellen Identität“[955]. Folglich darf ein Bewerber oder Arbeitnehmer regelmäßig aufgrund mangelnder Qualifikation oder Leistung gerechtfertigt benachteiligt werden. Der Staat ist nicht verpflichtet, im Bewerbungsverfahren die Darstellungsfreiheit

---

951 Handelt es sich hingegen um eine nebenwirkungsfreie und für jedermann legal verfügbare Substanz, wäre es dem Prüfling grundsätzlich zuzumuten diese ebenfalls einzunehmen, um eigenverantwortlich gleiche Prüfungsbedingungen herzustellen – eine Verletzung wäre in diesem Falle nicht gegeben.

952 § 6 Abs. 1 AGG.

953 Beamte des Bundes, der Länder, der Gemeinden, der Gemeindeverbände sowie der sonstigen der Aufsicht des Bundes oder eines Landes unterstehenden Körperschaften, Anstalten und Stiftungen des öffentlichen Rechts, Richter des Bundes und der Länder, Zivildienstleistende sowie anerkannte Kriegsdienstverweigerer, soweit ihre Heranziehung zum Zivildienst betroffen ist.

954 *Legerlotz*, Heidel/Hüßtege/Mansel/Noack, BGB, § 24 AGG, Rn. 6; *Thüsing*, MüKo BGB, § 24 AGG, Rn. 9.

955 § 1 AGG.

des Bewerbers bezüglich seiner Qualifikation und Leistung chancengleich zu gewährleisten.

Bei der Ernennung zum Beamten gilt hingegen ein abweichender Grundsatz. Art. 33 Abs. 2 GG und § 9 des Beamtenstatusgesetzes (BeamtStG) schreiben unter anderem vor, dass die Ernennung nach Eignung des Kandidaten zu erfolgen habe (Eignungsprinzip). Dieses Verfahren orientiert sich am Leistungsgrundsatz, der, neben der persönlichen, primär die fachliche Qualifikation erfasst.[956] In einem staatlichen Bewerbungsverfahren ist zunächst davon auszugehen, dass diejenigen Bewerber, die zu einem persönlichen Auswahlverfahren zugelassen werden, die erforderlichen Grundvoraussetzungen erfüllen. Nachdem daher die objektiven Kriterien erreicht wurden, wird im persönlichen Verfahren eine vergleichende Bewertung zwischen den Bewerbern vorgenommen. Mithin beurteilt der Dienstherr schwerpunktmäßig die vor Ort präsentierte kognitive Leistung, weshalb den Bewerbern ein chancengleicher Rahmen zu schaffen ist, in dem sie ihre Eignung darlegen können. Obwohl der Dienstherr über Ermessensspielraum verfügt und die Beurteilung ein Vorgang wertender Erkenntnis ist, muss sie auf objektiven Tatsachenerkenntnissen beruhen.[957] Das besondere Auswahlkriterium der Eignung erfordert eine angemessene Ausgestaltung des Bewerbungsverfahrens. Art. 33 Abs. 2 GG begründet das Recht des Bewerbers auf eine ermessens- und beurteilungsfehlerfreie Einbeziehung in den Bewerberkreis.[958] Daraus ergibt sich die Pflicht des Dienstherrn, ein chancengleiches Ernennungs-/Einstellungsverfahren sicherzustellen.

Obwohl der Einnehmende ausschließlich seine eigenen Fähigkeiten verbessert und die der Konkurrenten objektiv nicht verschlechtert, beeinträchtigt die artifiziell gesteigerte Leistung bei einer relativen Betrachtung stets den Wert der unenhancten Leistung. Aufgrund dessen beeinträchtigt die Einnahme von pharmakologischen Neuroenhancern in staatlichen Auswahlverfahren die gesetzlich geschützte Chancengleichheit der Bewerber.

Mit Verweis auf die Wahrung des Gleichheitsgrundsatzes ist eine verfassungsrechtliche Legitimation des Konsumverbots in den oben geschilderten eng begrenzten Fällen möglich. Hierzu zählen der schulische Bereich, in welchem dem Staat gem. Art. 7 Abs. 1 GG ein primäres Erziehungsrecht zusteht, der

956 BVerfG, NJW 2004, 1935 (1936); BVerwG, NVwZ 2005, 457; *Roetteken*, Boecken/Düwell/Diller/Hanau, Gesamtes Arbeitsrecht, Art. 33 GG, Rn. 68.

957 *Reich*, Beamtenstatusgesetz, § 9, Rn. 6.

958 *Badura*, Maunz/Düring, Art. 33 GG, Rn. 26.

Bereich der Hochschulprüfungen sowie staatliche Bewerbungs-/Einstellungsverfahren.[959]

### *fff. Rechtfertigungsgrund: Schutz Dritter*

Die obigen Ausführungen[960] zur Selbstgefährdung verdeutlichen, dass es unmöglich ist pharmakologisches Neuroenhancement ausschließlich mit dem Verweis auf dessen gesundheitliche Gefahren zu regulieren. Ein Verbot von Neuroenhancern muss sich mithin unabhängig von den Gesundheitsgefahren für den Konsumenten legitimieren lassen.[961] Wie oben erörtert, ist der Staat regelmäßig verpflichtet in bestimmten Situationen die Chancengleichheit zu schützen.[962] Er stellt grundsätzlich sicher, dass staatliche Prüfungsleistungen und Einstellungsverfahren unter chancengleichen Bedingungen stattfinden.[963]

#### (1) Schutz des Dritten an einem fairen, neuroenhancementfreien Wettbewerb teilzunehmen

Begründungsbedürftig verbleibt, ob der Staat grundsätzlich verpflichtet ist sicherzustellen, dass ein Nichtkonsument unter „fairen" bzw. neuroenhancementfreien Bedingungen an dem Wettbewerb um Bildungs- und Jobchancen teilnehmen kann.

Einerseits ist der Staat gehalten, die individuelle Dispositionsfreiheit des Bürgers zu schützen,[964] denn der Bürger darf regelmäßig nach seinem Willen frei über seinen Körper verfügen.[965] Andererseits sind die zum pharmakologischen Neuroenhancement erforderlichen Substanzen verboten und unterliegen dem Betäubungsmittelgesetz oder sind verschreibungspflichtig.[966] Würde der nicht konsumierende Mitbewerber seine kognitiven Leistungen steigern wollen, wäre er genötigt, sich die pharmakologischen Neuroenhancer auf illegalem Wege zu verschaffen und gegen geltendes (Straf-)Recht zu verstoßen. Aufgrund der Strafbarkeit des Verschaffens der entsprechenden Substanzen lässt sich folgern, dass

---

959 *Gärditz*, PharmR, 2011, 46 (52).
960 Siehe S. 172 ff.
961 *Freund*, MüKo StGB, Bd. 6, § 6a AMG, Rn. 12 ff.; *Timm*, GA 2012, 732 (739 f.).
962 Siehe S. 185 ff.
963 Siehe S. 15.
964 *Freund, Georg*: „Verfassungswidrige Dopingstrafbarkeit nach § 95 Abs. 1 Nr. 2a AMG – Ein Beitrag zum Gesetzlichkeitsgrundsatz (Art. 103 Abs. 2 GG)", in Festschrift für Dieter Rössner, S. 591.
965 *Steiner*, Spickhoff Medizinrecht, Art. 2 GG, Rn. 1.
966 Siehe S. 68.

der Wettbewerbsteilnehmer regelmäßig davon ausgehen wird, dass die Konkurrenten nicht gegen Strafgesetze verstoßen, um sich Leistungsvorteile zu sichern, und demzufolge seinerseits neuroenhancementfrei an dem Wettbewerb teilnehmen. Wird von staatlicher Seite aus nicht sichergestellt, dass der Wettbewerb frei von pharmakologischen Neuroenhancern ist, wird der Nichtkonsument dem Druck ausgesetzt, ebenso gegen Strafgesetze zu verstoßen, um den kognitiven Leistungszuwachs des Konsumenten auszugleichen. Durch ein Verbot dieser Substanzen würde der Gesetzgeber ihn wirksam davor schützen, in eine Strafbarkeit gedrängt zu werden.

Parallel dazu ist hervorzuheben, dass der Gesetzgeber durch die Einführung des AntiDopG für den sportlichen Wettkampf verdeutlichte, dass er die Teilnahme des Sportlers an einem dopingfreien sportlichen Wettkampf als schützenswert erachtet. Er begründet dies primär damit, dass durch Doping auf wettbewerbsverzerrende Art und Weise in den ansonsten fairen sportlichen Wettkampf eingegriffen werde. Der Staat sei verpflichtet den sportlichen Wettbewerb dopingfrei zu halten. Mithin ist der faire Wettkampf als zu schützendes Rechtsgut bereits in einer vergleichbaren Situation strafrechtlich anerkannt. Es sind keine überzeugenden Gründe ersichtlich, warum die Fairness in einem sportlichen Wettbewerb von geringerem Stellenwert sein soll als in einem kognitiven.

Somit stehen sich zwei grundrechtliche Positionen diametral gegenüber: zum einen die allgemeine Handlungsfreiheit des Nichtkonsumenten, an einem Wettbewerb um Job- und Bildungschancen teilzunehmen, und zum anderen die allgemeine Handlungsfreiheit des Konsumenten, selbstbestimmt Neuroenhancer einzunehmen, wann und wie er möchte. Insofern ist zwischen dem Rechtsgut, zu dessen Schutz der Eingriff erfolgt, und dem Rechtsgut, welches von dem Eingriff eingeschränkt wird, abzuwägen.

Für den Schutz des Konsumenten spricht die Konzeption der allgemeinen Handlungsfreiheit als ein elementares Freiheitsgrundrecht, denn sie schützt einen jeden Grundrechtsträger, eigenverantwortlich zu bestimmen, wann er wie handelt und auf welche Art und Weise er mit seiner körperlichen Integrität umzugehen pflegt. Diese Entscheidungsfreiheit erfasst ebenfalls die Einnahme von pharmakologischen Neuroenhancern.

Ein weiteres Argument für den Schutz des Konsumenten findet sich im Vergleich zu den Normen im BtMG. Dort ist de lege lata die reine Konsumhandlung straflos und de lege ferenda bestehen keine Bestrebungen, diesen Zustand zu ändern. Die bloße Einnahme von Betäubungsmitteln wird nicht pönalisiert.

Diese Argumentation ist jedoch differenzierter zu führen. Die Konsumhandlung ist deshalb einer Regulierung unzugänglich, da der Staat unberechtigt ist, den selbstbestimmt handelnden Grundrechtsträger zu schützen. Solange dieser sich durch die Einnahme ausschließlich selbst und keinen Dritten gefährdet, ist ein staatliches Eingreifen unverhältnismäßig und ungerechtfertigt.[967] Die vorliegende Situation weicht davon allerdings ab. In dem hier untersuchten Kontext steht die Einnahme von pharmakologischen Neuroenhancern in direktem Zusammenhang mit einer kognitiven Wettkampfsituation, weshalb dieses Argument nicht übertragbar ist und nicht in letzter Konsequenz überzeugt. Durch den Konsum im Privatbereich wird zunächst niemand anderes konkret tangiert, wohingegen im kognitiven Wettbewerb die Konkurrenten mittelbar beeinträchtigt werden, wenn ihre Beurteilung an der verbesserten Leistung des Konkurrenten gemessen wird (relative Beurteilung).

Das Prüfungsrecht wendet dagegen ein, dass jede Leistungsbeurteilung anhand objektiver Kriterien und frei von relativen Bezügen getroffen werde. Wie oben herausgestellt,[968] ist dieser Einwand gleichwohl geprägt von der idealtypischen Vorstellung der objektiven Leistungsbewertung und missachtet die vorherrschende Bewertungsrealität. Durch die einzelne, artifiziell herbeigeführte Steigerung der kognitiven Leistung wird das Gesamtbild verzerrt und das Wettbewerbsethos entwertet. Da die Beurteilung des Einzelnen spätestens bei einer Bewerbung in Relation zu den anderen Ergebnissen eines Wettbewerbs gesetzt wird, beeinflusst die Bewertung des Konsumenten mittelbar den Wert und die Anerkennung der Leistung des nicht-enhancten Wettkämpfers. Somit schadet der Einnehmende dem Nichtkonsumierenden mittelbar. Aufgrund der Möglichkeit einer Drittschädigung müssen dieselben Wettkampfvoraussetzungen für alle Teilnehmer gewahrt werden. Es ist nicht zu akzeptieren, dass der Wettkampf einseitig manipuliert und verzerrt wird.

Ein anderes Argument bekräftigt wiederum die Position des Konsumenten und betrachtet die gesamtgesellschaftliche Auswirkung. Die weitreichende Steigerung der Leistung scheint zunächst begrüßenswert, denn sie käme der gesamtgesellschaftlichen Verbesserung zugute. Je höher die kognitive Leistung insgesamt wäre, desto besser wäre dies für das Vorankommen und die volkswirtschaftliche Entwicklung der Gesellschaft als solcher.

In Anbetracht der enormen Nebenwirkungen ist dieser Ansicht entschieden zu widersprechen. Eine zunehmende Medikalisierung der Gesellschaft ist aus medizinischer Sicht kein zukunftssicherer Zustand, sondern verzerrt vielmehr die Wirklichkeit und führt zum flächendeckenden Gesundheitsrisiko. Zudem

---

967 Siehe S. 172 ff.

968 Siehe S. 173 ff.

ist zu bezweifeln, dass eine breite kognitive Leistungssteigerung positive Effekte auf die gesamte Gesellschaft hätte. Es ist zu befürchten, dass die für eine funktionierende Gesellschaft wichtigen Beschäftigungsfelder an Attraktivität verlören. Wenn sich das allgemeine Leistungsniveau hebt, steigt simultan der Anspruch an den jeweiligen Arbeitsbereich, und vermeintlich anspruchslosere Arbeiten würden zunehmend uninteressanter. Mithin hätte die flächendeckende Steigerung der kognitiven Fähigkeiten vorwiegend negative Auswirkungen auf die Gesellschaft.

Voraussetzung für eine gerechtfertigte Regulierung bleibt der Drittbezug. Legitimationsgrund ist der Schutz der freiheitsrechtlich zu gewährleistenden Möglichkeit der anderen Teilnehmer, an einem fairen, neuroenhancementfreien Wettbewerb teilzunehmen. Der Schutz des Rechts des Mitbewerbers, an einem solchen Wettbewerb teilzunehmen, ist ein Ausschnitt seiner grundrechtlich geschützten allgemeinen Handlungsfreiheit. Das Verbot fußt somit auf einer grundrechtlichen Legitimierung.

In Anschauung der Summe aller Argumente ist der Eingriff in die Handlungsfreiheit des Konsumenten zum Schutze des Rechts des Dritten, an einem fairen und neuroenhancementfreien Wettbewerb teilzunehmen, verhältnismäßig und gerechtfertigt.

### (2) Schutz des Dritten vor einer Gefährdung

Bei gefahrgeneigten Arbeitsplätzen könnte die Einnahme von leistungssteigernden Substanzen zu einer Gefährdung von Dritten führen, da die Steigerung der exekutiven Funktionen bloß von temporärer Art ist.[969]

Exemplarisch seien hier der Pilot, Fluglotse, Arzt und Jurist untersucht, die nach ihrer Anstellung, im nicht-enhancten Zustand, hinter der im Bewerbungsverfahren gesteigerten Leistung zurückbleiben und damit Fluggäste/Flugpersonal, Patienten und Mandanten/Prozessbeteiligte gefährden. Die Beeinträchtigung der Authentizität der kognitiven Qualifikation schafft eine immense Gefährdungslage für Dritte, wenn der Arbeitgeber im Vertrauen auf ihre Validität den Bewerber einstellt und einsetzt.

Um die entsprechenden Berufszweige und ihre vorherigen Ausbildungsmaßnahmen einer gerechtfertigten Regulierung zuzuführen, müsste sich die spezifische Gefährdungslage für Dritte insoweit verdichten, dass die staatliche Schutzpflicht greift.[970] Hierbei ist zunächst auf die Gefährdung der körperlichen

---

969 Siehe S. 199.

970 *Murswiek/Rixen*, Sachs-GG, Art. 2, Rn. 24 f.

Integrität Dritter abzustellen. Die Einnahme müsste den Dritten in die Gefahr einer Schädigung bringen, weshalb ausschließlich solche oben genannten Berufsgruppen und ihre Zulassungsprüfungen erfasst sind, die in einem engen Verantwortungsverhältnis zu Dritten stehen.

Der Arzt wird üblicherweise im Krankheitsfall konsultiert. Der leidende Patient ersucht ihn um Hilfe und verspricht sich die Linderung seiner Beschwerden. Zur Wiederherstellung eines gesunden Zustandes kann der Arzt auf verschiedene Weise in den Organismus des Patienten eingreifen – von alternativen Heilmethoden, über die klassische Medikamentierung, bis hin zur Operation sind diverse Eingriffe möglich. Dem Arzt fällt die Verantwortung zu, aus verschiedenen Heilansätzen den richtigen auszuwählen und diesen lege artis durchzuführen. Neben Heileinsätzen besteht die besondere Gefährdungslage ebenfalls im Bereich der wunscherfüllenden Medizin. Bei nahezu jeder Tätigkeit befindet sich der behandelnde Arzt in einem herausgehobenen Verantwortungsverhältnis zu seinem Patienten/Kunden. In dieser Situation ist es erforderlich, dass der Arzt stets gewissenhaft praktiziert und die Behandlung am Wohle des Patienten ausrichtet. In diesem engen Verhältnis zwischen dem (laienhaften) Patienten und dem ausgebildeten Mediziner besteht die Gefahr, dass der Patient nicht einschätzen kann, ob eine Behandlung erforderlich ist oder einen überflüssigen Eingriff darstellt. In dieser Gefährdungslage müssen die Patienten von staatlicher Seite davor geschützt werden, dass Mediziner durch pharmakologische Intervention artifiziell ihre kognitive Leistung steigern. Gerade in erhöhten Belastungssituationen kann eine Medikamentierung zur Selbstüberschätzung und im Ergebnis zu weitreichenden Fehlentscheidungen führen. Muss kurzfristig eine Operationsentscheidung getroffen werden, ist es notwendig, dass der Arzt verlässlich abwägen kann. Pharmakologische Neuroenhancer halten zwar über eine lange Zeit wach und konzentriert, jedoch verbessern sie nicht die reine Intelligenz oder Beurteilungsfähigkeit. Außerdem könnten nebenwirkungsbedingte Ausfallerscheinungen auftreten und die Leistungserbringung unmöglich machen.[971] Vielmehr bedingt die Einnahme teilweise eine verfälschte Selbstwahrnehmung. Das Risiko für Dritte wird zudem durch Langzeitnutzer erhöht. Unterlässt ein solcher Arzt später die Einnahme, fällt er hinter seiner bescheinigten Leistung zurück. Wird er jedoch aufgrund des Vertrauens in die Validität dieser Bescheinigung in einem gefahrgeneigten Arbeitsumfeld eingesetzt, stellt er eine Gefahr für jeden seiner potentiellen Patienten dar. Außerdem ist ein Arzt, der selbst pharmakologische Neuroenhancer konsumiert, vermutlich liberaler eingestellt

971 Beispielsweise die Bewusstlosigkeit des Arztes während einer Operation.

gegenüber entsprechenden Substanzen. Dies könnte sich auf seine Verschreibepraxis auswirken und dazu führen, dass er Patienten freizügiger leistungssteigernde Medikamente verschreibt als andere Ärzte.

Eine außerdem zu erfassende Berufsgruppe stellen die Piloten und Fluglotsen dar. Der Pilot sieht sich vielfältigen Herausforderungen ausgesetzt. Er ist Entscheidungs- und Verantwortungsträger in einem hoch technisierten Fluggerät und bedient komplexe Computersysteme. Als IT-Spezialist mit umfassendem Systemverständnis dient der Pilot als Verbindung zwischen Mensch und komplexer Technik. Sein Ziel ist es, eine Vielzahl von Passagieren sicher zu befördern, die ihm und seiner Crew die Verantwortung für ihr eigenes Wohlergehen übertrugen. Nach dem Einstieg in das Flugzeug ist der Passagier regelmäßig in der Obhut der Besatzung und kann in den Flugablauf nicht eingreifen. Folglich ist der Pilot für die Sicherheit und den Schutz des Passagiers maßgeblich verantwortlich. Bei einer Fehlentscheidung gefährdet er eine Vielzahl von Menschenleben, weshalb die physische Belastbarkeit und die psychische Stabilität des Piloten äußerst wichtig sind. In kritischen Situationen muss der Pilot jederzeit in der Lage sein, das Flugzeug sicher zu pilotieren. Nimmt der Pilot in der Ausbildungsphase leistungssteigernde Neuroenhancer ein, beeinflusst er die objektive Bewertung durch die Prüfer und wird ein verbessertes Bild seiner natürlichen Fähigkeiten darstellen. Leidet der Pilot bei einem Langstreckenflug unter Konzentrationsschwäche und vergisst es diese medikamentös auszugleichen, wird er zum untragbaren Risiko für die Passagiere. Der gleichen Argumentationsstruktur wie beim Arzt folgend, stellt es eine ernstzunehmende Gefährdung dar, wenn der spätere Arbeitgeber den enhancten Piloten einstellt und ein Passagierflugzeug fliegen lässt. Einem solchen Piloten die Verantwortung für eine Vielzahl an Menschenleben zu übertragen, stellt ein unkontrollierbares Risiko dar, wenn der Pilot nicht kontinuierlich weiterkonsumiert. Zudem besteht hier ebenfalls das Risiko der Falschbeurteilung der eigenen enhancten Fähigkeiten, wodurch Fehlentscheidungen getroffen werden können. Es droht stets ein Flugzeugabsturz und damit zudem die Verletzung von Personen am Boden. Die Einnahme von pharmakologischen Neuroenhancern stellt mithin eine Gefährdung für Dritte dar.

Im Gegensatz zum Piloten steuert der Fluglotse vom Boden aus sämtliche Abläufe eines sicheren und reibungslosen Flugverkehrs.[972] In Radarkontrollzentralen überwacht er den Luftraum und koordiniert Flughöhen und Kurse

---

972 http://www.dfs.de/dfs_homepage/de/Flugsicherung/Safety/Sicherheitsmanagement, Stand: 15.08.2017.

der zivilen und militärischen Flugzeuge. Er ist dafür zuständig dem Piloten Anweisungen zu erteilen, in welchen Sektoren er fliegen darf und wie der Start und die Landung abzulaufen haben.[973] Die mentale Arbeitsbelastung wird vorwiegend durch die Komplexität der flugtechnischen Abläufe bestimmt und erfordert Konzentrationsfähigkeit, Belastbarkeit, Multitasking, räumliches Vorstellungsvermögen und ein sicheres Entscheidungsmuster. Der Lotse muss in Stresssituationen sicher arbeiten können, denn er übernimmt ein Höchstmaß an Verantwortung für den reibungslosen Ablauf aller Lotsenvorgänge und ist somit zuständig für das Leben eines jeden Passagiers sowie Crewmitglieds. Obwohl das Flugzeug als eins der sichersten Verkehrsmittel gilt, haben Fehlentscheidungen meist katastrophale Auswirkungen, die in der Verletzung vieler Menschenleben enden. Für diesen kognitiv anforderungsstarken und belastenden Beruf gelten die gleichen Gefahren wie für den Arzt und Piloten. Wenn in kürzester Zeit wichtige Entscheidungen getroffen werden, die die körperliche Unversehrtheit Dritter gefährden, stellen pharmakologische Neuroenhancer ein unannehmbares Risiko dar.

Die Organe der Rechtspflege sehen sich ebenfalls einer erhöhten Verantwortung für Dritte ausgesetzt. Grundsätzlich dienen sie dem Schutz und der Durchsetzung von Rechten sowie der Abwehr und Erfassung von Verstößen. Hierbei ist insbesondere die Strafrechtspflege voranzustellen, da das Strafrecht als Ultima Ratio empfindlich in die Rechte des Verurteilten eingreift. Die Möglichkeit der Freiheitsentziehung begrenzt final die Grundrechte des Verurteilten und erfordert einen verantwortungsvollen Umgang. Die prozessbeteiligten Juristen, Rechtsanwälte, Staatsanwälte und Richter sind gemeinsam in der Verantwortung, lebenseinschneidende Maßnahmen zu verhandeln und ein gerechtes Urteil zu finden, wobei es ausschließlich den Rechtsanwälten erlaubt ist, die Interessen des Mandanten parteiisch zu vertreten. Die enge Verantwortlichkeit des Rechtsanwalts zu seinem Mandanten wird darin deutlich, dass er ein laufendes Mandat zwar niederliegen kann, jedoch sodann meist als Pflichtverteidiger beigeordnet wird. Um dieser Pflichtverteidigerstellung zu entgehen, muss er darlegen, dass das Verhältnis zwischen ihm und seinem Mandanten derart zerrüttet ist, dass eine weitere Verteidigung unmöglich ist.[974] Folglich wird zunächst davon ausgegangen, dass das Vertrauensverhältnis Bestand hat. Der Rechtsfindungsprozess setzt von allen Beteiligten regelmäßig ein hohes Maß an Konzentration, Auffassungsgabe, Wachheit sowie Einfühlungsvermögen und Beurteilungsfähigkeit

973 http://www.dfs.de, Stand: 15.08.2017.

974 Vgl. Pressemitteilung Beck-Online vom 21.06.2018, becklink 2000626.

voraus. Wird der Rechtsfindungsprozess dadurch beeinträchtigt, dass die Beteiligten ihre natürliche Leistung durch gezieltes pharmakologisches Neuroenhancement artifiziell steigern, besteht die Gefahr, dass dies die spätere Qualität der Verhandlung empfindlich stört. Kann sich ein Examenskandidat ausschließlich aufgrund der Einnahme von Methylphenidat fünf Stunden auf die Lösung eines Falles konzentrieren, wird er gezwungen sein, in langen Prozessen oder Aktenbearbeitungen ebenfalls diese Substanz einzunehmen. Außerdem treten Entzugserscheinungen wie Konzentrationsschwäche oder Depressionen auf und beeinflussen die normale Leistung negativ. Unterlässt der Einnehmende den weiteren Konsum, bleibt er ebenfalls hinter seiner bescheinigten und regelmäßigen Leistung zurück. Zudem steigt die Gefahr, Fehlentscheidungen zu treffen, da die eigenen Fähigkeiten überschätzt werden. Aufgrund der gezeigten Leistungen wurde er jedoch für fähig befunden, als Rechtspflegeorgan aufzutreten. Folglich stellt bereits die Einnahme in der Examensphase eine Gefährdung Dritter dar. Die Einnahme während der Bewerbung und Berufsausübung begegnet unzweifelhaft denselben Bedenken. Daher gefährdet der diesbezügliche Konsum von pharmakologischen Neuroenhancern Dritte.

### *bb. Rechtfertigung des Eingriffs in die Berufsfreiheit, Art. 12 Abs. 1 GG*

Ein Verbot, während der Arbeitsausübung pharmakologische Neuroenhancer zu konsumieren, würde in die Berufsausübungsfreiheit auf der ersten Stufe eingreifen.[975] Generell finden sich für den Medikamentenmissbrauch vulnerable Arbeitnehmer vermehrt in Bereichen, in denen unter erhöhten kognitiven sowie zeitlichen Anforderungen gearbeitet wird und ein großer Erfolgsdruck vorherrscht.[976] Beispielhaft sei hier der Arzt erwähnt, der während seiner 24-Stunden-Schicht in der Notaufnahme pharmakologische Neuroenhancer einnimmt, um wach und konzentriert operieren zu können.

Stellte der Gesetzgeber die Einnahme unter Strafe, wäre ein solcher Eingriff rechtfertigungsbedürftig. Um ihn zu rechtfertigen, müssten ihn vernünftige Erwägungen des Gemeinwohls als zweckmäßig erscheinen lassen.[977] Eine vernünftige Erwägung des Allgemeinwohls wäre es, das Risiko einer medikamentierten Arbeitswelt möglichst gering zu halten. Wenn immer mehr Menschen unter Einfluss von Neuroenhancern arbeiten, werden die Natürlichkeit und das Ansehen der Arbeitsleistung diskreditiert. Zudem sinkt die Hemmschwelle

---

975 Siehe S. 169.
976 Siehe S. 16.
977 *Ipsen*, Staatsrecht II – Grundrechte, Rn. 653.

der übrigen Bevölkerung, in ihrem Beruf oder in der Freizeit ebenfalls Neuroenhancer einzunehmen. Außerdem steigt durch die Einnahme der Hang zur Selbstüberschätzung. Die eigenen Fähigkeiten werden realitätsfern eingeschätzt, wodurch das Urteilsvermögen getrübt wird und die Gefahr einer fehlerhaften Behandlung steigt. Insbesondere der Berufsstand des Arztes besitzt einen Vorbildcharakter. Sollte sich der arbeitsbedingte Konsum weiterverbreiten, diskreditiert er den Berufsstand und gefährdet die körperliche Integrität Dritter.

Anders betrachtet könnte die Leistung des konsumierenden Arztes besser sein als die des müden und unkonzentrierten. Dementsprechend würde der betroffene Patient denjenigen Arzt bevorzugen, der seine Müdigkeit durch die Einnahme von Neuroenhancern unterdrückt und noch nach vielen Stunden Arbeit aufmerksam operieren kann. Es wäre sogar ein öffentliches Interesse konstruierbar, dass Angehörige solcher Berufsgruppen in Grenzsituationen ihre Wachheit medikamentös erhöhen dürften zum Wohle Dritter. Jedoch ist an dieser Stelle hervorzuheben, dass die überdurchschnittliche Leistung des Arztes mit dem gesundheitlichen Risiko einer Sucht- oder Krankheitsbildung einhergeht. Obwohl der Körper müde ist, wird er mithilfe von Medikamenten wach und konzentriert gehalten, wodurch die natürlichen Leistungsreserven und Ressourcen über das Normalmaß hinaus ausgeschöpft werden. Ein solches Vorgehen kann sogar zum Tod des Einnehmenden führen. Außerdem sollte dem Problem der Arbeitsbelastung mithilfe anderer Lösungen begegnet werden. Um die individuelle Arbeitsbelastung zu reduzieren, wäre eine Erhöhung der Personaldichte vorzugswürdig, bevor Ärzte pharmakologischen Gefahren ausgesetzt werden.

Indessen ist der Staat nicht verpflichtet den selbstbestimmt handelnden Arzt vor dem Risiko einer Suchtbildung oder vor bleibenden Schäden des Medikamentenkonsums zu bewahren. Trotzdem sorgt ein aktueller Vorfall für Bedenken. Marco Seliger berichtet in der F.A.Z. vom 13.08.2017, dass am 19.07.2017 ein Rekrut der Bundeswehr bei einem Übungsmarsch im niedersächsischen Münster verstarb.[978] Insgesamt kollabierten noch drei weitere Rekruten, von denen einer weiterhin in Lebensgefahr war. Nach den der F.A.Z. vorliegenden Informationen hat einer der kollabierten Rekruten ausgesagt, dass er gemeinsam mit einigen Kammeraden vor dem Marsch Aufputschmittel eingenommen habe. Zudem behauptet Seliger, dass die Recherchen der F.A.Z. ergeben hätten, dass der Missbrauch leistungssteigernder Substanzen innerhalb der Bundeswehr

978 *Seliger*, Die Truppe und ihre elementaren Anforderungen, Onlinemedium, abrufbar unter: http://plus.faz.net/politik/2017-08-14/die-truppe-und-ihre-elementaren-anforderungen/42569.html, Stand: 15.08.2017.

keine Seltenheit und auch in der übrigen Bevölkerung weit verbreitet sei. Seliger stellt auch heraus, dass die Soldaten Aufputschmittel nehmen, da sie den elementaren Anforderungen an einen Soldaten nicht mehr gewachsen seien. Das bedeutet, dass die Rekruten konsumieren, weil sie ihre unterdurchschnittliche Leistung steigern wollen, um mithalten zu können. In dem vorliegenden Fall bestünde zudem die Möglichkeit, dass gerade der Konsum von leistungssteigernden Mitteln zum Tod des Rekruten geführt habe. Dadurch wird die Gefährlichkeit von leistungssteigernden Substanzen auf erschreckende Weise deutlich. Der Stern schreibt jedoch am 04.03.2018, laut dem Ergebnis des chemisch-toxikologischen Berichts der Obduktion gebe es keinen Hinweis auf den Missbrauch leistungssteigernder Substanzen.[979] Trotzdem ist die Bundeswehr gem. dem Annex zu Art. 87a I GG[980] verpflichtet, ihr Personal zu schützen und im Zuge dessen ebenso dem Missbrauch von leistungssteigernden Substanzen Einhalt zu gebieten.[981] Aufgrund der hohen Nebenwirkungen bis hin zum multiplen Organversagen und dem Tod ist die Einnahme von leistungssteigernden Substanzen bei der Bundeswehr zu unterbinden. Der Schutz vor den massiven und tödlichen Nebenwirkungen ist eine vernünftige Erwägung des Gemeinwohls und erscheint als zweckmäßig.

Ein Verbot und der damit einhergehende Eingriff des Staates auf erster Stufe wären insofern gerechtfertigt.

Eine andere Bewertung gilt für einen Eingriff auf zweiter Stufe. Hier wird in die Berufswahl eingegriffen und dieser Eingriff ist gerechtfertigt, wenn durch die berufs- oder ausbildungsspezifische Handlung (Einnahme leistungssteigernder Substanzen) eine abstrakte Gefahr für das Gemeinwohl entsteht.[982] Im Sinne des Verhältnismäßigkeitsgrundsatzes bedeutet das, dass die subjektiven Zugangsvoraussetzungen zur Berufswahl zu dem Ziel der ordnungsgemäßen Erfüllung der beruflichen Tätigkeit nicht außer Verhältnis stehen dürfen.[983] Konsumierte ein solcher Bewerber im Auswahlverfahren Neuroenhancer und könnte er dadurch schnellere, bessere oder „richtige" Entscheidungen treffen, bestünde er wahrscheinlich das Auswahlverfahren und würde eingestellt. Indes spiegeln seine

979 Stern vom 04.03.2018, Onlinemedium, abrufbar unter: https://www.stern.de/panorama/gesellschaft/bundeswehr--der-toedliche-marsch-von-munster---chronologie-eines-dramas-7806630.html, Stand: 25.05.2018.

980 Vgl. BT-Drucks. 16/12004, S. 2; *Hömig*, Hömig/Wolff, Art. 87 a GG, Rn. 2.

981 *Hömig*, Hömig/Wolff, Art. 87 a GG, Rn. 2.

982 *Ipsen*, Staatsrecht II – Grundrechte, Rn. 654; *Manssen*, Staatsrecht II – GR, § 26, Rn. 608.

983 BVerfGE 7, 377 (408).

Fähigkeiten im Auswahltest nicht seinen natürlichen Dauerzustand wieder. Um später eine vergleichbare Leistung zu erzielen, müsste er diesen Zustand regelmäßig durch die Einnahme von pharmakologischen Neuroenhancern reproduzieren. Der Arbeitgeber stellt den Bewerber folglich aufgrund eines invaliden Leistungsbildes ein. Damit geht einher, dass er, kraft seines Weisungsrechts[984], den späteren Arbeitnehmer wohlmöglich in einem Bereich einsetzt, der dessen natürliche Leistungsfähigkeit übersteigt.

Die sich daraus ergebenden, oben angeführten Gefährdungslagen der körperlichen Unversehrtheit Dritter, sind hier spiegelbildlich heranzuziehen. Diese zeigen, dass die Allgemeinheit, in Form aller potentiellen Patienten, Insassen von Flugzeugen oder Mandanten, mindestens abstrakt gefährdet wird, wenn Bewerber Neuroenhancer während des Bewerbungsverfahrens einnehmen, um dadurch eine höhere kognitive Leistung vorzugeben. Demzufolge wäre eine Regulierung des Konsums während des Bewerbungsprozesses grundsätzlich einer Rechtfertigung zugänglich und mithin angezeigt. Das Verbot des Konsums von leistungssteigernden Substanzen ist im Bewerbungsprozess und während der Berufsausübung gerechtfertigt.

#### *cc. Ergebnis zu den Rechtfertigungsmöglichkeiten*

Ein Verbot von pharmakologischem Neuroenhancement greift unstreitig in die allgemeine Handlungsfreiheit, Chancengleichheit und in die Berufsfreiheit des Konsumenten ein. Grundrechtlich nicht zu legitimieren ist eine generell-abstrakte Regulierung der Einnahme in allen Lebensbereichen. Um eine Regulierung in Teilbereichen zu rechtfertigen, ist es entweder erforderlich, dass pharmakologische Neuroenhancer in einer kognitiven Wettbewerbssituation mit dem Ziel des Konsumenten eingenommen werden, sich einen unlauteren Vorteil[985] zu verschaffen, oder die Einnahme zu einer der oben beschriebenen Gefährdungen Dritter führt.

### d. Ergebnis zur Strafbedürftigkeit

Die Strafbedürftigkeit ist zu bejahen. Eine Neuregelung wäre geeignet, pharmakologisches Neuroenhancement in ausgewählten Situationen wirkungsvoll zu unterbinden. Darüber hinaus unterstreichen die Ergebnisse der dargestellten Studien die Erforderlichkeit einer Intervention des Gesetzgebers. Eine Regulierung

---

984 § 106 GewO.

985 Vgl. *Lindner*, MedR 2010, 463 (468).

wäre zudem aus verfassungsrechtlicher Sicht in Teilbereichen gerechtfertigt, wenn sich der Einnehmende einen unlauteren Vorteil verschafft oder die Einnahme zu einer Gefährdung Dritter führt.

## 4. Einführung einer Strafbarkeit wegen mentaler Beeinflussung

Mangels Körperlichkeitsbezugs und mangels negativer Abweichung vom Normalzustand wird die pharmakologische Verbesserung des Körpers regelmäßig nicht vom objektiven Tatbestand der Körperverletzung erfasst. Um die Anwendung von pharmakologischen Neuroenhancern zukünftig der Strafbarkeit der §§ 223 ff. StGB zuzuführen, müsste deren Wirkweise tatbestandlich erfasst werden. Die Einnahme von pharmakologischen Neuroenhancern steigert Faktoren wie Wachheit, Konzentration, Motivation und Aufmerksamkeit, weshalb folglich bereits die reine (positive) Beeinflussung mentaler Vorgänge im menschlichen Körper tatbestandlich sein müsste.

Reinhard Merkel vertritt die kontroverse These, dass ein Gesetz zum Schutz der mentalen Selbstbestimmung eingeführt werden müsse.[986] Der von ihm vorgeschlagene § 237 StGB soll denjenigen bestrafen, der „die mentale Selbstbestimmung einer anderen Person schwerwiegend beeinträchtigt, indem er mittels pharmakologischer […] Verfahren direkt auf das Gehirn der anderen Person einwirkt und dadurch deren gegenwärtige oder künftige mentale Funktionen nicht nur unerheblich verändert“[987] oder dies versucht. Zudem sei die Tat rechtswidrig, wenn sie trotz Einwilligung der betroffenen Person gegen die guten Sitten verstoße.[988] Sollte in der aktuellen Debatte ein Konsens über die Sittenwidrigkeit von pharmakologischem Neuroenhancement gefunden werden, wäre eine Strafbarkeit des Fremdenhancements somit trotz Einwilligung denkbar. Davon abgesehen bleiben nach diesem Vorschlag die weitaus relevanteren und häufigeren Eingriffe kraft autonomer Einwilligung weiterhin straflos. Folglich ist auch bei diesem Vorschlag das freiverantwortliche Selbstenhancement aus dem Anwendungsbereich der vorgeschlagenen Norm ausgeschlossen. Der Vorschlag von Merkel versucht zwar eine allgemeingültige Regelung darzustellen, erfasst jedoch ausschließlich einen kleinen Randbereich der Anwendungsfälle.

---

986 *Merkel*, ZStW 2009, 919.
987 Ebd. (951).
988 Ebd. (951).

Klärungsbedürftig ist trotzdem, ob die Vorschriften der Körperverletzung einer solchen Erweiterung des Rechtsgüterschutzes bedürfen. Der Vorschlag, die mentale Selbstbestimmung über die §§ 223 ff. StGB zu schützen, sieht sich einigen Zweifeln ausgesetzt.[989] Grundsätzlich ist der Tatbestand des § 223 StGB auf die körperliche Misshandlung und auf die Gesundheitsschädigung begrenzt, um zu verhindern, dass sein Anwendungsbereich zu weit geht. Isoliert betrachtet verursachen reine mentale Enhancements grundsätzlich keinen objektivierbaren Krankheitswert. Allein die Nebenwirkungen der Medikation fallen unter den Tatbestand der Körperverletzung[990], die bloße Verbesserung jedoch nicht. Merkel versucht für seinen § 237 StGB ein neues Rechtsgut zu etablieren, welches die Beeinflussung mentaler Vorgänge schützt, und begibt sich damit außerhalb des für diese Dissertation primär relevanten Bereichs, denn die Herangehensweise unterscheidet sich auf grundsätzliche Weise. Merkel stellt auf die fremdindizierte Beeinflussung der neuronalen Selbstbestimmung ab, wohingegen diese Untersuchung das Ziel verfolgt, den Konsum zu regulieren und schwerpunktmäßig die Fairness sowie Chancengleichheit des kognitiven Wettbewerbs zu schützen und die Allgemeinheit vor Fremdschädigung zu bewahren. Die mentale Verbesserung allgemein unter Strafe zu stellen scheint wenig realitätsnah und bildet den Regulierungsbedarf nur unzureichend ab.

Die Tatbestände des StGB und dessen Nebengesetze vermögen die Einnahme von pharmakologischen Neuroenhancern nicht zufriedenstellend zu erfassen. Der kontroverse Vorschlag von Merkel erfasst ausschließlich die einwilligungslose Anwendung von pharmakologischen Neuroenhancern durch einen Dritten.[991] Die Anwendung an autonom handelnden Personen oder die Einnahme seitens dieser im Sinne des Selbstenhancements werden durch Merkels Vorschlag nicht erfasst.[992] In Ermangelung verfügbarer Regelungen und umsetzbarer Vorschläge gilt es einen neuen substantiierten Gesetzesvorschlag zu entwickeln.

## 5. Einführung einer Strafbarkeit in Anlehnung an das Wettbewerbsrecht

Die wettbewerbsverzerrende Situation des pharmakologischen Neuroenhancements weist eine Parallele zum Tatbestand der wettbewerbsbeschränkenden

---

989 *Volkmer*, Körner/Patzak/Volkmer, Betäubungsmittelgesetz, Vorbemerkung zum AMG, Rn. 276.

990 Siehe S. 33 ff.

991 *Merkel*, ZStW 2009, 919 (950–951).

992 Ebd. (951).

Absprache bei Ausschreibungen gem. § 298 StGB und zum Gesetz gegen den unlauteren Wettbewerb auf. Im Folgenden wird untersucht, ob sich der Gedanke des fairen kognitiven Wettbewerbs um Bildungs- und Jobchancen unter wirtschaftsrechtliche Schutzgesetze subsumieren lässt.[993]

## a. Vorbild des § 298 StGB

Der § 298 StGB[994] wurde am 13.08.1997 in das Strafgesetzbuch aufgenommen und war Teil des Korruptionsbekämpfungsgesetzes.[995] § 298 StGB schützt primär das Allgemeininteresse am freien Wettbewerb bei Ausschreibungen und sekundär das Vermögen des Veranstalters der Ausschreibung sowie das der Mitbewerber.[996] Aufgrund des Schutzes dieser überindividuellen Interessen ist der Straftatbestand als abstraktes Gefährdungsdelikt zu qualifizieren.[997]

Der vom Gesetzgeber primär geschützte freie Wettbewerb zielt auf den Austausch von Waren und Dienstleistungen bei Ausschreibungen ab.[998] Der Konsum von leistungssteigernden Substanzen, um bessere Bildungs- und Jobchancen zu erhalten, kann nicht darunter subsumiert werden. Die alleinige Anknüpfung an wirtschaftliche Interessen vernachlässigt die ideelle Bedeutung des fairen Wettbewerbs als Konkurrenzkampf unter gleichen Bedingungen und die Integrität Dritter. Obwohl § 298 StGB den fairen Wettbewerb schützen soll, vermag er nicht als Anknüpfungspunkt für die Einführung einer Strafbarkeit von pharmakologischem Neuroenhancement zu dienen.

## b. Vorbild des Gesetzes gegen den unlauteren Wettbewerb

Das Gesetz gegen den unlauteren Wettbewerb (UWG) schützt grundsätzlich die Lauterkeit des Wettbewerbs.[999] Fraglich ist, ob es möglich ist, den fairen Wettbewerb um Bildungs- und Jobchancen unter das UWG zu subsumieren. Die Definition des Wettbewerbs als „Verhalten mehrerer Personen, das dadurch gekennzeichnet ist, dass der eine das zu gewinnen strebt, was ein anderer zur gleichen Zeit auch zu gewinnen strebt“[1000] umfasst somit zwar ebenfalls den

---

993 Vgl. *Cherkeh/Momsen*, NJW 2001, 1745 (1750 f.).

994 Wettbewerbsbeschränkende Absprachen bei Ausschreibungen.

995 BGBl. I, 2038.

996 *Böse*, Graf/Jäger/Wittig, § 298 StGB, Rn. 1.

997 *Kühl/Heger*, Lackner/Kühl StGB, § 298, Rn. 1.

998 *Gruhl*, Müller-Gugenberger, § 58, Rn. 1 ff.; *Kühl/Heger*, Lackner/Kühl StGB, § 298, Rn. 1.

999 *Köhler*, Köhler/Bornkamm UWG, Einl. UWG, Rn. 1.7.

1000 Ebd., Rn. 1.1.

Wettbewerb um Bildungs- und Jobchancen, jedoch definitionsgemäß ausschließlich den wirtschaftsbezogenen Wettbewerb.[1001] Es wird „das Verhalten selbstständiger Unternehmen erfasst, die zum Geschäftsabschluss mit Dritten zu gelangen suchen".[1002] Der private Wettbewerber sucht den kognitiven Wettkampf jedoch in erster Linie, um seine Bildungs- und Jobchancen zu verbessern oder den Anforderungen gerecht zu werden, weshalb sich der kognitive Wettbewerb und das Bestreben des Privaten nicht passend unter diese Definition subsumieren lassen.

Gemein ist den unterschiedlichen Wettbewerben, dass unfaires Verhalten der Teilnehmer sanktioniert werden muss. Am Beispiel des UWG wird demzufolge deutlich, dass pharmakologisches Neuroenhancement gerade wegen seines Einflusses auf den Ausgang des Wettbewerbs grundsätzlich einer Sanktionierung bedarf.[1003] Trotz dieser Regelungen ist es de lege lata nicht möglich pharmakologisches Neuroenhancement durch das UWG befriedigend zu erfassen. Allein die Schutzrichtungen beider Regelungen sind ähnlich, da das UWG ebenso den Schutz des lauteren Wettbewerbs durch Verhinderung von unlauterem Konkurrenzverhalten bezweckt. Ein Verbot wäre dem Regelungscharakter des UWG insoweit gleichartig.

## 6. Einführung einer Strafbarkeit nach dem Vorbild des AntiDopG

Ziel dieses Kapitels ist es zu analysieren, ob das AntiDopG als Vorbild zur Schaffung eines neuen Straftatbestandes dienen kann.

Das AntiDopG wurde am 10. Dezember 2015 im Bundesgesetzblatt I S. 2210 veröffentlicht und dient „der Bekämpfung des Einsatzes von Dopingmitteln und Dopingmethoden im Sport […]."[1004] Im Bereich des Sports bedurfte es der Regulierung durch das AntiDopG, da es durch die damals bestehende Gesetzeslage unmöglich war, unerlaubtes Doping effektiv zu erfassen. Bei der Anwendung des Betrugstatbestandes (§ 263 StGB) stellte sich die täuschungsbedingte Vermögensverfügung des Veranstalters oder Sponsors als diffizil heraus, da diese selten auf dessen Täuschung beruhte.[1005] Die Feststellung der zum Vermögensschaden führenden, irrtumsbedingten Vermögensverfügung war ein

1001 Ebd., Rn. 1.1.
1002 Ebd., Rn. 1.5.
1003 Vgl. *Cherkeh/Momsen*, NJW 2001, 1745 (1750).
1004 § 1 AntiDopG.
1005 BR-Drucks. 266/13, S. 5, 10.

erhebliches Problem. Bis jetzt ist noch keine rechtskräftige Verurteilung eines Leistungssportlers wegen (versuchten) Betrugs bekannt.[1006] Strafbar sind nach § 4 AntiDopG sowohl der unerlaubte Umgang mit Dopingmitteln als auch das Anwendenlassen durch Dritte (§ 2 AntiDopG) sowie das Selbstdoping, § 3 AntiDopG.

Dopt sich ein Sportler[1007] selbst, verstößt er mithin regelmäßig gegen §§ 3 Abs. 1, 4 Abs. 1 Nr. 4 AntiDopG. Der Sportler muss in der Absicht handeln, durch den Konsum[1008] von Dopingmitteln oder die Anwendung von Dopingmethoden[1009] einen unerlaubten Vorteil gegenüber seinen Konkurrenten zu erlangen. Dieser Vorteil wird dadurch unerlaubt, dass sich alle Sportler bei einem sportlichen Wettkampf im Regelungsbereich des AntiDopG befinden oder sich freiwillig weiteren (verbandsrechtlichen) Regularien unterwerfen, die den Konsum oder die Anwendung von Dopingmitteln verbieten. Bestünde ein solches Gesetz oder eine entsprechende Vereinbarung nicht, wäre die Erlangung eines dopingbedingten Vorteils grundsätzlich nicht als unerlaubt anzusehen, sondern vielmehr Teil des Wettkampfgeschehens.

Zudem muss das entsprechende Dopingmittel in der Anlage I des Internationalen Übereinkommens vom 19. Oktober 2005 gegen Doping im Sport[1010] gelistet sein, welche am 29.03.2007 im Bundesgesetzblatt Jahrgang 2007 Teil II Nr. 9 in Bonn bekanntgegeben wurde. Für den Bereich des pharmakologischen Neuroenhancements relevante Substanzen dienen regelmäßig der Leistungssteigerung und haben eine stimulierende Wirkung. Auf der Seite 392 des BGBl. 2007 II Nr. 9 werden solche Stimulanzien unter dem Punkt „S6“ aufgeführt. Dort sind unter anderem folgende „Stimulanzien, zu denen gegebenenfalls auch deren optische (D- und L-) Isomere gehören“[1011] verboten: Amphetamin, Kokain, Methamphetamin, Methylphenidat, Modafinil „und andere Wirkstoffe mit ähnlicher chemischer Struktur oder ähnlicher/n biologischer/n Wirkung(en)“[1012], wobei Koffein ausgenommen ist. Insofern werden die für das pharmakologische Neuroenhancement relevanten Substanzen vom AntiDopG erfasst.

---

1006 Ebd., S. 17.

1007 BT-Drucks. 18/4898, S. 28: Das Gesetzt erfasst Spitzen- sowie Leistungssportler und Teilnehmer von anderen Sportveranstaltungen, soweit diese von den jeweils zuständigen Sportorganisationen im Vorfeld anerkannt worden sind.

1008 § 3 Abs. 1 Nr. 1 AntiDopG.

1009 § 3 Abs. 1 Nr. 2 AntiDopG.

1010 BGBl. 2007 II S. 390 ff. (dt. Fassung).

1011 Ebd. S. 392.

1012 Ebd. S. 392.

Der Konsum der in Betracht kommenden Substanzen wird zwar von der Anlage I des AntiDopG erfasst, darüber hinaus müssen jedoch ebenso die übrigen Tatbestandsmerkmale erfüllt sein. Das AntiDopG dient gem. § 1 AntiDopG „der Bekämpfung des Einsatzes von Dopingmitteln und Dopingmethoden im Sport, um die Gesundheit der Sportlerinnen und Sportler zu schützen, die Fairness und Chancengleichheit bei Sportwettbewerben zu sichern und damit zur Erhaltung der Integrität des Sports beizutragen.“[1013] Damit hat der Gesetzgeber herausgestellt, dass die Normen Situationen der Ausbildung, des Berufs oder des Alltags regelmäßig nicht erfassen sollen. Um entsprechende Anwendungsgebiete erfassen zu können, müsste das AntiDopG analog angewandt werden. Im Strafrecht gilt jedoch der in § 1 StGB, Art. 103 Abs. 2 GG und Art. 7 Abs. 1 EMRK normierte Grundsatz „nulla poena sine lege“, welcher eine analoge Rechtsanwendung zu Lasten des Täters im Bereich des materiellen Strafrechts ausschließt. Etwaige Regelungslücken gehen zu Lasten des staatlichen Strafanspruchs.

Die Pönalisierung des AntiDopG umfasst grundsätzlich den Umgang und die Anwendung von Doping oder Dopingmethoden im Bereich des Sports. Die Strafbarkeit des Selbstdopings ist jedoch ausschließlich auf den Wettbewerb des organisierten Sports beschränkt. An die Strafbarkeit des Selbstdopings werden mithin höhere Tatbestandsvoraussetzungen gestellt. Daraus folgt, wenn bereits das Selbstdoping des AntiDopG vergleichbar ist mit der Einnahme von pharmakologischen Neuroenhancern in Situationen, in denen kognitive Leistung erbracht werden, sind ebenso der bloße Umgang und die Anwendung durch Dritte erfasst.[1014] Somit ist darzulegen, dass das Verbot des Konsums von leistungssteigernden Substanzen in Wettbewerbssituationen um Bildungs- und Berufschancen ähnlich ist zum Wettbewerb des organisierten Sports. Sind die Regelungsbereiche vergleichbar, liegt es nahe ein zukünftiges Verbot daran anzulehnen.

### a. Schutzzweck des Gesetzes

Das AntiDopG wurde zu dem in § 1 AntiDopG normierten Zweck verabschiedet, „die Gesundheit der Sportlerinnen und Sportler zu schützen, die Fairness und Chancengleichheit bei Sportwettbewerben zu sichern, um damit zur Erhaltung der Integrität des Sports beizutragen.“[1015] Zur Klärung, ob die Schutzgüter

---

1013 § 1 AntiDopG.

1014 Argumentum a maiore ad minus.

1015 § 1 AntiDopG.

des AntiDopG auf eine mögliche Neuregelung zu übertragen sind, ist zunächst deren Reichweite zu untersuchen.

### *aa. Schutz der Gesundheit*

Einer der Schutzzwecke ist die körperliche Integrität des Konsumenten. Der im Spitzensport tätige Sportler werde durch das Verbot vor den Gesundheitsgefahren des Dopings geschützt. Im Fokus stehen hierbei insbesondere Langzeitschädigungen der körperlichen Integrität, wie sie vermehrt bei systematischem Doping auftreten.[1016] Die aus medizinischer Sicht nicht indizierte Anwendung der Dopingmittel berge erhebliche Risiken, die zum Teil lebensgefährlich seien. Anabole Steroide stören etwa den Hormonhaushalt des Körpers, was zu einer Erhöhung des Herzinfarktrisikos, Veränderungen der Leber und des Stoffwechsels und teilweise zum Brustwachstum bei Männern sowie Vermännlichung bei Frauen führt.[1017] Beim sogenannten Blutdoping könnten darüber hinaus Schädigungen durch unsachgemäße Lagerungen der Blutkonserven hervorgerufen werden, denn mit der Vergabe von beschädigten Bluttransfusionen erhöht sich das Risiko einer Thrombose oder Embolie signifikant.[1018] Um diesen Gesundheitsgefahren vorzubeugen, wurde der Schutzzweck der körperlichen Integrität in das AntiDopG aufgenommen.

Dieser Schutzzweck wurden beim Selbstdoping jedoch nicht angewandt. Aufgrund des Selbstbestimmungsrechts des Konsumenten kann der Gesundheitsschutz auch hier nicht als rechtfertigendes Rechtsgut für das Verbot des Selbstdopings herangezogen werden. Die Bundestagsdrucksache 18/4898 rekurriert auf Seite 26 und 27 ausschließlich auf den Schutz der Integrität des Sports an sich und den Schutz der Chancengleichheit, Fairness und ethisch-moralischer Grundwerte im Sport.[1019]

### *bb. Integrität/Fairness/Chancengleichheit/Glaubwürdigkeit*

Ein gewichtiger Schutzzweck ist der Schutz der Integrität des organisierten Sports. Der Begriff Integrität wird unter anderem synonym zur Makellosigkeit, Ehrlichkeit, Rechtschaffenheit, Vertrauenswürdigkeit, Unbestechlichkeit und Zuverlässigkeit verwendet. Übertragen auf den sportlichen Wettkampf werden darunter Werte wie Fairness, Chancengleichheit, Toleranz, Teamgeist,

1016 BT-Drucks. 18/4898, S. 22.
1017 Ebd., S. 22.
1018 Ebd., S. 22.
1019 BT-Drucks. 18/4898, S. 22, 26.

Leistungsbereitschaft, Zuverlässigkeit und Verantwortungsbewusstsein verstanden.

Laut Bundestagsdrucksache 18/4898 beruht die Integrität eines sportlichen Wettkampfes maßgeblich auf der Einhaltung der Fairness und Chancengleichheit.[1020] Wird in diese manipulativ eingegriffen, ist die Unverfälschtheit und Authentizität des Wettkampfes gefährdet. Sportliche Wettbewerbe stehen stets unter der Prämisse, dass die dort gezeigten Leistungen auf unmanipulierte Art und Weise entstanden sind. Die von staatlicher Seite gezahlten Fördergelder sind ausschließlich vor dem Hintergrund eines fairen und integren Wettkampfes zu rechtfertigen, denn „Doping verfälscht die Ergebnisse und erschüttert die Grundlagen des Sports, [...].“[1021] Ein Konkurrent vertraut darauf, dass der andere keine unerlaubten Substanzen anwendet oder anwenden lässt, um sich einen unnatürlichen Vorteil zu verschaffen. Der Begriff der Fairness ist strafrechtlich nicht umfassend vorgeprägt. Im Wettbewerbsrecht[1022] fände sich eine Parallele, wenn man unfaires Verhalten mit unlauterem gleichsetzen würde.[1023] Gewisse Ähnlichkeiten zum wirtschaftlichen Wettbewerb wären mithin ersichtlich.[1024]

Zudem verstößt systematisches Doping gegen ethisch-moralische Grundwerte des Sports und raubt ihm seine Glaubwürdigkeit und Vorbildfunktion[1025], die aus der hohen gesellschaftlichen Bedeutung des Sports erwächst, sodass er viele Menschen in ihrer Lebensführung beeinflusst.[1026] Sportliche Wettbewerbe vermitteln neben den oben genannten positiven Werten ebenso den Umgang mit Sieg und Niederlage.[1027]

Um die Anwendung des Strafrechts im deutschen Rechtssystem zu begründen, muss allerdings die Schwelle der Notwendigkeit zur Intervention überschritten werden, sodass der Gesetzgeber angehalten ist, ein Verhalten strafrechtlich zu sanktionieren. Die Integrität sportlicher Wettbewerbe und ihre weiteren Ausprägungen sind zwar ethisch-moralisch schutzwürdige Individualinteressen, jedoch lässt sich der Konzeption des AntiDopG entnehmen, dass diese erst unter den strafrechtlichen Schutz fallen, wenn die Verzerrung der Fairness und

---

1020 Ebd., S. 22.
1021 Ebd., S. 26; *Wußler*, Erbs/Kohlhaas, Band II, § 1 AntiDopG, Rn. 4.
1022 Siehe S. 204 ff.
1023 *Bott/Mitsch*, KriPoZ 2016, 159 (161).
1024 *Kargl*, NStZ 2007, 489 (491 ff.).
1025 BT-Drucks. 18/4898, S. 22.
1026 *Wußler*, Erbs/Kohlhaas, § 1 AntiDopG, Rn. 4.
1027 BT-Drucks. 18/8831, S. 1.

Chancengleichheit den sportlichen Wettbewerb in wirtschaftlicher Hinsicht auf unlautere Weise beeinflusst[1028].[1029]

Dies lässt sich für die Bekämpfung des pharmakologischen Neuroenhancements nutzbar machen, indem die Strafbarkeit zusätzlich an eine wirtschaftliche Komponente oder einen Drittbezug geknüpft wird. Der Gesetzgeber realisierte dies dadurch, dass er das Anwenden oder Anwendenlassen von Dopingmitteln nur im Rahmen des organisierten Sports als strafwürdig kategorisierte.[1030] Um eine Strafbarkeit zu begründen, ist es gem. § 4 Abs. 1 Nr. 4 AntiDopG erforderlich, dass der Sportler entweder Mitglied eines Testpools des Dopingkontrollsystems ist[1031] oder „aus der sportlichen Betätigung unmittelbar oder mittelbar Einnahmen von erheblichem Umfang erzielt“[1032]. Die Strafbarkeit ist folglich auf den wirtschaftlich messbaren Anwendungsbereich begrenzt.

Der faire wirtschaftliche Wettbewerb stellt insoweit ein zu sicherndes Rechtsgut dar und wird bereits in anderen Bereichen im Strafrecht geschützt – insbesondere im Wirtschaftsstrafrecht.[1033] Es ist festzuhalten, dass der sportliche und darüber hinaus der wirtschaftliche Wettbewerb das Eingreifen des Staates ermöglicht.[1034]

## b. Tatbestandsvoraussetzungen

### *aa. Wettbewerb des organisierten Sports*

Wenn das AntiDopG als Vorbild zur Schaffung eines neuen Verbotstatbestandes dienen soll, muss das pharmakologische Neuroenhancement in Wettbewerbssituationen in Ausbildung und Beruf entweder unter die Tatbestandsmerkmale subsumierbar sein oder zumindest eine gewisse Ähnlichkeit zu diesen aufweisen. In diesem Abschnitt werden primär die Voraussetzungen des in § 3 AntiDopG geregelten Selbstkonsums untersucht, da § 3 AntiDopG die höheren Anforderungen an die Strafbarkeit stellt, als der Umgang mit und die unerlaubte Anwendung von Dopingmethoden (Fremdenhancement, § 2 AntiDopG). Sind diese Anforderungen vergleichbar, sind es die des § 2 AntiDopG ebenso.

---

1028 Vgl. §§ 298 ff. StGB, in denen der faire wirtschaftliche Wettbewerb ein anerkanntes und mithin schützenswertes Rechtsgut ist.

1029 Vgl. BR-Drucks. 266/13, S. 17.

1030 BT-Drucks. 18/4898, S. 31.

1031 Ebd., S. 31.

1032 Ebd., S. 32; *Eschelbach*, Graf/Jäger/Wittig, § 4 AntiDopG, Rn. 22, 23.

1033 Siehe §§ 298 ff. StGB.

1034 BR-Drucks. 266/13, S. 16.

Gem. § 3 Abs. 3 AntiDopG versteht man unter einem Wettbewerb des organisierten Sports „jede Sportveranstaltung, die

1. von einer nationalen oder internationalen Sportorganisation oder in deren Auftrag oder mit deren Anerkennung organisiert wird und
2. bei der Regeln einzuhalten sind, die von einer nationalen oder internationalen Sportorganisation mit verpflichtender Wirkung für ihre Mitgliedsorganisationen verabschiedet wurden."[1035]

Laut der Gesetzesbegründung in der Bundestagsdrucksache 18/4898 sollen durch das Gesetz primär Wettbewerbe des organisierten Sports erfasst werden. Darunter fallen Veranstaltungen wie „Spitzen- und Leistungssport, sowie Olympische und Paralympische Spiele und Jugendspiele, Weltspiele, nationale und internationale Meisterschaften, Spiele oder Wettkampfbetriebe einer nationalen oder internationalen Liga, nationale oder internationale Pokalwettbewerbe oder internationale Freundschaftsspiele."[1036] Daneben sollen ebenso „größere Laufveranstaltungen und regionale Ligen, Sportfeste privater Veranstalter, wenn und soweit diese von den jeweils zuständigen Sportorganisationen im Vorfeld anerkannt worden sind"[1037] erfasst werden. Ausgeschlossen sind demnach sämtliche Sportveranstaltungen, die rein privater Natur sind und somit dem Freizeitbereich zuzuordnen sind. Um zum Freizeitbereich zu zählen, darf keine mittelbare und unmittelbare Einbindung einer Sportorganisation oder eine Anerkennung durch diese vorliegen.[1038] Als Beispiele werden „reine Firmenläufe, Freizeitkickerturniere, rein privates Sporttreiben (z.B. Jogging im Park) oder Wettbewerbe, die ausschließlich im Rahmen des Schulsports (z.B. Spiele verschiedener Schulen gegeneinander) ausgetragen werden"[1039] genannt.

Bei dem Wettbewerb um Bildungs- und Berufschancen handelt es sich nicht um einen Wettbewerb des organisierten Sports, weshalb der Anwendungsbereich des AntiDopG die hier relevanten Situationen tatbestandlich nicht erfasst.

### *aaa. Vergleichbarkeit mit dem Ausbildungssektor*

Fraglich ist, ob der Wettbewerb im organisierten Sport vergleichbar ist zu dem Wettbewerb im leistungsorientierten Ausbildungssystem. Bereits im

1035 § 3 Abs. 3 AntiDopG.
1036 BT-Drucks. 18/4898, S. 28.
1037 Ebd., S. 28.
1038 Ebd., S. 28.
1039 Ebd., S. 28.

frühkindlichen Alter suchen bemühte Eltern nach Möglichkeiten, die über das übliche Förderungsprogramm hinausgehen. In bilingualen Kindergärten wird der Nachwuchs bereits sprachlich vorgebildet. Dazu fördern etwaige Nachmittagsprogramme die musikalischen oder motorischen Fähigkeiten. In der Schule sehen sich die Schüler einer Verdichtung des Lehrplans ausgesetzt und müssen in kurzer Zeit viel Lernstoff aufnehmen. Die Eltern versuchen die Bildung der Kinder zu ökonomisieren und fördern dadurch den Leistungsdruck vom Kindergarten bis zur Universität.[1040] Der Erfolgsdruck innerhalb dieser Strukturen stieg in den letzten Jahren stark. In der frühen Ausbildung des Kindes werden die Grundsteine für den beruflichen Erfolg gelegt und deshalb besteht bereits in diesem Stadium das Verlangen, sich von den Mitbewerbern abzusetzen. Nach dem Kindergarten werden förderungsintensive Grundschulen aufgesucht, um die im frühkindlichen Alter gelegten Grundsteine weiter auszubilden. Die Wahl[1041] der weiterführenden Schule fällt häufig auf ein Gymnasium. Im Jahre 2014 lag der Anteil der Absolventen mit allgemeiner Hochschulreife bei 33 %; dies entspricht einer Steigerung von 10 % innerhalb der Jahre 2004 bis 2014.[1042] Gymnasien sind beliebt, da sie ein hohes Ansehen besitzen und sie den Schülern ermöglichen, das angestrebte Studium unmittelbar nach dem Erwerb des Abiturs aufzunehmen. Auszeiten wie das Absolvieren eines Freiwilligen Sozialen Jahrs oder Work and Travel werden häufig ausgespart, um die Ausbildung kompakt und stringent fortzuführen. Nach Abschluss der Schule wird nicht selten ein Uni-Ranking bemüht, um festzustellen, welche Universität die beste Lehre und deren Abschluss somit später die höchsten Karrierechancen bietet. 2014 erlangten bereits 53 % aller Gleichaltrigen die schulischen Voraussetzungen, um ein Hochschulstudium in Deutschland aufnehmen zu können.[1043] Der originäre Ausbildungsberuf fällt bei der Karriereplanung zunehmend hinter einem Studiengang zurück.

Bei dem aufgezeigten Werdegang wird ersichtlich, wie hoch der Leistungsdruck für den Einzelnen ist. Den oben beschriebenen Weg beschreitet ein Großteil der Schulabgänger, weshalb der Wettbewerb innerhalb dieses Systems stetig wächst. Die Einschulungszahlen für Gymnasien steigen (s.o.), wohingegen die der Hauptschulen sinken. 2014 wechselten nur noch 12,1 % der Grundschüler

1040 *Meißner*, Neurotransmitter, 2015, 23 (25).

1041 *Kultusministeriumskonferenz*, S. 8 ff.: In Nordrhein-Westfalen entscheiden die Eltern über den Übergang von der Grundschule zur Sekundarstufe I, jedoch erteilt das Land Bayern beispielsweise eine notengebundene Empfehlung.

1042 *Maleki*, Statistisches Bundesamt – Schulen auf einen Blick, S. 31.

1043 Ebd., S. 32.

auf eine Hauptschule,[1044] was einem Rückgang von 7,7 % zum Jahre 2004 entspricht.[1045]

Es reicht nicht aus bloß einen Abschluss zu erlangen, vielmehr muss ein weiteres Abgrenzungskriterium herangezogen werden. Hier bietet sich die Feststellung der individuellen kognitiven Leistung des Einzelnen in Form von Prüfungen an. Um sich bei den Prüfungen von anderen Konkurrenten abzusetzen, ist eine hohe oder vielmehr gesteigerte kognitive Leistung von enormem Vorteil. Derjenige, der den besseren Abschluss erreicht, wird leichter seinen gewünschten Karriereweg einschlagen können. Das strukturierte Bildungssystem ist festen Regularien sowie Prüfungsordnungen unterworfen und darauf angelegt, eine Grundlage für das spätere Berufsleben zu schaffen. Insoweit nimmt es einen existenziellen Stellenwert ein. Dadurch, dass sich der Fokus innerhalb dieses Systems zunehmend stärker auf den kognitiven Konkurrenzkampf verschiebt, entsteht ein ernsthafter existenzieller Druck. Der Schüler entwickelt Konkurrenzangst, sofern er keine guten Prüfungsleistungen zu erbringen vermag, sich ihm deshalb keine guten Karrierechancen bieten, und der Aufbau einer guten Existenz verwehrt wird. Die Ausbildung ist durch ein hohes Maß an Kompetitivität geprägt. Der Kampf um Ausbildungschancen und um gute Abschlüsse ist charakteristisch für die aktuelle Ausbildungslage in Deutschland. Anstatt in neun Jahren das Abitur zu erhalten, wurde der Stoff auf acht Jahre komprimiert und die tägliche Schulzeit bis in die Nachmittagsstunden ausgeweitet. Studieninhalte wurden um neue Felder erweitert und an internationale Erfordernisse angepasst. Dies sind nur wenige Beispiele, die widerspiegeln, dass das Anforderungsprofil in den vergangenen Jahren im edukativen Bereich erheblich gestiegen ist. Folglich herrscht ein edukativer Wettkampf zwischen den beteiligten Personen. Aufgrund des hohen Leistungsdrucks und der Angst zu versagen liegt die Entscheidung nahe, sich in diesem System auf pharmakologische Art und Weise einen unlauteren Wettbewerbsvorteil zu verschaffen.

In dieser durch den Staat und die Gesellschaft geförderten Situation sehnen sich Schüler, Auszubildende oder Studenten nach Möglichkeiten zur unkomplizierten kognitiven Verbesserung. Der existenzielle Druck ist vergleichbar mit dem Druck, den ein Leistungssportler empfindet, denn auch dieser verspricht sich vom Doping einen messbaren Vorteil seinen Konkurrenten gegenüber und in der Folge einen besseren Verdienst, respektive höhere Preisgelder. Der Anreiz zum Konsum von leistungssteigernden Mitteln ist dem (Aus-)Bildungssystem

1044 Ebd., S. 13.
1045 Ebd., S. 31.

immanent. Die Situation, in der sich der kognitiv leistungsgesteigerte Schüler, Auszubildende oder Student befindet, ist folglich vergleichbar zu der des dopenden Leistungssportlers.

### *bbb. Vergleichbarkeit mit dem beruflichen Umfeld*

Es ist zunächst herauszustellen, ob das Bewerbungsverfahren und die Berufsausübung mit dem Wettbewerb des organisierten Sports verglichen werden können.

Persönliche Auswahlverfahren sind nicht nur Einstiegsvoraussetzung für den Berufsstart, sondern teils auch zum Studienbeginn erforderlich. In diesen geht es primär darum, die kognitive Leistung und soziale Kompetenz des Bewerbers verlässlich einzuschätzen.[1046] Solche Gespräche sind meist geprägt von einem künstlich erhöhten Stresslevel, da der Interviewer versuchen muss in kürzester Zeit einen belastbaren Eindruck des Bewerbers zu erhalten.[1047] In einer Stresssituation werden Botenstoffe im Körper freigesetzt, die den Muskeln ein erhöhtes Maß an Energie zuführen. Der Körper wird in einen Zustand versetzt, in dem er verstärkt leistungsfähig ist. Dieser Mechanismus rührt aus der Zeit, in der eine Flucht oder ein Kampf gegen wilde Tiere erforderlich waren.[1048] Ist der Körper an die erhöhte Leistung angepasst, kann er mit den freigegebenen Reserven arbeiten und ein stressresistenter Bewerber wird dadurch noch aufmerksamer und leistungsfähiger. Demgegenüber tritt bei gegenteilig befähigten Personen ein Abfall der Leistung auf. Gemein ist beiden Situationen, dass der Körper grundsätzlich leistungsfähiger wird, die Nutzung der Leistung jedoch nicht jedem gelingt.[1049] Um diese umfangreichen Anforderungen zu erfüllen, muss der Bewerber Höchstleistungen erbringen. Diese Anstrengungen werden zudem durch psychischen Druck verstärkt, da er regelmäßig hofft die gewünschte Anstellung zu erhalten und existenzielle Ängste an sein Versagen knüpft.

Vergleichbaren Stresssituationen ist der Spitzensportler ausgesetzt. Die Athleten stehen vor einem Wettkampf ebenfalls unter erhöhter Anspannung und verfügen durch den Ausstoß köpereigener Botenstoffe ebenfalls über erhöhte Energiereserven. Gleich ist dem Spitzensportler und dem Bewerber, dass beide in Stresssituationen Leistung erbringen müssen und sich versuchen im Konkurrenzkampf gegen Mitbewerber oder Konkurrenten durchzusetzen. Die Anforderungen an den Körper sind beim klassischen Sportler eher muskulärer Art,

1046 *Bensberg*, Dein Weg zum Prüfungserfolg, S. 16.
1047 Ebd., S. 36.
1048 *Litzcke/Schuh/Pletke*, Stress, Mobbing und Burn-out am Arbeitsplatz, S. 9.
1049 *Trilling*, Druck und Stress im Vertrieb positiv nutzen, S. 16 ff.

indes ist aber ebenso die mentale Stärke von herausragender Bedeutung für das Wettkampfergebnis. Neben der muskulären Grundvoraussetzung ist die mentale Belastbarkeit sogar zunehmend entscheidend für den Ausgang eines Wettkampfes. Im selben Ausmaß ist die kognitive Stärke wichtig für den Bewerber, um in dieser Belastungssituation strukturiert denken zu können und sich bestmöglich darzustellen.

Zudem müsste die Ausführung der Arbeit dem sportlichen Wettkampf ähnlich sein. In frühen Forschungen wurden drei dominierende Motive aufgedeckt, warum der Mensch arbeitet – das Bedürfnis nach Macht, nach Leistung und nach Anerkennung.[1050] Die antreibenden Faktoren sind egozentrischer Natur und gewinnen erst an Bedeutung, wenn sie in Relation zu Konkurrenten oder Mitarbeitern gesetzt werden. Die Schlüsselphänomene der heutigen Berufswelt sind Globalisierung, Flexibilisierung, ständige Erreichbarkeit, wechselnde Arbeitsplätze, Multitasking, Termindruck, Kontrolle, Veränderungsdruck, Schnelllebigkeit, Leistungsorientierung, Konkurrenzkampf, Existenzängste und viele ähnliche mehr.[1051] Die damit einhergehenden psychischen Anforderungen befinden sich auf einem durchgängig hohen Niveau, wobei besonders qualifizierte Fachkräfte stärker betroffen sind.[1052] Sich ständig ändernde Arbeitsbedingungen bedingen es, dass es nicht mehr ausreicht, einmal erworbene Fähigkeiten anzuwenden, sondern der Beschäftigte muss sich andauernd an neue Bedingungen adaptieren.[1053] Die gestiegenen Leistungsanforderungen führen zu erhöhtem psychischem Druck. Sich in diesem kompetitiven Umfeld zu behaupten und durchzusetzen, ist für viele eine Herausforderung. Im Jahre 2012 belegte Andrea Lohmann-Haislah, Diplom-Psychologin und wissenschaftliche Mitarbeiterin sowie Spezialistin für psychische Belastungen und betriebliches Gesundheitsmanagement der Bundesanstalt für Arbeitsschutz und Arbeitsmedizin in Berlin, in umfangreichen Studien des Stressreports Deutschland[1054], dass sich die psychische Arbeitsbelastung auf einem durchgängig hohen Niveau befindet.[1055] Insofern wird deutlich, dass die vielfältigen Anforderungen im arbeits- und ausbildungsbedingten Umfeld denen im Leistungssport nicht nachstehen, jedoch schwerpunktmäßig auf kognitiver Ebene wirken.

---

1050 *Gündel/Glaser/Peter*, Arbeiten und gesund bleiben, S. 2.

1051 *Litzcke/Schuh/Pletke*, Stress, Mobbing und Burn-out am Arbeitsplatz, Vorwort.

1052 *Dunkel/Kratzer*, Zeit- und Leistungsdruck bei Wissens- und Interaktionsarbeit, S. 13 ff.

1053 *Hühnefeld*, Das Gesundheitswesen, 2013, A 115.

1054 BIBB/BAuA-Erwerbstätigenbefragung 2011/2012.

1055 *Lohmann-Haislah*, Stressreport Deutschland 2012, S. 178.

### *bb. Vergleichbarkeit der weiteren Tatbestandsvoraussetzungen*

Die weiteren Tatbestandsvoraussetzungen des § 3 Abs. 3 AntiDopG müssten vergleichbar sein zur Ausbildung oder zum Beruf.

#### *aaa. Der Sport muss wesentliche Einnahmequelle sein*

Wie dargelegt, wird im AntiDopG die Person bestraft, die als eine „Berufssport treibende Person" angesehen wird. Dies sei unter anderem „eine Person, die durch die Teilnahme an sportlichen Wettkämpfen unmittelbar oder mittelbar wesentliche Teile ihres Einkommens erzielt."[1056] Darunter fallen Antrittsgelder, Sieg- und Platzierungsprämien oder finanzielle Zuwendungen von Sponsoren. Bei diesen Geldern ist es ausreichend, wenn sie in der Summe einen wesentlichen Teil des Gesamteinkommens darstellen. Mithin sind ebenso Amateursportler erfasst, die neben ihrem Einkommen aus konventioneller Arbeit Geld mit sportlicher Betätigung verdienen.[1057] Ein gewichtiger Teil ist anzunehmen, wenn die Zuwendungen mindestens die Hälfte des für einen „bescheidenen Lebenszuschnitt"[1058] Erforderlichen ausmachen.

#### (1) Vergleichbarkeit mit dem Ausbildungssektor

Die in der Ausbildung befindliche Person müsste als jemand anzusehen sein, der durch die Teilnahme an ausbildungsspezifischen Wettkämpfen unmittelbar oder mittelbar einen wesentlichen Teil seines Einkommens erzielt. Unter der Person in Ausbildung wird der Schüler, Student, Auszubildende und generell derjenige verstanden, der versucht einen staatlich anerkannten Abschluss zu erhalten.

Hierbei ist die grundlegende Funktion der Ausbildung als Vorbereitung auf das spätere Berufsleben zu berücksichtigen. In Schule, Ausbildung und Studium wird regelmäßig kein wesentlicher Teil des Einkommens erzielt, jedoch ist die Ausbildungsphase als Vorbereitung auf die spätere Einkommensbildung unabdingbar. Je besser die Ausbildung abgeschlossen wird, desto wahrscheinlicher ist es, dass derjenige später ein hohes Gehalt verdient. Eine von dem Internetportal Stepstone[1059] durchgeführte Untersuchung zu den durchschnittlichen Bruttojahresgehältern von in Vollzeit arbeitenden Fach- und Führungskräften in Deutschland nach Bildungsabschlüssen im Jahr 2016 belegt, dass

1056 BR-Drucks. 266/13, S. 18.
1057 Ebd., S. 18.
1058 Ebd., S. 18.
1059 https://www.stepstone.de/.

die Höhe des Bruttojahresgehalts mit der Höhe des Bildungsabschlusses korreliert.[1060] Je besser der Bildungsabschluss war, desto höher fiel das Bruttojahresgehalt aus. Der Meister und Fachwirt verdienten im Schnitt jährlich 53.250 Euro wohingegen der Promovierte 79.207 Euro erhält. Die Forschungseinrichtung der Bundesagentur für Arbeit, das Institut für Arbeitsmarkt- und Berufsforschung, führte ebenso eine Studie über die Lebensverdienste in Relation zur Qualifikation durch.[1061] Daraus geht hervor, dass ein Beschäftigter mit Hochschulabschluss durchschnittlich das 2,7-Fache dessen verdient, was Personen ohne Schulabschluss erhalten.[1062] Diese Korrelation muss berücksichtigt werden und die Ausbildungssituation, als notwendige vorbereitende Maßnahme, mit in den Anwendungsbereich einer vergleichbaren Norm aufgenommen werden. Folglich wird durch die Teilnahme an ausbildungsspezifischen Wettkämpfen unmittelbar oder mittelbar ein wesentlicher Teil des Einkommens erzielt.

### (2) Vergleichbarkeit mit dem beruflichen Umfeld

In der Berufswelt ist es überwiegend der Fall, dass die dortigen Akteure durch ihre Berufsausübung wesentliche Teile ihres Lebensunterhalts bestreiten. Zwar gibt es Personen, die bereits über ein solides Grundvermögen verfügen und nicht mehr für ihren Lebensunterhalt arbeiten müssen, jedoch muss die Regelung gleichsam für sie gelten, da sich sonst Strafbarkeitslücken ergäben, die dem Sinn und Zweck einer Verbotsnorm zuwiderliefen. Mithin erzielt der Berufstätige durch die Teilnahme am beruflichen Lebensalltag unmittelbar oder mittelbar einen wesentlichen Teil seines Einkommens und wird vom Anwendungsbereich einer vergleichbaren Norm erfasst.

Ebenso muss der Bewerber vom Anwendungsbereich betroffen sein. Obwohl in der Bewerbungsphase kein direktes Einkommen erzielt wird, stellt sie den notwendigen Zwischenschritt zur wesentlichen Einkommenserzielung dar. Auch diese Vorbereitungshandlung fällt mithin in den Anwendungsbereich und ist vergleichbar mit der Strafbarkeit des Selbstdopings in der Trainingsphase im Spitzensport.

---

1060 https://de.statista.com/statistik/daten/studie/603655/umfrage/bruttojahresgehaelter-in-deutschland-nach-bildungsabschluessen/, Stand: 15.08.2017.

1061 *Schmillen/Stüber*, Lebensverdienste nach Qualifikation – IAB-Kurzbericht.

1062 Ebd., S. 1.

(3) Fazit

Die Ausbildung gilt als meist notwendiger Zwischenschritt, um einen Job zu erhalten, der eine wesentliche Einnahmequelle des Lebensunterhalts darstellt. Je besser die Ausbildung absolviert wird, desto höher wird das spätere Gehalt meist ausfallen – das Lohnniveau korreliert im Durchschnitt mit dem erlangten Bildungsstand bzw. Abschluss. Insofern ist die Ausbildung als vorbereitende Maßnahme vergleichbar zu der Situation des Berufssportlers. Zweifelsfrei wird ebenso die Ausübung des Berufs regelmäßig als wesentliche Einnahmequelle anzusehen sein, weshalb folglich die in Ausbildung und Beruf agierenden Personen vergleichbar zu den Berufssportlern sind.

*bbb. Vorliegen eines berufssportlichen Wettkampfes*

Zudem ist zur Strafbarkeit der „Berufssport treibenden Person" erforderlich, dass ein „berufssportlicher Wettkampf" vorliegt. Dieser besteht, „wenn eine Teilnahme an oder eine Platzierung bei diesem Wettkampf erhebliche Auswirkungen auf die […] wirtschaftlichen Positionen von ‚Berufssport treibenden Personen' haben kann."[1063]

(1) Vergleichbarkeit mit dem Ausbildungssektor

Die Ausbildung müsste folglich eine erhebliche Auswirkung auf die wirtschaftliche Position des Auszubildenden haben. Wie oben dargelegt, ist die Ausbildung als vorbereitende Maßnahme zu verstehen und bestimmt mittelbar die spätere wirtschaftliche Position des Auszubildenden.

(2) Vergleichbarkeit mit dem beruflichen Umfeld

Die Bewerbung und die spätere Ausübung des Berufs müssten erhebliche Auswirkungen auf die wirtschaftliche Position der Teilnehmer haben.

Ob zum Berufseinstieg erfolgreich ein Assessmentcenter[1064] oder ein persönliches Auswahlgespräch absolviert werden muss, der Bewerber hat sich regelmäßig gegen Mitbewerber durchzusetzen. Der Ausgang dieser kompetitiven Situation ist maßgebend für die erfolgreiche Anstellung und somit wegweisend für die spätere wirtschaftliche Position.

Außerdem müsste die Situation im Anstellungsverhältnis vergleichbar sein. Hierbei sind zwei Situationen herauszustellen: zum einen der Erhalt des

---

1063 BR-Drucks. 266/13, S. 19.

1064 Assessment, engl. für „Beurteilung".

Arbeitsplatzes und zum anderen der berufliche Erfolg. Obwohl die Situationen unterschiedlich scheinen, gleichen sie sich im Kern. Der Erhalt des Anstellungsverhältnisses und die Beförderung stellen dieselben Anforderungen an den Arbeitnehmer. Jemand, der darum kämpft seinen Arbeitsplatz zu behalten, wird sich individuell demselben Leistungsdruck ausgesetzt fühlen wie derjenige, der sich anstrengt befördert zu werden. Diese Situationen sind geprägt vom täglichen Wettkampf. Fähige und fleißige Arbeitnehmer werden eher gehalten oder befördert und beziehen meist ein höheres Gehalt. Insofern hat der Wettbewerb im Anstellungsverhältnis ebenfalls erhebliche Auswirkungen auf die wirtschaftliche Position der Arbeitnehmer.

(3) Fazit

Die Ausbildung setzt die notwendigen Voraussetzungen für den späteren Verdienst und besitzt mithin einen erheblichen Einfluss auf die spätere wirtschaftliche Position des Teilnehmers. Dies wird noch deutlicher beim Bewerbungsverfahren und während des Anstellungsverhältnisses. Mithin liegt ein vergleichbarer berufssportlicher Wettkampf in der Ausbildung und im Beruf vor.

*ccc. Anwendung in der Absicht, einen Vorteil zu erlangen*

Subjektiv setzt § 3 AntiDopG voraus, dass der Sportler in der Absicht handelt, „sich in einem Wettbewerb des organisierten Sports einen Vorteil zu verschaffen.“[1065] Unter einem Vorteil wird die (künstlich) erhöhte Leistung im Vergleich zu einem ungedopten Sportler verstanden.[1066] Folglich ist es nicht erforderlich, dass die Anwendung des Dopingmittels oder der Dopingmethode im unmittelbaren zeitlichen Zusammenhang mit einem sportlichen Wettbewerb stehen.[1067] Strafbar ist das Doping während des Wettkampfes, gleichfalls in Vorbereitungsphasen oder in Ruhepausen während des Trainings, wenn es in der Absicht erfolgt, sich einen Vorteil im Wettbewerb des organisierten Sports zu verschaffen.

Werden Dopingmittel über eine längere Zeit eingenommen, vervielfacht sich ihr Wirkungsgrad erheblich. Wird das Training systematisch und über einen längeren Zeitraum mittels Doping unterstützt, profitiert der einnehmende Sportler regelmäßig davon bis in den Wettkampf hinein. Dopingmittel fördern beispielsweise den Muskelaufbau und die Regeneration, sodass der Konsument

---

1065 § 3 Abs. 1, 2 AntiDopG.
1066 *Bott/Mitsch*, KriPoZ 2016, 159 (165).
1067 BT-Drucks. 18/4898, S. 27.

länger trainieren kann und zudem kürzer regenerieren muss. Aufgrund dessen verwenden Sportler Dopingsubstanzen insbesondere in diesen Phasen und bewirken dadurch eine stärkere Wirkung als bei ausschließlicher Anwendung im Wettkampf. Um den Gebrauch von pharmakologischen Neuroenhancern effektiv zu bekämpfen, ist es insofern erforderlich die Strafbarkeit auf das Vorbereitungsstadium auszuweiten. Bei der durchschnittlichen Vorbereitungsdauer von einem Jahr bei einem juristischen Staatsexamen kann sich die zusätzlich zur Verfügung stehende Lernzeit deutlich bemerkbar machen. Ausgehend von einer wöchentlichen effektiven Arbeitszeit von 35 Stunden, kann bereits eine tägliche Steigerung um pessimistische 2 Stunden am Ende einen idealtypischen Vorteil von 520 Stunden Lernzeit ergeben. Hieraus lässt sich entnehmen, dass die Anwendung von pharmakologischen Neuroenhancern in der Ausbildung und im Bewerbungsverfahren ebenfalls dem Anwendungsbereich unterfallen muss.

### *cc. Fazit zur Vergleichbarkeit der Tatbestandsvoraussetzungen*

Um eine neue Verbotsnorm zu etablieren, war es förderlich, Ähnlichkeiten zu bereits bestehenden Normstrukturen herzustellen.

Wie herausgearbeitet, weisen die relevanten Tatbestandsmerkmale des AntiDopG durchaus offenkundige Parallelen zu einer möglichen Neuregelung auf. Insbesondere ist zu erwähnen, dass das Selbstdoping in § 3 Abs. 1, 2 AntiDopG ausschließlich voraussetzt, dass der Konsument in der Absicht handelt, sich einen Vorteil in einem Wettbewerb des organisierten Sports zu verschaffen. Demzufolge werden auch die Vorbereitungs- und Ruhephasen des Trainings vom Straftatbestand erfasst. Übertragen auf das pharmakologische Neuroenhancement bedeutet das, dass auch die Phasen der Prüfungsvorbereitung und Bewerbung mit in den Anwendungsbereich fallen, wenn leistungssteigernde Substanzen in der Absicht konsumiert werden, sich einen Vorteil in der kommenden Leistungsermittlung zu verschaffen.

Indessen gelten die zudem geprüften weiteren Tatbestandsvoraussetzungen des § 3 AntiDopG ausschließlich für die Parallele zum Selbstdoping. Für die Vergleichbarkeit zum Verabreichen ist es nicht erforderlich, dass ein Wettbewerb des organisierten Sports und die Absicht, sich einen Vorteil zu verschaffen, vorliegen.[1068]

---

1068 § 2 AntiDopG.

### c. Fazit zur Einführung einer Strafbarkeit nach dem Vorbild des AntiDopG

Das relativ junge AntiDopG[1069] stellt erstmals den Selbstkonsum von Dopingmitteln unter Strafe und greift damit in das grundrechtlich gesicherte Selbstbestimmungsrecht ein.[1070] Diese Neuausrichtung der strafrechtlichen Dopingbekämpfung[1071] ist zu begrüßen und wird zum Anlass genommen, eine ähnliche Regelung für ausbildungs- und berufsspezifische Wettkämpfe zu entwickeln. Früher war Eigendoping von der Strafbarkeit (des Arzneimittelgesetzes gem. § 95 Abs. 1 Nr. 2a i.V.m. § 6a Abs. 1, Abs. 2 S. 1 AMG) ausgenommen, womit der Gesetzgeber zum Ausdruck brachte, dass Verstöße gegen Verhaltensnormen, die auch den Schutz des chancengleichen Wettbewerbs bezwecken, nicht sanktioniert werden sollten.[1072] Mit der Einführung des AntiDopG und dem damit verbundenen Kurswechsel des Gesetzgebers nahm dieser den fairen Wettbewerb mit in den geschützten Kreis von Rechtsgütern auf. Seitdem schützt er das Recht des Sportlers, an einem fairen und dopingfreien Wettbewerb teilzunehmen.

Ziel dieses Abschnitts war es herauszuarbeiten, dass insbesondere das Verbot des Selbstkonsums[1073] eine vergleichbare Regelungsstruktur zu einer künftigen Regulierung des Konsums von pharmakologischen Neuroenhancern aufweist.

Einzig die Regelungsweite ist nicht vergleichbar, denn würde diese auf das Verbot von Neuroenhancern übertragen werden, wären alle wettbewerbsorientierten Berufszulassungsprüfungen, Bewerbungsverfahren und Berufsausübungen von der Strafbarkeit erfasst. Eine solch umfassende Übertragung würde dem Einsatz eines Breitbandantibiotikums gleichkommen und die Notwendigkeit übersteigen. Die Verbreitung von pharmakologischen Neuroenhancern und die Bereitschaft solche zukünftig einzunehmen ist nicht zu negieren, jedoch liegt diese noch unter der Verbreitung von Doping im wettkampforientierten Leistungssport. Dieser Unterschied erfordert eine differenziertere Herangehensweise bei der strafrechtlichen Erfassung des Konsums.

---

1069 Vom 10. Dezember 2015 (BGBl. I S. 2210).

1070 *Eschelbach*, Graf/Jäger/Wittig, § 4 AntiDopG, Rn. 22.

1071 BT-Drucks. 18/4898, S. 26.

1072 *Freund, Georg*: „Verfassungswidrige Dopingstrafbarkeit nach § 95 Abs. 1 Nr. 2a AMG – Ein Beitrag zum Gesetzlichkeitsgrundsatz (Art. 103 Abs. 2 GG)“, in Festschrift für Dieter Rössner, S. 595.

1073 § 3 AntiDopG.

Wie oben herausgestellt,[1074] ist zwischen verschiedenen Berufsgruppen und deren entsprechenden Berufszulassungsprüfungen sowie Bewerbungsverfahren zu differenzieren. Nicht jeder Berufszweig weist einen solch virulenten Regulierungsbedarf auf wie Piloten, Fluglotsen, Ärzte und Juristen. Die Regelungsweite ist auf die festgestellten Bereiche zu begrenzen. Darüber hinaus bestehen zwischen dem AntiDopG und einer möglichen Neuregelung nutzbare Gemeinsamkeiten. Eine Neuregelung kann sich in Teilbereichen an dem Vorbild des AntiDopG orientieren.

1074 Siehe S. 192 ff.

# VII. Gesetzesvorschläge

Pharmakologisches Neuroenhancement wird gesetzlich de lege lata nicht ausreichend erfasst.[1075] Die Entscheidung für oder gegen die Einnahme darf nicht bloß den überzeugenden ethisch-moralischen Idealen überlassen werden, sondern muss einer wirksamen strafrechtlichen Regulierung zugeführt werden. Diese ist dringend erforderlich, da ausschließlich eine rechtliche Absicherung verlässlich davor schützt, dass die Konsumentscheidung nicht von der Moralvorstellung des Wettbewerbsteilnehmers abhängt, sondern eine Strafandrohung die erwünschte Abschreckungswirkung entfaltet. Der Einnehmende soll zukünftig die Zentralgestalt der umfassenden Kriminalitätsbekämpfung werden,[1076] da die Beteiligten bereits strafrechtlich ausreichend erfasst werden. Die folgenden Vorschläge präsentieren einen Ansatz für eine Neuregelung.

## 1. Strafrechtliche Norm

Nach der Schutzpflichtenlehre, die das Bundesverfassungsgericht aus der Menschenwürdegarantie entwickelt hat,[1077] ist der Staat verpflichtet die Freiheitssphäre des Individuums zu schützen und zu sichern[1078] – als letzte Maßnahme mithilfe des Strafrechts.

Ein Strafgesetz erfasst Verhaltensnormverstöße, die in abstrakter Form klar definiert sind. Ob jemand gegen ein solches Strafgesetz verstößt, bestimmt die Inbezugnahme der Legitimationsgründe der Verhaltensnorm. Diese muss ein rechtliches Fehlverhalten sanktionieren und darf sich nicht ausschließlich an der Sicherung von ethisch-moralischen Ansichten erschöpfen. Wie oben erläutert, stellen die Sicherung des Rechts, an einem neuroenhancementfreien Wettbewerb teilzunehmen und der Schutz der körperlichen Integrität sowie Freiheit von Dritten belastbare Legitimationsgründe dar. Die Regelung dient nicht primär dem Schutz der Gesundheit des Konsumenten, sondern sichert vielmehr die genannten Rechtsgüter. Aufgrund dessen ist mein Vorschlag für eine strafrechtliche Norm zunächst der nachfolgende.

1075 Siehe S. 55.

1076 Vgl. *Peukert*, npoR 2015, 95, Fn. 13, 14.

1077 Art. 1 Abs. 1 GG: „Sie zu achten und zu schützen …"

1078 BVerfGE 92, 26 (46).

## a. Stufe I

Die aktuelle Enhancementsituation erfasst effektiv die erste Stufe einer strafrechtlichen Regulierung. Hierbei wird der aktuelle Status quo berücksichtigt. Auf der zweiten Stufe wird ein deutlich ausgeweiteter Vorschlag präsentiert, der mögliche Zukunftsszenarien erfasst.

*§ 1 Zweck*

Ziel des Gesetzes ist es, den Einsatz von pharmakologischen Neuroenhancern in ausgewählten staatlichen Prüfungen, Bewerbungsverfahren und Berufen zu bekämpfen, um einerseits Dritte vor Schäden zu bewahren und andererseits den fairen kognitiven Wettkampf sowie die Chancengleichheit zu sichern. Es werden insbesondere gefahrgeneigte Berufe wie Pilot, Fluglotse, Jurist und Arzt erfasst.

*§ 2 Begriffsklärungen*

(1) Eine staatliche Prüfung im Sinne dieser Vorschrift ist jede Leistungsermittlung, die
   1. an einer staatlich anerkannten Lehranstalt durchgeführt wird und
   2. bei der Regeln einzuhalten sind, die in einer Prüfungsordnung oder vergleichbaren Vorschriften niedergelegt sind.

(2) Ein berufliches Bewerbungsverfahren im Sinne dieser Vorschrift ist jedes Sondierungsverfahren, welches zur Begründung eines Arbeitsverhältnisses führen soll.

(3) Unter dem Beruf wird jegliche berufsbedingte Tätigkeit verstanden.

*§ 3 Unerlaubte Anwendung von Enhancementmitteln*

Es ist verboten, ein Enhancementmittel, das ein in der Anlage I aufgeführter Stoff ist oder einen solchen enthält, zum Zwecke des indikationslosen Neuroenhancements in einer der in § 1 aufgeführten Situationen bei einer anderen Person anzuwenden.

*§ 4 Selbstenhancement*

(1) Es ist verboten, ein Enhancementmittel, das ein in der Anlage I aufgeführter Stoff ist oder einen solchen enthält, ohne medizinische Indikation, bei sich in der Absicht, sich einen Vorteil in einer der in § 1 aufgeführten Situationen

zu verschaffen, anzuwenden oder anwenden zu lassen. Das Verbot nach Satz 1 gilt nicht, wenn das Enhancementmittel außerhalb des Anwendungsbereichs des § 1 verwendet wird.

(2) Ebenso ist es verboten, an einer der in § 1 aufgeführten Situationen unter Anwendung eines Mittels nach Absatz 1 teilzunehmen, wenn die Anwendung ohne medizinische Indikation und in der Absicht erfolgt, sich einen Vorteil zu verschaffen.

### *§ 5 Strafvorschriften*

(1) Mit Freiheitsstrafe bis zu drei Jahren oder mit Geldstrafe wird bestraft, wer
   1. entgegen § 3 ein Enhancementmittel verschreibt oder bei einer anderen Person anwendet,
   2. entgegen § 4 Absatz 1 Satz 1 ein Enhancementmittel bei sich anwendet oder anwenden lässt oder
   3. entgegen § 4 Absatz 2 an einer staatlichen Prüfung, einem beruflichen Bewerbungsverfahren oder der Berufsausübung teilnimmt.

(2) Der Versuch ist in den Fällen des Absatzes 1 strafbar.

(3) Mit Freiheitsstrafe von einem Jahr bis zu zehn Jahren wird bestraft, wer
   1. durch eine der in Absatz 1 Nummer 1, 2 oder Nummer 3 bezeichneten Handlungen
      a) die Gesundheit einer großen Zahl von Menschen gefährdet,
      b) einen anderen der Gefahr des Todes oder einer schweren Schädigung an Körper oder Gesundheit aussetzt.
   2. in den Fällen des Absatzes 1 Nummer 1 oder Nummer 2
      a) ein Enhancementmittel an eine Person unter 18 Jahren verschreibt oder ein Enhancementmittel bei einer solchen Person anwendet oder
      b) gewerbsmäßig oder als Mitglied einer Bande handelt, die sich zur fortgesetzten Begehung solcher Taten verbunden hat.

(4) In minder schweren Fällen ist die Strafe Freiheitsstrafe von drei Monaten bis zu fünf Jahren.

<u>Anlage I</u>

| Name der Substanz | chemische Bezeichnung |
|---|---|
| Methylphenidat | Methyl[(RS; RS)(phenyl)(2-piperidyl)acetat] |
| Modafinil | (RS)-2-, acetamid |
| Kokain (Benzoylecgoninmethylester) | Methyl[3ß-(benzoyloxy)tropan-2ß-carboxylat] |
| Amphetamin | (RS)-1-Phenylpropan-2-ylazan |

## b. Stufe II

Sollte die Verbreitung von pharmakologischem Neuroenhancement rapide fortschreiten oder werden in naher Zukunft effektivere Substanzen entwickelt, die ein günstigeres Wirkungs-/Nebenwirkungsprofil aufweisen, muss das Erfordernis einer strafrechtlichen Sanktion erneut bewertet werden. Um diesem vorwegzugreifen und um auf zukünftige Szenarien vorbereitet zu sein, dient der folgende, deutlich weitergehende Vorschlag einer strafrechtlichen Regulierung von pharmakologischem Neuroenhancement.

*§ 1 Zweck*

Ziel des Gesetzes ist es, den Einsatz von pharmakologischen Neuroenhancern in Bewerbungsverfahren, Berufen und staatlichen Prüfungen zu bekämpfen, um einerseits Dritte vor Schäden zu bewahren und andererseits den fairen kognitiven Wettkampf sowie die Chancengleichheit zu sichern.

*§ 2 Begriffsklärungen*

(1) Eine staatliche Prüfung im Sinne dieser Vorschrift ist jede Leistungsermittlung, die
   1. an einer staatlich anerkannten Lehranstalt durchgeführt wird und
   2. bei der Regeln einzuhalten sind, die in einer Prüfungsordnung oder vergleichbaren Vorschriften niedergelegt sind.

(2) Ein berufliches Bewerbungsverfahren im Sinne dieser Vorschrift ist jedes Sondierungsverfahren, welches zur Begründung eines Arbeitsverhältnisses führen soll.

(3) Unter dem Beruf wird jegliche berufsbedingte Tätigkeit verstanden.

*§ 3 Unerlaubter Umgang mit Enhancementmitteln, unerlaubte Anwendung von Enhancementmitteln*

(1) Es ist verboten, ein Enhancementmittel, das ein in der Anlage I aufgeführter Stoff ist oder einen solchen enthält, zum Zwecke des Neuroenhancements beim indikationslosen Menschen
   1. herzustellen,
   2. mit ihm Handel zu treiben,
   3. es, ohne mit ihm Handel zu treiben, zu veräußern, abzugeben oder sonst in den Verkehr zu bringen oder
   4. zu verschreiben.

(2) Es ist verboten, ein Enhancementmittel, das ein in der Anlage I aufgeführter Stoff ist oder einen solchen enthält, zum Zwecke des indikationslosen Neuroenhancements in einer der in § 1 aufgeführten Situationen bei einer anderen Person anzuwenden.
(3) Es ist verboten, ein Enhancementmittel, das ein in der Anlage I aufgeführter Stoff ist oder einen solchen enthält, zum Zwecke des indikationslosen Neuroenhancements beim Menschen in einer der in § 1 aufgeführten Situationen zu erwerben, zu besitzen oder in oder durch den Geltungsbereich dieses Gesetzes zu verbringen.

*§ 4 Selbstenhancement*

(1) Es ist verboten, ein Enhancementmittel, das ein in der Anlage I aufgeführter Stoff ist oder einen solchen enthält, ohne medizinische Indikation, bei sich in der Absicht, sich einen Vorteil in einer der in § 1 aufgeführten Situationen zu verschaffen, anzuwenden oder anwenden zu lassen. Das Verbot nach Satz 1 gilt nicht, wenn das entsprechende Enhancementmittel außerhalb des beschriebenen Einsatzbereichs angewendet wird.
(2) Ebenso ist es verboten, an einer der in § 1 aufgeführten Situationen unter Anwendung eines Mittels nach Absatz 1 teilzunehmen, wenn die Anwendung ohne medizinische Indikation und in der Absicht erfolgt, sich einen Vorteil zu verschaffen.
(3) Es ist verboten, ein Mittel nach Absatz 1 zu erwerben oder zu besitzen, um es ohne medizinische Indikation bei sich anzuwenden oder anwenden zu lassen und um sich dadurch in einer der in § 1 aufgeführten Situationen einen Vorteil zu verschaffen. Absatz 1 Satz 2 gilt entsprechend.

*§ 5 Strafvorschriften*

(1) Mit Freiheitsstrafe bis zu drei Jahren oder mit Geldstrafe wird bestraft, wer
1. entgegen § 3 Absatz 1 ein Enhancementmittel herstellt, mit ihm Handel treibt, es, ohne mit ihm Handel zu treiben, veräußert, abgibt, sonst in den Verkehr bringt oder verschreibt,
2. entgegen § 3 Absatz 2 ein Enhancementmittel bei einer anderen Person anwendet,
3. entgegen § 3 Absatz 3 ein Enhancementmittel erwirbt, besitzt oder verbringt,
4. entgegen § 4 Absatz 1 Satz 1 ein Enhancementmittel bei sich anwendet oder anwenden lässt oder

5. entgegen § 4 Absatz 2 an einer der in § 1 aufgeführten Situationen teilnimmt.

(2) Mit Freiheitsstrafe bis zu zwei Jahren oder mit Geldstrafe wird bestraft, wer entgegen § 4 Absatz 3 ein Enhancementmittel erwirbt oder besitzt.

(3) Der Versuch ist in den Fällen des Absatzes 1 strafbar.

(4) Mit Freiheitsstrafe von einem Jahr bis zu zehn Jahren wird bestraft, wer
1. durch eine der in Absatz 1 Nummer 1, 2 oder Nummer 3 bezeichneten Handlungen
   a) die Gesundheit einer großen Zahl von Menschen gefährdet,
   b) einen anderen der Gefahr des Todes oder einer schweren Schädigung an Körper oder Gesundheit aussetzt.
2. in den Fällen des Absatzes 1 Nummer 1 oder Nummer 2
   a) ein Enhancementmittel an eine Person unter 18 Jahren veräußert oder abgibt, einer solchen Person verschreibt oder ein Enhancementmittel bei einer solchen Person anwendet oder
   b) gewerbsmäßig oder als Mitglied einer Bande handelt, die sich zur fortgesetzten Begehung solcher Taten verbunden hat.

(5) In minder schweren Fällen des Absatzes 4 ist die Strafe Freiheitsstrafe von drei Monaten bis zu fünf Jahren.

(6) Handelt der Täter in den Fällen des Absatzes 1 Nummer 1, 2 oder Nummer 3 (ausschließlich des Besitzens)[1079] fahrlässig, so ist die Strafe Freiheitsstrafe bis zu einem Jahr oder Geldstrafe.

(7) Nach Absatz 2 wird nicht bestraft, wer freiwillig die tatsächliche Verfügungsgewalt über das Neuroenhancementmittel aufgibt, bevor er es anwendet oder anwenden lässt.

<u>Anlage I</u>

| Name der Substanz | chemische Bezeichnung |
|---|---|
| Methylphenidat | Methyl[(RS; RS)(phenyl)(2-piperidyl)acetat] |
| Modafinil | (RS)-2-, acetamid |
| Kokain (Benzoylecgoninmethylester) | Methyl[3ß-(benzoyloxy)tropan-2ß-carboxylat] |
| Amphetamin | (RS)-1-Phenylpropan-2-ylazan |

1079 Der Besitz soll ausgeschlossen werden, da ein unmittelbares Ansetzen zum Besitzen schwerlich vorzustellen ist. Es käme wohl nur ein untauglicher Versuch in Betracht, bei dem der Täter ein Mittel vollendet besitzt, welches jedoch kein Dopingmittel ist, von dem er jedoch irrig annimmt, dass es eines sei.

## 2. Prüfungsrechtliche Norm

Um in staatlichen Prüfungen einen umfassenden Schutz gewährleisten zu können, ist es unabdingbar, entsprechende Regelungen im Prüfungsrecht zu etablieren.

Schüler, Auszubildende[1080] und Studenten unterwerfen sich regelmäßig der jeweiligen Prüfungsordnung der Lehranstalt. Verstoßen sie dagegen, tritt die vorgesehene Sanktion in Kraft.[1081] Handelt es sich um eine staatlich anerkannte Ausbildung, liegt die Gesetzgebungskompetenz für die Prüfungsordnung grundsätzlich bei den Ländern gem. Art. 70 Abs. 1 GG, insoweit keine Gesetzgebungsbefugnis des Bundes normiert ist. Der weit überwiegende Teil des Prüfungsrechts fällt aufgrund dessen regelmäßig in die Kompetenz des Landes. Für das Studium der Rechtswissenschaft bestimmt § 5a DRiG, dass die grundsätzlichen Inhalte des Studiums in allen Bundesländern gleich sind, das Landesrecht regelt jedoch das Nähere selbst.[1082] Beispielsweise ist es gem. § 5a Abs. 2 DRiG die Pflicht der Universität, eine Schwerpunktbereichsprüfung durchzuführen, jedoch liegen die Gestaltungshoheit[1083] und die Durchführung der Prüfung in ihrer eigenen autonomen Verantwortung[1084]. Art. 16 Abs. 1 der Verfassung für das Land Nordrhein-Westfalen berechtigt die Universitäten und gleichgestellte Hochschulen sich im Rahmen der Gesetze selbst zu verwalten. Dies umfasst gem. § 2 Abs. 3 des Gesetzes über die Hochschulen des Landes Nordrhein-Westfalen (HG) das Recht, die zur Erfüllung erforderlichen Ordnungen selbst zu erlassen. Darunter fällt gem. § 64 Abs. 1 HG ebenfalls der Erlass von Prüfungsordnungen. Aus § 58 SPO14 RW Uni Köln[1085] geht zudem hervor, dass für die Erstellung oder Änderung der Studien- und Prüfungsordnung die Zustimmung des Justizministeriums und des Landes Nordrhein-Westfalen erforderlich ist. Zur Harmonisierung der prüfungsrechtlichen Regelungen wären folglich jede Universität und Hochschule und das dazugehörige Bundesland angehalten, ihre Prüfungsordnung anzupassen.

---

1080 Gemeint sind alle Personen, die am Ende ihrer Ausbildung eine staatliche Prüfung ablegen müssen. Darunter können auch Weiter- und Fortbildungen fallen.

1081 Siehe S. 237.

1082 § 5a Abs. 4 DRiG.

1083 BT-Drucks. 14/7176, S. 13.

1084 BT-Drucks. 14/8629, S. 11.

1085 Studien- und Prüfungsordnung für den Studiengang Rechtswissenschaft mit Abschluss erste Prüfung der Rechtswissenschaftlichen Fakultät der Universität zu Köln vom 24. Juli 2014, abgekürzt: SPO14 RW Uni Köln.

Wie oben erläutert,[1086] stellt es gem. § 28 Abs. 1 S. 1 SPO14 RW eine Ordnungswidrigkeit dar, wenn jemand in einer Prüfung nicht zugelassene Hilfsmittel im Sinne des § 27 SPO14 RW nutzt oder bei sich führt. Ähnlich wie die Verwendung von unerlaubten Hilfsmitteln läuft die Einnahme von pharmakologischen Neuroenhancern regelmäßig dem Sinn und Zweck der Prüfung zuwider[1087], unverfälschte Prüfungsergebnisse zu erhalten, um die persönliche Leistung aller Prüflinge unter gleichen Voraussetzungen festzustellen.[1088] Deshalb sollten entweder der Bund oder alle Länder eine gleichartige Regelung schaffen, durch die pharmakologisches Neuroenhancement als unerlaubtes Hilfsmittel oder Täuschung in den entsprechenden Prüfungsordnungen festgelegt wird. Dies würde dazu führen, dass die Einnahme und das Bei-Sich-Führen als Ordnungswidrigkeit geahndet würden und sich strafrechtliche Konsequenzen daran anfügen könnten.

Eine solche Verflechtungsstruktur weist Parallelen zum AntiDopG auf. Dort wird die Strafbarkeit des Einnehmenden unter anderem damit gerechtfertigt, dass sich dieser freiwillig den verbandsrechtlichen Vorschriften unterwirft, die Doping verbieten. Folglich begibt sich der teilnehmende Sportler wissentlich und willentlich in den Geltungsbereich dieser Regelungen und versichert, dass er keine verbotenen Substanzen einnimmt. Die freiwillige Inkaufnahme der Regelungen unterstreicht die Möglichkeit der Anwendung von strafrechtlichen Konsequenzen und sollte spiegelbildlich für die Prüfungsordnungen der betreffenden Berufsgruppen übernommen werden.

## 3. Umsetzung

Zur effektiven Umsetzung des Gesetzesvorschlags ist es erforderlich, dass die zum Nachweis notwendigen Tests praktisch durch- und umsetzbar sind. Gemein ist den nicht-invasiven Testmethoden wie beispielsweise der Urin- oder Speicheluntersuchung, dass sie einen relativ kurzen Zeitraum von wenigen Tagen nach der Einnahme abbilden. Eine dieser Methoden wäre ausschließlich dann zielführend, wenn der Verdacht der Einnahme unmittelbar in einer entsprechenden Situation bestünde. Alternativ steht die Blutabnahme als Nachweismöglichkeit zur Verfügung. Diese stellt allerdings eine stark invasive sowie aufwändige Methode dar, die ebenfalls nur einen kurzen Einnahmezeitraum erfasst. Eine

1086 Siehe S. 74.

1087 *Kunz*, MedR 2010, 471 (474); *Prütting*, Rechtliche Aspekte der Tiefen Hirnstimulation, S. 224.

1088 *Niehues/Fischer/Jeremias*, Prüfungsrecht, Rn. 127.

solche Stichprobenkontrolle mag den situativen Konsum wirkungsvoll darstellen, sie ist jedoch untauglich bezüglich der ausgedehnten Vorbereitungsphase auf eine Prüfung oder ein Bewerbungsverfahren. Folglich sind diese Maßnahmen nur brauchbar für den Nachweis über einen kurzen Zeitraum.

Um einen längeren retrospektiven Zeitraum von durchschnittlich bis zu einem Jahr darzulegen, wäre (mittels Anordnung im Rahmen eines Strafverfahrens) die Untersuchung der Haare des Einnehmenden erforderlich.[1089] Die Haaranalyse gibt verlässlich Auskunft über die Abstinenz oder den wiederholten Konsum einer bestimmten Substanz.[1090] Das Haar ist ein sogenanntes Hautanhangsgebilde, welches über die wenige Millimeter in die Haut eindringenden Haarfollikel mit dem Blutkreislauf verbunden ist. Durch dieses feine Blutkreislaufsystem gelangen Rückstände der eingenommenen Substanzen in das ausdringende Haar. Es besteht vornehmlich aus Kreatin und weiteren Elementen wie Lipiden, Melanin, Spurenelementen und Wasser.[1091] In der Kreatinierungszone der Haarwurzel beginnen die neu produzierten Haarzellen zu verhornen und abzusterben.[1092] Das abgestorbene Haar wächst somit, unter Befeuchtung mit Sebum aus den Talgdrüsen, nach außen. Werden in diesem ständigen Prozess Substanzen eingenommen, postuliert das Inkorporationsmodell, dass die Substanzen sowie deren Metaboliten[1093] über die Blutkapillaren in die Haarfollikel gelangen und über die Haarwurzel im Haar eingelagert werden[1094] – in der sogenannten Haarmatrix[1095]. Die örtliche Fixierung der Einlagerung ermöglicht die zeitliche Rekonstruktion der Einnahme.[1096] In einer entsprechend segmentierten Untersuchung werden aufeinanderfolgende Teilabschnitte des Haares untersucht, um eine Aussage über den Konsumverlauf zu treffen.[1097] Die größte Genauigkeit der Resultate ist bei Kopfhaar zu erzielen. Sollte dieses bereits kosmetisch zu stark behandelt sein, ist es zu Analysezwecken teilweise unbrauchbar und kann durch Körperhaare ersetzt werden.[1098] Der Nachteil von Körperhaaren ist jedoch ihr

1089 *Madea/Mußhoff*, Haaranalytik – Technik und Interpretation in Medizin und Recht, S. 311.
1090 *Baumgartner*, Therapeutische Umschau 2011, 269.
1091 *Fabian/Baumgartner/Koller*, Schweizerisches Medizin-Forum, 2016, 466 (467).
1092 *Trüeb*, Haare – Praxis der Trichologie, S. 67.
1093 Metaboliten sind Substanzen, die während Stoffwechselvorgängen entstehen.
1094 *Baumgartner*, Therapeutische Umschau 2011, 269.
1095 *Hummel*, Arzneimittellehre – Grundlagen und wichtige Arzneimittelgruppen, S. 217.
1096 *Tretter*, Suchtmedizin kompakt – Suchtkrankheiten in Klinik und Praxis, S. 157.
1097 *Fabian/Baumgartner/Koller*, Schweizerisches Medizin-Forum, 2016, 466 (467).
1098 Ebd., 468.

unterschiedliches Wachstum. Darauf folgen Messungenauigkeiten und ein kürzerer Zeitraum des Rückblicks. Stören etwaige externe Substanzanhaftungen die Untersuchung, können diese durch geeignete Waschverfahren entfernt werden, sodass eine externe Kontamination ausgeschlossen werden kann.[1099]

Über die Haaranalyse ist es möglich jegliche Substanz der Kokain- und Amphetamin-Gruppe sowie weitere Wirkstoffe wie Methylphenidat zweifelsfrei festzustellen.[1100] Zu beachten ist allerdings, dass aufgrund der Wachstumsgeschwindigkeit der Nachweis des akuten Konsums erst nach Ablauf von rund zwei Wochen im Haar möglich ist. Um die situative Einnahme nachzuweisen, kann auf den Urin-, Blut- oder Speicheltest zurückgegriffen werden.

Die Anordnung, einen Drogentest durchzuführen, stellt allerdings einen Eingriff in das allgemeine Persönlichkeitsrecht und das Recht auf körperliche Unversehrtheit dar. Somit ist klärungsbedürftig, ob eine solche Maßnahme umsetzbar wäre.

### a. Bewerbung und Beschäftigung

Die Haaranalyse wird in den USA im Rahmen von „Workplace Drug Testing" bereits verbreitet an Arbeitsplätzen durchgeführt.[1101] In deutschen Betrieben wären entsprechende Drogentests vermehrt bei verantwortungsvollen Stellenprofilen vorstellbar, wie beispielsweise Pilot, Arzt, Bundeswehrsoldat, Fluglotse, Taxifahrer sowie Fahrer von öffentlichen Verkehrsmitteln oder Gefahrguttransportern. Zur Beurteilung der Rechtmäßigkeit ist jedoch der Zeitpunkt der Kontrolle zu berücksichtigen. Neben der freiwilligen Einwilligung zu einer Analyse ist der Arbeitgeber bei der Einstellung des Bewerbers grundsätzlich berechtigt eine Gesundheitsuntersuchung zu fordern.[1102] Ein zur Einstellung verpflichtend angeordneter Drogentest greift allerdings in das Recht des Bewerbers auf körperliche Unversehrtheit aus Art. 2 Abs. 2 GG und in das Persönlichkeitsrecht aus Art. 2 Abs. 1 i.V.m. Art. 1 Abs. 1 GG ein. Das Abtrennen der Haare als Körpersubstanz oder die Blutentnahme stellen eindeutig Verletzungen der körperlichen Unversehrtheit dar. Der Urintest hingegen ist eine nicht-invasive Maßnahme, vor der das allgemeine Persönlichkeitsrecht schützt. Dies umfasst das Recht, anderen Personen körperbezogene Daten nicht mitzuteilen, und insofern ebenso die

---

1099 *Baumgartner*, Therapeutische Umschau 2011, 269.

1100 Ebd., 271.

1101 *Verstraete*, Workplace Drug Testing, S. 23 f.

1102 *Madea/Mußhoff*, Haaranalytik – Technik und Interpretation in Medizin und Recht, S. 315.

Nichtmitteilung des Ergebnisses des Urintests.[1103] Den verletzten Grundrechten steht seitens des Arbeitgebers das nachvollziehbare Interesse gegenüber, einen gesunden und nicht konsumierenden Bewerber einzustellen, der keine substanzbedingte Gefahr für sich, Dritte oder Sachgüter von hohem Wert darstellt.[1104]

Aufgrund der widerstreitenden Positionen muss eine Interessenabwägung stattfinden. Unter den zur Verfügung stehenden Testmöglichkeiten greifen der Urin- und Speicheltest am geringsten in die Rechte der Betroffenen ein. Der Abschnitt einer bleistiftgroßen Menge von Haaren und die Entnahme von Blut sind ebenfalls als gering invasiv einzustufen. Trotz alledem wird in normalen Arbeitsverhältnissen regelmäßig der Grundrechtsschutz des Arbeitnehmers überwiegen und ein Drogentest unzulässig sein. Der Bewerber könnte einen Test mithin rechtlich zulässig ablehnen. Nimmt der Bewerber sein Verweigerungsrecht wahr, wird der Arbeitgeber den Bewerber jedoch voraussichtlich nicht einstellen. Eine hiergegen gerichtete Klage wäre in der Regel nicht durchsetzbar, da der Bewerber selten wird nachweisen können, dass er ohne den unzulässig verlangten und deshalb unterbliebenen Drogentest eingestellt worden wäre.[1105] Daraus folgt, dass die Arbeitgeber, trotz deren Unzulässigkeit, Drogentests von den Bewerbern faktisch verlangen können.

Demgegenüber könnte bei gefahrgeneigten Arbeitsplätzen eine abweichende Bewertung angezeigt sein. Erfordert das Anforderungsprofil des zu besetzenden Arbeitsplatzes, dass der spätere Arbeitnehmer ohne Drogeneinfluss arbeitet, muss zum Schutz Dritter oder bei der Gefahr hoher Sachschäden eine andere Interessenabwägung gelten. Der Arbeitgeber ist – insbesondere bei allgemeingesellschaftlich verantwortungsvollen Berufsgruppen wie den oben angeführten Ärzten, Piloten, Fluglotsen und Juristen, jedoch ebenso bei Fahrern von Personenverkehr oder Gefahrgut sowie Soldaten – daran interessiert, dass die Arbeitsleistung sicher und verlässlich erbracht wird, ohne Dritte oder hohe Sachwerte zu gefährden. Die Einstellung eines Bewerbers, ohne diesen zuvor auf die Einnahme leistungssteigernder Substanzen oder Abhängigkeit überprüft zu haben, kann dem Arbeitgeber nicht zugemutet werden. Potentielle Gefährdungen sind von Anfang an zu unterbinden. Die Durchführung eines Drogentests wird in diesem Falle rechtmäßig sein.

---

1103 ArbG Hamburg, Urteil vom 01.09.2006, 27 Ca 136/06.

1104 BAG, Urteil vom 12. August 1999 – 2 AZR 55/99.

1105 *Madea/Mußhoff*, Haaranalytik – Technik und Interpretation in Medizin und Recht, S. 315.

Davon abgesehen ist der Dienstherr bei der Begründung eines Beamtenverhältnisses berechtigt einen Nachweis der gesundheitlichen Eignung zu fordern.[1106]

Klärungsbedürftig verbleibt, ob der Arbeitgeber in einem laufenden Arbeitsverhältnis einen Drogentest anordnen darf. Das BAG entschied im Jahre 1999[1107], dass ein Arbeitnehmer routinemäßigen Blutuntersuchungen zur Ermittlung einer Alkohol- oder Drogenabhängigkeit zustimmen muss.[1108] Das BAG weist in seinem Urteil zudem darauf hin, dass es konkreter Tatsachen bedarf, die darauf schließen lassen, dass der Arbeitnehmer aufgrund des Alkohol- oder Drogenkonsums nicht mehr geeignet ist, seine Arbeit auszuführen.[1109] Die vorherige Einstiegsvoraussetzung, ein Gesundheitszeugnis vorzulegen, welches ausweist, dass Alkohol oder Drogen nicht missbräuchlich angewandt wurden, dient laut BAG nicht als Rechtfertigung für eine erneute Anforderung.[1110] Ein jüngeres Urteil vom LAG Rheinland-Pfalz aus dem Jahre 2010[1111] konstatiert die Pflicht eines Gefahrgut-LKW-Fahrers, dem Arbeitgeber bei hinreichender Veranlassung eine ärztliche Bescheinigung über die Unbedenklichkeit seines weiteren Einsatzes beizubringen.[1112] Eine hinreichende Veranlassung ist in dem Falle gegeben, wenn ausreichende Zweifel an der gesundheitsbedingten Tauglichkeit des Fahrers vorliegen, da er vorher monatelang krankheitsbedingt arbeitsunfähig war.[1113] Das LAG hat zudem festgestellt, dass keine persönlichkeitsrechtlichen Bedenken gegen die Untersuchung seitens des Arbeitnehmers bestehen.[1114] Getestet werden darf mithin nur, wenn eine gesetzliche[1115] oder tarifvertragliche Pflicht[1116] dazu besteht, dass sich der Arbeitgeber einem Gesundheitstests unterzieht, oder wenn das Interesse des Arbeitgebers die grundrechtlichen Freiheiten des Arbeitnehmers im Hinblick auf den Schutz der Persönlichkeit und der

1106 BVerfG, ZBR 2009, 125; BVerwG, BayVBl 2000, 283.
1107 BAG, Urteil vom 12. 8. 1999 – 2 AZR 55/99 (Hamm).
1108 BAG NJW 2000, 604 ff.
1109 Vgl. OVG NRW, NJW 1979, 2063.
1110 BAG, Urteil vom 12. 8. 1999 – 2 AZR 55/99 (Hamm).
1111 LAG Rheinland-Pfalz, Urteil vom 23.03.2010 – 3 Sa 714/09.
1112 Ebd., Rn. 41, 44.
1113 Ebd., Rn. 45.
1114 Ebd., Rn. 43.
1115 Beispielsweise normiert § 4 S. 1 LuftVO, dass bei körperlicher oder geistiger Beeinträchtigung Piloten kein Flugzeug führen und Besatzungsmitglieder keine Tätigkeiten ausführen dürfen.
1116 ArbG Hamburg, Urteil vom 01.09.2006, 27 Ca 136/06.

körperlichen Unversehrtheit überwiegt.[1117] Folglich sind verdachtsunabhängige Routineuntersuchungen unzulässig.[1118]

In den anderen Fällen begründet die allgemeine Treuepflicht des Arbeitnehmers Drogentests nur unter erhöhten Voraussetzungen. Liegen tatsächliche Anhaltspunkte vor, dass der Arbeitnehmer seine Arbeitspflicht nicht mehr erfüllen kann,[1119] und ist seine Tätigkeit gefahrgeneigt, wird die grundrechtliche Abwägung regelmäßig zugunsten der Untersuchung ausfallen.[1120] Besteht die ernsthafte Besorgnis und begründen konkrete Anhaltspunkte den Verdacht, dass eine Drogenabhängigkeit vorliegt, ist eine Untersuchung auf Substanzkonsum vor und während des Arbeitsverhältnisses unter den obigen Voraussetzungen möglich.[1121] Der bloße Konsum in Privatbereich reicht nicht aus, um daraus eine mangelnde Eignung des Arbeitnehmers abzuleiten. Vielmehr muss sich der Drogenkonsum am Arbeitsplatz auswirken oder der Arbeitnehmer während der Arbeitszeit Substanzen einnehmen.[1122]

## b. Schule

Fraglich ist, ob ein Schüler dazu verpflichtet werden kann, sich einem Drogentest zu unterziehen, wenn er substanzbedingt auffällig wurde. Die Befugnisse der Schulen regelt für das Land Nordrhein-Westfalen das Schulgesetz für das Land Nordrhein-Westfalen (SchulG NRW).[1123] § 53 Abs. 1 SchulG NRW berechtigt die Schule im Falle einer Pflichtverletzung eines Schülers, erzieherische Einwirkungen und Ordnungsmaßnahmen vorzunehmen, wenn diese der geordneten Unterrichts- und Erziehungsarbeit der Schule sowie dem Schutz von Personen und Sachen dienen. Gem. § 53 Abs. 3 Nr. 5 SchulG NRW gehört zu den Ordnungsmaßnahmen unter anderem die Entlassung von der Schule oder gem. Nr. 7 sogar die Verweisung von allen öffentlichen Schulen des Landes. Diese Entscheidung unterliegt maßgeblich pädagogischen Leitlinien und ist unter strenger Beachtung des Verhältnismäßigkeitsgrundsatzes zu treffen. Nach einhelliger Rechtsprechung rechtfertigt jedenfalls der Erwerb, die Einnahme und

---

1117 *Richardi/Fischinger*, Staudinger BGB, § 611 BGB, Rn. 1253.

1118 BAG NZA 1999, 1209.

1119 *Behrens*, NZA 2014, 401 (404).

1120 LAG Rheinland-Pfalz, Urteil vom 23.03.2010 – 3 Sa 714/09.

1121 *Madea/Mußhoff*, Haaranalytik – Technik und Interpretation in Medizin und Recht, S. 315.

1122 Vgl. BayVGH NVwZ 2000, 1203.

1123 Dies sei beispielhaft erwähnt, die Schulgesetze der anderen Bundesländer unterscheiden sich in den relevanten Punkten nur marginal.

die Weitergabe von Betäubungsmitteln jeweils die Entlassung von der Schule.[1124] Im konkreten Fall entließ die Schule einen Schüler ohne vorherige Androhung, da er während des Schulbetriebs eine geringe Menge Marihuana erwarb. Dieser Auffassung folgend, würde die Einnahme von pharmakologischen Neuroenhancern[1125] ebenfalls einen tauglichen Entlassungsgrund darstellen. Um einen validen Drogentest durchzuführen, ist die Entnahme von Haaren, Urin, Blut oder Speichel erforderlich. Werden konkrete Umstände bekannt, muss die Schule über die (Eingriffs-)Möglichkeit verfügen, einen solchen Sachverhalt sicher aufzuklären. Gerade zum Schutz der Mitschüler ist die Schule im Rahmen ihres Ermessens verpflichtet und berechtigt einen Drogentest einzufordern.[1126] Wenn konkrete Anhaltspunkte vorliegen, dass die Aufgabenerfüllung der Schule oder Mitschüler gefährdet ist, ist das Einfordern eines Drogentests zulässig.

### c. Studium

Die Prüfungsordnungen anderer Studiengänge weisen Ähnlichkeiten bezüglich der entsprechenden Regelungen auf, weshalb beispielhaft die Studien- und Prüfungsordnung für den Studiengang Rechtswissenschaft mit Abschluss erste Prüfung der Rechtswissenschaftlichen Fakultät der Universität zu Köln angeführt sei. Wie oben dargestellt[1127], mangelt es in der Studien- und Prüfungsordnung an einer allgemeingültigen Definition des unerlaubten Hilfsmittels. Es wird vielmehr darauf verwiesen, dass jegliche Täuschungshandlung sowie die Nutzung nicht zugelassener Hilfsmittel gem. §§ 28 Abs. 1 S. 1, 27, eine Ordnungswidrigkeit darstellt. Als Folgen eines Verstoßes normiert § 28 Abs. 3 die Möglichkeit der Wiederholung der Prüfungsleistung, die Prüfungsleistung als ungenügend (0 Punkte) zu erklären und im Falle eines mehrfachen oder schwerwiegenden Verstoßes die Prüfungsleistung als endgültig für nicht bestanden zu erklären.[1128] Vergleichbare Rechtswirkung entfaltet die im juristischen Staatsexamen anwendbare Regelung des § 22 Juristenausbildungsgesetz Nordrhein-Westfalen.

---

1124 VGH Bay, München, Beschluss vom 14.06.2002, 7 CS 02.776, Entlassung aus der Realschule wegen Erwerb, Konsum und Weitergabe von Marihuana.

1125 Die hier untersuchten pharmakologischen Neuroenhancer unterfallen wie Marihuana gleichfalls, bis auf Modafinil, alle dem Betäubungsmittelgesetz.

1126 *Madea/Mußhoff*, Haaranalytik – Technik und Interpretation in Medizin und Recht, S. 317.

1127 Siehe S. 77 f.

1128 Die Erklärung für endgültig nicht bestanden zieht regelmäßig die Exmatrikulation nach sich.

Der obigen Argumentation folgend, muss die Aufsicht führende Person über ein dahingehendes Eingriffsrecht verfügen, dass die Täuschung oder Nutzung nicht zugelassener Hilfsmittel nachgewiesen werden kann. Ohne ein solches Recht wäre die Ahndung der Regelverstöße nicht möglich und die Norm wirkungslos. Zum Nachweis der Substanzeinnahme wäre der gering invasive und leicht durchführbare Drogentest anhand einer Haar-, Speichel-, Urin- oder Blutprobe keine unzumutbare Maßnahme. Folglich besteht die Möglichkeit, in Prüfungssituationen im Studium und Staatsexamen die Durchführung eines Drogentests zu verlangen.

### d. Fazit

Somit sind die zum Nachweis notwendigen Tests in den meisten Szenarien praktisch durch- und umsetzbar. Eine ergänzende Maßnahme wäre eine eidesstattliche Versicherung der Prüflinge, Bewerber oder Arbeitnehmer, wodurch sie ausweisen, keine pharmakologischen Neuroenhancer konsumiert zu haben und sich bei Zuwiderhandlungen den dort angedrohten Sanktionen zu unterwerfen.

# VIII. Abschlussbetrachtung

Pharmakologisches Neuroenhancement stellt ein weit verbreitetes Problem dar. Gesunde nehmen zweckentfremdet Substanzen ein,[1129] die ursprünglich zu therapeutischen Zwecken für Kranke entwickelt wurden. Dafür werden hauptsächlich stark stimulierende Mittel wie Methylphenidat, Modafinil, Kokain und Amphetamin verwendet, die ein deutlich erhöhtes Abhängigkeitspotential aufweisen und das Risiko erheblicher gesundheitlicher Nebenwirkungen bergen. Diesem Missbrauch von therapeutischen Substanzen muss konsequent entgegengewirkt werden. Insbesondere, da der Einnahme entsprechender Substanzen die Gefahr der Schädigung Dritter immanent ist, ist die Sanktions- und Präventionswirkung[1130] des Strafrechts erforderlich. Diverse Studien und die selbst durchgeführten Befragungen belegen, dass pharmakologisches Neuroenhancement nicht nur von Einzelnen angewandt wird, sondern die zunehmende Verbreitung äußerst wahrscheinlich ist. Eine Vielzahl der Menschen ist geneigt, pharmakologische Neuroenhancer zu nutzen, wenn sie frei verfügbar wären. Es wurde ermittelt, dass mindestens 48 bis sogar 80 %[1131] der Nichtkonsumenten zukünftig leistungssteigernde Substanzen einnähmen, wenn beispielsweise der Konsumdruck stiege oder die Nebenwirkungen der Substanzen nachließen. Diese besorgniserregende Neigung muss vom Gesetzgeber erkannt werden und bedarf frühzeitiger Intervention. Ein stimmiges Konzept für den Umgang mit pharmakologischen Neuroenhancern lässt die Rechtsordnung bislang jedoch vermissen, denn wie oben dargelegt, haben sich die bestehenden Normen als unzureichend oder nicht anwendbar erwiesen. Sie erfassen weder den Einnehmenden selbst noch die Mitwirkenden. Pharmakologisches Neuroenhancement ist ein strafwürdiger und strafbedürftiger Verstoß gegen den fairen kognitiven Wettbewerb. Die Einnahme leistungssteigernder Substanzen ist bereits in der Mitte der Gesellschaft angekommen und in vielen Bereichen des täglichen Lebens Normalität. Schüler, Studenten, Manager, Juristen, Ärzte, Banker, Politiker, Musiker, Conférenciers und viele andere nehmen leistungssteigernde Substanzen, um ihre Karriere zu fördern.[1132] Erst wenn Prüflinge oder

---

1129 Off-Label-Use ohne medizinische Indikation.

1130 Vgl. BT-Drucks. 16/4738, S. 2, Bekämpfung des Dopings im Sport vorantreiben und Optimierungsmöglichkeiten ausschöpfen.

1131 *Lieb*, Hirndoping – Warum wir nicht alles schlucken sollten, S. 50 f.

1132 Vgl. *Turner*, ZRP 1992, 121 (122).

Bewerber unter gleichen Voraussetzungen an kognitiven Wettkämpfen teilnehmen können, wird ein Wettbewerb als fair gelten. Aufgrund der Anwendung von leistungssteigernden Substanzen wird außerhalb der natürlichen Ungleichheit von Menschen die Chancengleichheit und Fairness einseitig zugunsten des Einnehmenden verzerrt.[1133] Der Konsument nimmt zudem erhebliche Risiken in Kauf, um seine kognitive Leistung kurzfristig zu verbessern.[1134] In Ausbildung und Beruf beeinflussen solche Handlungen die wirtschaftliche Lage des Konsumenten – entweder in Form besserer Noten oder einer Anstellung. Nicht einnehmende Konkurrenten werden folglich benachteiligt.

Außerdem gefährdet die Einnahme leistungssteigernder Substanzen die körperliche Integrität Dritter. Der Konsum führt häufig zu selbstüberschätzenden Tendenzen, weshalb die Gefahr für Fehlentscheidungen des Konsumenten steigt. Ist derjenige in einem Bereich tätig, in dem er für Dritte verantwortlich ist, müssen diese vor substanzbedingten Fehlentscheidungen geschützt werden. Zudem ist es möglich, dass der Leistende aufgrund der Nebenwirkungen ausfällt. Werden Piloten oder Ärzte bewusstlos, können sie die ihnen anvertrauten Dritten nicht mehr sicher pilotieren oder operieren. Bereits das Zurückbleiben hinter der enhancten Leistung kann Dritte gefährden, wenn der Fluglotse ohne Substanzen während seiner Arbeitszeit nicht durchgängig konzentriert bleiben kann. Folglich wird die körperliche Integrität Dritter stark gefährdet.

Mit dem vorgestellten Gesetzesentwurf soll der Strafbarkeitslücke Abhilfe geschaffen werden. Er ermöglicht die umfassende strafrechtliche Sanktionierung und unterbindet die weitere Verbreitung. Die Straftatbestände richten sich sowohl an den Einnehmenden selbst als auch an mitwirkende Dritte. Eine Kriminalisierung ist jedoch ausschließlich in kognitiven Wettkampfsituationen und Gefährdungslagen für Dritte angezeigt. Entsprechende staatliche Prüfungen, Einstellungsverfahren und Berufsausübungen sollen erfasst werden. Diese Bereiche müssen unter Strafandrohung gestellt werden, um Dritte wirkungsvoll zu schützen und essentielle Werte der Gesellschaft zu erhalten.

Pharmakologisches Neuroenhancement verursacht tiefgreifende soziale Veränderungen. Es ist äußerst wahrscheinlich, dass sich eine kognitive Elite und mithin eine Zwei-Klassen-Gesellschaft ausbildet. Die Menschen, die nicht über ausreichende finanzielle Mittel verfügen, werden zwangsläufig hinter der artifiziell verbesserten Leistung der Einnehmenden zurückbleiben. Außerdem könnte der verbreitete Konsum eine gesellschaftliche Neubewertung von kognitiver

---

1133 *Hilgendorf*, Einführung in das Medizinstrafrecht, 11. Kapitel, Rn. 8.
1134 *Magnus*, Patientenautonomie im Strafrecht, S. 353.

Leistung bedingen, bei der die nicht verbesserte Leistung nur noch eine unterdurchschnittliche Leistung darstellen würde. Die natürliche Leistung würde desavouiert und die Glaubwürdigkeit beeinträchtigt. Eine Person, deren kognitive Leistung permanent pharmakologisch bedingt ist, widerspricht dem natürlichen Menschenbild. Zudem ist der soziale Konsumdruck ein erhebliches Argument. Aus der Befürchtung, hinter der Leistung der Einnehmenden zurückzufallen, steigt der Druck auf den nicht Einnehmenden, ebenfalls leistungssteigernde Substanzen zu konsumieren. Kumulativ überzeugen die vorgebrachten ethisch-moralischen Argumente und unterstreichen den Interventionsbedarf.

Um die Ausgangsfrage dieser Dissertation zu beantworten, ist zunächst festzuhalten, dass die strafrechtliche Regulierung von pharmakologischem Neuroenhancement einer verfassungsrechtlichen Rechtfertigung bedarf. Wie aufgezeigt ist ein Verbot in ausgewählten ausbildungsspezifischen und berufsbedingten Situationen legitimierbar, um den (abstrakten) Gefahren des pharmakologischen Neuroenhancements zu begegnen. Die Frage nach einem Konsens zur ethisch-moralischen Bewertung von pharmakologischem Neuroenhancement ist jedoch weiterhin Gegenstand einer bis heute nicht abgeschlossenen Diskussion. Die Debatte ist geprägt von der Suche nach einem schützenswerten Rechtsgut, welches mit dem Ultima-Ratio-Prinzip des Strafrechts zu vereinbaren ist. Folglich stellte die verfassungsrechtliche Rechtfertigung einen Schwerpunkt dieser Abhandlung dar.

Im Wirtschaftsstrafrecht ist das Schutzgut des fairen wirtschaftlichen Wettbewerbs bereits lange anerkannt. Darüber hinaus normiert dies das AntiDopG ausdrücklich seit Dezember 2015 und hat die Rechtsgüter Integrität und Fairness des Wettbewerbs hinzugefügt. Das Verbot pharmakologischen Neuroenhancements schützt des Weiteren die körperliche Integrität Dritter. Gerade die Einführung des AntiDopG zeigt, dass der Staat angesichts von Fehlentwicklungen ein strafrechtliches Verbot des Substanzkonsums für erforderlich hält.

Auch das Prüfungsrecht bedarf zukünftig einer Ergänzung des Verbots pharmakologischen Neuroenhancements. Unterwirft sich der Prüfling, sowohl in der Lernphase vor, als auch in der Prüfung selbst, der für seinen Studiengang maßgeblichen Prüfungsordnung, willigt er bewusst und freiwillig in das Verbot ein. Dies führt zu dessen Rechtfertigung. Hierdurch unterscheidet sich der Prüfling von anderen Personengruppen, die in privaten Lebensbereichen ebenfalls leistungssteigernde Substanzen einnehmen. Sie unterwerfen sich nämlich im Privaten gerade keinem die Fairness und Chancengleichheit wahrenden Regelwerk. Um dieser Diskrepanz Rechnung zu tragen und der gesellschaftlichen Funktion und Bedeutung des Wettkampfes um Bildungschancen gerecht zu werden, muss das Recht, an einem fairen und neuroenhancementfreien kognitiven Wettkampf teilnehmen zu können, in den Katalog strafrechtlich geschützter Rechtsgüter aufgenommen werden.

Die Betreiber von pharmakologischem Neuroenhancement sind bereit, ethisch unvertretbare Grenzen zu überschreiten und beachtliche Risiken einzugehen. Die Anwendung der Substanzen am Gesunden birgt erhebliche medizinische Risiken. Aufgrund dessen ist ein ständiger interdisziplinärer, wissenschaftlicher Austausch geboten, um neu entwickelte pharmakologische Neuroenhancer kritisch auf ihre ethischen und rechtlichen Grenzen hin zu untersuchen. Der Rechtswissenschaft wird insoweit die Aufgabe zuteil, den medizinischen Fortschritt zu begleiten und an geeigneter Stelle rechtliche Grenzen aufzuzeigen oder neu zu ziehen, wo die Pharmakologie unvertretbare Gefahrenpotentiale hervorbringt. Es ist die Pflicht der Rechtswissenschaft, einen verlässlichen normativen Rahmen für den Umgang mit pharmakologischem Neuroenhancement zu entwickeln.

Neben lenkenden Initiativen der Gesellschaft als solcher, insbesondere durch den gesamten Bildungssektor, Arbeitgeber, Politik, Justiz, Wirtschaft und Medien, sichert der hier unterbreitete Vorschlag für ein strafrechtliches Verbot die rechtliche Durchsetzbarkeit, denn Dritte müssen vor den vielfältigen substanzbedingten Gefahren geschützt werden und die Fairness und Chancengleichheit des kognitiven Wettbewerbs soll auch in Zukunft aufrechterhalten bleiben. Der Wert und die Glaubwürdigkeit dieses Wettbewerbs sind durch Leistungsverzerrungen bedroht. Von höchster Priorität ist es, die Chancengleichheit und Fairness im Bildungs- und beruflichen Sektor zu gewährleisten, wohingegen die Sicherung der Gesundheit des Einnehmenden und des Vermögens der Beteiligten bloßer Schutzreflex ist. Der Staat sollte dafür sorgen, dass der kognitive Wettkampf wettbewerbsoffen gestaltet wird. Die Anwendung von pharmakologischem Neuroenhancement muss mit den Mittel des Strafrechts effektiv reguliert werden. 50 % der von mir Befragten unterstützen die Forderung nach einer zukünftigen Regulierung. Es besteht folglich ein erhebliches Interesse daran, den kognitiven Wettkampf vor negativen Einflüssen zu bewahren. Leistungssteigernde Substanzen sind in den Fällen des Missbrauchs in besonderer Weise sozialschädlich und für ein geordnetes Zusammenleben der Menschen hinderlich, weshalb ihre Nutzung reguliert werden muss.[1135]

1135 Vgl. BVerfG, NJW 2008, 1137 (1138).

# IX. Literaturverzeichnis


*Altendorfer, Reinhold*: „Medizinrecht – Betäubungsmittel-Verschreibung", Diabetes News, 15. Ausgabe, 2016, Mainz; (zitiert: *Altendorfer*, Diabetes News 2016, 7 (ggf. Kernstelle)).

*Asmuth, Christoph* (Hrsg.), Was ist Doping? Fakten und Probleme der aktuellen Diskussion; 2010, Bielefeld; (zitiert: *Bearbeiter* in Asmuth, Was ist Doping? Fakten und Probleme der aktuellen Diskussion, Seite)

*Battleday, Ruairidh/Brem, Anna-Katharine*: „Modafinil for cognitive Neuroenhancement in healthy non-sleep-deprived subjects: A systematic review", European Neuropsychopharmacology, Heft 25, 2015, Heidelberg; (zitiert: *Battleday/Brem*, European Neuropsychopharmacology, 25/2015, Seite)

*Baumgartner, Markus*: „Nachweis des Konsums von psychotropen Substanzen und Alkohol mittels Haaranalyse", Therapeutische Umschau, Übersichtsarbeit des Instituts für Rechtsmedizin, Forensische Pharmakotherapie und Toxologie der Universität Zürich, 2011, Bern; (zitiert: *Baumgartner*, Therapeutische Umschau 2011, 269 (ggf. Kernstelle))

*Batthyány, Dominik/Pritz, Alfred*, Rausch ohne Drogen – Substanzgebundene Süchte, 2009, Wien; (zitiert: *Batthyány/Pritz*, Rausch ohne Drogen– Substanzgebundene Süchte, Seite)

*Becker-Carus, Christian/Wendt, Mike*, Allgemeine Psychologie – Eine Einführung, 2. Auflage, 2017, Heidelberg; (zitiert: *Becker-Carus/Wendt*, Allgemeine Psychologie – Eine Einführung, Seite)

*Behrens, Michael* „Eignungsuntersuchungen und Datenschutz", Neue Zeitschrift fürs Arbeitsrecht, 2014, München; (zitiert: *Behrens*, NZA 2014, 401 (ggf. Kernstelle))

*Benkert, Otto/Hippius, Hanns*, Kompendium der Psychiatrischen Pharmakotherapie, 11. Auflage, 2016, Berlin; (zitiert: *Benkert/Hippius*, Kompendium der Psychiatrischen Pharmakotherapie, Seite)

*Benkert, Otto/Hippius, Hanns/Wetzel, Herrmann*, Psychiatrische Pharmakotherapie, 4. Auflage, 1986, Heidelberg; (zitiert: *Benkert/Hippius/Wetzel*, Psychiatrische Pharmakotherapie, Seite)

*Bensberg, Gabriele*, „Dein Weg zum Prüfungserfolg – Angstfrei durch Studium: Auswahlverfahren, Referate, Prüfungen, Bewerbungen", 2015, Heidelberg; (zitiert: *Bensberg*, Dein Weg zum Prüfungserfolg, Seite)

*Berger, Wolf Dietrich*, Methodenlehre und Klausurtechnik im Steuerrecht, 5. Auflage, 2004, Stuttgart; (zitiert: *Berger*, Methodenlehre und Klausurtechnik im Steuerrecht, S.)

*Berchtold, Josef/Rehborn, Martin (Hrsg.)*, Gesundheitsrecht, SGB V, SGB XI, 1. Auflage, 2015, München; (zitiert: *Bearbeiter*, Berchtold/Rehborn, Gesundheitsrecht, §, Rn.)

*Bergmann, Otto/Pauge, Burkhard/Steinmeyer, Heinz-Dietrich*, Gesamtes Medizinrecht, 2. Auflage, 2014, Baden-Baden; (zitiert: *Bearbeiter*, Bergmann/Pauge/Steinmeyer, Gesamtes Medizinrecht, §, Rn.)

*Beubler, Eckhard*, Kompendium der Pharmakologie – Gebräuchliche Arzneimittel in der Praxis, 3. Auflage, 2011, Wien/New York; (zitiert: *Beubler*, Kompendium der Pharmakologie, Seite)

*Beubler, Eckhard/Haltmayer, Hans/Springer, Alfred* (Hrsg.), Opiatabhängigkeit Interdisziplinäre Aspekte für die Praxis, 2003, Wien; (*Bearbeiter*, Beubler/Haltmeyer/Springer – Opiatabhängigkeit, Seite)

*Beulke, Werner/Schröder, S*, „Abgabe von Rauschgift und bewußte Selbstgefährdung. Der Schutzzweck der Vorschriften des Betäubungsmittelrechts verlangt eine Einschränkung des Prinzips der Selbstverantwortung und somit der Grundsätze zur bewußten Selbstgefährdung.“, Neue Zeitschrift für Strafrecht, Heft 8, 1991, München; (zitiert: *Beulke/Schröder*, Anmerkung zu BGH NStZ 1991, 392 (ggf. Kernstelle))

*Birnbacher, Dieter*, Natürlichkeit, 2006 Berlin/New York; (zitiert: *Birnbacher*, Natürlichkeit, Seite)

*Brudermüller, Gerd/Ellenberger, Jürgen/Götz, Isabell/Grüneberg, Christian/Herrler, Sebastian/Sprau, Hartwig/Thorn, Karsten/Weidenkaff, Walter/Weidlich, Dietmar/Wicke, Hartmut*, Palandt Bürgerliches Gesetzbuch mit Nebengesetzen, 76. Auflage, Band 7, 2017, München; (zitiert: *Bearbeiter*, Palandt, §, Rn.)

*Boecken, Winfried/Düwell, Franz Josef/Diller, Martin/Hanau, Hans* (Hrsg.), Gesamtes Arbeitsrecht, 1. Auflage, 2016, Baden-Baden; (zitiert: *Bearbeiter*, Boecken/Düwell/Diller/Hanau, Gesamtes Arbeitsrecht, Art., Rn.)

*Bott, Ingo/Mitsch, Wolfgang*: „Sinn und Unsinn der Strafbarkeit des Dopings – Eine Analyse“, Kriminalpolotische Zeitschrift, 3. Ausgabe, 2016, Münster; (zitiert: *Bott/Mitsch*, KriPoZ 2016, 159 (ggf. Kernstelle))

*Brendel, Detlef/Müller, Sven-David*, Die Zucker Lüge. Wie das Lebensmittelkartell uns einredet, dass Essen krank macht, 2016, Kiel; (zitiert: *Brendel/Müller*, Die Zucker Lüge, Seite)

*Bublitz, Jan Christoph*: „Doping Kontrollen im Staatsexamen? Über leistungssteigernde Substanzen und Chancengleichheit in Prüfungen", Zeitschrift für das juristische Studium, 2010, Hamburg; (zitiert: *Bublitz*, ZJS 2010, 306 (ggf. Kernstelle))

*Cherkeh, Rainer T./Momsen, Carsten*: „Doping als Wettbewerbsverzerrung – Möglichkeiten der strafrechtlichen Erfassung des Dopings unter besonderer Berücksichtigung der Schädigung von Mitbewerbern", Neue Juristische Wochenschrift, Heft 24, 2001, München; (zitiert: *Cherkeh/Momsen*, NJW 2001, 1745 (ggf. Kernstelle))

*Christmann, Hagen*: „Eigenverantwortliche Selbstgefährdung und Selbstschädigung", Juristische Arbeitsblätter, 2002, München; (zitiert: *Hagen*, JA 2002, 679 (ggf. Kernstelle))

Deckert, Antje: „Zum Strafwürdigkeitsbegriff im Kontext legislativer Kriminalisierungsentscheidungen im Verfassungsstaat", Zeitschrift für das juristische Studium, 2010, Hamburg; (zitiert: *Deckert*, ZJS 2013,266 (ggf. Kernstelle))

*Deutsche Angestellten Krankenkasse (DAK)*, Gesundheitsreport 2009, Analyse der Arbeitsunfähigkeitsdaten. Schwerpunktthema Doping am Arbeitsplatz, 2009, Berlin; (zitiert: DAK, Gesundheitsreport 2009, Seite)

*Deutsche Angestellten Krankenkasse (DAK)*, Gesundheitsreport 2015, Schwerpunktthema Update – Doping am Arbeitsplatz, 2015, Berlin; (zitiert: DAK, Gesundheitsreport 2015, Seite)

*Dollinger, Bernd/Schmidt-Semisch, Hennig*: „Reflexive Suchtforschung: Perspektiven der sozialwissenschaftlichen Thematisierung von Drogenkonsum", Sozialwissenschaftliche Suchtforschung, 2007, Wiesbaden; (zitiert: *Dollinger/Schmidt-Semisch*, Sozialwissenschaftliche Suchtforschung, 2007, 7, (ggf. Kernstelle)).

*Dölling, Dieter/Duttge, Gunnar/König, Stefan/Rössner*, Dieter, Gesamtes Strafrecht, 4. Auflage, Baden-Baden, 2017; (zitiert: *Bearbeiter*, Dölling/Duttge/König/Rössner, Gesamtes Strafrecht, §, Rn.)

*Dörries, Andrea/Lipp, Volker* (Hrsg.), Medizinische Indikation – Ärztliche, ethische und rechtliche Perspektiven. Grundlagen und Praxis, 2015, Stuttgart; (zitiert: *Autor*, „Titel", in Dörries/Lipp, Medizinische Indikation (ggf. Seite))

*Dunkel, Wolfgang/Kratzer, Nick*, Zeit- und Leistungsdruck bei Wissens- und Interaktionsarbeit – Neue Steuerungsformen und subjektive Praxis, 2016, Baden-Baden; (zitiert: *Dunkel/Kratzer*, Zeit- und Leistungsdruck bei Wissens- und Interaktionsarbeit, Seite)

*Elsesser, Karin/Sartory, Gudrun*, Medikamentenabhängigkeit – Fortschritte der Psychotherapie, 2001, Göttingen; (zitiert: *Elsesser/Sartory*, Medikamentenabhängigkeit – Fortschritte der Psychotherapie, Seite)

*Erbs, Georg (Begr.)/Kohlhaas, Max (ehm. Hrsg.)*, Strafrechtliche Nebengesetze – Beck'sche Kurz Kommentare, Band I, 215. EL, Mai 2017, München; (zitiert: *Bearbeiter*, Erbs/Kohlhaas, Band I, §, Rn.)

*Erbs, Georg (Begr.)/Kohlhaas, Max (ehm. Hrsg.)*, Strafrechtliche Nebengesetze – Beck'sche Kurz Kommentare, Band II, 214. EL, Mai 2017, München; (zitiert: *Bearbeiter*, Erbs/Kohlhaas, Band II, §, Rn.)

*Erbs, Georg (Begr.)/Kohlhaas, Max (ehm. Hrsg.)/Ambs, Friedrich (Hrsg.)*, Strafrechtliche Nebengesetze – Beck'sche Kurz Kommentare, Band II, 210. EL, September 2016, München; (zitiert: *Bearbeiter*, Erbs/Kohlhaas/Ambs, §, Rn.)

*European Alliance for Access to Safe Medicines*, The Counterfeiting Superhighway, 2008, East Molesey, online abrufbar unter: http://v35.pixelcms.com/ams/assets/312296678531/455_EAASM_counterfeiting%20eport_020608.pdf, Stand: 09.11.2017; (zitiert: *EAASM*, The Counterfeiting Superhighway, Seite)

*Faber, Alexander*: „Doping als unlauterer Wettbewerb und Spielbetrug", Zürcher Beiträge zur Rechtswissenschaft, 1972, Zürich; (zitiert: *Faber*, Doping als unlauterer Wettbewerb und Spielbetrug, Seite)

*Fabian, Daniel/Baumgartner, Markus/Koller, Michael*: „Sinn und Unsinn von Haaranalysen", Schweizerisches Medizin-Forum, 2016, Basel; (zitiert: *Fabian/Baumgartner/Koller*, Schweizerisches Medizin-Forum, 2016, 466, (ggf. Kernstelle))

*Feltes, Thomas/Kabuth, Detlef*, Stellungnahme zum Gesetzesentwurf der Bundesregierung zur Strafbarkeit von Sportwettbetrug und der Manipulation berufssportlicher Wettbewerbe, 2016, online abrufbar unter: https://www.bmjv.de/SharedDocs/Gesetzgebungsverfahren/Stellungnahmen/2016/Downloads/01112016_Stellungnahme_Thomas_Feltes_und_Detlef_Kabuth_RefE_Sportwettbetrug_und_Manipulation_berufssportlicher_Wettbewerbe.pdf?__blob=publicationFile&v=1, Stand 13.10.2018; (zitiert: *Feltes/Kabuth*, Stellungnahme zum Gesetzesentwurf der Bundesregierung zur Strafbarkeit von Sportwettbetrug und der Manipulation berufssportlicher Wettbewerbe, Seite)

*Fischer, Thomas*, Kurzkommentar zum Strafgesetzbuch mit Nebengesetzen, Band 10, 65. Auflage, 2018, München; (zitiert: *Fischer*, StGB, §, Rn.)

*Franke, Andreas/Hildt, Elisabeth/Lieb, Klaus*: „Muster des Missbrauchs von (Psycho-) Stimulanzien zum pharmakologischen Neuroenhancement bei Studierenden", Suchttherapie, Zeitschrift 12, 2011, Stuttgart; (zitiert: *Franke/Hildt/Lieb*, Suchttherapie 2011, 167 (ggf. Kernstelle))

*Franke, Andreas/Lieb, Klaus/et al.*: „Methylphenidate, modafinil and caffeine for cognitive enhancement in chess: A double-blind, randomised controlled trial", European Neuropsychopharmacology, online abrufbar unter: http://www.

europeanneuropsychopharmacology.com/article/S0924977X(17)30019-6/fulltext, Stand 22.01.2018; (zitiert: *Franke/Lieb*, Methylphenidate, modafinil and caffeine for Cognitive enhancement in chess: A double-blind, randomised controlled trial.)

*Franke, Ulrich/Wienroeder, Karl*, Betäubungsmittelgesetz, 3. Auflage, 2008, Heidelberg; (zitiert: *Franke/Wienroeder*, §, Rn.)

*Freund, Georg*, Strafrecht Allgemeiner Teil – Personale Straftatlehre, 2. Auflage, 2008, Berlin Heidelberg; (zitiert: *Freund*, Strafrecht Allgemeiner Teil, §, Rn.)

*Freund, Georg*: „Verfassungswidrige Dopingstrafbarkeit nach § 95 Abs. 1 Nr. 2a AMG – Ein Beitrag zum Gesetzlichkeitsgrundsatz (Art. 103 Abs. 2 GG)", in Festschrift für Dieter Rössner, 2015, Baden-Baden; (zitiert: *Freund, Georg*: „Verfassungswidrige Dopingstrafbarkeit nach § 95 Abs. 1 Nr. 2a AMG – Ein Beitrag zum Gesetzlichkeitsgrundsatz (Art. 103 Abs. 2 GG)", in Festschrift für Dieter Rössner, S.)

*Frister, Helmut/Lindemann, Michael/Peters, Alexander*, Arztstrafrecht, 2011, München; (zitiert: *Frister/Lindemann/Peters*, Arztstrafrecht, Kapitel, Rn.)

*Galert, Thorsten/Bublitz, Christoph/Heuser, Isabella/Merkel, Reinhard/Repantis, Dimitris/Schöne-Seifert, Bettina/Talbot, Davinia*: „Das optimierte Gehirn – Memorandum Neuro-Enhancement", Gehirn&Geist, Heft 11, 2009, Heidelberg; (zitiert: *Galert/Bublitz/Heuser/Merkel/Repantis/Schöne-Seifert/Talbot*, Gehirn&Geist 2009, 1 (ggf. Kernstelle))

*Gärditz, Klaus Ferdinand*: „Pharmakologisches Neuro-Enhancement als Rechtsproblem", Pharma Recht, 2011, Frankfurt am Main; (zitiert: *Gärditz*, PharmR, 2011, 46 (ggf. Kernstelle))

*Gaßmann, Raphael/Merchlewicz, Manuela/Koeppe, Armin (Hrsg.)*, Hirndoping – Der große Schwindel, 2013, Weinheim und Basel; (zitiert: *Autor*, Gaßmann/Merchlewicz/Koeppe, Hirndoping – Der große Schwindel, Seite)

*Geppert, Klaus*: „Zur Unterbrechung des strafrechtlichen Zurechnungszusammenhangs bei Eigenschädigung/-gefährdung des Opfers oder Fehlverhalten Dritter, Juristische Arbeitsblätter, 2001, München; (zitiert: *Geppert*, JURA 2001, 490 (ggf. Kernstelle))

*Glaeske, Gerd/Merchlewicz, Manuela/Schepker, Renate/Soellner, Renate/Böning, Jobst/Gaßmann,Raphael*: „Hirndoping – Die Position der Deutschen Hauptstelle für Suchtfragen e.V. (DHS)", 2011, Hamm; (zitiert: Hirndoping Positionspapier (DHS), Seite)

*Graefe, Karl Heinz/Lutz, Werner/Bönisch, Heinz*, Pharmakologie und Toxikologie, 2. Auflage, 2016, Stuttgart; (zitiert: *Graefe/Lutz/Bönisch*, Pharmakologie und Toxikologie, Seite)

*Graf, Heiko/Malejko, Kathrin/Sosic-Vasic, Zrinka/Gahr Maximilian*: Pharmakologisches kognitives Neuroenhancement und Neurotransmittersysteme, Nervenheilkunde, Heft 9, 2017, Stuttgart; (zitiert: *Graf/Malejko/Sosic-Vasic/Gahr*, Nervenheilkunde 2017, 695 (ggf. Kernstelle))

*Graf, Jürgen Peter/Jäger Markus/Wittig, Petra*, Wirtschafts- und Steuerstrafrecht, 2. Auflage, 2017, München; (zitiert: *Bearbeiter,* Graf/Jäger/Wittig, §, Rn.)

*Groß, Dominik*: „Neuro-Enhancement unter besonderer Berücksichtigung neurobionischer Maßnahmen – Anmerkungen aus ethischer Sicht", Medizinrecht, 2009, Berlin; (zitiert: *Groß*, MedR 2009, 85 (ggf. Kernstelle))

*Gröpel, Christoph/Windthorst, Kay/von Coelln, Christian*, Grundgesetz Studienkommentar, 2. Auflage, 2015, München; (zitiert: *Bearbeiter*, Gröpel/Windthorst/von Coelln, GG Studienkommentar, Art., Rn.)

*Gündel, Harald/Glaser, Jürgen/Angerer, Peter*, „Arbeiten und gesund bleiben – K.O. durch den Job oder fit im Beruf", 2014, Berlin-Heidelberg; (zitiert: *Gündel/Glaser/Peter*, Arbeiten und gesund bleiben, Seite)

*Hähnlein, Andreas/Schuler, Rolf (Hrsg.)*, Sozialgesetzbuch V, Gesetzliche Krankenversicherung, 5. Auflage, 2016, München; (zitiert: *Bearbeiter*, Hähnlein/Schuler, Sozialgesetzbuch V, §, Rn.)

*Hartmer, Michael/Detmer, Hubert*, Hochschulrecht – Ein Handbuch für die Praxis, 3. Auflage, 2017, Heidelberg; (zitiert: *Bearbeiter*, Hartmer/Detmer, Hochschulrecht, Kap., Rn.)

*Heger, Martin*: „Straf- und verbandsrechtliche Besonderheiten bei Minderjährigendoping", in: Spitzer, Giselher/Franke, Elk (Hrsg.), „Sport, Doping und Enhancement – Transdisziplinäre Perspektiven (Doping, Enhancement, Prävention in Sport, Freizeit und Beruf)", 1. Auflage, 2011, Köln; (zitiert: *Heger*, Sport, Doping und Enhancement, Seite)

*Heidel, Thomas/Hüßtege, Rainer/Mansel, Heinz-Peter/Noack, Ulrich*, Bürgerliches Gesetzbuch: Allgemeiner Teil – EGBGB, 3. Auflage, 2016, Baden-Baden; (zitiert: *Bearbeiter*, Heidel/Hüßtege/Mansel/Noack, BGB, §, Rn.)

*Heilinger, Jan-Christoph*, Anthropologie und Ethik des Enhancements, 2010, Berlin; (zitiert: *Heilinger*, Anthropologie und Ethik des Enhancements, Seite)

*Heilinger, Jan-Christoph*, „Enhancement. Der Fortschritt der Wissenschaft und die Möglichkeit, Menschen zu ‚verbessern'", Bundeszentrale für politische Bildung, 15.05.2013, online abrufbar unter: http://www.bpb.de/gesellschaft/umwelt/bioethik/160269/enhancement, Stand: 28.03.2018; (zitiert: *Heilinger*, „Grenzen des Menschen. Zu einer Ethik des Enhancement", Bundeszentrale für politische Bildung, Onlinemedium, abrufbar unter: http://www.bpb.de/gesellschaft/umwelt/bioethik/160269/enhancement, Stand: 28.03.2018)

*Heilinger, Jan-Christoph*, „Grenzen des Menschen. Zu einer Ethik des Enhancement", Bundeszentrale für politische Bildung, 09.09.2016, online abrufbar unter: http://www.bpb.de/apuz/233466/grenzen-des-menschen-zu-einer-ethik-desenhancement?p=all, Stand: 27.03.2018; (zitiert: *Heilinger*, „Grenzen des Menschen. Zu einer Ethik des Enhancement", Bundeszentrale für politische Bildung, Onlinemedium, abrufbar unter: http://www.bpb.de/apuz/233466/grenzen-des-menschen-zu-einer-ethik-desenhancement?p=all, Stand: 27.03.2018)

*Heinz, Andreas/Kipke, Roland/Heimann, Hannah/Wiesing, Urban*: „Cognitive neuroenhancement: false assumptions in the ethical debate", Vol. 38, 2012, London; (zitiert: *Heinz/Kipke/Heimann/Wiesing*, Journal of Medical Ethics, 2012, 372 (ggf. Kernstelle))

*Heinz, Andreas/Kipke, Roland/Müller, Sabine/Wiesing, Urban*: „True and false concerns about neuroenhancement: a response to ´Neuroenhancers, addiction and research ethics´, by D M Shaw, Journal of Medical Ethics, Vol. 40 No. 4, 2014, London; (zitiert: *Heinz/Kipke/Müller/Wiesing*, Journal of Medical Ethics, 2014, 286 (ggf. Kernstelle))

*Herdegen, Thomas/Böhm, Ruwen*, Kurzlehrbuch Pharmakologie und Toxikologie, 3. Auflage, 2014, Stuttgart; (zitiert: *Herdegen/Böhm*, Kurzlehrbuch Pharmakologie und Toxikologie, Seite)

*Hilgendorf, Eric*, Einführung in das Medizinstrafrecht, 2016, München; (zitiert: *Hilgendorf*, Einführung in das Medizinstrafrecht, Kapitel, Rn.)

*Hilgendorf, Eric/Valerius, Brian*, Strafrecht Allgemeiner Teil, 2. Auflage, 2015, München; (zitiert: *Hilgendorf/Valerius*, Strafrecht Allgemeiner Teil, §, Rn.)

*Hilpert, Horst*, Sportrecht und Sportrechtsprechung im In- und Ausland, 2007, Berlin; (zitiert: *Hilpert*, Sportrecht und Sportrechtsprechung im In- und Ausland, Seite)

*Hömig, Dieter/Wolff, Amadeus*, Grundgesetz für die Bundesrepublik Deutschland, 11. Auflage, 2016, Baden-Baden; (zitiert: *Bearbeiter*, Hömig/Wolff, Art., Rn.)

*Hoppenstedt, Max*, „Die graueste Zone des Darknets: Medikamentenhandel in der „Lifestyle Apotheke", 2015, onlineme abrufbar unter: https://motherboard.vice.com/de/article/nz7p9d/die-graueste-zone-des-deepwebs-einblick-in-den-darknet-medikamenten-handel-389, Stand: 09.11.2017; (zitiert: *Hoppenstedt*, „Die graueste Zone des Darknets", Onlinemedium, abrufbar unter: https://motherboard.vice.com/de/article/nz7p9d/die-graues te-zone-desdeepwebs-einblick-in-den-darknet-medikamenten-handel-389, Stand: 09.11.2017)

*Hufen, Friedhelm*, Staatsrecht II Grundrechte, 5. Auflage, 2016, München; (zitiert: *Hufen*, Staatsrecht II GR, §, Rn.)

*Hühnefeld, Lena*, „Die veränderte Arbeitswelt als Herausforderung für die Gesundheit! Arbeitsbedingungen als Determinanten des Gesundheitsverhaltens hochgebildeter Frauen und Männer", Das Gesundheitswesen, 2013, Stuttgart; (zitiert: *Hühnefeld*, Das Gesundheitswesen, 2013, A115 (ggf. Kernstelle))

*Hummel, Andreas*, Arzneimittellehre – Grundlagen und wichtige Arzneimittelgruppen, 2004, Hannover; (zitiert: *Hummel*, Arzneimittellehre – Grundlagen und wichtige Arzneimittelgruppen, Seite)

*Ipsen, Jörn*, Staatsrecht II – Grundrechte, 19. Auflage, 2016, München; (zitiert: *Ipsen*, Staatsrecht II – Grundrechte, Rn.)

*Isensee, Josef/Kirchhof, Paul*, Handbuch des Staatsrechts, Band IX, 3. Auflage, 2011, Heidelberg (zitiert: *Bearbeiter*, Handbuch des Staatsrechts, Band IX, §, Rn.)

*Joecks, Wolfgang*, Strafgesetzbuch – Studienkommentar, 12. Auflage, 2018, München; (zitiert: *Joecks*, StGB Studienkommentar, §, Rn.)

*Joecks, Wolfgang/Miebach, Klaus* (Hrsg.), Münchener Kommentar zum Strafgesetzbuch, Band 1, 3. Auflage, 2017, München; (zitiert: *Bearbeiter*, MüKo StGB, Bd. 1, §, Rn.)

*Joecks, Wolfgang/Miebach, Klaus* (Hrsg.), Münchener Kommentar zum Strafgesetzbuch, Band 2/2, 2005, München; (zitiert: *Bearbeiter*, MüKo StGB, Bd. 2/2, §, Rn.)

*Joecks, Wolfgang/Miebach, Klaus* (Hrsg.), Münchener Kommentar zum Strafgesetzbuch, Band 4, 3. Auflage, 2017, München; (zitiert: *Bearbeiter*, MüKo StGB, Bd. 4, §, Rn.)

*Joecks, Wolfgang/Miebach, Klaus* (Hrsg.), Münchener Kommentar zum Strafgesetzbuch, Band 5, 2. Auflage, 2014, München; (zitiert: *Bearbeiter*, MüKo StGB, Bd. 5, §, Rn.)

*Joecks, Wolfgang/Miebach, Klaus* (Hrsg.), Münchener Kommentar zum Strafgesetzbuch, Band 6, Nebenstrafrecht I, 3. Auflage, 2017, München; (zitiert: *Bearbeiter*, MüKo StGB, Bd. 6, §, Rn.)

*Kargl, Walter*: „Begründungsprobleme des Dopingstrafrechts", Neue Zeitschrift für Strafrecht, Heft 9, 2007, München; (zitiert: *Kargl*, NStZ 2007, 489 (ggf. Kernstelle))

*Karow, Thomas/Lang-Roth, Ruth*, Allgemeine und Spezielle Pharmakologie und Toxikologie – Vorlesungsorientierte Darstellung und klinischer Leitfaden für Studium und Praxis, 2016, Pulheim; (zitiert: *Karow/Lang-Roth*, Allgemeine und Spezielle Pharmakologie und Toxikologie, Seite)

*Kindhäuser, Urs/Neumann, Ulfried/Paeffgen, Hans-Ulrich (Hrsg.)*, Strafgesetzbuch, 5. Auflage, 2017, Baden-Baden; (zitiert: *Bearbeiter*, Kindhäuser/Neumann/Paeffgen, Strafgesetzbuch, §, Rn.)

*Kindhäuser, Urs*, Strafrecht Allgemeiner Teil, 6. Auflage, 2013, Baden-Baden; (zitiert: *Kindhäuser*, Strafrecht AT, §, Rn.)

*Kirchhof, Paul*: „Die Kunst der Steuergesetzgebung", Neue Juristische Wochenschrift, 1987, München; (zitiert: *Kirchhof*, NJW 1987, 3217 (ggf. Kernstelle))

*Kipke, Roland/Heimann, Hannah/Wiesing, Urban/ Heinz, Andreas*: „Neuroenhancement, Falsche Voraussetzungen in der aktuellen Debatte", Deutsches Ärzteblatt, Heft 48, 2010, Köln (zitiert: *Kipke/Heimann/Wiesing/Heinz*, Neuroenhancement, Seite)

*Kowalski, Heinz*: „Neuroenhancement – Gerhindoping am Arbeitsplatz", Fehlzeiten-Report 2013, 2013, Berlin Heidelberg; (zitiert: *Kowalski*, Fehlzeiten-Report 2013, Seite (Abschnitt))

*Köhler, Helmut/Bornkamm, Joachin/Feddersen, Jörn/Baumbach, Adolf (Begr.)*, Gesetz gegen den unlauteren Wettbewerb – Preisabgabenverodnung, Unterlassungsklagengesetz, Dienstleistungs-Informationspflichten-Verordnung, 35. Auflage, 2017, München; (zitiert: *Bearbeiter*, Köhler/Bornkamm UWG, §, Rn.)

*Körner, Harald Hans/Patzak, Jörn/Volkmer, Mathias*, Betäubungsmittelgesetz: Arzneimittelgesetz - Grundstoffüberwachungsgesetz, 8. Auflage, 2016, München; (zitiert: *Bearbeiter*, Körner/Patzak/Volkmer – BtMG, §, Rn.)

*Krack, Ralf*: „Sportwettbetrug und Manipulation von berufssportlichen Wettbewerben – zur Einführung der §§ 265c ff. StGB", Zeitschrift für Wirtschafts- und Steuerstrafrecht, 2017, Heidelberg; (zitiert: *Krack*, WISTRA 2017, 289 (ggf. Kernstelle))

*Kreuzer, Arthur*, Handbuch des Betäubungsmittelstrafrechts, 1998, München; (zitiert: *Bearbeiter*, Kreuzer Handbuch des Betäubungsmittelstrafrechts, Seite)

*Köhler, Thomas*, Rauschdrogen – Geschichte, Substanzen, Wirkung, 2016, München; (zitiert: *Köhler*, Rauschdrogen – Geschichte, Substanzen, Wirkung, Kapitel)

*Körner, Anne/Leitherer, Stephan/Mutschler, Bernd (Hrsg.)*, Kasseler Kommentar Sozialversicherungsrecht, 95. EL, Juli 2017, München; (zitiert: *Bearbeiter*, Kasseler Kommentar Sozialversicherungsrecht, §, Rn.)

*Körner, Swen/Erber-Schropp, Julia Maria (Hrsg.)*, Gendoping – Herausforderung für Sport und Gesellschaft, 2016, Wiesbaden; (zitiert: *Bearbeiter*, „Titel" in Körner/Erber-Schropp, Gendoping – Herausforderung für Sport und Gesellschaft, Seite)

*Kudlich, Hans*: „An den Grenzen des Strafrechts“, Juristische Arbeitsblätter, 2007, München; (zitiert: *Kudlich*, JA 2007, 90 (ggf. Kernstelle))

*Kudlich, Hans*: „Objektive Zurechnung von Erfolgen im Strafrecht – Eine Einführung“, Juristische Arbeitsblätter, 2010, München; (zitiert: *Kudlich*, JA 2010, 681 (ggf. Kernstelle))

*Kühl, Kristian/Heger, Martin (Fort.,Bearb.), Maassen, Herrmann (Begr.),* Lackner/Kühl Strafgesetzbuch, 29. Auflage, 2018, München; (zitiert: *Kühl/Heger,* Lackner/Kühl StGB, §, Rn.)

*Kultusministeriumskonferenz*: „Übergang von der Grundschule in Schulen des Sekundarbereichs I und Förderung, Beobachtung und Orientierung in den Jahrgangsstufen 5 und 6“, Informationsschrift des Sekretariats der Kultusministerkonferenz, 19.02.2015, online abrufbar unter: https://www.kmk.org/fileadmin/Dateien/veroeffentlichungen_beschluesse/2015/201502_19-Uebergang_Grundschule-SI-Orientierungsstufe.pdf, Stand: 30.10.2018, Berlin; (zitiert: *Kultusministeriumskonferenz*, Seite)

*Kunz, Eugen*: „Gerhindoping: Unheil oder Segen? Diskussion- und ggf. Regelungsbedarf auf dem Gebiet des ‚Neuro-Enhancements‘“, Medizinrecht, 2010, Berlin; (zitiert: *Kunz*, MedR 2010, 471 (ggf. Kernstelle))

*Lasson, Maximilian*: „Eigenverantwortliche Selbstgefährdung und einverständliche Fremdgefährdung – Überblich über einen nach wie vor aktuellen Streit in der Strafrechtsdogmatik“, Zeitschrift für das juristische Studium, 2009, München; (zitiert: *Lasson*, ZJS 2009, 359 (ggf. Kernstelle)).

*Laufhütte, Heinrich Wilhelm/Rissing-van Saan, Ruth/Tiedemann, Klaus* (Hrsg.), Strafgesetzbuch – Leipziger Kommentar, 9. Band, 1. Teilband, 12. Auflage, 2012, Berlin; (zitiert: *Bearbeiter*, Leipziger Kommentar StGB, Bd. 9/1, §, Rn.)

*Laufhütte, Heinrich Wilhelm/Rissing-van Saan, Ruth/Tiedemann, Klaus* (Hrsg.), Strafgesetzbuch – Leipziger Kommentar, 6. Band, 12. Auflage, 2009, Berlin; (zitiert: *Bearbeiter*, Leipziger Kommentar StGB, Bd. 6, §, Rn.)

*Laufs, Adolf/Kern, Bernd-Rüdiger (Hrsg.), Laufs, Adolf/Uhlenbruck, Wilhelm (Begr.)*, Handbuch des Arztrechts, 2010, München; (zitiert: *Bearbeiter*, Laufs/Kern – Handbuch des Arztrechts, §, Rn.)

*Lehner, Michael/Nolte, Martin/Putzke, Holm* (Hrsg.), Anti-Doping-Gesetz Handkommentar, 1. Auflage, 2017, Baden-Baden; (zitiert: *Bearbeiter*, Lehner/Nolte/Putzke, §, Rn.)

*Leitner, Werner/Rosenau, Henning*, Wirtschafts- und Steuerstrafrecht, 2017, Baden-Baden; (zitiert: *Bearbeiter*, Leitner/Rosenau, §, Rn.)

*Leupold, Andreas (Hrsg.)/Glossner, Silke*, Anwaltshandbuch IT-Recht, 3. Auflage, 2013, München; (zitiert: *Bearbeiter*, Leupold/Glossner, Anwaltshandbuch IT-Recht, Teil, Rn.)

*Lewinski von, Kai*: „Rechtsgebietsübergreifende Fortgeschrittenenklausur - Straf-, Arbeits- und Zivilrecht: Der unehrliche Bewerber", Juristische Schulung, Heft 8, 2005, München; (zitiert: *Lewinski von*, JuS 2005, 718 (ggf. Kernstelle))

*Lieb, Klaus*, Hirndoping – Warum wir nicht alles schlucken sollten, 2010, Mannheim; (zitiert: *Lieb*, Hirndoping – Warum wir nicht alles schlucken sollten, Seite)

*Lindner, Josef Franz*: „Fremdbestimmung durch Selbstbestimmung – Die ‚Entscheidungsalternative' als Grundrechtsproblem", Archiv des öffentlichen Rechts, Tübingen, 2015; (zitiert: *Lindner*, AöR 2015, 543 (ggf. Kernstelle))

*Lindner, Josef Franz*: „Neuro-Enhancement als Grundrechtsproblem"; Medizinrecht, 2010, Berlin; (zitiert: *Lindner*, MedR 2010, 463 (ggf. Kernstelle)).

*Linoh, Kim Philip*: „Tagungsbericht ‚Hirndoping und Neuroenhancement – Möglichkeiten und Grenzen'" Medizinrecht, 2011, Berlin; (zitiert: *Linoh*, MedR 2011, 353 (ggf. Kernstelle)).

*Litzcke, Sven/Schuh, Horst/Pletke, Matthias*, „Stress, Mobbing und Burn-out am Arbeitsplatz – Umgang mit Leistungsdruck – Belastungen im Beruf meistern – Mit Fragebögen, Checklisten, Übungen", 9. Auflage, 2013, Berlin-Heidelberg; (zitiert: *Litzcke/Schuh/Pletke*, Stress, Mobbing und Burn-out am Arbeitsplatz, Seite)

*Lohmann-Haislah, Andrea*, „Stressreport Deutschland 2012. Psychische Anforderungen, Ressourcen und Befinden", 2012, Dortmund, Bundesanstalt für Arbeitsschutz und Arbeitsmedizin; (zitiert: *Lohmann-Haislah*, Stressreport Deutschland 2012, Seite)

*Losch, Dorota*: „Neuroenhancement am Arbeitsplatz, Zentralblatt für Arbeitsmedizin, Arbeitsschutz und Ergonomie, 2015, Heidelberg; (zitiert: *Losch*, Zbl Arbeitsmed, 2015, 229 (ggf. Kernstelle))

*Machleidt, Wielant/Bauer Manfred/Lamprecht, Friedhelm/Rhode-Dachser, Christa/Rose, Hans K.* (Hsrg), Psychiatrie, Psychosomatik und Psychotherapie, 7. Auflage, 2004, Stuttgart; (zitiert: *Machleidt/Bauer/Lamprecht/Rhode-Dachser/Rose*, Psychiatrie, Psychosomatik und Psychotherapie, Seite)

*Madea, Burghard/Mußhoff, Frank* (Hrsg.), Haaranalytik – Technik und Interpretation in Medizin und Recht, 2004, Köln; (zitiert: *Madea/Mußhoff*, Haaranalytik – Technik und Interpretation in Medizin und Recht, Seite)

*Magnus, Dorothea*, Die Strafbarkeit von Sport- und Minddoping bei Minderjährigen, Zeitschrift für die gesamte Strafrechtswissenschaft, 2012, Berlin; (zitiert: *Magnus*, ZStW 2012, 907 (ggf. Kernstelle))

*Magnus, Dorothea*, Patientenautonomie im Strafrecht, 2015, Tübingen; (zitiert: *Magnus*, Patientenautonomie im Strafrecht, Seite)

*Maher, Brandan*: „Poll results: look who's doping“, Nature, 2008, Berlin; (zitiert: *Maher*, Nature 2008, 674 (ggf. Kernstelle))

*Malek, Klaus*, Betäubungsmittelstrafrecht, 4. Auflage, 2014, München; (zitiert: *Malek*, BtMG, Kap., Rn.)

*Maleki, Andrea (Aut.)/Statistisches Bundesamt (Hrsg.)*, Schulen auf einen Blick, 2016, Wiesbaden; (zitiert: *Maleki*, Statistisches Bundesamt – Schulen auf einen Blick, Seite)

*Manssen, Gerrit*, Staatsrecht II – Grundrechte, 14. Auflage, 2017, München; (zitiert: *Manssen*, Staatsrecht II – GR, §, Rn.)

*Martins, Antonio*: „Der Begriff des Interesses und der demokratische Inhalt der personalen Rechtsgutslehre“ Zeitschrift für die gesamte Strafrechtswissenschaft, 2013, Berlin; (zitiert: *Martins*, ZStW 2013, 234 (ggf. Kernstelle))

*Maunz, Theodor/Dürig, Günther (Begr.), Herzog, Roman/ Scholz, Rupert/Herdegen, Matthias/Klein, Hans H. (Hrsg.)*, Grundgesetz-Kommentar, 81. EL September, 2017, München; (zitiert: *Bearbeiter*, Maunz/Düring, Art., Rn.)

*Maurach, Reinhart (Begr.)/Schroeder, Friedrich-Christian/Maiwald, Manfred*, Strafrecht Besonderer Teil – Teilband 2 Straftaten gegen Gemeinschaftswerte, 10. Auflage, 2012, Heidelberg; (zitiert: *Maurach/Schroeder/Maiwald*, Strafrecht BT, §, Rn.)

*Mayer Lux, Laura*, Die konkludente Täuschung beim Betrug, Bonner Rechtswissenschaftliche Abhandlungen, 2013, Göttingen; (zitiert: *Mayer Lux*, Die konkludente Täuschung beim Betrug, Seite)

*Meißner, Andreas*: „Von ‚Helikopter-Eltern‘ und ‚Burnout-Kids‘ – Überfördert oder überfordert?“, NeuroTransmitter, 11. Ausgabe, 2015, Heidelberg; (zitiert: *Meißner*, Neurotransmitter, 2015, 23 (ggf. Kernstelle))

*Merkel, Reinhard*: „Neuartige Eingriffe ins Gehirn – Verbesserung der mentalen condicio humana und strafrechtliche Grenzen“, Zeitschrift für die gesamte Strafrechtswissenschaft, 2009, Berlin; (zitiert: *Merkel*, ZStW 2009, 919 (ggf. Kernstelle))

*Meulen ter, Ruud/Mohamed, Ahmed Dahir/Hall, Wayne*, Rethinking Congnitive Enhancement, 2017, Oxford; (zitiert: *Bearbeiter*, „Titel“ in Meulen/Mohamed/Wayne, Rethinking Congnitive Enhancement, Seite)

*Moesgen, Diana/Klein, Michael/Köhler, Thorsten/Knerr, Petra/Schröder, Helmut*: „Pharmakologisches Neuroenhancement – Epidemiologie und Ursachenforschung“, Suchttherapie, Zeitschrift 14, 2013, Stuttgart; (zitiert: *Moesgen/Klein/Köhler/Schröder*, Suchttherapie 2013, 8 (ggf. Kernstelle))

*Morter, Marlene*, Drogen- und Suchtbericht der Drogenbeauftragten der Bundesregierung, 2017, Berlin; (zitiert: *Morter*, Drogen- und Suchtbericht der Bundesregierung, 2017, Seite)

*Morter, Marlene*, Drogen- und Suchtbericht der Drogenbeauftragten der Bundesregierung, 2017, Berlin; (zitiert: *Morter*, Drogen- und Suchtbericht der Bundesregierung, 2016, Seite)

*Mortimer, Charles/Müller, Ulrich*, Chemie – Das Basiswissen der Chemie, 12. Auflage, 2015, Stuttgart; (zitiert: *Mortimer/Müller*, Chemie – Das Basiswissen der Chemie, Seite)

*Müller-Gugenberger, Christian* (Hsrg.), Wirtschaftsstrafrecht – Handbuch des Wirtschaftsstraf- und -ordnungswidrigkeitenrechts, 6. Auflage, 2015, Köln; (zitiert: *Bearbeiter*, Müller-Gugenberger, §, Rn.)

*Murmann, Uwe*, Grundkurs Strafrecht – Allgemeiner Teil, Tötungsdelikte, Körperverletzungsdelikte, 3. Auflage, 2015 (zitiert: *Murmann*, Grundkurs Strafrecht, §, Rn.)

*Mutschler, Ernst/Geisslinger, Gerd/Kroemer, Heyo K./Menzel, Sabine/Ruth, Peter*, Mutschler Arzneimittelwirkungen. Pharmakologie, klinische Pharmakologie, Toxologie, 10. Auflage, 2013, Stuttgart; (zitiert: *Mutschler/Geisslinger/Kroemer/Menzel/Ruth*, Mutschler Arzneimittelwirkungen, Seite)

*Neuheuser, Stephan*: „Die Strafbarkeit von Eltern minderjähriger Mehrfachstraftäter wegen Verletzung der Fürsorge- und Erziehungspflicht (§ 171 StGB)“, Neue Zeitschrift für Strafrecht, Heft 4, 2000, München; (zitiert: *Neuheuser*, NStZ 2000, 174 (ggf. Kernstelle))

*Neumann, Stefanie/Franke, Andreas/Soyka, Michael*: „Methamphetaminabhängigkeit in Deutschland“, Nervenheilkunde, Heft 11, 2016, Stuttgart; (zitiert: *Neumann/Franke/Soyka*, Nervenheilkunde 2016, 742 (ggf. Kernstelle))

*Neumann, Ulfried*: „Abgrenzung von Teilnahme am Selbstmord und Tötung in mittelbarer Täterschaft“, Juristische Schulung, 1985, München; (zitiert: *Neumann*, JuS 1985, 679 (ggf. Kernstelle)).

*Niehues, Norbert/Fischer, Edgar/Jeremias, Christoph*, Prüfungsrecht, Band 27/2, 6. Auflage 2014, München; (zitiert: *Niehues/Fischer/Jeremias*, Prüfungsrecht, Rn.)

*Otto, Harro*: „Die objektive Zurechnung eines Erfolges im Strafrecht“, Juristische Arbeitsblätter, 1992, München; (zitiert: *Otto*, JURA 1992, 90 (ggf. Kernstelle)).

*Pasedach, Christina*: „Verantwortungsbereiche wider Volksgesundheit – Zur Zurechnungs- und Rechtsgutslehre im Betäubungsmittelstrafrecht“, 2012, Berlin; (zitiert: *Pasedach*, Verantwortungsbereiche wider Volksgesundheit, Seite)

*Peukert, Matthias*: „Das neue Anti-Doping-Gesetz – Ein erster kritischer Überblick aus strafrechtlicher Sicht“, Zeitschrift für das Recht der Non Profit Organisationen, München 2015; (zitiert: *Peukert*, npoR 2015, 95 (ggf. Kernstelle))

*Kingreen, Thorsten/Poscher, Ralf/Pieroth, Bodo/Schlink, Bernhard* (Begr.), Grundrechte Staatsrecht II, 33. Auflage, 2017, Heidelberg; (zitiert: *Kingreen/Poscher*, Grundrechte Staatsrecht II, Rn.)

*Plot, David*: „100 Milligramm Arbeitswut – Der Wirkstoff Modafinil soll Narkoleptiker vor ihren gefährlichen Schlafattacken schützen. Doch Gesunde missbrauchen das Mittel – zum Wachwerden. Ein Selbstversuch.“, Zeit-Online Rubrik Wissen, 2003, online abrufbar unter: http://www.zeit.de/2003/35/M-Modafinil, Stand: 10.02.2017; (zitiert: *Plot*, 100 Milligramm Arbeitswut, Seite, Onlinemedium, abrufbar unter: http://www.zeit.de/2003/35/M-Modafinil, Stand: 10.02.2017)

*Polzer, Christin/Figgen, Martin/Seiler, Kai/Beerheide, Emanuel/Evers, Gerd/Van Loocke-Scholz, Annemarie/Mayer, Sabine/Müller, André/Roese, Lisa*, Gesunde Arbeit NRW 2014 – Belastung – Auswirkung – Gestaltung – Bewältigung. Ergebnisse einer Repräsentativbefragung in NRW (LIA), 2014, Düsseldorf; (zitiert: LIA 2014, Seite)

*Prütting, Jens*: „Rechtliche Aspekte der Tiefen Hirnstimulation – Heilbehandlung, Forschung, Neuroenhancement“, Kölner Schriften zum Medizinrecht, Band 14, 2014, Berlin Heidelberg; (zitiert: *Prütting*, Rechtliche Aspekte der Tiefen Hirnstimulation, Seite)

*Pschyrembel, Willibald*, Pschyrembel Klinisches Wörterbuch, 267. Auflage, 2017, Berlin, (zitiert: *Pschyrembel,* Pschyrembel Klinisches Wörterbuch, Seite)

*Rehmann, Wolfgang A./Greve, Kai*, Arzneimittelgesetz, 4. Auflage, 2014, München; (zitiert: *Bearbeiter*, Rehmann, AMG, §, Rn.)

*Reich, Andreas*, Beamtenstatusgesetz, 2. Auflage, 2012, München; (zitiert: *Reich*, Beamtenstatusgesetz, §, Rn.)

*Rengier, Rudolf*, Strafrecht Allgemeiner Teil, 9. Auflage, 2017, München; (zitiert: *Rengier*, Strafrecht AT, §, Rn.)

*Rengier, Rudolf*, Strafrecht Besonderer Teil I, 20. Auflage, 2017, München; (zitiert: *Rengier*, Strafrecht BT I, §, Rn.)

*Repantis, Dimitris*: „Die Wirkung von Psychopharmaka bei Gesunden“, Medizinrecht, 2009, Berlin; (zitiert: *Repantis*, MedR 2009, 63 (ggf. Kernstelle))

*Rothhaar, Markus*: „Die Menschenwürde als Prinzip des Rechts – Eine rechtsphilosophische Rekonstruktion“, Perspektiven der Ethik 4, 2015, Tübingen; (zitiert: *Rothhaar*, Die Menschenwürde als Prinzip des Rechts, Seite)

*Roxin, Claus*: „Abgrenzung der Tötungstäterschaft von Selbsttötungsteilnahme – Zur Abgrenzung von strafbarer Tötungstäterschaft und strafloser Selbsttötungsteilnahme in Fällen, in denen der Suizident durch Täuschung zur Vornahme der Tötungshandlung bewogen wird", Neue Zeitschrift für Strafrecht, Heft 2, 1984, München; (zitiert: *Roxin*, NStZ 1984, 70 (ggf. Kernstelle))

*Roxin, Claus*, Strafrecht Allgemeiner Teil. Grundlagen. Der Aufbau der Verbrechenslehre, Band I, 4. Auflage, 2006, München; (zitiert: *Roxin*, Strafrecht Allgemeiner Teil, §, Rn.)

*Rudolphi, Hans-Joachin/Horn, Eckhard/Wolter, Jürgen*, Systematischer Kommentar zum Strafgesetzbuch, Band IV, Loseblatt, München; (zitiert: *Bearbeiter*, SK-StGB, Ergänzungslieferung, §, Rn.)

*Sachs, Michael*, Grundgesetz Kommentar, 8. Auflage, 2018, München; (zitiert: *Bearbeiter*, Sachs-GG, Art., Rn.)

*Säcker, Franz Jürgen*, Münchener Kommentar zum Bürgerlichen Gesetzbuch, Bnd. 1, 7. Auflage, 2015, München; (zitiert: *Bearbeiter*, MüKo BGB, §, Rn.)

*Satzger, Helmut/Schluckebier, Wilhelm*, Strafgesetzbuch, 3. Auflage, 2017, Köln; (zitiert: *Bearbeiter*, Satzger/Schluckebier/Widmaier, §, Rn.)

*Sauer, Oliver/Weilemann, Sacha*, Drogen – Eigenschaften-Wirkungen-Intoxikationen, 2000, Hannover; (zitiert: *Sauer/Weilemann*, Drogen – Eigenschaften-Wirkungen-Intoxikationen, Seite)

*Schmidt-Bleibtreu, Bruno/Klein, Franz (Begr.)/Hofmann, Hans/Henneke, Hans-Günther (Hrsg.)*, GG Kommentar zum Grundgesetz, 13. Auflage, 2014, Köln; (zitiert: *Bearbeiter*, Schmidt-Bleibtreu/Hofmann/Henneke, GG-Kommentar, Art., Rn.)

*Schmillen, Achim/Stüber, Heiko*: „Lebensverdienste nach Qualifikation: Bildung lohnt sich ein Leben lang", IAB-Kurzbericht, 2014, Nürnberg; (zitiert *Schmillen/Stüber*, Lebensverdienste nach Qualifikation – IAB-Kurzbericht, Seite)

*Schmitt, Rudolf*: „Strafrechtlicher Schutz des Opfers vor sich selbst? Gleichzeitig ein Beitrag Zur Reform des Opiumgesetzes", in Festschrift für Reinhart Maurach zum 70. Geburtstag, 1972, Karlsruhe; (zitiert: *Schmitt*, „Strafrechtlicher Schutz des Opfers vor sich selbst? Gleichzeitig ein Beitrag Zur Reform des Opiumgesetzes", in Festschrift für Reinhart Maurach zum 70. Geburtstag, S.)

*Schönke, Adolf/Schröder, Horst*, Strafgesetzbuch, 29. Auflage, 2014, München; (zitiert: *Bearbeiter*, Schönke/Schröder – Strafgesetzbuch, §, Rn.)

*Schröder, Helmut/Köhler, Thorsten/Knerr, Petra/Kühne, Simon/Moesgen, Diana/Klein Michael*: „Einfluss psychischer Belastungen am Arbeitsplatz auf das Neuroenhancement – empirische Untersuchung an Erwerbstätigen", Projekt F 2283 im Auftrag der Bundesanstalt für Arbeitsschutz und Arbeitsmedizin,

2016, Dortmund; (zitiert: *Schröder/Köhler/Knerr/Kühne/Moesgen/Klein*, Einfluss psychischer Belastungen am Arbeitsplatz auf das Neuroenhancement, Seite)

*Schulz, Stefan/Steigleder, Klaus/Fangerau, Heiner/Paul, Norbert*, Geschichte, Theorie und Ethik der Medizin, 2006, Frankfurt am Main; (zitiert: *Schulz/Steigleder/Fangerau/Paul*, Geschichte, Theorie und Ethik der Medizin, Seite)

*Schünemann, Bernd*: „Fahrlässige Tötung durch Abgabe von Rauschmitteln? – Besprechung des Urteils BGH, NStZ 1981, NStZ 1981, 350", Neue Zeitschrift für Strafrecht, Heft 2, 1982, München; (zitiert: *Schünemann*, NStZ 1982, 60 (ggf. Kernstelle))

*Schwabe, Ulrich/Paffrath, Dieter*, Arzneiverordnungs-Report 2016, Berlin Heidelberg, 2016; (zitiert: *Bearbeiter*, Arzneiverordnungs-Report 2016, Seite)

*Schwabe, Ulrich/Paffrath, Dieter*, Arzneiverordnungs-Report 1998, Berlin Heidelberg, 1998; (zitiert: *Bearbeiter*, Arzneiverordnungs-Report 1998, Seite)

*Seiler, Kai/Beerheide, Emanuel/Figgen, Martin/Goedicke, Anne/Alaze, Felizitas/Rack, Reinhard/Mayer, Sabine/Van Loocke-Scholz, Annemarie/Evers, Gerd*, Arbeit, Leben und Erholung – Ergebnisse einer Repräsentativbefragung in Nordrhein-Westfalen, Landesinstitut für Arbeitsgestaltung des Landes Nordrhein-Westfalen (LIA), 2013, Düsseldorf; (zitiert: LIA 2013, Seite)

*Seliger, Marco*: „Die Truppe und ihre elementaren Anforderungen, Frankfurter Allgemeine Zeitung PLUS, Frankfurt, 13.08.2017, online abrufbar unter: http://plus.faz.net/politik/2017-08-14/die-truppe-und-ihre-elementaren-anforderungen/42569.html, Stand: 15.08.2017; (zitiert: *Seliger*, Die Truppe und ihre elementaren Anforderungen, Onlinemedium, abrufbar unter: http://plus.faz.net/politik/2017-08-14/die-truppe-und-ihre-elementaren-anforderungen/42569.html, Stand: 15.08.2017)

*Slotty, Martin*: „Das Betäubungsmittelgesetz 1982 – Kurzbericht für die Strafrechtspraxis", Neue Zeitschrift für Strafrecht, Heft 9, 1981, München; (zitiert: *Slotty*, NStZ 1982, 321 (ggf. Kernstelle))

*Spickhoff*, Medizinrecht, 2. Auflage, 2014, München; (zitiert: *Bearbeiter*, Spickhoff Medizinrecht, Art./§, Rn.)

*Spranger, Tade Matthias*: „Neuroenhancement in der Rechtsordnung – Legal implications of Neuroenhancement", Suchttherapie, Zeitschrift 12, 2011, Stuttgart; (zitiert: *Spranger*, Suchttherapie 2011 164 (ggf. Kernstelle)).

*Staudinger, Julius von/Richardi, Reinhard/Fischinger, Philipp*, Staudinger BGB, 2016, Berlin; (zitiert: *Bearbeiter*, Staudinger BGB, §, Rn.)

*Stree, Walter*, „Beteiligung an vorsätzlicher Selbstgefährdung - BGHSt 32, 262 und BGH, NStZ 1984, 452", Juristische Schulung, 1985, München; (zitiert: *Stree*, JuS 1985, 179 (ggf. Kernstelle))

*Suhr, Katharina*: „Der medizinisch nicht indizierte Eingriff zur kognitiven Leistungssteigerung aus rechtlicher Sicht", MedR Schriftenreihe Medizinrecht, 2016, Berlin Heidelberg; (zitiert: *Suhr*, Der medizinisch nicht indizierte Eingriff, Seite)

*Swoboda, Sabine*: „Die Lehre vom Rechtsgut und ihre Alternativen", Zeitschrift für die gesamte Strafrechtswissenschaft, 2010, Berlin; (zitiert: *Swoboda*, ZStW 2010, 24 (ggf. Kernstelle))

*Swoboda, Sabine/Bohn, André*: „Aktuelles Gesetzgebungsvorhaben: Neue Straftatbestände Zum Sportwettbetrug und zur Manipulation berufssportlicher Wettbewerbe", Juristische Schulung, 2016, München; (zitiert: *Swoboda/Bohn*, JuS 2016, 686 (ggf. Kernstelle))

*Talbot, Davina*: „Pharmakologisches Enhancement – Eine Einführung in nichtmedizinische Anwendungen von Arzneimitteln zu Verbesserungszwecken", Medizinrecht, 2009, Berlin; (zitiert: *Talbot*, Pharmakologisches Enhancement, S. 69 (ggf. Kernstelle))

*Techniker Krankenkasse (TK)*, TK-CampusKompass - Studie zur Gesundheit von Hochschülern, 2015, Hamburg; (zitiert: TK-Stress-Studie, 2015, Seite)

*Thannenhauser, Siegfried*, Stoffwechsel und Stoffwechselkrankheiten, 1929, München; (zitiert: *Thannenhauser*, Stoffwechsel und Stoffwechselkrankheiten, Seite)

*Thiesen, Michael*, „Wie hoch ist der Preis der Anonymität? Haftungsrisiken beim Betrieb eines TOR-Servers", MultiMedia und Recht, Heft 12, 2014, München; (zitiert: *Thiesen*, MMR 2014, 803 (ggf. Kernstelle))

*Timm, Frauke*: „Die Legitimation des strafbewehrten Dopingverbots", Goltdammer's Archiv für Strafrecht, 159. Jahrgang, 2012, Heidelberg; (zitiert: *Timm*, GA 2012, 732 (ggf. Kernstelle))

*Tretter, Felix*, Suchtmedizin kompakt – Suchtkrankheiten in Klinik und Praxis, 3. Auflage 2017, Stuttgart; (zitiert: *Tretter*, Suchtmedizin kompakt – Suchtkrankheiten in Klinik und Praxis, Seite)

*Trüeb, Ralph*, Haare – Praxis der Trichologie, 2003, Heidelberg; (zitiert: *Trüeb*, Haare – Praxis der Trichologie, Seite)

*Turner, Danielle/Robbins, Trevor/Clark, Luke/Aron, Adam/Dowson, Jonathan/Sahakian, Barbara*: „Cognitive enhancing effects of modafinil in healthy volunteers", Psychopharmacology, 2003, Volume 165, Issue 3, Seite 260–269; (zitiert: *Turner/Robbins/Clark/Aron/Dowson/Sahakian*, Psychopharmacology 2003, 260 (ggf. Kernstelle)).

*Turner, Georg*: „Ist ein Anti-Doping-Gesetz erforderlich?", Zeitschrift für Rechtspolitik, 1992, München; (zitert: *Turner*, ZRP 1992, 121 (ggf. Kernstelle))

*Tretter, Felix*, Sucht. Gehirn. Gesellschaft., 2017, Berlin; (zitiert: *Tretter,* Sucht. Gehirn. Gesellschaft., Seite)

*Trilling, Thomas*, Druck und Stress im Vertreib positiv nutzen – So steigern Sie berufliche Performance und Lebensqualität, 2012, Wiesbaden; (zitiert: *Trilling*, Druck und Stress im Vertreib positiv nutzen, Seite)

*Ulsenheimer, Klaus/Biermann, Elmar/Bock, Rolf-Werner*, Arztstrafrecht in der Praxis, 5. Auflage, Heidelberg; (zitiert: *Bearbeiter*, Ulsenheimer, Arztstrafrecht, Rn.)

*Verstraete, Alain*, Workplace Drug Testing, 2011, London; (zitiert: *Verstraete,* Workplace Drug Testing, Seite)

*Wagner, Regine/Knittel, Stefan (Hrsg.)*, Soziale Krankenversicherung, Pflegeversicherung, Band 1: SGV I, SGB IV, SGB V §§ 1 bis 68, Stand: 96. EL August 2017, München; (zitiert: *Bearbeiter*, Wagner/Knittel, Soziale Krankenversicherung, Pflegeversicherung, §, Rn.)

*Wang, Huang-Yu*, Drogenstraftaten und abstrakte Gefährdungsdelikte, 2003, Berlin; (zitiert: *Wang*, Drogenstraftaten und abstrakte Gefährdungsdelikte, Seite)

*Weber, Klaus*, Kommentar zum Betäubungsmittelgesetz, Arzneimittelgesetz, 4. Auflage, 2013, München; (zitiert: *Weber*, BtMG, §, Rn.)

*Weber-Grellet, Heinrich*, Steuern im modernen Verfassungsstaat – Funktionen, Prinzipien und Strukturen des Steuerstaats und des Steuerrechts, 2001, Köln; (zitiert: *Weber-Grellet*, Steuern im modernen Verfassungsstaat, S.)

*Wenzel, Frank*, Handbuch des Fachanwalts Medizinrecht, 3. Auflage, 2013, München; (zitiert: *Wenzel*, Handbuch des Fachanwalts Medizinrecht, Kapitel, Rn.)

*Wessels, Johannes, Beulke, Werner, Satzger, Helmut*. Strafrecht Allgemeiner Teil – Sie Straftat und ihr Aufbau, 46. Auflage, 2016, Heidelberg; (zitiert: *Wessels/ Beulke/Satzger*, Strafrecht AT, Rn.)

*Wessels, Johannes/Hillenkamp*, Thomas, Strafrecht Besonderer Teil 2 – Straftaten gegen Vermögenswerte, 40. Auflage, 2017, München; (zitiert: *Wessels/ Hillenkamp*, Strafrecht BT 2, Rn.)

*Widmaier, Gunter (Begr.)/Müller, Eckhard/Schlothauer, Reinhold*, Münchener Anwalts Handbuch Strafverteidigung, 2. Auflage, 2014, München; (zitiert: *Bearbeiter*, MAH Strafverteidigung, §, Rn.)

*Wienke, Albrecht/Dierks, Christian(Hrsg.)*: „Zwischen Hippokrates und Staatsmedizin: Der Arzt am Beginn des 21. Jahrhunderts – Der Arzt am Beginn des 21. Jahrhunderts 25 Jahre DGMR", 2008, Berlin, Heidelberg; (zitiert: *Autor,* „Titel" in Zwischen Hippokrates und Staatsmedizin, Seite)

*Wienke*, *Albrecht/Eberbach*, *Wolfram/Janke*, *Kathrin (Hrsg.)/Kramer*, *Hans-Jürgen*: „Die Verbesserung des Menschen - Tatsächliche und rechtliche Aspekte der wunscherfüllenden Medizin", 2009, Berlin, Heidelberg; (zitiert: *Autor*, „Titel" in Die Verbesserung des Menschen, Seite)

*Zaczyk*, *Rainer*, Strafrechtliches Unrecht und die Selbstverantwortung des Verletzten, 1993, Heidelberg, (zitiert: *Zaczyk*, Strafrechtliches Unrecht und die Selbstverantwortung des Verletzten, Seite)

*Zeeck*, *Axel (Hrsg.)/Grond*, *Stephanie/Papastavrou*, *Ina/Zeeck*, *Sabine*, Chemie für Mediziner, 8. Auflage, 2014, München; (zitiert: *Zeeck, A./Grond/Papastavrou/Zeeck S.*, Chemie für Mediziner, Seite)

*Zimmerling*, *Wolfgang/Brehm*, *Robert G.*, Prüfungsrecht, 3. Auflage, Köln Berlin München, 2007; (zitiert: *Zimmerling/Brehm*, Prüfungsrecht, Rn.)

# X. Anhänge

## 1. Umfrage 1

**Drogen, Doping, Minddoping**
***Eine Untersuchung zur Strafbarkeit von Minddoping***

EINLEITUNG - BITTE LESEN.

Sehr geehrte Leserin, sehr geehrter Leser,
**vielen Dank**, dass Sie sich kurz Zeit nehmen, um mich bei der Anfertigung meiner Dissertation zu unterstützen! Ich erforsche die Frage, ob der Konsum von Substanzen zur geistigen Leistungssteigerung strafbar sein sollte. Dazu benötige ich empirische Daten, die in die Dissertation einfließen werden.

**In Deutschland ist der reine Konsum von Drogen nicht strafbar - lediglich der Besitz.**

Dies führt dazu, dass auch gesunde Personen ungestraft Betäubungsmittel *(wie beispielsweise Ritalin = verschreibungsfähiges Betäubungsmittel in Anlage III zu § 1 Abs. 1 BtMG)* konsumieren dürfen, um ihre individuelle geistige Leistungsfähigkeit zielgerichtet zu steigern.

Aufgrund dessen untersuche ich, ob der Konsum solcher (verschreibungspflichtiger) Substanzen zur geistigen Leistungssteigerung zukünftig unter Strafe gestellt werden sollte. Bei erhöhtem Leistungsdruck und insbesondere in anstrengenden Konkurrenzsituationen, wie Prüfungen oder Bewerbungsverfahren vermag eine gezielte Medikation eine Verbesserung der geistigen Leistung bewirken. Wer hier aufmerksamer und wacher sein kann, ist anderen gegenüber im Vorteil. Ob Konsumenten sich dadurch unlautere Vorteile verschaffen, den fairen Wettbewerb verzerren und zu einer gesamtgesellschaftlichen Gefährdung führen, ist Teil meiner Forschung.

Für die Beantwortung der Fragen ist davon auszugehen, dass der Konsument gesund ist und die Substanzen nicht zur Behandlung einer Krankheit einnimmt.
Bei einigen Antworten sind Mehrfachnennungen erlaubt, Sie müssen jedoch nicht alles ankreuzen. Diese **Umfrage** ist **anonym!**

## Q1 Kennen Sie Personen in Ihrem Umfeld, die bereits Substanzen zur kognitiven Leistungssteigerung (beispielsweise Ritalin) eingenommen haben?

Beantwortet: 600 Übersprungen: 0

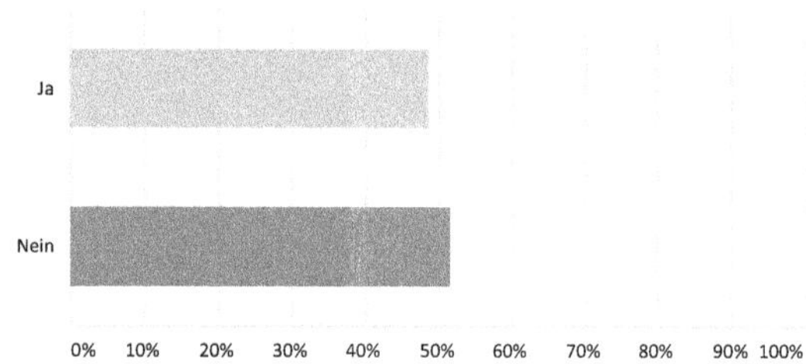


| ANTWORTOPTIONEN | BEANTWORTUNGEN | |
|---|---|---|
| Ja | 48,50% | 291 |
| Nein | 51,50% | 309 |
| GESAMT | | 600 |

## Q2 Wie viel Prozent aller Personen, die Sie kennen, haben bereits Substanzen zur kognitiven Leistungssteigerung konsumiert?

Beantwortet: 508 Übersprungen: 92

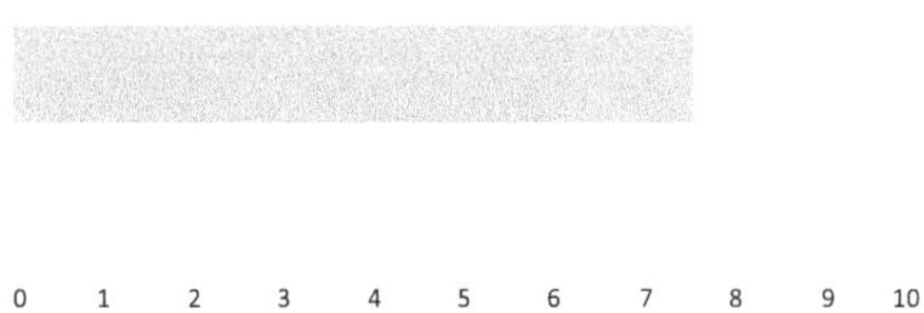


| ANTWORTOPTIONEN | DURCHSCHNITTLICHE ANZAHL | GESAMTANZAHL | BEANTWORTUNGEN |
|---|---|---|---|
| | 8 | 3.823 | 508 |

Befragte gesamt: 508

## Q3 Haben Sie bereits Substanzen zur geistigen Leistungssteigerung eingenommen? (falls ja, bitte Frage 6 ignorieren)

Beantwortet: 594 Übersprungen: 6

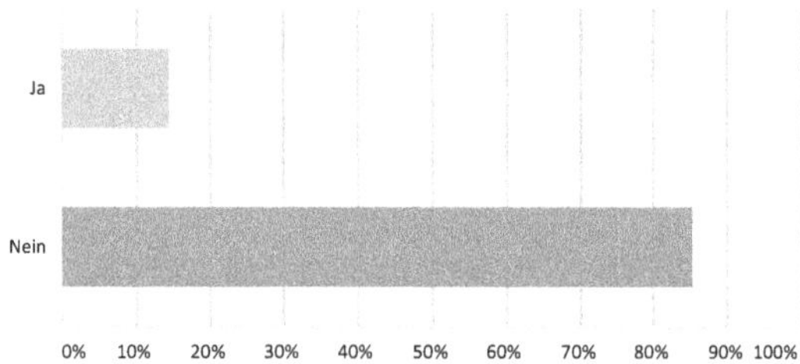


| ANTWORTOPTIONEN | BEANTWORTUNGEN | |
|---|---|---|
| Ja | 14,65% | 87 |
| Nein | 85,35% | 507 |
| GESAMT | | 594 |

## Q4 In welchen Situationen konsumieren Sie wie häufig?

Beantwortet: 85 Übersprungen: 515

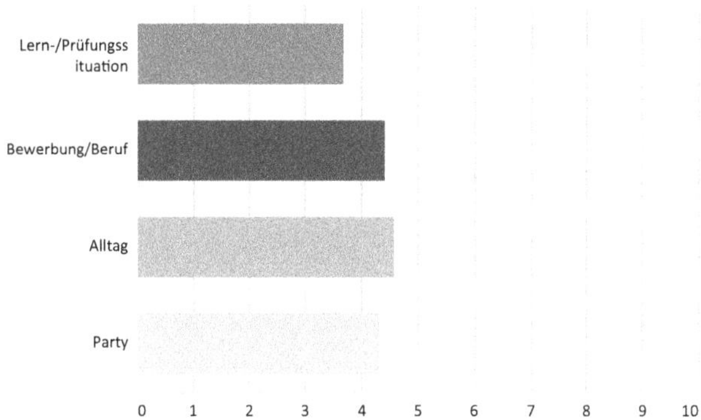


| | TÄGLICH | MEHRMALS PRO WOCHE | MEHRMALS IM MONAT | NUR IM BEDARFSFALL | NIE | GESAMT | GEWICHTETER MITTELWERT |
|---|---|---|---|---|---|---|---|
| Lern-/Prüfungssituation | 11,76%<br>10 | 9,41%<br>8 | 1,18%<br>1 | 54,12%<br>46 | 23,53%<br>20 | 85 | 3,68 |
| Bewerbung/Beruf | 2,41%<br>2 | 4,82%<br>4 | 4,82%<br>4 | 24,10%<br>20 | 63,86%<br>53 | 83 | 4,42 |
| Alltag | 2,44%<br>2 | 3,66%<br>3 | 1,22%<br>1 | 18,29%<br>15 | 74,39%<br>61 | 82 | 4,59 |
| Party | 0,00%<br>0 | 2,41%<br>2 | 9,64%<br>8 | 43,37%<br>36 | 44,58%<br>37 | 83 | 4,30 |

## Q5 Was ist Ihre Motivation in den einzelnen Situationen zu konsumieren? (Mehrfachnennungen erlaubt)

Beantwortet: 80 Übersprungen: 520

Drogen, Doping, Minddoping Eine Untersuchung zur Strafbarkeit von Minddoping SurveyMonkey

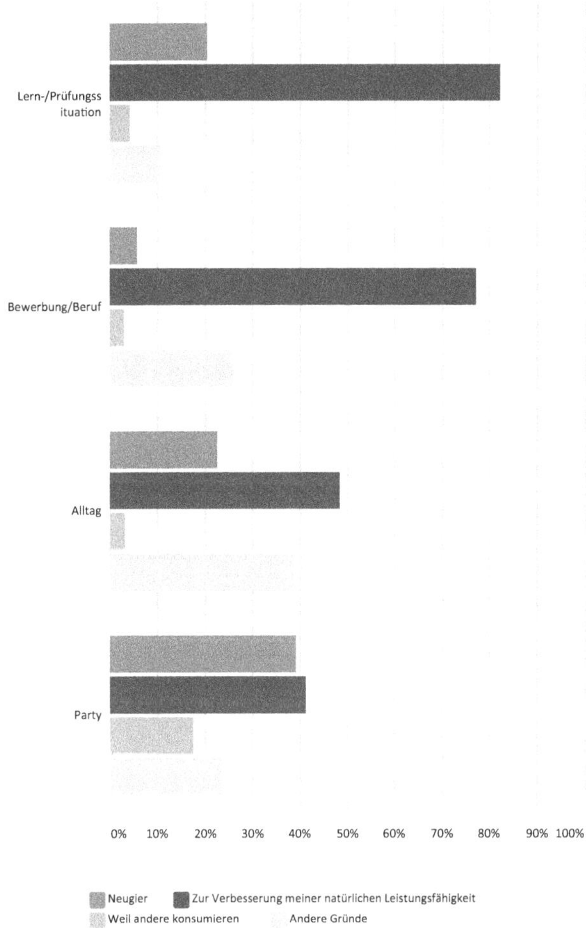


| | NEUGIER | ZUR VERBESSERUNG MEINER NATÜRLICHEN LEISTUNGSFÄHIGKEIT | WEIL ANDERE KONSUMIEREN | ANDERE GRÜNDE | BEFRAGTE GESAMT |
|---|---|---|---|---|---|
| Lern-/Prüfungssituation | 20,55%<br>15 | 82,19%<br>60 | 4,11%<br>3 | 10,96%<br>8 | 73 |

| | | | | | |
|---|---|---|---|---|---|
| Bewerbung/Beruf | 5,71%<br>2 | 77,14%<br>27 | 2,86%<br>1 | 25,71%<br>9 | 35 |
| Alltag | 22,58%<br>7 | 48,39%<br>15 | 3,23%<br>1 | 38,71%<br>12 | 31 |
| Party | 39,22%<br>20 | 41,18%<br>21 | 17,65%<br>9 | 23,53%<br>12 | 51 |

## Q6 Falls Sie noch nie konsumiert haben und die Substanzen leicht zugänglich wären, würden Sie diese zukünftig einnehmen?

Beantwortet: 512 Übersprungen: 88

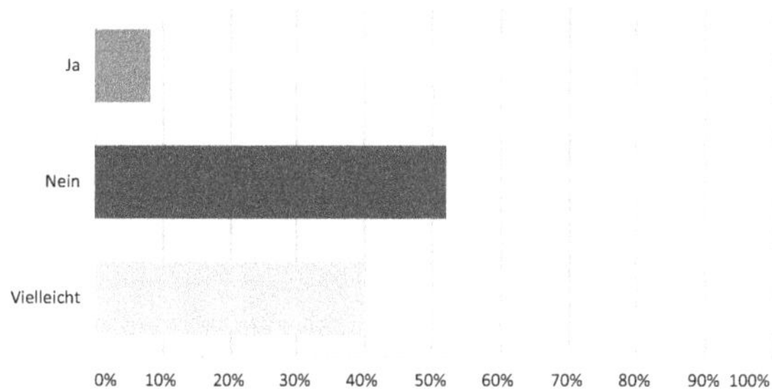


| ANTWORTOPTIONEN | BEANTWORTUNGEN | |
|---|---|---|
| Ja | 8,20% | 42 |
| Nein | 52,15% | 267 |
| Vielleicht | 39,65% | 203 |
| GESAMT | | 512 |

## Q7 In welchen Situationen, würden Sie, aufgrund welcher Motivationen zukünftig konsumieren?(Mehrfachnennungen erlaubt)

Beantwortet: 393 Übersprungen: 207

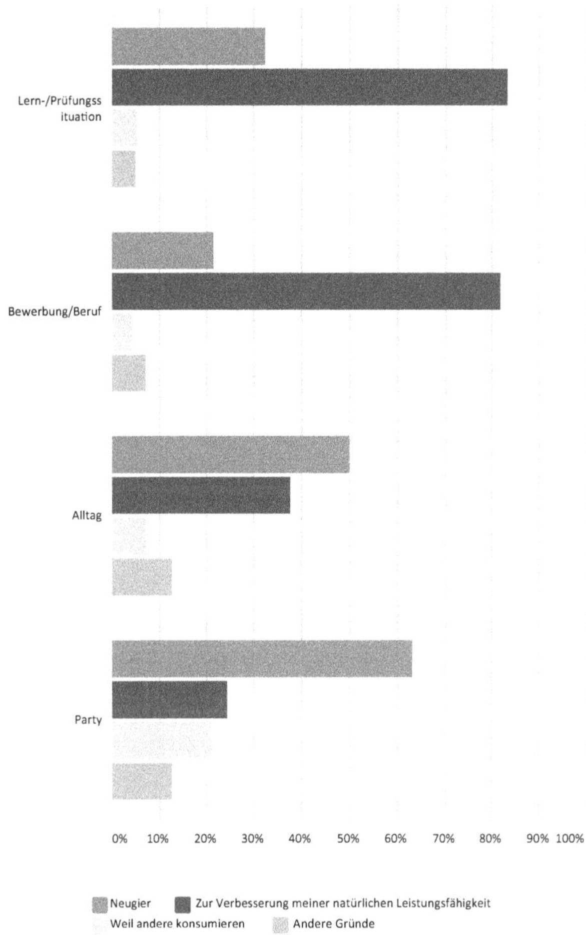


| | NEUGIER | ZUR VERBESSERUNG MEINER NATÜRLICHEN LEISTUNGSFÄHIGKEIT | WEIL ANDERE KONSUMIEREN | ANDERE GRÜNDE | BEFRAGTE GESAMT |
|---|---|---|---|---|---|
| Lern-/Prüfungssituation | 32,49%<br>116 | 83,19%<br>297 | 5,32%<br>19 | 5,04%<br>18 | 357 |

| | | | | | |
|---|---|---|---|---|---|
| Bewerbung/Beruf | 21,65%<br>63 | 81,79%<br>238 | 4,12%<br>12 | 7,22%<br>21 | 291 |
| Alltag | 50,00%<br>106 | 37,74%<br>80 | 7,08%<br>15 | 12,74%<br>27 | 212 |
| Party | 63,21%<br>134 | 24,53%<br>52 | 21,23%<br>45 | 12,74%<br>27 | 212 |

## Q8 Möchten Sie, dass Minddoping weiterhin straflos bleibt?

Beantwortet: 545 Übersprungen: 55

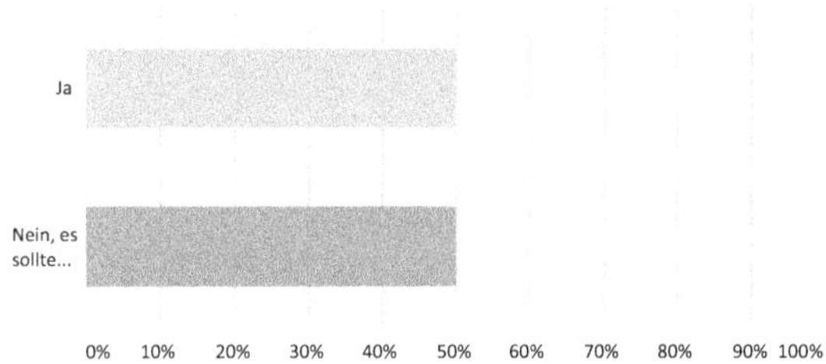


| ANTWORTOPTIONEN | BEANTWORTUNGEN | |
|---|---|---|
| Ja | 49,91% | 272 |
| Nein, es sollte zukünftig reguliert werden (strafbar sein). | 50,09% | 273 |
| GESAMT | | 545 |

## Q9 Welches Geschlecht haben Sie?

Beantwortet: 575 Übersprungen: 25

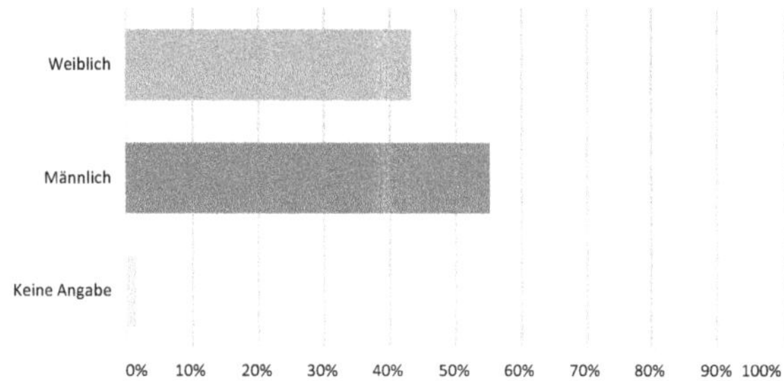


| ANTWORTOPTIONEN | BEANTWORTUNGEN | |
|---|---|---|
| Weiblich | 43,30% | 249 |
| Männlich | 55,30% | 318 |
| Keine Angabe | 1,39% | 8 |
| GESAMT | | 575 |

## 2. Umfrage 2

**Drogen, Doping, Minddoping**
**Eine Untersuchung zur Strafbarkeit von Minddoping**

Einleitung

EINLEITUNG - BITTE LESEN.

Sehr geehrte Leserin, sehr geehrter Leser,
**vielen Dank**, dass Sie sich kurz Zeit nehmen, um mich bei der Anfertigung meiner Dissertation zu unterstützen! Ich erforsche die Frage, ob der Konsum von Substanzen zur geistigen Leistungssteigerung strafbar sein sollte. Dazu benötige ich empirische Daten, die in die Dissertation einfließen werden.

**<u>In Deutschland ist der reine Konsum von jeglichen Drogen nicht strafbar - lediglich der Besitz.</u>**

Dies führt dazu, dass auch gesunde Personen ungestraft Betäubungsmittel *(wie beispielsweise Ritalin – verschreibungsfähiges Betäubungsmittel in Anlage III zu § 1 Abs. 1 BtMG)* konsumieren dürfen, um ihre individuelle geistige Leistungsfähigkeit zielgerichtet zu steigern.

Aufgrund dessen untersuche ich, ob der Konsum solcher Substanzen zur geistigen Leistungssteigerung zukünftig unter Strafe gestellt werden sollte. Bei erhöhtem Leistungsdruck und insbesondere in anstrengenden Konkurrenzsituationen, wie Prüfungen oder Bewerbungsverfahren vermag eine gezielte Medikation eine Verbesserung der geistigen Fähigkeiten bewirken. Wer hier aufmerksamer und wacher sein kann, ist anderen gegenüber im Vorteil. Ob Konsumenten sich dadurch unlautere Vorteile verschaffen, den fairen Wettbewerb verzerren und zu einer gesamtgesellschaftlichen Gefährdung führen, ist Teil meiner Forschung.

Mitte 2017 habe ich bereits eine erste Untersuchung durchgeführt, die für Interessierte noch unter folgendem Link erreichbar ist: <u>Umfrage Teil I</u>. Zum Ende meiner Dissertation wende ich mich jetzt erneut an Sie, um eine letzte Frage zu untersuchen.

Für die Beantwortung der Fragen ist davon auszugehen, dass der Konsument gesund ist und die Substanzen nicht zur Behandlung einer Krankheit einnimmt.
Bei einigen Antworten sind Mehrfachnennungen erlaubt. Diese **Umfrage** ist **<u>anonym!</u>**

## Q1 Welches Geschlecht haben Sie?

Beantwortet: 717 Übersprungen: -2

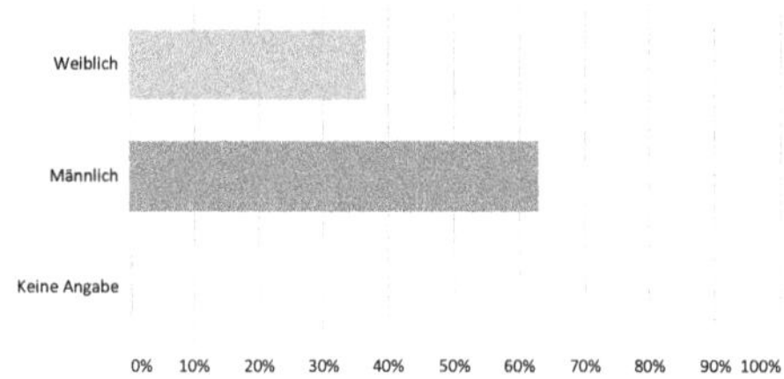


| ANTWORTOPTIONEN | BEANTWORTUNGEN | |
|---|---|---|
| Weiblich | 36,68% | 263 |
| Männlich | 62,90% | 451 |
| Keine Angabe | 0,42% | 3 |
| GESAMT | | 717 |

## Q2 Haben Sie bereits (verschreibungspflichtige oder illegale) Substanzen zur geistigen Leistungssteigerung eingenommen?

Beantwortet: 717 Übersprungen: -2

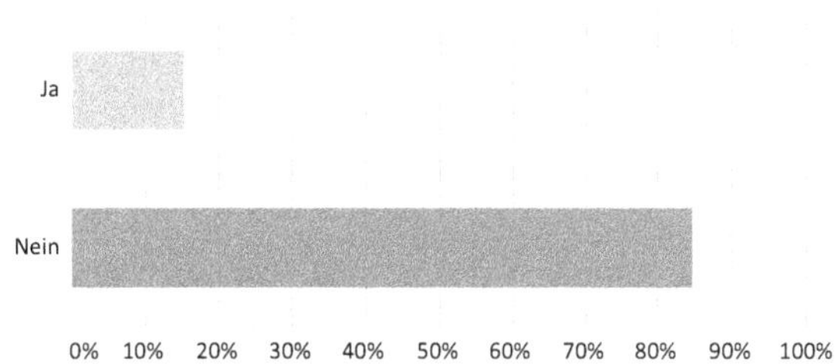


| ANTWORTOPTIONEN | BEANTWORTUNGEN | |
|---|---|---|
| Ja | 15,20% | 109 |
| Nein | 84,80% | 608 |
| GESAMT | | 717 |

## Q3 In welchen Situationen haben Sie aus welchen Gründen konsumiert? (Mehrfachnennungen erlaubt)

Beantwortet: 103 Übersprungen: 612

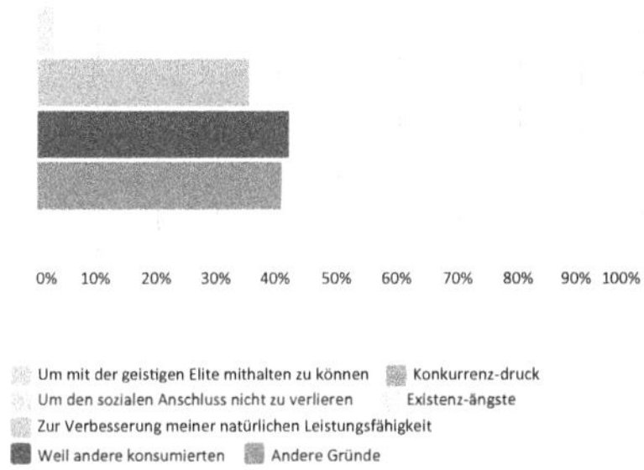


| | UM MIT DER GEISTIGEN ELITE MITHALTEN ZU KÖNNEN | KONKURRENZ-DRUCK | UM DEN SOZIALEN ANSCHLUSS NICHT ZU VERLIEREN | EXISTENZ-ÄNGSTE | ZUR VERBESSERUNG MEINER NATÜRLICHEN LEISTUNGSFÄHIGKEIT | WEIL ANDERE KONSUMIERTEN | ANDERE GRÜNDE | BEFRAGTE GESAMT |
|---|---|---|---|---|---|---|---|---|
| Lern-/Prüfungssituation | 13,95%<br>12 | 12,79%<br>11 | 2,33%<br>2 | 12,79%<br>11 | 83,72%<br>72 | 5,81%<br>5 | 22,09%<br>19 | 86 |
| Bewerbung/Beruf | 9,76%<br>4 | 7,32%<br>3 | 0,00%<br>0 | 9,76%<br>4 | 68,29%<br>28 | 2,44%<br>1 | 31,71%<br>13 | 41 |
| Alltag | 3,57%<br>2 | 3,57%<br>2 | 14,29%<br>8 | 8,93%<br>5 | 44,64%<br>25 | 19,64%<br>11 | 37,50%<br>21 | 56 |
| Party | 8,11%<br>6 | 5,41%<br>4 | 13,51%<br>10 | 2,70%<br>2 | 35,14%<br>26 | 41,89%<br>31 | 40,54%<br>30 | 74 |

## Q4 In welchen Situationen würden Sie zukünftig aus welchen Gründen konsumieren?(Mehrfachnennungen erlaubt)

Beantwortet: 652 Übersprungen: 63

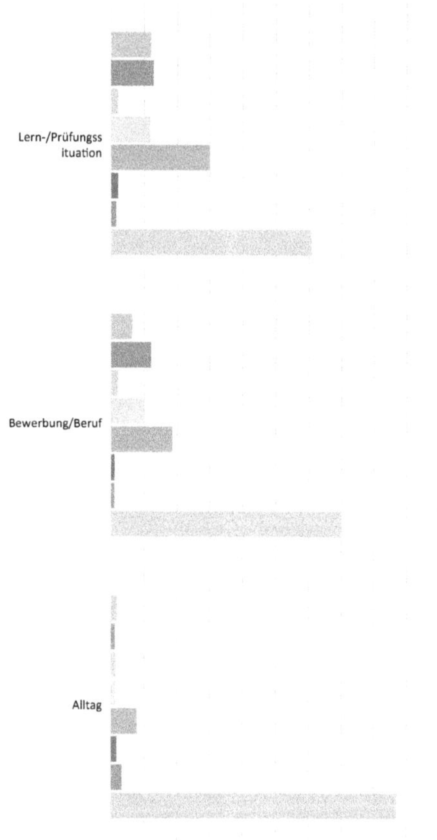

Drogen, Doping, Minddoping Eine Untersuchung zur Strafbarkeit von Minddoping SurveyMonkey

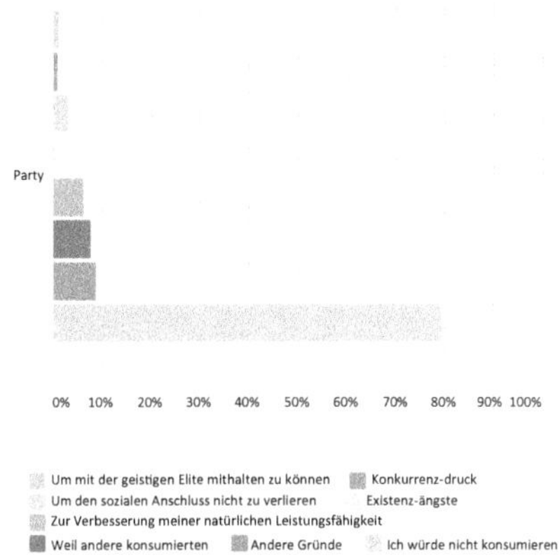


| | UM MIT DER GEISTIGEN ELITE MITHALTEN ZU KÖNNEN | KONKURRENZ-DRUCK | UM DEN SOZIALEN ANSCHLUSS NICHT ZU VERLIEREN | EXISTENZ-ÄNGSTE | ZUR VERBESSERUNG MEINER NATÜRLICHEN LEISTUNGSFÄHIGKEIT | WEIL ANDERE KONSUMIERTEN | ANDERE GRÜNDE | ICH WÜRDE NICHT KONSUMIEREN |
|---|---|---|---|---|---|---|---|---|
| Lern-/Prüfungssituation | 12,13%<br>78 | 12,91%<br>83 | 2,18%<br>14 | 11,98%<br>77 | 30,02%<br>193 | 2,02%<br>13 | 1,40%<br>9 | 60,81% |
| Bewerbung/Beruf | 6,54%<br>41 | 12,12%<br>76 | 2,07%<br>13 | 10,05%<br>63 | 18,66%<br>117 | 1,12%<br>7 | 0,96%<br>6 | 70,02% |
| Alltag | 1,80%<br>11 | 1,31%<br>8 | 1,47%<br>9 | 1,31%<br>8 | 8,02%<br>49 | 1,64%<br>10 | 3,44%<br>21 | 87,07% |
| Party | 1,14%<br>7 | 0,81%<br>5 | 2,92%<br>18 | 0,16%<br>1 | 6,33%<br>39 | 7,79%<br>48 | 8,77%<br>54 | 79,22% |

**Deutsches, europäisches und internationales Strafrecht und Strafprozessrecht**

Herausgegeben von Martin Paul Waßmer

Band 1 Jan-Maximilian Zeller: Folter vor dem Forum des Rechts. 2014.

Band 2 Heiko Löw: Strafrechtliche Risiken der unterlassenen Aufklärung über Vertriebsprovisionen. 2016.

Band 3 Navid Aliabasi: Die staatsgefährdende Gewalttat. Eine Analyse der §§ 89a, 89b und 91 StGB. 2017.

Band 4 Eva Maria Bongartz: Korruptionsstrafbarkeit niedergelassener (Vertrags-)Ärzte wegen bevorzugender Verordnung von Arznei-, Heil- und Hilfsmitteln. Eine Untersuchung des Phänomens, des Neuregelungsbedürfnisses der Bestechlichkeit von Ärzten und der neu eingeführten §§ 299a, 299b StGB. 2017.

Band 5 Dominik Bender: Strafrechtliche Risiken des Directors einer Private Company Limited by Shares mit Verwaltungssitz in Deutschland. Eine Untersuchung unter besonderer Berücksichtigung der nationalen Rechtsprechung im Spiegel der Judikatur des Europäischen Gerichtshofs. 2017.

Band 6 Martin J. Kirstgen: Die Strafbarkeit deutscher Ärzte wegen elektiver Wunschamputationen aufgrund von Body Integrity Identity Disorder (BIID). 2018.

Band 7 Corinna Reckmann: Strafrechtliche Aspekte des Versandes wettbewerbsrechtlicher und urheberrechtlicher Abmahnungen. 2018.

Band 8 Wolfgang Peetz: Der strafrechtliche Eigentumsschutz in Spanien und Deutschland. 2019.

Band 9 Philipp Dominik: Strafbarkeit von pharmakologischem Neuroenhancement zur kognitiven Leistungssteigerung. 2019.

www.peterlang.com

www.ingramcontent.com/pod-product-compliance
Ingram Content Group UK Ltd.
Pitfield, Milton Keynes, MK11 3LW, UK
UKHW022102051026
15623UKWH00003B/635

9 783631 794821